西華大學
四川省人民政府文史研究館 蜀學研究中心主辦

蜀學

第十輯

巴蜀書社

《蜀學》第十輯發刊祝辭

團结蜀中學人，

紹繼蜀中學術。

弘傳蜀中文化，

催生蜀中新葩。

边慧敏

目　録

先秦兩漢巴蜀書法述略[①]

王萬洪

按照大的歷史分期來看，巴蜀書法[②]的發展有三個高峰期：一是漢代石刻，二是兩宋帖學，三是現當代碑帖結合的創作實踐；在其餘的歷史階段則處於低谷，有的階段甚至寂然無聞。因此，巴蜀書法整體呈現出 W 字樣的歷史圖示，波峰與波谷之間落差巨大，令人唏噓。本文主要對先秦兩漢時期的巴蜀書法作一簡述，並勾勒出巴蜀書法在源頭上的巨大成就和在中國書法史上的崇高地位。

一 秦治巴蜀時期

公元前 316 年，秦將司馬錯滅巴蜀，巴蜀地區置於秦政權的統治之下。受秦文化與相關政策的影響，巴蜀地區是全國較早使用秦國文字並接受中原文化熏陶和影響的地區。從書法角度看，秦國文字即是後來通用漢字的主體組成部分，巴蜀地區也較早使用了漢字。今存先秦巴蜀書法文獻衹有“青川木牘”一件墨書真迹作品在全國較有影響[③]。在没有其他實物文

① 本文爲朱存明教授主持的國家社科基金重大招標專案“漢學大系編纂及海外傳播研究”（14ZDB029）規劃子項目《漢代書法研究》與西華大學校社科重點研究項目《宋代巴蜀書法研究》（編號：zw1410731）的階段性研究成果。

② 本文所指的巴蜀書法，其文字載體是今天使用的漢字，而不是指秦滅巴蜀以前巴蜀地域文化意義上的巴蜀文字。巴蜀文字今已不傳，其與巴蜀書法繪畫裝飾藝術的關係，本論文暫不討論。特此説明。

③ 被認爲是紀念大禹治水偉大功績的《禹王碑》是先秦碑刻的代表。因《禹王碑》最先發現於衡山岣嶁峰，又稱《岣嶁碑》，與黄帝陵、炎帝陵被文物保護界譽爲中華民族的三大瑰寶。今西安碑林、紹興大禹陵、雲南法華山、武昌黄鶴樓、四川北川大禹故里、河南汲縣、湖北漢陽等處，均以此碑爲藍本翻刻。當前，學術界對《禹王碑》碑文的研究仍然處於束手無策的境地，尚有待後來者破解。《禹王碑》是中國最古老的碑刻，碑上刻有奇特的古篆文，字形如蝌蚪，既不同於甲骨鐘鼎，也不同於籀文蝌蚪，蒼古難辨，因此不屬於本選題以通行漢字爲文字形式的要求，故不多作討論。

獻爲證的情況下，暫時無法討論本期巴蜀書法的實際狀態①。

二　輝煌壯麗的兩漢時期

兩漢四百多年的歷史中，巴蜀書法迎來了第一個發展高峰期。其時，伴隨國家統一、領土擴張、交通地理與對外經濟貿易發展等因素的變化，巴蜀地理、文化、經濟、政治地位越來越高，巴蜀書法在全國占據了重要的地位，不僅存世文獻衆多，而且大部分在書法史上聲名顯赫，獨樹一幟，成爲後代研究金石學、交通史、地理學、文獻學、考古學、宗教學、歷史學、文學、建築、雕塑等科目部類的重要實物文獻。從書法文獻載體與書法藝術水準的角度看，巴蜀漢代書法主要以摩崖、碑刻、漢闕爲主，另有少量磚銘、棺槨書迹存世；簡牘與紙帛書則没有發現過。水準最高、影響最大的是幾通摩崖刻石。

漢代巴蜀摩崖刻石的代表作品有四：《閣道碑》、《大開通》、《石門頌》和《楊淮表記》，其中最著名的是《石門頌》。《閣道碑》本世紀初在雅安市滎經縣民建鄉絲綢古道邊的石崖上被發現，全稱《蜀郡太守何君閣道碑》，東漢建武帝中元二年（57）刻，這是史有記載，但是近兩千年未曾見物的國寶，從楊慎《全蜀藝文志》等文獻記録來看，《閣道碑》在時間上是東漢所有摩崖石刻中的第一件作品。《鄐君開通褒斜道刻石》，俗稱《大開通》或《開道碑》，刻於東漢永平九年（66），銘文記載永平六年時漢中太守鉅鹿鄐君奉詔受廣漢、蜀郡、巴郡刑徒二千六百九十人，動工開通褒斜棧道之事；《大開通》是著名的“石門十三品”之首，在《何君閣道碑》重現天日之前，稱爲東漢第一刻石。這兩處摩崖刻石，不僅在時間上占據了東漢摩崖石刻的第一位和第二位，而且書法風格極爲近似，筆畫圓整雄强，開張大氣，章法疏密有致，以篆書之法直筆寫隸書，是漢代書法由篆及隸的典型代表。《石門頌》全稱《漢司隸校尉犍爲楊君頌》，又稱《楊孟文頌》，東漢建和二年（148）十一月刻，摩崖隸書，内容爲漢中太守王升表彰先鄉賢楊孟文開鑿石門通道的功績，王升撰文並書丹。楊孟文與王升均爲犍爲郡武陽縣人，因此，在“石門十三品”中書法水準最高的《石門頌》摩崖刻石，成爲巴蜀書法史上最傑出的石刻書法作品。漢中褒谷口是褒斜道最險要的隘口，絶壁陡峻，山崖邊水流湍急，很難架設棧道。東漢永平年間，漢明帝下詔在最險之處開鑿穿山隧道，歷時六年而成，古稱“石門”。東壁長 16.5 米，西壁長 15 米，南口高 3.45 米、寬 4.4 米，北口高 3.75 米、寬 4.1 米，隧道與棧道在同一條水平綫上。褒斜石門是世界上較早的人工交通隧道之一，《石門頌》即記述此事，今藏漢中博物館。《石門頌》被稱爲草隸鼻祖和楷模，大氣磅礴，揮灑自如，既整齊規範，又富於變化，不拘繩墨，筆勢縱放，奇趣横生，筆畫粗細雖區别不大，但每一筆畫都變化多端，用筆揮灑自如，不作修

① 有研究者提出：秦滅巴蜀之後，將蜀人趕盡殺絶，古蜀文化盪然無存，古蜀文字從此毀滅，並退出了歷史舞臺；秦國統治巴蜀，强制性地推行秦國文字而廢、滅古蜀文字，所以，古巴蜀書法無從討論。這裏暫不對此發表爭論意見。

琢，有自然豪放意趣。整體字畫瘦硬，結構疏朗，飄逸有致，隸中帶篆、帶草、帶行，被書家稱爲“隸中之草”。楊守敬《平碑記》説：“其行筆真如野鶴閑鷗，飄飄欲仙，六朝疏秀一脈，皆從此出。”飄逸、開張、大氣、野趣，《石門頌》成爲巴蜀地域文化影響下具有獨特風格的代表之作，其影響之巨，受評價之高，堪稱輝煌!① 《楊淮表記》刻於東漢熹平二年（173），全稱《司隸校尉楊淮從事下邳楊弼表記》，亦稱《楊淮碑》。楊淮、楊弼兄弟是《石門頌》中司隸校尉楊孟文之孫。東漢熹平二年二月，同郡卞玉過石門，見《石門頌》，有感於楊氏祖孫業績，因作此表紀，故又稱《卞玉過石門頌表紀》。該碑書法奇逸古雅，與《石門頌》相近，而影響稍次。從上述四通摩崖刻石的名稱上看，古爲“摩崖”者，也時常以“碑”稱之，這和專指樹立之碑不同。

巴蜀漢碑的代表作品有《揚量買山刻石》、《會仙友碑》、《孟孝琚碑》、《樊敏碑》、《趙儀碑》等。《揚量買山刻石》刻於西漢宣帝劉詢地節二年（前68），清代在四川巴縣出土。此石之可貴首先在於西漢石刻文獻傳世稀少，其次在於其字體取勢扁方，波磔畢具，爲成熟漢隸之最早標本，極受書法史家的重視。《會仙友碑》又名《會仙友題字》、《漢安仙集字》、《漢逍遥山石窟題字》，刻於東漢漢安元年（142），原碑在今簡陽市三星區踏水鎮逍遥洞巖壁上，存“漢安元年四月十八日會仙友”十二字。清乾隆五十一年（1786）申兆定摹刻於《裴岑紀功碑》之陰，今在西安碑林。“文革”中原碑已毁，現存碑刻爲搨片複製，存於簡陽白塔園、四川省博物館、西安碑林等處。《會仙友碑》書法古質而奇妙，康有爲《廣藝舟雙楫》先後四次盛贊該碑，認爲它是書法演變由秦篆到漢隸的代表性過渡實物證據，“古茂雄深，得秦相筆意”。《會仙友碑》歷來爲書家、學者所重，是研究金石學、書法學、宗教學的重要碑刻，尤其是作爲道教發源於四川的堅實證據，意義重大。《孟孝琚碑》刻於東漢永壽三年（157），是雲南省今存唯一漢碑，碑在昭通第三中學。碑文敘述了南中大姓之一的孟廣宗（字孝琚）12歲隨父到武陽縣學《韓詩》、《孝經》，博覽群書，後未婚而死，其父之下屬爲表示哀悼而刻此碑送回他的家鄉昭通。碑的形體、文辭、書法都是東漢盛行的風格，是研究古代西南民族史的珍貴實物史料。雲南昭通古屬犍爲郡，孟孝琚之父時任武陽縣令，孟孝琚學儒學於武陽，聘“蜀郡何彦珍女”，未娶而夭亡於斯，此碑刻製於武陽，故歸入巴蜀漢碑之內。光緒二十七年（1901）五月，於昭通白泥井出土。《孟孝琚碑》書法蒼勁，文辭典雅，渾樸古茂，近似於東漢著名摩崖刻石《西狹頌》，是東漢成熟隸書的典型代表。《樊敏碑》於東漢建安十年（205）三月、《趙儀碑》於建安十三年（208）十一月先後立於四川省蘆山縣，在影響上不及上述二碑。不過《樊敏碑》進入了陶宗儀《書史會要》

① 《石門頌》與略陽《郙閣頌》、甘肅成縣《西狹頌》並稱爲“漢三頌”，是東漢隸書的極品，又是摩崖石刻的代表作。它對後來的書法藝術發展産生了巨大的影響，被人們稱之爲國之瑰寶。清代張祖翼評説：“三百年來習漢碑者不知凡幾，竟無人學《石門頌》者，蓋其雄厚奔放之氣，膽怯者不敢學也，力弱者不能學也。”僅就筆者所見，《石門頌》運用就十分廣泛：新中國成立前商務印書館出版的《辭海》封面“辭海”二字，就取自於《石門頌》；今湖南長沙嶽麓書院朱張會講大殿正門一副對聯十八字，是集《石門頌》字而成；今成都武侯祠“廣益堂”横匾是意臨《石門頌》字而成；今四川省書協主席何應輝先生書法主要是學《石門頌》而成，並影響了一大批追隨者和學生弟子；如此等等。

一書的論述，陶氏論曰："劉懆隸書巴郡太守《繁敏碑》。碑下有云：石工劉（或習）懆書者，劉刻其石而厥子落筆也。"陶氏所録之《繁敏碑》即《樊敏碑》[①]，書法水準和歷史影響上高於《趙儀碑》。

2010 年 10 月，成都天府廣場東御街人防工程施工現場，發掘出兩塊東漢晚期大型紀事碑，稱爲《裴君紀功碑》與《李君紀功碑》，這兩塊碑分别於公元 146 年和 152 年刻製，一大一小，小碑存字 800 多字，大碑存字 1200 多字，不僅是東漢現存碑刻中難得一見的字數衆多的實物，保存了大量的歷史文獻證據，對研究巴蜀東漢文化意義重大，同時，在書法藝術上也有很高的水準。目前，成都市博物館正在組織專家對這兩塊漢碑進行研究。從 2004 年滎經縣發現千年國寶《閣道碑》、2006 年蘆山縣發現《趙儀碑》，到 2010 年天府廣場一次性出土兩塊大型珍貴漢碑，四川古代碑刻出土形勢喜人，值得今人好好保護、學習、研究。

另外，在碑刻名稱上有"漢益州太守"的《景君碑》，有"漢益州刺史"的《李孟初碑》，碑主人曾在蜀地爲太守或主官，碑文記載他們的德行政治與教化功績，與巴蜀相關，但碑刻保存不在巴蜀。

巴蜀漢闕的代表是位於雅安市城市建設新區漢闕博物館的《高頤闕》，這是我國今存唯一一座碑、闕、墓、神道、石獸完整保存的漢闕實物。另外兩座著名的漢闕是：位於梓潼縣長卿鎮南橋村的《李業闕》，建武十二年（36）修建，爲全國今存漢闕之最早者；位於新都縣彌牟鎮的《王稚子闕》，建於東漢和帝元興元年（106）。這三處漢闕不僅文物價值高，在碑文字數與書法水準上也居於全國前列。

本期屬於中國書法理論的萌芽期。巴蜀書論在本期雖無成熟之作，但西漢著名文學家、學者揚雄提出的"心聲心畫"説，成爲後代人書關係論的基本源頭，也是中國書法理論正式開始獨立研究自身本質問題的開端，從揚雄開始，書法理論開始獨立存在。從西漢到當代，歷史上論述"心聲心畫"問題的書家書論層出不窮，大多屬於儒家書論的範圍，影響深遠。

在名作雲湧的兩漢時期，巴蜀大地爲漢代書法貢獻了許多著名的書法家，他們名垂青史，光耀千秋。《石門頌》的刻製者王升，犍爲郡武陽縣人，儘管没有留下其他作品，僅憑《石門頌》，已足以千古不朽！在他之前的揚雄，是歷代公認的大書法家：當代華人德先生撰《中國書法史：兩漢卷》，列揚雄爲兩漢第一書法家，推崇備至！其實華先生的推崇並不算高，在以南朝王愔《文字志》、元人陶宗儀《書史會要》等爲代表的歷代著名書法理論著作中，就明確記録了本期巴蜀書法名家司馬相如、揚雄等人的書法事迹。《書史會要》卷二《漢》所述第四人即爲揚雄，論曰：

> 揚雄字子雲，蜀郡成都人。四十為郎，三世不遷，終於大夫。善古文，識奇字。自伏羲命朱襄作六書，黄帝命倉頡制文字，下及唐虞、三代，通謂之古文。至周史籀始著《大篆》十五篇，損益古文，或同或異，所謂奇字也。古人之書，殊文者多。秦兼天

---

① 本條材料的確定，得到了四川大學侯開嘉教授和四川省文史館楊代欣先生的指導，在此向兩位前輩致敬！

下，丞相李斯乃罷其不合秦文者，强而同之，遂作《倉頡》篇，所謂小篆是也。程邈變小篆為隸書，而王次仲復增廣之，於是古文廢而不用。漢興，李書師以《倉頡》之學教於鄉里。孝宣時始命諸儒修《倉頡》之學，召通《倉頡》讀者，張敞從而授之，杜鄴、爰禮、秦近亦能言之。孝平時召禮百餘人，令説文字。未央宫中以禮為小學元士。雄為黄門侍郎，采以作《訓纂》篇，凡三十四章。又易《倉頡》重複之字，為八十九章①。

根據本段記載，秦相李斯改古文、大篆爲小篆，作《倉頡》篇傳世，這是罷六國文字之“不合秦文者，强而同之”的結果。實際上，經李斯整理的小篆，就是後來通行漢字的祖本。在漢宣帝執政之前，古文曾被廢棄不用，衹有李書師“以《倉頡》之學教於鄉里”。在漢宣帝時，因古文經學興起，而能識讀古文者寡，故官方下令“諸儒修《倉頡》之學”，於是張敞、杜鄴、爰禮、秦近等人研修《倉頡》篇，並以此名顯當時。揚雄在前人基礎上作《訓纂》篇，再將《倉頡》篇進行改編，成八十九章，終成一家之學術著作。因此，揚雄是漢代古文、奇字的實際總結者，具有很高的文字學成就。他的貢獻是在前人基礎之上作出的，《書史會要》曰：

李書師合秦小篆三篇，書之，總謂之《倉頡》篇。斷六十字為一章，凡五十五章。以教於鄉里。

張敞字子高，河東平陽人。官至冀州刺史。

杜鄴字子夏，魏都繁陽人。官至涼州刺史。

爰禮官小學元士，沛人。

秦近官講學大夫。

已上四人皆善古文，通《倉頡》篇②。

漢代巴蜀地區之所以能出現揚雄這樣的古文字學大家，除了揚雄博采衆人之成果外，與漢代辭賦宗師蜀人司馬相如也大有關係。司馬相如被後人尊爲“賦聖”，寫辭賦首先就要識别和運用古文奇字。《書史會要》曰：

司馬相如字長卿，蜀郡成都人，官至孝文園令，作《凡將》篇。誠書文之林苑，妙辨六律，測尋二氣，采日辰之會，屈伸其體，升伏其勢，識象四時之氣，為之興降象形焉，曰氣候直時書。又後漢東陽公徐安子搜諸史籒，得十二時書，皆象神形也③。

司馬相如所作之《凡將》篇，謂之“氣候直時書”，實則乃象形文字之一體，也就是大篆書之一體，“徐安子搜諸史籒，得十二時書，皆象神形”的補充記載，證明司馬相如在無意間繼承（興復）了史籒創造的象形體大篆，將已經中斷的大篆傳統延續了下來——蜀地

① ［元］陶宗儀撰：《書史會要》，上海書畫出版社 1992 年版，第 79 頁。
② ［元］陶宗儀撰：《書史會要》，上海書畫出版社 1992 年版，第 80 頁。
③ ［元］陶宗儀撰：《書史會要》，上海書畫出版社 1992 年版，第 82 頁。

古文字學自有傳統。據《漢書·揚雄傳》等文獻記載：揚雄少年時代極爲仰慕司馬相如，渴望創作“宏博絶麗之文”，遂模仿而作辭賦，最終成爲一代漢賦絶手。揚、馬俱爲漢代辭賦大師，辭賦寫作的一個要素就是認識和運用“奇字”，因此，他們的書法成就主要是在文字學上，這是史有詳録的事實，此處不再展開討論。

三 結 語

綜上所述，先秦巴蜀書法因文字傳承斷裂之故，已經湮滅在秦國的鐵蹄之下，至今不能復睹；秦滅巴蜀之後，巴蜀書法以秦國文字爲載體，湧現出了《青川木牘》等著名作品；兩漢巴蜀書法則迅速地達到全國最高水準，著名書家、書作、書論井噴而出，彪炳千秋，在今天已成爲國家之瑰寶，民族之驕傲。

作者單位：西華大學人文學院

漢將軍紀信故里考

馬正平

引言：紀信將軍其人

在中國歷史上，紀信並不是一個人人熟知的偉大英雄。在他的同輩中，他不如張良、陳平之顯赫，也不如韓信、樊噲之威名。但他的確是漢代乃至中國歷史上一個十分重要的歷史人物，一位難以磨滅的千秋英烈。一方面，他成爲歷史發展的催化劑。當漢王劉邦被楚王項羽困於滎陽，即將束手就擒萬分危難的時刻，正是大將軍紀信主動請纓誑楚以身殉國，使得劉邦有機會逃離滎陽，重振旗鼓，最後打敗項羽，使漢王朝得以國家統一，鞏固安寧，輝煌昌盛。據載，劉邦爲了報答紀信將軍的救命救國之恩，遂將紀信故里從保寧（閬中）府析出，特置"安漢縣"①。實際上，楚漢相争之時，劉邦的政權還是一個地方政權，與後來的全國統一的漢王朝並非一回事，從這個意義上説，紀信誑楚的偉大意義在於奠基、開創了漢代基業。因此，後來宋朝加封紀信爲"忠烈侯"的誥詞云："以忠殉國，代君任患，實開漢業。"② 這樣，説紀信誑楚有"開漢之功"是有道理的。從"安漢"、"開漢"的措辭中，自然突顯了紀信將軍的不可取代的歷史地位。另一方面，從倫理學、文化學的意義上來看，紀信將軍這種殺身成仁、爲國捐軀、視死如歸的英雄主義，是中華民族不朽的軍魂武德和引以爲榮的精神文化遺産。他死後，唐、宋、元、明、清及民國政府多次對他進行追封、悼念，將軍永逝，浩氣長存！

但在劉邦後來的"功臣表"中並没有紀信的位置。於是，後世志士仁人對此表達了極

① ［明］李賢等：《明一統志》卷六十八。

② ［宋］祝穆：《方輿勝覽》卷六十三。

大的憤慨與不平。唐李德裕《三良論》説："自周漢迄於巨唐，殺身成仁，代有豪傑，莫不顯一身之義烈，未有繫一國之存亡。唯紀信乘黄屋以誑楚，赴丹焰而存漢，數千年間一人而已，漢祚四百，由此而興。余謂漢祖封建紀氏，宜在曹蕭之上，報德未稱，良可悲也。"① 唐代著名詩人李商隱《詠紀信》詩云："本爲留侯慕赤松，漢庭方識紫芝翁。蕭何祇解追韓信，豈得虚當第一功。"② 宋王禹偁《讀史》詩云："紀信生降爲沛公，草荒孤壘想英風。漢家青史緣何事，卻道蕭何第一功。"③ 元代著名詩人、書法家趙孟頫《紀將軍》詩云："酒酣斫劍氣如雲，屠狗吹簫盡策勳。漢室功臣誰第一，黄金合鑄紀將軍。"④

更爲不幸的是，紀信還受到了歷史學家司馬遷與班固的冷遇。司馬遷衹在《史記·高祖本紀》中略略點了一下他的事迹，卻不予褒貶。班固在《漢書》中也爲了突出高祖而淡化紀公，這自然也受到後來歷史學家的批評。宋人章如愚憤慨地説："司馬遷取予戾於聖人。……以《紀》考之以五帝，則不紀少昊。於西漢，則不紀惠帝。……以《傳》考之，若刺客則有傳，若游俠則有傳，若佞倖、滑稽則有傳。紀信，義士也，英烈之言可畏，而反無一辭以褒之，俾與庸夫並朽而腐，可勝嘆哉！"⑤ 宋王楙也謂："班史於節義事，率多疏略。如紀信誑楚而燒殺，不爲立傳，周苛罵羽而烹死，因《周昌傳》略載，此固失矣。"⑥ 這些論斷，可謂一語中的。

一　名人故里的基本特徵、條件

關於紀信的故里，史料記載有幾種説法："1. 隴西成紀人⑦；2. 趙城（洪洞）人⑧；3. 西充人⑨；4. 湖南澧州人⑩。

紀信將軍的故里究竟是在何處呢？要對這個問題給出真實科學的結論，我們必須首先討論名人故里的基本條件和特徵，以此作爲名人故里的認定標準。

一般説來，要證明一個地方是某名人故里，必須符合這樣兩個特徵條件：一方面，是名人故里的物質性存在的要素；另一方面，是對這些要素的記載論述的可信性依據。

關於前者，主要應包括：第一，有無故居、故宅。故居、故宅是名人基本的生存空間條件，没有這個基本的生存條件是没有這個名人的存在的，因此，故居、故宅是名人故里的最

① ［宋］李昉等：《文苑英華》卷七百五十七。
② ［宋］阮閲：《詩話總·後集》卷十四。
③ ［明］李袞：《藝圃集》卷二。
④ ［清］顧嗣立：《元詩選》初集。
⑤ ［宋］章如愚：《群書考索别集》卷十二。
⑥ ［宋］王楙：《野客叢書》卷一。
⑦ ［清］《甘肅通志》卷三十七"忠節"。
⑧ ［清］《山西通志》卷一百十"人物"。
⑨ ［宋］邵博：《紀信將軍碑》，見《西充縣志·藝文志》，康熙六十一年版。
⑩ ［清］《湖廣通志》卷十二《山川志》。

爲基本認定條件。第二，有無墓葬，尤其是家族性墓葬。在一般情況下，有墓葬，尤其家族性墓葬的地方，是名人故里的可能性非常大。第三，有無與名人事迹相關的地名。地名是一種凝固化的民間歷史符号。一些地名往往是和名人的生活經歷和有關事件聯繫在一起的。第四，有無鄉賢祠性質的祭祀性祠廟。祠廟是最重要的紀念和祭祀的場所。在封建社會，在名人、偉人的家鄉一般都有紀念性和祭祀性的祠廟。第五，是否被歷朝歷代官方所公認。名人的故里除了名人家鄉的人以外，最瞭解真實情況的就是歷朝歷代的官方政府，尤其是加封、敕修等行爲更要求十分準確的資訊。可以説這一條是確定名人故里最爲重要的依據之一。第六，有無可信的歷史記載。這種記載包括三種形式：一是官修正史，二是地方志的記載，三是野史傳説等口述歷史。

歷史記載是一種文字記録。那麽，什麽樣的歷史記載具有歷史的真實性呢？一般説來，應該具備三個特點：第一，記載的時間性，一般説來，越早的記載越真實可靠；第二，記載的具體性，一般説來，時間、地點的記載越具體越真實可靠；第三，記載的連續性，凡是某種故里元素被歷代連續記載的，就較爲真實；第四，記載的官方性，因爲官方擁有最權威的資料，所以，官修正史的記載較爲準確。上述故里因素占有得越多，證據鏈越長，越具有立體性、整體性、邏輯性，那麽這個地方作爲名人故里的可能性就越大。

二　紀信的老宅、故居

關於紀信將軍的老宅、故居的記載有兩個地方。一是四川“西充高陽里扶龍村”，一是湖南“澧州將軍山”。關於前者，最早見於明代《蜀中廣記》：“其大陵鎮，則有扶龍山。蓋紀信，此縣人。生在高陽之扶龍村，祠在紫巖”①。《明一統志·順慶府》：“古迹”條云：“紀信宅，在西充縣高陽里扶龍村。”②《欽定大清一統志》：“紀信故宅，在南充縣東三十里。”③《四川通志》云：“紀信故宅，在縣東三十里高陽里扶龍村。”④ 又，明萬曆四年(1576)，西充縣知縣馬騰雲在城西鐵印山南面的王爺埡口立有“漢將軍紀信故里”碑，碑高九尺餘，寬三尺餘，碑厚一尺餘，碑座四尺見方⑤。另外，在河南鄭州邙山區古滎鎮紀公廟村的“紀陵”，有一塊民國三十年（1941）五月國民政府銓敘部部長李培基撰文的《漢紀將軍信贊》的石碑，其碑文曰：“廟在安漢，宅在西充。合兹新構，長仰英名。”這裏也認爲紀信將軍的宅第是在“西充”縣。

關於後者，最先的記載是清《湖廣通志·澧州》：“將軍山，在州南六十里。世傳漢紀

---

① ［明］曹學佺：《蜀中廣記》卷二十七《名勝記》。

② 《明一統志·順慶府》卷六十八“古迹”。

③ 《欽定大清一統志·順慶府》卷三百“古迹”。

④ 《四川通志》卷二十六“西充縣·古迹”。

⑤ 《西充縣志》，康熙六十一年版。

信所居。紀信，忠事漢王，人義之，立祠其上。"① 又《欽定大清一統志・澧州》云："紀公廟，在州東南六十里將軍山。祀漢紀信，相傳爲信所寓地。"②

上述資料是歷史上關於紀信故居、老宅的全部文字記載。根據上述記載，我們可以看出，關於紀信的老宅、故居是湖南澧州的記載較晚、較少，記載的語氣是"傳説"的懷疑的口氣。更爲重要的是關於"澧州"的記載，没有任何其他相關的證據鏈來證明。而關於紀信的故居、老宅在西充高陽里扶龍村的記載最早、最多、最連續，具有較長的證據鏈和整體性、邏輯性，而且記載的語氣没有懷疑。更重要的是，國民政府銓敘部部長，作爲國家管理意識形態的最高長官，其所指應該是有依據的。因此，可以看出，紀信的老宅故居在"西充高陽里扶龍村"的記載比較符合歷史真相，具有較强的邏輯性和較高的可信度。

三　紀信墓葬及其家族墓葬

滎陽之戰，紀信誑楚，被項羽燒死。後來人們在滎陽（今鄭州市邙山區古滎鎮紀公廟村）修了紀信墓、紀信陵。據説，紀信墓建於西漢。而關於紀信墓的最早記載見於北魏酈道元《水經注》："滎陽縣故城南，漢王之困滎陽也。紀信曰：'臣詐降楚，王宜間出。'信乃乘王車出東門，稱漢降楚。楚軍稱：'萬歲'，震動天地，王與數十騎出西門，得免楚圍。羽見信，大怒，遂烹之。信冢，在城西北三里。故蔡伯喈《述征賦》曰："過漢祖之所隘，弔紀信於滎陽。"③ 其後，《魏書・地形志》、《唐會要》卷二十二、宋《太平寰宇記》卷九、《續博物志》卷九、《明一統志》卷二十六、清《河南通志》卷四十九、杭世駿《諸史存疑》都有詳盡的記載。應該説，紀信墓在滎陽是没有什麼疑問的。所以，唐高宗於麟德二年（665）十一月到滎陽以少牢禮祭紀信墓，並追贈"驃騎大將軍"。後來，唐吏部侍郎盧藏用還爲滎陽紀信墓寫了《漢忠烈紀信碑》碑文，歷代均有記載④。可見，滎陽紀信墓是得到了官方的確證認可的。

但是，關於紀信的墓葬之地，還有另外幾種記載。例如，《明一統志》就説："紀信墓在秦州（今天水）北門，墓側有廟。"⑤ 清《甘肅通志》也沿此説。又清《山東通志・濟南府》云："漢紀信墓，在縣西北四十里昌國城，見元魏《地形志》。"又，清《畿輔通志・正定府》云："紀信墓，在晉州東百五十步。舊志：明嘉靖，己酉，知州黄明良立石以識。"《畿輔通志・房山縣》云："韓村饒陽縣黑山寺亦有紀信墓。未詳孰是。"顯然，上述幾個地方的紀信墓都是爲了紀念、祭祀紀信而建，與紀信故里没有什麼關係，即使是滎陽的紀信墓

① ［清］《湖廣通志》卷十二《澧州・山川志》。
② 《欽定大清一統志》卷二百八十七。
③ ［北魏］酈道元：《水經注》卷七。
④ 見［宋］趙明誠：《金石録》卷五、［宋］陳思：《寶刻叢編》卷五。
⑤ ［明］李賢等：《明一統志》卷三十五。

也是如此，衹是因爲紀信將軍在那裏殉難之故纔建在那裏。

在名人的墓葬與故里没有關係的情況下，衹能用名人的家族墓葬來確定其故里。雖然在西充高陽里扶龍村没有紀信墓，但是，在離西充縣扶龍村不遠的青龍鄉龍宫山下現在還有一座“紀通墓”，而根據歷史記載，紀通是紀信之子。在《史記·漢功臣表》中，紀通被封爲襄平侯。根據《欽定大清一統志·順慶府》卷三百“古迹”條記載：“漢紀通墓，在西充縣北四十里龍宫山下。”今西充青龍場正在龍宫山下，紀通墓至今仍存漢代圓墳。扶龍村紀信故宅和龍宫山紀通墓之間相隔不足十公里。在歷代的文獻記載中，西充縣的紀通墓是從來没有争議的。既然紀通死後漢朝官方很慎重地把他葬在四川西充，使他回到故里，這已經説明，紀通的家鄉是西充。自然，他的父親紀信的故里也當然在西充。有人説，紀通墓在西充也不能證明紀信的故里是西充，因爲，可能紀信有幾個妻子，有若干兒子，而紀通則是西充妻子所生。但歷史上從來没有這樣的記載，這種説法純屬無稽之談。

四　與紀信相關的地名

關於與紀信故里有關的地名，目前衹有三個地方：一是河南鄭州市，二是山西洪洞縣，三是四川西充縣。鄭州市邙山區古滎鎮有一個“紀公廟村”。關於“紀公廟村”，歷史文獻（包括地方志）上從來没有記載。現在被稱爲“紀公廟村”的是對新莊、界莊、石羊莊、封溝等村落的總稱，估計“紀公廟村”的命名是20世紀的事情，因其治内有“紀公廟”（紀將軍祠）的緣故，顯然這和紀信故里没有什麽關係。

山西洪洞縣趙城鎮有一個“紀落里”。關於“紀落里”，最早記載見於清代道光丁亥（1827）《趙城縣志》：“漢紀信墓，在縣南十五里紀落里。”“紀落里”的名字是怎麽來的呢？據山西洪洞縣趙城鎮王建英《紀落里的來歷》一文説：“……滎陽之戰，紀信誑楚之後，紀信被項羽斬首。後劉邦奪了天下之後，感紀信救命之恩，命令能工巧匠給他鑄了金頭，裝入上好棺材，派兵由河南北運歸葬。當這隊人馬行至石坡附近時，衹見晴空一閃，忽然一聲巨響，不遠的地面上冒出一縷青煙，接着棺材‘咚’的一下落在地上。衆士兵嚇壞了，急忙往起擡，可是棺材像生了根似的，不管費多大的勁，卻一動不動。帶兵的將領派騎士日夜兼程把這事報告劉邦，劉邦説：‘看來天意如此，不可違也。’於是命令騎士速回，傳令就地進行厚葬。因紀信棺材是在此地‘落地’的，所以這個村子便被命名爲‘紀落村’了。”[①] 這是一個美麗的傳説，顯然，“紀落里”的民間傳説故事證明此地與紀信故里並没有什麽關係，衹是人們對他的敬仰懷念而已。

與紀信有關的地名最多的地方是四川南充市西充縣紫巖鄉的紀村溝（即古代的“高陽里扶龍村”）。西漢以前，西充縣屬保寧（閬中）府；紀信誑楚存漢之後，漢高祖將西充從

① 李長青、許光軍、賈北安：《趙城民間故事》（趙城文化叢書之二），山西省新聞出版局1997年版，第55頁。

保寧（閬中）府析出；撤銷南充國縣之後，與南充國、漢初、流溪、廣安、岳池、蓬安、武勝新置"安漢縣"。除王莽將"安漢縣"改名"安新縣"45年外，至隋文帝開皇十八年(598)的八百多年間，"安漢"縣名一直沿用未變。安漢者，安定漢室之謂也。是誰安定漢室？紀信將軍也。故後來紀信被宋朝封爲"忠祐安漢公"①。

第二個重要的地名是西充的"扶龍山"、"扶龍村"。所謂"扶龍"，就是（紀信）扶持、匡扶皇帝（漢高祖劉邦）的意思，所以後來紀信被封爲"匡侯"②。"扶龍山"又稱"高陽山"（後人不解高陽爲何義，訛讀爲"高原山"），包括揚馳嶺、走馬嶺、放弓埡等山，即扶龍村背靠的山脈。該地名最早見於宋人王象之的《輿地紀勝》："扶龍山，在西充縣東二十里。"王象之的説法應該是可信的，因爲王象之撰《輿地紀勝》的時候正在四川的潼川府（今三臺）任職，他對四川的情況最爲瞭解，所以他寫的《輿地記勝》中四川的資料最爲完備、詳盡。關於"扶龍村"的記載，前面已經指出，最早見於明代曹學佺的《蜀中廣記》。此後，《明一統志》、清《四川通志》、清《西充縣志》也有相同的記載。"扶龍村"，在高陽山脈下，即今四川西充縣紫巖鄉紀公廟村。"扶龍村"，又名"紀村溝"，"扶龍村"是一個政治性的名字，估計是唐宋時期朝廷官方所改。在"扶龍村"及其鄰近村落，有關紀信青少年時期事迹的地名很多，兹列舉於下：

走馬嶺　在紀信老宅前面的一個山嶺叫做揚馳嶺，又稱走馬嶺。據説是紀信當年練習騎馬跑馬的兩個地方。

神馬洞　在走馬嶺山上，傳説紀信在此得神馬一匹，其後此馬跟隨他轉戰南北。

放弓埡　在紀信將軍的老宅地基背後的山埡，叫做放弓埡，傳説爲紀信少時習武練箭之後存放弓箭的地方。據當地老人講，20世紀三四十年代，那裏還有祠堂。

歇馬橋　在扶龍村臨村的歇馬橋村也有與紀信有關的地名。其中一個是離紀信家不遠的溝下有一座小小的歇馬橋，據説是紀信當年練武歇馬飲馬的地方。後來，歷朝歷代的文武官員來到這裏，"文官下轎，武官下馬"，然後到紀公廟上去祭祀、膜拜。

望鄉臺　在離"歇馬橋"不遠的月兒山嶺上有一塊巨石臺叫"望鄉臺"，據説，紀信當年常常在這裏眺望家鄉。據當地老人講，20世紀三四十年代，這裏還有祠堂，香火很盛。

紀公山　在西充縣紫巖鄉政府右側，此爲家鄉人民對紀信的紀念。

地名是歷史的民間記録形式和紀念符號。從這衆多的地名故事中，我們可以恢復一種歷史的真實情景。從這三個地方的地名故事來看，鄭州紀公廟村與紀信故里没有什麽關係，山西洪洞縣趙城鎮的"紀落里"的故事純屬虛構。衹有四川西充的"扶龍山"等地名構成一幅紀信青少年時期練武生活的系列長卷，讓我們感受到紀信的真實存在。因此，可以肯定，紀信的故里就是扶龍村。

---

① 《氏族大全》卷三十。

② ［唐］司馬貞：《史記索隱》卷六"高祖功臣侯者年表第六"。

五　關於紀信的祠堂、廟宇

根據古代歷史地理文獻的記載，全國關於紀信的祠堂、廟宇有二十多座。這些廟宇分兩種情況：

（一）純粹紀念性建築，這些祠廟與紀信故里考證没有什麽關係，數量最多。這裏又有兩種情況：

1. 朝廷敕修的殉難地紀念祠。例如滎陽的“紀信廟”或“紀信祠。”宋《元豐九域志》曰：“鄭州滎陽郡，有紀信廟。”①《明一統志》曰：“紀信祠，在滎澤縣西二十五里。宋建。本朝正統三年追封信爲滎澤侯，謚忠烈。漢爲滎陽縣地，晉屬滎陽郡。”② 此後，《明會典》、《欽定續文獻通考》都有所記載。鄭州紀信廟（紀信祠），於民國三十年重修，所以，國民政府銓敘部部長李培基撰文的《漢紀將軍信贊》説：“合兹新構，長仰英名。”此祠至今尚存，名“紀將軍祠”，或稱“紀公廟”，上有著名書法家于右任先生的題字。

2. 雖與紀信故鄉無關，但國人出於對英雄的崇拜敬仰而修建的紀念祭祀祠廟。例如：(1) 湖南醴州東南六十里將軍山的紀公廟③；(2) 漢中東二十里柳子鎮“紀信祠”④；(3) 靈壽縣東十里紀信臺上的紀信廟⑤；(4) 河北保定定州州南五十里紀城的紀信廟，據説爲漢高祖所築，以封紀信⑥；(5) 吴淞江南五十里有紀王廟，以祀紀信⑦。此後，明王鏊撰《姑蘇志》卷二十八、《江南通志》卷四十、明張國維撰《吴中水利全書》卷四均有記載；(6) 潤州（今鎮江市）之城隍廟（紀信廟）；(7) 蘭州之城隍廟（紀信廟）；(8) 天水之城隍廟（紀信祠）；(9) 江西瑞州府（瑞金市）的“四神祠”，祭祀秦趙昱、漢紀信、唐段秀實、宋康保裔等；(10) 鄭州城隍廟（在今省電力高專附近），也請紀信爲城隍。這些建築中，今天衹有鄭州的城隍廟、蘭州的城隍廟（紀信廟）、上海的紀王廟尚存。

（二）與紀信家鄉有關的紀念祭祀性祠廟。這裏又分兩種：

1. 朝廷下令在紀信家鄉敕修的紀念祭祀性祠廟。例如宋代順慶府（南充）太平門的“忠祐廟”。宋祝穆撰《方輿勝覽·順慶·人物》上説：“紀信，傳郡城太平門有忠祐廟。誥詞云：‘以忠徇國，代君任患，實開漢業，使後世知君爲重，身爲輕，雖糜捐不避者，侯有力焉。’”⑧以後，元《氏族大全》、明《萬姓統譜》、《明一統志》、《稗海》、《明會典》、清

---

① ［宋］王存等：《元豐九域志》卷一。

② ［明］李賢等：《明一統志》卷二十六。

③ 《欽定大清一統志》卷二百八十七。

④ ［清］《陝西通志》卷二十九“祠祀二·漢中府”。

⑤ ［清］《畿輔通志》卷五。

⑥ ［清］《畿輔通志》卷五十。

⑦ ［元］徐碩：《至元嘉禾志》卷十二“宫觀道院附”。

⑧ ［宋］祝穆：《方輿勝覽》卷六十三。

《欽定續文獻通考》等都有相似的記載。從這些連續性記載可以看出，忠祐廟是因爲宋朝廷將紀信追封“忠祐安漢公”，並頒《誥詞》之後，而奉命敕修的。

2. 作爲地方鄉賢祠意義上的紀信廟。此類紀信廟全國有六處：（1）天水的紀信廟（城隍廟）；（2）山西趙城縣的紀信祠；（3）四川順慶的鄉賢堂；（4）西充縣城化鳳山的忠祐廟；（5）西充縣城東大方山的忠祐廟；（6）西充高陽里扶龍村的紀公廟。

天水城隍廟最早記載見於《明一統志》：“紀信墓在秦州北門，墓側有廟”，但是紀信廟從來都是作爲城隍廟使用的。由於宋代《記纂淵海》、清《天水府志》認爲紀信可能是成紀（天水）人，因此，這裏的紀信廟是作爲鄉賢祠來記載的。後來，或是修城隍廟，或是以紀信廟作爲城隍廟。總之，在民國三十年時，這裏衹有城隍廟，但請的城隍神是紀信將軍。是年，天水籍著名愛國將領鄧寶珊將軍摹仿清秦川牧董平章的天水城隍廟對聯格局，撰了一聯：“楚逼滎陽時，憑烈志激昂，四百年基開赤帝；神生成紀地，作故鄉保障，萬千載祐篤黎民”，横額爲“精神尚在”，並請國民黨元老于右任書寫了“漢忠烈將軍祠”的牌坊匾額，纔將“城隍廟”又名爲“漢忠烈紀將軍祠”。因此，即使現在，當地人還是把這個地方叫做“城隍廟”或逕稱“隍廟”，而不知“紀信祠”爲何物。90年代中期，天水市城建局（今市建委）編寫的《天水市城建志》“建築”章的“古建築”中對它是這樣介紹的：“天水城隍廟，又稱漢忠烈將軍祠，是祭祀西漢紀信的廟宇。”① 究竟是紀念紀信的廟宇還是城隍廟，對於確定這個紀信廟究竟是作爲鄉賢祠還是一般的以紀信爲城隍的城隍廟十分重要。我們認爲，《明一統志》上面記載的紀信墓是不真實的，因爲，紀信本没有真正意義上的墳墓，滎陽的墳墓確有其實，但那衹是一個衣冠冢。衹有這個衣冠冢是得到歷代官方確認的，因爲那裏是紀信將軍的殉難地。因此，天水的紀信墓也衹是一個一般紀念性建築物，連衣冠冢都不是。同樣，《明一統志》上説的墓上有“廟”的這個廟，也是一個敬仰性城隍廟建築。所以現在天水市的“漢忠烈將軍祠”即紀信祠，本來是於明代修建的城隍廟，不過由於這裏傳説紀信是成紀（天水）人，這裏的人便請紀信作爲城隍神，於是，城隍廟即紀信祠。難怪從今天天水城隍廟的前殿和中殿的長廊頂上懸掛的清代民國兩代名人撰書的匾額來看，清道光、光緒年間撰寫的匾額全是有關城隍的内容，例如，“洞察幽明”、“惠保全秦”、“無感不應”、“德洋恩博”、“除忒降祥”、“默奠坎宫”、“庇蔭邊陲”、“惠保無疆”；衹有民國三十年以後撰書的匾額，纔開始有歌頌紀信的内容，例如，“功成漢業”、“恩湛西陲”、“精神尚在”、“福祐桑梓”，從這裏也可以看出天水紀信祠的城隍廟性質。

洪洞（趙城）紀信廟最早的記載是《明一統志》：“紀信祠，在趙城縣東二十里。信漢將，祠後有墓。”② 而《山西通志》對其記載更爲具體：“紀信廟，在紀落里，元至正初年建。祠後有冢。”實際上，紀落里，在趙城縣（趙城鎮）之南，可見其所記有誤。由於關於紀落村來歷的傳説不真實，加之這個傳説本身也没有説紀信是趙城人，因此，這個紀信墓和

① 天水市城建局編：《天水市城建志》，1995年，第190頁。
② ［明］李賢等：《明一統志》卷二十。

紀信祠，都是一般性的祭祀英雄的建築物，因此，那時的紀信祠（今不存）不是鄉賢祠意義上的紀公廟。

順慶鄉賢堂最早見於明《蜀中廣記》："（宋）《耆舊録》云：自漢紀信以下三十六人，並見《學録》、蒲士龍所編《耆舊録》。又有趙嗣業、趙昌藻游問爲之贊，並繪像於'鄉賢堂'。又自隱逸王公宇以下一十四人在《耆舊録》外，亦繪像於'鄉賢堂'。"① 這是第一個將紀信列入鄉賢祠的歷史記載。由於宋代在順慶有朝廷下令修建的忠祐廟，並有皇帝的《誥詞》，因此，這個有紀信的鄉賢祠是比較可信的。

宋代順慶府南還有開漢樓（又名"安漢樓"）。宋代詩人魏了翁過順慶，作《再用宋兵部韻，送劉左史德之光祖》詩："開漢樓前迎劍騎，臨津門外罷傳呼。"②《明一統志》卷六十八云："開漢樓，在府治南。昔紀信誑楚而漢業以成，故名。一名'安漢樓'。"明曹學佺《蜀中廣記》更有詳細的記載："郡之東南有開漢樓。"郡守楊濟記云："聖朝褒綸有'實開漢業'之語，因摘二字以名是樓。按《開漢樓詩序》："嘉陵大江襟帶於左，金泉棲樂諸山雄峙於右。宋忠祐廟誥詞云：'以忠殉國，代君任患，實開漢業。使後世知君爲重，身爲輕，雖糜捐不避者，侯有力焉'之謂也。"③此後，《欽定大清一統志》、《四川通志》也有類似的記載。由此可見，開漢樓之修建乃是因爲宋朝廷在順慶命修忠祐廟並褒封紀信爲"忠祐安漢公"的誥詞中有"實開漢室"之語，纔摘取其"開漢"二字以名是樓，可以看出，開漢樓近似於官方敕修了。

西充縣城化鳳山忠祐廟最早記載見於《欽定大清一統志》："忠祐廟，在西充縣東化鳳山上，祀漢紀信。"西充忠祐廟又稱"將軍廟"、"扶龍樓"或"將軍神宇"，古代作爲"西充八景"之一。據清康熙六十一年《西充縣志》記載，此廟建於西漢，也是朝廷敕修。明嘉靖二十一年進行過培修。明景泰二年朝廷設員守護。其大殿內有二聯。其一聯曰："千載仰孤忠，常借青山存表宅；一時來猛烈，何方黄衮暫加身。"另一聯曰："假王亦可爲歟，自古謂忠臣第一；鎮齊不如誑楚，此當乃國士無雙。"20世紀70年代初修自來水廠拆毀。西充縣城化鳳山上的這座紀信廟，是朝廷敕修在紀信故里縣城中的紀信祠。

西充縣城東大方山宋忠祐廟最早記載見《明一統志》："紀信廟，在西充縣治東。紀信，漢將軍。宋錫封'忠祐'，歲時祀之，至今不絶。"④ 據清康熙六十一年《西充縣志》記載："忠祐廟，治東二十五里大方山，亦祀紀信，宋敕建。"⑤此廟即在今西充縣關文鎮九聯洞村的大方山上。"文革"前上面還有"大方山忠祐祠"的匾額。而此地離紀信故宅不過三公里。既然是"宋敕建"，顯然，這是朝廷在鄉下敕修的鄉賢祠意義上的紀信祠堂。

扶龍村紀公廟最早記載也見於明《蜀中廣記》："西充……仙踪古迹特著。其大陵鎮，

---

① ［明］曹學佺：《蜀中廣記》卷二十七《名勝記》。
② ［宋］魏了翁：《鶴山集》卷八。
③ ［明］曹學佺：《蜀中廣記》卷二十七《名勝記》。
④ ［明］李賢等：《明一統志》卷六十八。
⑤ 《欽定大清一統志·順慶府》卷三百"古迹"。

則有扶龍山。蓋紀信，此縣人。生在高陽之扶龍村，祠在紫巖。"①紫巖，即現在扶龍村所屬的鄉鎮。實際上，紫巖鄉並無紀公廟，紀公廟在紫巖鄉紀村溝（即"扶龍村"）。紀村溝紀公廟到20世紀50年代都保留完好。70年代基本拆毁，至今衹存中殿的結構。該廟氣魄宏大，結構豐富而嚴謹，根據我的實地考察，在20世紀僅存的紀信廟中，該廟堪稱全國第一：其風水（環境美學）最爲理想，其規模最爲宏偉，其氣象最爲壯闊。

扶龍村紀公廟究竟建於何時，人們不得而知，但是有一個資訊是很清晰的。據當時曾在紀公廟小學教學，已年近九旬的李同華老先生講：紀公廟廟前的兩棵柏樹，在20世紀70年代被砍伐之前，要四個成年人纔能合圍，樹高三十多米，當地人稱之爲"漢柏"。這可能是真實情況，因爲，這樣腰圍和高度的古柏，其悠遠的歷史感，衹有西藏的"古柏樹王"或四川劍閣"翠雲廊"的"張飛柏"可以媲美。20世紀70年代，該隊用一棵樹的一塊主根就做了32張1.2米見方的農家切菜的案板，每户1張。這些農家案板，至今可睹。可以肯定的是先建祠廟後栽柏樹，因此，此廟很可能最早建於漢代。值得注意的是，曹學佺《蜀中廣記》在記載紀公廟時，把唐長安時西充縣令盧藏用（後任右侍郎）寫的《弔紀信文》也記在這裏。加之，據載，盧藏用曾在西充做過知縣，因此，這篇《弔紀信文》就是曹學佺在這裏看到的盧藏用爲這裏的紀公廟撰寫的悼念文章。這便説明，西充紫巖紀村溝紀公廟，作爲紀信家鄉的紀公廟，修建的時間很早，很可能就是漢代修建，在唐代就有很大的影響了。20世紀80年代西充縣的地面文物普查資料顯示，清乾隆三十三年（1768）對該廟進行過配修。一直到20世紀50年代初，紀公廟都保存完好。因此，扶龍村的紀公廟，也是典型的具有鄉賢祠意義的紀信祠宇。

結　論

從對上面名人故里的條件特徵的具體分析，可以得出如下基本的結論：

趙城、天水從來没有紀信故宅記載，也没有紀信家族墓葬記載，没有記載紀信將軍青少年時期的生活的地名，更没有朝廷下令在故鄉修建的紀念祭祀的祠廟，因此，紀信不是隴西成紀（甘肅天水）人，更不是山西趙城（洪洞）人。紀信將軍的故里在"西充高陽里扶龍村"的記載，應該是歷史事實。因爲，四川西充更加具備名人故里的基本條件特徵。曹學佺關於紀信是西充縣高陽里扶龍村人的記載，是十分可信的。

注：2012年3月，經中國文聯和中國民間文藝家協會批准，同意將四川省西充縣命名爲"中國（紀信）忠義文化之鄉"。2012年8月28日，西充縣委、縣政府和中國文聯、中國民間文藝家協會在西充縣舉行了隆重的掛牌儀式。

作者單位：四川省文史館、四川師範大學文學院

① ［明］曹學佺：《蜀中廣記》卷二十七《名勝記》。

相如文君故事的歷代解讀與接受

何煜婷

愛情是人類精神生活永恒的主題。不論古今中外，愛情自人類文明伊始便不可或缺，且越來越豐富地參與到人類的精神文明生活中。司馬相如與卓文君的愛情故事更以其載諸史集的真實性及故事的傳奇性，被後世廣爲傳唱。二人的愛情故事最早載於司馬遷的《史記·司馬相如列傳》，班固亦采入《漢書》，通過《西京雜記》、《華陽國志》、《文選》、《玉臺新詠》等一系列史傳雜記、文學選集的相關載録，使得司馬相如和卓文君的愛情故事在後世的流傳中不斷演變，情節更加豐富完整，成爲後世文學創作的基礎素材。不論是詩詞歌賦，還是筆記小説，特别是元明清蔚爲大觀的相如文君戲曲，歷代文人墨客將相如文君的故事以豐富的文學形式付諸筆端，藉以抒發自己的文士理想與騷客情懷，也使得相如文君的愛情故事成爲文學史上重要的敘事模式，以其獨特的歷史文化内涵和審美内涵在後世産生了廣泛的影響。儘管二人生活的年代距今較遠，但是，對二人愛情故事在後世流傳中的接受考察，不僅有利於瞭解不同歷史時期人們的愛情婚姻觀，亦可讓歷史經驗照進現實社會，對今人的愛情婚姻觀或有所參考。筆者擬通過梳理相如文君故事在後世流傳衍變的脈絡，進一步探討不同歷史時期對此故事的解讀與接受。

一　司馬遷對此故事的記録與解讀

司馬遷的《史記·司馬相如列傳》最早以極具文學性的語言，展現了二人的愛情傳奇：

司馬相如者，蜀郡成都人也，字長卿。少時好讀書，學擊劍……會梁孝王卒，相如歸，而家貧，無以自業。……於是相如往，舍都亭。臨邛令繆為恭敬，日往朝相如。相如初尚見之，後稱病，使從者謝吉，吉愈益謹肅。臨邛中多富人，而卓王孫家僮八百人，程鄭亦數百人，二人乃相謂曰："令有貴客，為具召之。"並召令。令既至，卓氏客以百數。至日中，謁司馬長卿，長卿謝病不能往，臨邛令不敢嘗食，自往迎相如。相如不得已，强往，一坐盡傾。酒酣，臨邛令前奏琴曰："竊聞長卿好之，願以自娱。"相如辭謝，為鼓一再行。是時卓王孫有女文君新寡，好音，故相如繆與令相重，而以琴心挑之。相如之臨邛，從車騎，雍容閑雅甚都；及飲卓氏，弄琴，文君竊從户窺之，心悦而好之，恐不得當也。既罷，相如乃使人重賜文君侍者通殷勤。文君夜亡奔相如，相如乃與馳歸成都。家居徒四壁立。……文君久之不樂，曰："長卿第俱如臨邛，從昆弟假貸猶足為生，何至自苦如此！"相如與俱之臨邛，盡賣其車騎，買一酒舍酤酒，而令文君當壚。相如身自著犢鼻褌，與保庸雜作，滌器於市中。卓王孫聞而耻之，為杜門不出。昆弟諸公更謂王孫曰："有一男兩女，所不足者非財也。今文君已失身於司馬長卿，長卿故倦游，雖貧，其人材足依也，且又令客，獨柰何相辱如此！"卓王孫不得已，分予文君僮百人，錢百萬，及其嫁時衣被財物。文君乃與相如歸成都，買田宅，為富人①。

司馬遷以極其濃厚的文人意趣，來看待這段頗具傳奇性質的風流愛情。即便寥寥數語，我們也能從中窺見相如文君的些許風貌儀態：

首先，《史記》中的相如是一位大才子，其"少學擊劍"，略通武藝，本傳後半段又重在敘寫相如之擅長辭賦，頗具經世之才。又善弄琴，足稱文人雅士。當其赴卓氏之宴飲，"雍容閑雅甚都"。"都"即美好之義，意謂相如風度翩翩，姿態瀟灑。相如不僅極具才華，其風度翩翩的儀態更使其氣質非凡，超群拔俗，故而"一坐盡傾"。

故事中的文君雖然没有過多外貌、個性特徵的描繪，衹謂知音擅琴，亦足見斐然才華，這也是其有别於一般女子之處。中國封建時代的禮教規範側重於女子德行的教育，女子在家庭中被訴諸更多的言語德行以及勞動層面的要求。《禮記・内則》云："女子十年不出，姆教之婉娩聽從，執麻枲，治絲繭，織紝組紃，學女事以供衣服。"② "婉"指言語，娩指婦容，"聽從"乃指女子行爲貞順，是爲婦德，然後便是"執麻治絲"等與紡織有關的内容，所謂"婦功"。此四者，合之則爲女子所應具備的"四德"。在以男性爲尊崇的封建時代，女子衹需塑造自己合"禮"的德行，技藝上能紡織、會針黹，無須其他技藝情操的培養。因而，對於琴棋書畫之技藝没有嚴格要求，況且尋常女子，亦不具備學習的條件。琴棋書畫最早是男子在經世之才之外，用以提升自己的文化與藝術修養，陶冶性情之具。而女子在琴棋書畫上的修養，意味着與文人雅士在精神上一定程度的契合以及興趣愛好的相投。而文君知音擅琴，亦説明她作爲女子已介入到男性文人高雅的生活情趣之中，能引起精神層面的共鳴，故而她能通過琴中之意捕捉、回應相如的愛情。

而文君之奔相如，不僅在於相如超塵脱俗的氣質，更在於相如之才華。相如之才應作兩

① ［漢］司馬遷撰，［南朝 宋］裴駰集解，［唐］司馬貞索引，［唐］張守節正義：《史記・司馬相如列傳》卷一百一十七，中華書局 1959 年版，第 3000 頁。

② ［漢］鄭玄注，［唐］孔穎達疏，李學勤主編：《禮記正義》卷二十八，北京大學出版社 1999 年版，第 870 頁。

層含義看待：一即才之背後所體現之“重情”，所謂自古才子多情；其次，便是相如之才所背負的功名富貴。顯然，在卓王孫等人眼中，對相如之才的肯定更偏向於後者。“雖貧，其人材足依也”，相如雖然目前貧困，在故事中衆人的潛在心理下，相如之雄才意味着日後的榮華富貴。本傳後半段重在描寫相如經天緯地之才，最終得以施展，仕宦顯達，即可作如是觀。然而，文君作爲一個女人，情感是第一位的。她生長於巨富之家，也無須相如之才能帶來更多的財富。顯然，文君看重的是相如才華背後的多情，所以能不顧“國人皆賤之”的危險，與窮才子偕成伉儷，充分體現了其知音憐才、頗爲重情的一面。且這一行爲在一定程度上又填補了古來窮困才子特別是懷才不遇者在仕宦不濟情況下的心理缺憾，這種心理上的補償似雪中送炭一般，讓才子銘心刻骨，從而作詩填詞，諷誦吟哦不止。

值得注意的是，司馬遷在記敘相如琴挑文君這一故事的時候，大有相如與王吉合謀設計之意：“臨邛令繆爲恭敬，日往朝相如。相如初尚見之，後稱病，使從者謝吉，吉愈益謹肅。……是時卓王孫有女文君新寡，好音，故相如繆與令相重，而以琴心挑之。”[①] 兩個“繆”字的前後呼應，將相如塑造成頗有計謀的風流才子，也使得相如之主動琴挑文君的行爲飽受後人“竊妻”、“竊貲”的争議。

漢代揚雄《解嘲》首提：“司馬長卿竊貲於卓氏。”[②] 南北朝劉勰《文心雕龍·程器》云：“相如竊妻而受金。”[③] 明言相如以“竊妻”從而獲得貲財。顔之推《顔氏家訓·文章篇》在評“自古文人，多陷輕薄”時亦云：“司馬長卿，竊貲無操。”[④] 劉知幾《史通·序傳》謂司馬相如《自序》“記其客游臨邛，竊妻卓氏，以《春秋》所諱，持爲美談”[⑤]，顯然不滿相如在臨邛之所爲。唐人司馬貞的《史記索隱》是注釋《史記》的重要著作，他在列傳最後的“述贊”中評云：“相如縱誕，竊貲卓氏。”[⑥] 因其著作乃“三家注”之一，可以想見他的言論對後世人們認識評價司馬相如有着極其重大的影響。唐李舟云：“相如薄於貞操，有滌器受金之累。”[⑦] 又將相如當壚滌器之舉作爲“竊貲”的重要手段。宋人蘇軾在《司馬相如之諂死而不已》中云：“司馬相如歸臨邛，令王吉繆爲恭敬，日往朝相如，相如稱病，使從者謝吉。及卓氏爲具，相如又稱病不往。吉自往迎相如。觀吉意，欲與相如爲率錢之會耳。而相如遂竊妻以逃，大可笑。”[⑧] 在蘇軾看來，相如與王吉在赴宴之前的一番作態，意在謀取卓氏財産，甚而把相如與文君私奔，看作是相如的“竊妻以逃”，從而將相如與文君的故事庸俗化。明代吴子良《荆溪林下偶談》卷三《相如美人賦》亦云：“司馬相如

---

① ［漢］司馬遷撰，［宋］裴駰集解，［唐］司馬貞索引，［唐］張守節正義：《史記·司馬相如列傳》卷一百一十七，中華書局 1959 年版，第 3000 頁。

② ［梁］蕭統編，［唐］李善注：《文選》卷四十五，中華書局 1977 年版，第 632 頁。

③ ［南朝 梁］劉勰著，范文瀾注：《文心雕龍》卷四，人民文學出版社 1958 年版，第 719 頁。

④ ［北齊］顔之推撰，王利器集解：《顔氏家訓集解》卷四，上海古籍出版社 1980 年版，第 221 頁。

⑤ ［唐］劉知幾著，趙吕甫校注：《史通·序傳第三十二》，重慶出版社 1990 年版，第 555—556 頁。

⑥ ［漢］司馬遷撰，［宋］裴駰集解，［唐］司馬貞索引，［唐］張守節正義：《史記·司馬相如列傳》卷一百一十七，中華書局 1959 年版，第 3074 頁。

⑦ ［唐］李舟：《獨孤常州集序》，載董誥等編：《全唐文》，中華書局 1983 年版，第 4520 頁。

⑧ ［宋］蘇軾著，孔凡禮點校：《蘇軾文集》卷六十五，中華書局 1986 年版，第 2010 頁。

擬《諷賦》而作《美人賦》，亦謂‘臣不好色’，則人知其爲誣也。有不好色而能盜文君者乎？此可以發千載之一笑。”①

可見各個時代，認爲相如有“竊妻”、“竊貲”行爲的大有人在，並以此詬病司馬相如人品無端。雖然“竊妻”的罪名過於嚴重，但是觀《史記》本傳之記載，史公確有相如主謀，與王吉設局琴挑文君之意。

太史公之傳文，主要依據司馬相如之《自敘》內容加工而來②。唐代劉知幾論及自傳之源流時云：

> 蓋作者自敘，其流出於中古乎？屈原《離騷經》，其首章上陳氏族，下列祖考；先述厥生，次顯名字。自敘發迹，實基於此。降及司馬相如，始以自敘為傳。然其所敘者，但記自少及長，立身行事而已。逮於祖先所出…… 然自敘之為義也，苟能隱己之短，稱其所長，斯言不謬，即為實録。而相如《自序》，乃記其客游臨邛，竊妻卓氏，以《春秋》所諱，持為美談。雖事或非虛，而理無可取。載之於傳，不其愧乎！③

劉知幾認爲自敘儘管能“隱己之短，稱其所長”，但應具備作爲“史”的真實性。相如在其《自敘》中，大致記其成長中的立身行事，然而將其“客游臨邛，竊妻卓氏”，即《史記》所載其與王吉合謀設局琴挑文君這一類爲史所諱之事，作爲美談而津津樂道，誠無可取之處。既然劉知幾批評相如將這類“《春秋》所諱”之事書於自傳，“不其愧乎”，認爲相如厚顔無恥，言行鄙薄，應該感到羞愧，那麽作爲太史公的司馬遷，他應該十分清楚著史的原則，爲何他亦基於相如《自敘》而增入正史呢？其實，這正是司馬遷個人作意好奇而致。揚雄《法言・君子篇》曾云：“多愛不忍，子長也。……子長多愛，愛奇也。”④“多愛不忍”是指太史公爲貨殖、游俠諸類人立傳而不忍捨筆；言其多愛，正在於司馬遷對奇異的偏好。劉勰在《文心雕龍・史傳》篇中亦稱其“博雅弘辨之才，愛奇反經之尤”⑤。雖然劉勰以稍加批評的態度指出其著史的缺點，但是足見司馬遷之好奇，甚而違反儒家經典的教義。正是司馬遷對奇人奇事的極濃興味，所以對於司馬相如與卓文君極具傳奇性的愛情故事自然不忍捨棄，況且相如乃當時有名的曠世奇才、辭賦大家。其所作之傳又以相如《自敘》爲參考，亦秉承了“不虛美，不隱惡”⑥ 的實録精神。

從司馬遷的記録，其不避史諱，對二人愛情的如實轉載，可見司馬遷本人對此故事的認

---

① ［明］吴子良：《荆溪林下偶談》卷三，《筆記小説大觀（四編）》，臺北新興書局 1978 年版，第 1524 頁。

② 關於司馬相如之《自敘》，有傳是後人據司馬遷本傳附會而來。而唐代劉知幾《史通・雜説上》云：“馬卿爲《自敘傳》，具在其集中。子長因録斯篇，即爲列傳，班氏仍舊，曾無改奪。”觀劉氏之意，似曾親眼目及相如之《自敘》，並與司馬遷之《史記》以及班固之《漢書》的記敘有所對照。筆者較爲贊同房鋭教授的看法，即“《史記・司馬相如列傳》以相如所撰《自敘》爲藍本，加以增改而成”。詳見房鋭：《〈史記・司馬相如列傳〉與司馬相如〈自敘〉關係之探討》，《中華文化論壇》2007 年第 3 期。

③ ［唐］劉知幾著，趙吕甫校注：《史通・序傳第三十二》，重慶出版社 1990 年版，第 555—556 頁。

④ ［漢］揚雄撰，李守奎，洪玉琴譯注：《揚子法言譯注》，黑龍江人民出版社 2003 年版，第 188 頁。

⑤ ［南朝 梁］劉勰著，范文瀾注：《文心雕龍》卷四，人民文學出版社 1958 年版，第 284 頁。

⑥ ［漢］班固撰，［唐］顔師古注：《漢書・司馬遷列傳》卷六十二，中華書局 1962 年版，第 2738 頁。

同態度。司馬遷與司馬相如生活於同一時代，他將此故事載入正史，從而也增强了故事的真實性，大大推動了此故事在後世的流傳。

二　魏晉南北朝時期文人對此故事的解讀

魏晉時期，嵇康亦對相如贊賞不已，其《聖賢高士傳》是“爲上古以來聖賢隱逸遁心遺名者，集爲傳贊”，其爲司馬相如作傳云：

> 司馬相如者，蜀郡成都人，字長卿。初為郎，事景帝。梁孝王來朝，從游説士鄒陽等，相如説之，因病免，游梁。後過臨邛，富人卓王孫女文君新寡，好音。相如以琴心挑之，文君奔之，俱歸成都。後居貧，至臨邛，買酒舍，文君當壚，相如著犢鼻褌，滌器市中。為人口吃，善屬文。仕宦不慕高爵，嘗托疾不與公卿大事。終於家①。

此傳大致據《史記》所載概括而成，然其傳末贊曰：“長卿慢世，越禮自放。犢鼻居市，不恥其狀。托疾避官，蔑此卿相。乃賦《大人》，超然莫尚。”② 可見嵇康最爲推崇的便是相如在“琴挑文君”、“當壚滌器”以及不慕官爵等情節中所表現出的越禮、慢世、自放之瀟灑恣肆的態度。相如之放誕不羈或許與嵇康之曠達狂放、輕時傲世頗相契合，故而嵇康稱賞相如這種超然自適的行爲。嵇康所處的時代正是文人士大夫愛好清談、崇尚名物品鑒的時代。其人更以灑脱不羈、“尚奇任俠”③、輕狂傲世的個性聞名於世。他不慕名利，注重養生，鄙視權貴，“頭面常一月十五日不洗，不大悶養，不能沐也”④，推崇一種自然任性的生活方式。因而，他對相如放誕自任個性的體認，亦可作爲其對自我的觀照，更可視爲魏晉時期文人風貌的表現之一。可見，不同於太史公記載此故事較爲“冷静”的敘述，相如文君之故事在流傳的過程中，又被注入了新的時代因素、主觀情感以及個性特徵等。

相如文君的愛情故事在史傳所敘情節的基礎上，在後來的流傳過程中，又衍生了一系列的故事細節。

如《西京雜記》“相如死渴”條下記載了相如與文君奔還成都之後的生活細節：

> 司馬相如初與卓文君還成都，居貧愁懣，以所著鷫鷞裘，就市人陽昌貰酒，與文君為歡。既而，文君抱頸而泣曰：“我平生富足，今乃以衣裘貰酒。”遂相與謀於成都賣酒，相如親著犢鼻褌滌器，以恥王孫。王孫果以為病，乃厚給文君，文君遂為富人⑤。

---

① ［清］嚴可均校輯：《全三國文》卷五十二，中華書局 1958 年版，第 1348 頁。
② ［清］嚴可均校輯：《全三國文》卷五十二，中華書局 1958 年版，第 1348 頁。
③ ［晉］陳壽撰，［宋］裴松之注，陳乃乾點校：《三國志 · 魏書》卷二十一，中華書局 1959 年版，第 605 頁。
④ ［晉］嵇康：《與山巨源絶交書》，《文選》卷四十三，中華書局 1977 年版，第 601 頁。
⑤ ［晉］葛洪輯，成林、程章燦譯注：《西京雜記》卷二，貴州人民出版社 1993 年版，57 頁。

此段軼聞可以見出是對《史記》所載文君與相如私奔成都，家徒四壁，而“文君久之不樂”的細節鋪展。文君因困於貧愁，抱頸而泣，爲了改變現狀，遂有了當壚賣酒的計策。文中未寫文君親自當壚，而以相如親自滌器之狀，來激怒卓王孫。卓王孫因不能忍受這種恥辱，便分財與文君。而從“文君爲富人”的描繪可見，文君是當壚賣酒計策的直接受益者。而整個過程，仿佛又是在强調相如能屈己而體恤文君，滿足其富足之願，以紓現實之貧愁。

《西京雜記》中又補充了史傳中未涉及的有關文君姿色的描繪：

> 文君姣好，眉色如望遠山，臉際常若芙蓉，肌膚柔滑如脂，十七而寡，為人放誕風流，故悦長卿之才而越禮焉。長卿素有消渴疾，及還成都，悦文君之色，遂以發痼疾，乃作《美人賦》欲以自刺，而終不能改，卒以此疾至死，文君為誄傳於世①。

對文君姿色的描繪，似乎因襲於《詩經・衛風・碩人》中“手如柔荑，膚如凝脂”②的描寫。更爲重要的是，此段材料指出了文君越禮私奔，不僅在於其風流個性，還在於相如才華的吸引。而司馬相如之慕文君，亦在於對其美色的追求。可見在這一時期，才、色已成爲二人考量愛情伴侶的前提。

《西京雜記》卷三“《白頭吟》”條下又載相如後半生寄身茂陵的逸聞趣事：

> 相如將聘茂陵人女為妾，卓文君作《白頭吟》以自絶，相如乃止③。

《西京雜記》的作者雖有争議，但它大概屬於魏晉時期的作品。又因之一貫被奉爲小説家言，其記載顯然不足爲憑。史傳中没有相如娶妾的描繪，而此段材料也在於突出相如因文君之“自絶”，所以打消了娶妾的念頭。然而從“相如娶妾”這個情節的增飾，仍可見出魏晉時期的人們所具有的婚姻價值觀。

魏晉時期，社會上流行着一股女性妒忌之風。《世説新語・輕詆》篇，“王丞相輕蔡公”條下，余嘉錫箋疏引《妒記》云：

> 丞相曹夫人性甚忌，禁制丞相，不得有侍御，乃至左右小人，亦被檢簡，時有妍妙，皆加誚責。王公不能久堪，乃密營别館，衆妾羅列，兒女成行。後元會日，夫人於青疏臺中，望見兩三兒騎羊，皆端正可念。夫人遥見，甚憐愛之。語婢：“汝出問，是誰家兒？”給使不達旨，乃答云：“是第四、五等諸郎。”曹氏聞，驚愕大恚。命車駕，將黄門及婢二十人，人持食刀，自出尋討。王公亦遽命駕，飛轡出門，猶患牛遲。乃以左手攀車蘭，右手捉麈尾，以柄助御者打牛，狼狽奔馳，劣得先至④。

東晉的大丞相王導因懼怕其夫人，以至於不敢公開納妾，祇得另置别館。不料被其夫人發現，嚇得王導是“飛轡出門”，左手抓車欄，右手以麈尾幫助車夫趕牛，期望比曹夫人先

① ［晉］葛洪輯，成林、程章燦譯注：《西京雜記》卷二，貴州人民出版社 1993 年版，第 57 頁。
② 程俊英、蔣見元：《詩經注析》，中華書局 1991 年版，第 165 頁。
③ ［晉］葛洪輯，成林、程章燦譯注：《西京雜記》卷三，貴州人民出版社 1993 年版，第 115 頁。
④ 余嘉錫箋疏，周祖謨、余淑宜整理：《世説新語・輕詆》，中華書局 2007 年版，第 689 頁。

到一步，以避免妻妾間的仇恨慘劇，可謂狼狽至極。

魏淮陽王孝友曾詳奏這種社會風氣：

將相多尚公主，王侯亦娶后族。故無妾媵，習以為常。婦人多幸，生逢今世。舉朝略是無妾，天下殆皆一妻。設令人强志廣娶，則家道離索，身事迍邅，內外親知，共相嗤怪。凡今之人，通無準節。父母嫁女，則教之以妒；姑姊逢迎，必相勸以忌。持制夫為婦德，以能妒為女工。自云不受人欺，畏他笑我。王公猶自一心，已下何敢二意？夫妒忌之心生，則妻妾之禮廢；妻妾之禮廢，則奸淫之兆興，斯臣之所以毒恨者也①。

當時之風，婦女以“持制夫爲婦德，以能妒爲女工”，婦女地位的崛起，到了讓男人不可忍受的地步。故而，淮陽王奏請“以王公第一品娶八，通妻以備九女，稱事二品備七；三品、四品備五；五品、六品則一妻二妾。限以一周，悉令充數。若不充數及待妾非禮，使妻妒加捶撻，免所居官。其妻無子而不娶妾，斯則自絶，無以血食祖父，請科不孝之罪，離遣其妻”②。婦女妒忌成風，以至於淮陽王企圖通過制定政策，利用道德的約束、法律的懲治來維護男人娶妾的權益。

這種風氣，究其原因，是魏晉時期士族門閥婚姻制度的産物。隨着士族門閥制度的確立，士族爲維護自身的穩固地位，在婚姻上也往往攀結其他高門貴族，以保持家族高貴純淨的血統。士庶不通婚，在社會上已得到了普遍的認同。因而，丈夫懼內更可詮釋爲對女方家族權勢地位的依附。故而，女性之妒性表露較爲大膽直白。“王公猶自一心，已下何敢二意?”③ 這種女性對禁止娶妾的權益訴求從社會上層蔓延至普通老百姓，或許《西京雜記》所載相如欲娶妾，而文君憤然自絶，相如遂罷娶妾的行爲可視爲對這種風氣的委婉表現，一定程度上展現了魏晉人士對情感專一的訴求。

南北朝蕭統所編選的《文選》中又收有《長門賦》一篇，題爲司馬相如所作。其賦前小序亦云：

孝武皇帝陳皇后，時得幸，頗妒，別在長門宫，愁悶悲思。聞蜀郡成都司馬相如，天下工為文，奉黄金百斤，為相如文君取酒，因於解悲愁之辭。而相如為文以悟上，陳皇后復得親幸④。

這又成爲後世津津樂道的長門買賦的故事情節。據史記載，陳皇后初因妒忌，使武帝頗爲憤怒，後因在宫內實施“巫蠱”，遂被武帝貶於長門。當然，據史所載，陳皇后並未“復得親幸”，《漢書 · 孝武陳皇后傳》謂“後數年，廢后乃薨，葬霸陵郎官亭東”⑤。“長門買賦”主要在於展現相如之才華。且此處以黄金爲二人取酒，並未説明此時的相如文君即在

① ［北齊］魏收：《魏書 · 太武五王列傳》卷十八，中華書局 1794 年版，第 423 頁。
② ［北齊］魏收：《魏書 · 太武五王列傳》卷十八，中華書局 1794 年版，第 423 頁。
③ ［北齊］魏收：《魏書 · 太武五王列傳》卷十八，中華書局 1794 年版，第 423 頁。
④ ［梁］蕭統編，［唐］李善注：《文選》卷十六，中華書局 1977 年版，第 227 頁。
⑤ ［漢］班固撰，［唐］顔師古注：《漢書 · 孝武陳皇后傳》卷九十七，中華書局 1962 年版，第 3949 頁。

當壚賣酒，而後世的小説戲曲多把其附會到相如文君當壚賣酒的情節中。

類似上述這些有關相如文君故事的衍生情節衆多，如《西京雜記》中還有相如夜夢黄衣老人命作《大人賦》的描繪①，《玉臺新詠》又記載文君自絶所作之《白頭吟》②，以及相如所作《琴歌》③ 等等，這些衍生的故事情節，基於史傳故事情節之框架而來，帶有鮮明的時代特徵，共同構成了相如文君故事的有機系統。

後世文學創作多取材於二人之愛情故事系統，相如與文君遂成爲歷代文人墨客争相吟詠與評論的對象。

南朝陳時祖孫登《賦得司馬相如詩》云："雍容文雅深，王吉共追尋。當壚應酤酒，托意且彈琴。《上林》能作賦，《長門》得賜金。唯當有漢主，知懷封禪心。"④ 杜甫《琴臺》詩云："茂陵多病後，尚愛卓文君。酒肆人間世，琴臺日暮雲。野花留寶靨，蔓草見羅裙。歸鳳求凰意，寥寥不復聞。"⑤ 陸游《文君井》云："落魄西州泥酒杯，酒酣幾度上琴臺。青鞋自笑無羈束，又上文君井畔來。"⑥ 這些詩作或賞贊司馬相如之才華，或欣羡相如之仕宦際遇，或憑弔琴臺而追慕才子佳人之風流，都可見出二人故事在文人心中的感染力。

三 宋代以後對此故事的解讀

宋以後的小説戲曲亦多以此爲創作素材。宋代皇都風月主人的《緑窗新話》收有話本《文君窺相如撫琴》，大致引述史記所載之内容。話本通俗易懂的特點無疑又進一步推動了相如文君故事在民間的廣泛傳播⑦。

《清平山堂話本》卷一又收有《風月瑞仙亭》一篇，此小説《寶文堂書目》著録。程毅中認爲"《醉翁談録》所舉小説有《卓文君》一目，或即此本"⑧。此篇小説亦將相如文君的愛情故事敷衍成一篇通俗小説。故事敘成都司馬相如自幼失親，孤身獨守，然而精通經史，志在功名，曾於城北升仙橋題橋誓志。初幕於梁孝王之門，不意梁王捐館，遂赴臨邛相

① ［晉］葛洪輯，成林、程章燦譯注：《西京雜記》卷三，貴州人民出版社 1993 年版，第 114 頁。

② 《玉臺新詠》卷一"古樂府"類，題《皚如山上雪》，其辭曰："皚如山上雪，皎若雲間月。聞君有兩意，故來相決絶。今日斗酒會，明旦溝水頭。躞蹀御溝上，溝水東西流。淒淒復淒淒，嫁娶不須啼。願得一人心，白頭不相離。竹竿何嫋嫋，魚尾何蓰蓰。男兒重意氣，何用錢刀爲。"見［陳］徐陵編，［清］吴北宜注，［清］程琰删補，穆克宏點校：《玉臺新詠》，中華書局 1985 年版，第 15 頁。

③ 《玉臺新詠》卷九收司馬相如《琴歌》二首，詩前小序云此即相如琴挑文君之曲，其辭曰："鳳兮鳳兮歸故鄉，遨游四海求其凰。時未遇兮無所得，何悟今日登斯堂。有豔淑女在閨房，室邇人遐愁我腸。何緣交頸爲鴛鴦。凰兮凰兮從我棲，起托孳尾永爲妃。交情通體心相怡，中夜相從知者誰。雙羽俱起翻高飛，無感我心使予悲。"（見《玉臺新詠》卷九，第 389 頁。）此《琴歌》被明清劇作家廣泛用於相如文君戲曲"琴挑"情節。

④ ［清］張英、王士禎等纂：《淵鑒類函》卷一百九十三，中國書店 1985 年版，第 12 頁。

⑤ ［唐］杜甫著，［清］仇兆鼇注：《杜詩詳注》卷九，中華書局 1979 年版，第 808 頁。

⑥ ［宋］陸游著，錢仲聯校注：《劍南詩稿校注》卷八，上海古籍出版社 1985 年版，第 678 頁。

⑦ ［宋］皇都風月主人編，周楞伽箋注：《緑窗新話》卷下，上海古籍出版社 1991 年版，第 186—187 頁。

⑧ 程毅中輯注：《宋元小説家話本集》，齊魯書社 2000 年版，第 351 頁。

會於王吉。兩人言談之際，言及卓王孫之華美庭院，王吉遂遣卓王孫接待相如觀覽。卓王孫家資巨萬，喪偶不娶，慕道修真，有女文君，及笄未聘。琴棋書畫、女紅針黹皆精通，協助王孫操持家事。卓王孫聞相如乃文章巨儒，遂迎至卓府觀賞，留相如入住瑞仙亭。文君聞説有秀士司馬相如寓居瑞仙亭，於東牆瑣窗窺視良久，見其俊雅風流，料必日後富貴，欲得相如，而遂平生之願。又想相如之貧困境遇，料卓王孫斷然不肯，愁悶不已。後二日，侍女見文君雙眉愁蹙，遂邀其是夜於花園賞月。文君當面不語，卻暗自思量私奔之事。主意既定，遂避開侍女，收拾金銀首飾。入夜，相如聞文君貌美聰慧，知音解琴，欲以琴音挑之。文君知相如心意，遂與相如相見。月下二人互訴衷腸，排酒對飲。少頃，相如欲與文君就枕席之歡，文君謂願奉箕帚，惟恐相如日後負恩。相如謂自不相負，文君遂許爲夫婦。事後，文君怕王孫驚怒，欲與相如私奔至别處，再圖他日完聚。二人遂出後院以奔。卓王孫知曉二人之事，念家醜不可外揚，遂杜門不出。相如與文君歸家，因家貧無以度日，相如慚愧不已，文君遂安慰相如，必生死相隨。相如欲開酒肆爲生，文君欣然當壚。年過半載，忽天使捧詔而至，乃相如之賦得武帝賞識，楊得意薦言，天子遂遣人徵召。文君怕相如日後富貴，不忍離别。相如再三表明心意，決不相負。卓王孫聞相如被召，欲提前去看望文君，怕相如日後顯貴再去拜賀，反惹趨炎附勢之名。相如至京，再獻《上林賦》，天子拜爲著作郎。又巴蜀開通夷道，驚擾夷民，相如拜爲中郎將，持節安撫。相如自思如今衣錦還鄉，已遂平生之願，遂辭謝天子，勸諭巴蜀。半月而百姓安寧（以下缺）①。

此小説大致敷衍史傳而來，但又有所改編，如故事中未明寫史傳中相如與王吉之“蓄意合謀”，且添入了前代所衍生的故事情節，如“題橋誓志”等。人物塑造上，主寫文君主動私奔，没有添入史傳中侍女通情的情節，文君私奔相如甚至没有遭遇內心對傳統禮教遵從而産生的矛盾心理，作者賦予文君較多的主動私奔行爲，似乎將文君以“奔女”目之。

相如進京獻賦，與文君相與離别之時，文君所言“如今世情至薄，有等蹈德守禮，有等背義忘恩者”，“秀才每也有兩般，有‘君子儒’，不論貧富，志行不私；有那‘小人儒’，貧時又一般，富時就忘了貧時”②，似乎又是作者對所處時代風俗世情的真實描摹。雖然下半段原缺，但從文君時時流露“怕相如富貴而背信棄義”的擔憂來看，後半段應該有相如“茂陵娶妾”情節的插入。人物情節的細節化處理上亦較爲粗疏，如文君一面背着侍女收拾金銀欲私奔，又當着侍女之面向相如袒露私奔之心，語言較爲質樸通俗。後世以相如文君故事爲題材的戲曲作品，其故事結構多有參照此小説。

元代戲曲肇興，即有多本以相如文君故事爲題材的戲曲作品，如關漢卿與屈恭之都有同名雜劇《升仙橋相如題柱》、孫仲章有《卓文君白頭吟》、徐渭《南詞敘録》“宋元舊篇”所著録的無名氏《司馬相如題橋記》等等，惜都没有完整地保存下來，衹有個别殘曲，仍可見出相如文君故事在後世文學創作中的影響力。

---

① ［明］洪楩輯，裘佳點注：《清屏山堂話本》，華夏出版社 2013 年版，第 28—32 頁。

② ［明］洪楩輯，裘佳點注：《清屏山堂話本》，華夏出版社 2013 年版，第 31 頁。

明清對此故事的解讀主要體現在劇本的改造與創作上。

明代現存的相如文君戲曲共有十種，成於明初者有兩種，一即成於建文初年的寧獻王朱權之《卓文君私奔相如》，另一本即爲《脈望館抄校本古今雜劇》所收，目録下注爲演“西漢故事”之無名氏《司馬相如題橋記》。明中後期出現了一大批改寫二人故事的戲曲作品，主要集中在萬曆前後。現存之作有八種，即許潮《漢相如晝錦歸西蜀》、孫柚《琴心記》、葉憲祖《琴心雅調》、陸濟之《題橋記》（殘存）、韓上柱《淩雲記》、楊柔勝《緑綺記》（殘存）、袁于令《鷫鸘裘》以及陳玉蟾的《鳳求凰》。儘管題材一樣，由於劇作家時代環境、個性稟賦乃至創作觀念的差異，因而不同的相如文君戲曲，“婚”與“宦”兩大主題時而迂回交替，特別是劇作家都賦予了文君與相如各具差異的愛情婚姻認識態度、行爲模式。明初趨於傳統，寧獻王朱權之《卓文君私奔相如》成於此時，具有鮮明的時代特色，可視爲代表。

《卓文君私奔相如》一劇旨在表達相如功成名顯的仕宦之途，與文君之風流遇合而成的婚姻理想在劇中退而次之，甚至一度淪爲作者進行封建禮教説教的工具。朱權在劇中極力展現相如之才。“世業儒學，少有大志……讀盡五經三史，學成經濟文章。”① 相如儼然是才高八斗，博學富識的才子。而在卓王孫眼中，相如之才更是躋身功名富貴的重要因素，因而款待資助相如，祈望他日富貴。文君亦聞相如乃天下奇士，“德可仰而迹不可親”②，於是於畫屏之後偷窺，欲睹其人才儀表。劇中文君亦是貌美絶殊，其形象的塑造大致源於《西京雜記》對其容貌“眉色如望遠山，臉際常若芙蓉，肌膚柔滑如脂”③ 的細緻描繪，後世小説戲曲多取於此，把文君塑造成一位才色兼備的奇女子。這位“好音”的文君使相如一見而神魂顛倒，以爲“夢中走入嫦娥闕……上天台誤入仙穴”④。可見，才、色成爲二人互相吸引的重要因素。

此劇在着重表現相如仕宦之途的同時，相如文君的愛情幾經作者穿插玩味，仍可見出朱權在二人婚姻結合上較爲濃重的教化意識與時代局限。劇中二人欲私奔歸（相如）家時，文君謂：“妾願侍巾櫛執箕帚，以奉先生，即當從命，不可久留。妾有香車一乘，先生可乘此車，夜遁而去。”⑤ 且云：“男尊女卑，理之常也；夫唱婦隨，人之道也。今先生乘車，妾爲之御，斯乃婦道之宜，難於倉皇之際，焉敢失其義乎！”⑥ 文君不僅抛頭露面，親自爲相

① ［明］朱權：《卓文君私奔相如》，古本戲曲叢刊編輯委員會：《古本戲曲叢刊四集》（第33册），上海商務印書館1958年影印本，第1頁。

② ［明］朱權：《卓文君私奔相如》，古本戲曲叢刊編輯委員會：《古本戲曲叢刊四集》（第33册），上海商務印書館1958年影印本，第6頁。

③ ［晉］葛洪輯，成林、程章燦譯注：《西京雜記》卷二，貴州人民出版社1993年版，57頁。

④ ［明］朱權：《卓文君私奔相如》，古本戲曲叢刊編輯委員會：《古本戲曲叢刊四集》（第33册），上海商務印書館1958年影印本，第6—7頁。

⑤ ［明］朱權：《卓文君私奔相如》，古本戲曲叢刊編輯委員會：《古本戲曲叢刊四集》（第33册），上海商務印書館1958年影印本，第9頁。

⑥ ［明］朱權：《卓文君私奔相如》，古本戲曲叢刊編輯委員會：《古本戲曲叢刊四集》（第33册），上海商務印書館1958年影印本，第10頁。

如駕車，並以“男尊女卑，理之常也”來詮釋自己的行爲。作者朱權意借文君之口來進行封建道德的説教，顯然作者的改寫使文君缺失了《史記》中的風流神韻，將其冒天下之大不韙的果敢氣度進一步弱化，文君祇是作者藉以表達“男尊女卑”封建思想、張貼道德標籤的人物工具，這樣的文君與推行封建倫理綱常的衆多婦女一樣，其時遍布天下，又何其成爲太史公筆下之文君呢？文君的大膽私奔行爲與思想認識的前後矛盾，反映了作者夫權思想的矛盾，他一方面欣羨才子佳人之風流遇合，但仍然宗主儒家封建道德倫理觀念，這又可視爲明初大一統環境下意識形態與個性的衝突與調和。

稍後孫柚之《琴心記》是後人所熟知的一部作品。劇本保存完整，有明萬曆間金陵富春堂刻本、明末汲古閣原刻初印本、汲古閣刻《六十種曲》以及《古本戲曲叢刊》二集所收本。觀此劇名，孫柚似有感於相如與文君緣琴以挑遂成佳事而作，其劇末收場詩亦云：“才子文章冠今古，佳人傾國更知音。花間每憶相思調，月下常追隔壁琴。分散莫嫌清夜怨，團圓須記《白頭吟》。誰人爲寫雲和曲，落魄孫生萬古心。”① 足見作者感於才子佳人之際遇，欲譜此記而爲千載知音。

全劇四十四折，前二十三折主寫相如與文君琴挑私奔之事。相如應縣令王吉相邀赴臨邛，值卓王孫邀請二人宴飲，相如本無意參與如此場合，然從書僮處聽聞文君之事，遂有適家之願，欲與王吉商議琴挑文君。在王吉的安排下，先有文君簾後聽琴，後有相如酒醉休憩於後園書房，夜待文君至，以琴挑之，後在書僮與文君女伴的幫襯下，相如與文君私奔歸成都，無奈家貧，文君吃盡艱辛甚而一病不起，在書僮的點撥和王吉的資助下，相如遂上京求取功名。

後半段是全劇極具戲劇衝突的部分。相如功成名顯，出使西南夷，因唐蒙設計，相如滯留牂牁，文君聽信謡言，以爲相如鋃鐺入獄，傷心不已，卓王孫見風使舵，逼迫文君改嫁，不得已，文君與侍女逃入深山削髮爲尼。書僮在打探文君下落的同時，聽説相如另娶茂陵女子，憤而質問相如，後知爲誤會一場，文君與相如終成百年之好，從而以大團圓的結局而告終。

此劇情節曲折多變，人物細節描寫豐富，頗具藝術感染力，然而對劇中人物欲面面俱到地表現，使此劇稍顯冗繁拖遝。特别是書僮與侍女在相如文君婚姻之事的幫襯上，無論言語、思想、行爲甚而高出劇中主角一籌。如文君認爲婚姻之事，應遵循聖人之教誨，不能“未嫁易節、以身殉欲”，侍女孤紅卻認爲“婚姻大數，夫婦大倫，應另選明賢爲配”，時而讓嚴守封建禮教的文君形象黯然失色。明代徐復祚《花當閣叢談》著録此劇時亦云：“邑人……孫氏又有名孫柚者，亦有才情，嘗取司馬長卿以琴心挑文君事作傳奇，名《琴心記》，

① ［明］孫柚：《琴心記》第四十四折《文君新寡》，［明］毛晉編：《六十種曲》（第5册），中華書局1958年版，第144頁。

亦俊逸可喜。”[①] 雖“亦有纖句”[②]，然“第頭腦太亂，腳色太多，大傷體裁，不便於登場”[③]，亦指出此劇弊病。

孫柚在劇中極力展現了相如文君歷盡艱辛，受盡陷害磨難，最終相聚得遂良緣，表現了作者對堅貞愛情的矢志追求與贊揚。然而劇中文君未字而寡的身份，二人團圓仍以聖旨嘉獎封號賦予二人這段婚姻以合法性的情節，似乎又體現出作者孫柚仍不能擺脱封建禮教的束縛，削弱了文君私奔行爲所含有的自由婚戀的積極意義。

袁于令《鷫鸘裘》以及陳玉蟾之《鳳求凰》是明中後期不可多得的兩部作品，其作爲戲劇作品更爲深刻的意義在於，通過文君大膽獨立的女性眼光，展現了明中後期積極的思想解放意識。劇中的文君不再以聖人之言爲思想行爲準則，而是將自我感受、個體經驗淩駕於封建倫理之上，追求個體價值。

《鷫鸘裘》中的文君並非衹是閑拈針綫的閨秀女子，她熟諳琴棋書畫，翩然有才氣。文君之才，不似他劇將倫理綱常的聖人言論時刻搬出進行説教，而是以聖人之言肯定個體需求與價值。劇中卓王孫指責文君“女有四德三從，琴瑟管弦不在其内”，而文君謂琴所由造，乃古聖人用以陶養性情，非佚心蕩志之具，顯然文君的自我認識已然超脱了“男尊女卑”的封建倫理意識，是將女性同男性作爲對等的人來看待，强調了一定的男女平等意識。劇中遵照《史記》中的情節，將相如與王吉“謬”以相重交好，看作是追求文君這位知音佳人的必要手段，也從另一個側面説明，作者顯然不贊同後世對相如“竊貲”、“竊妻”的訾議。在劇中，相如得以琴挑文君，一方面是抓住了卓王孫等勢利之徒慕求風雅之名的虛榮心理，因而得以順利展露琴技；另一方面來自於文君對相如這位才子始於本性的興趣。在相如赴宴之前，她早已聞其聲名才氣，熟讀其詞賦，傾慕不已，在簾後窺其彈琴時，又被相如風度翩翩之儀表所動，一片芳心暗許。隨後便是在侍女的幫襯下互探彼此心意（侍女以洗硯爲名委婉告知相如文君之情誼，相如以金玉酬謝侍女，托其傳達心意於文君），二人心意既通，最終做出情定終身的越禮私奔行爲。文君私奔的過程中也時時透露出女性的覺醒意識，當其欲私奔之時，仍有封建倫理道德的一絲束縛與對時人口舌的畏懼，然而她很快從這種被動中解脱出來，認爲自己可以效仿虞舜“不告而娶”，自己索性自嫁，雖無節婦牌坊可以褒獎，但亦可入俠女之列，她自嫁相如的目的更在於慕其雄文辭藻，“望仰托千秋以傳”，希望自己作爲女性能在歷史的洪濤之中留下一席之地。這是此劇中的文君比同時代其他劇作中的文君更加大膽自主，有自己獨立意識的積極意義所在。

劇情的後半段主要描寫相如受楊得意舉薦，入宫向武帝獻賦，並因此獲得封賞，錦衣歸鄉，曉諭巴蜀，建功立業，一並插入陳皇后千金買賦以及茂陵娶妾的情節，最終在文君《白頭吟》的感化下，相如與文君修好，功成名就之後選擇與文君隱退，主要展現了相如後

① ［明］孫柚：《藤溪詩》，《四庫未收書輯刊》（第五輯第21册），北京出版社1997年影印本，第64—65頁。

② ［明］徐復祚：《曲論》，《中國古代戲曲論著集成（四）》本，中國戲劇出版社1959年版，第239頁。

③ ［明］徐復祚：《花當閣叢談》卷四，《續修四庫全書》本（1175册），上海古籍出版社2002年版，第65頁。

半生的發迹史。

此劇中通過相如設計琴挑文君以及文君大膽自嫁，表現了作者對至情爲上的婚姻自主觀念的認同與追隨，特别是文君欲尋得才郎爲配以及期望名留後世的想法，更體現出女性對自我情感需求以及個體價值的肯定，作者所表現的這種婚姻自主觀念可視爲對明中後期思想解放浪潮的回應。後半段插入相如偶遇茂陵女子，被其美色所惑，從而産生聘娶的想法，當書僮告知文君已知曉此事時，相如甚而一度要責打書僮，怪其多嘴，這無疑又透露出作者在相如男性角色上所保留的對聲色的追求，這又是作者受時代解放思潮的影響，有所突破之外又有所保守的體現。

陳玉蟾之《鳳求凰》與袁于令之《鷫鸘裘》屬於同一時期的作品，二者存在一定的改編關係，筆者已在《〈鳳求凰〉改編自〈鷫鸘裘〉之考辨》一文中論及，此不再贅述。二劇劇情大體一致，衹不過《鳳求凰》省去了部分情節的細緻描繪，如"茂陵娶妾"一節，直寫文君聽悉僮（書僮）謂相如娶茂陵女子之事，遂作《白頭吟》捎與相如以自絶，前此諸折卻並未插入相如娶茂陵女子的具體情節；而《鷫鸘裘》中專列一折細緻描寫相如躲雨偶遇茂陵女子，並許以貼身玉佩，承諾他日迎娶，後纔有文君聞而悲歎，作《白頭吟》自絶的情節，《鳳求凰》在此作了一定的簡化，而語言上比之《鷫鸘裘》又略顯文氣，人物形象的莊重感不似《鷫鸘裘》中那般通俗直白更符合大衆的審美趣味。《鳳求凰》最大的閃光點在於將文君形象從《鷫鸘裘》中提煉得更加獨立出彩。此劇中，作者借文君之口把"仰托千秋以傳"的想法闡釋得更透徹："我想古來多少高人勝士，不托青雲之翮，往往湮滅不聞，何況於一女子似我，空負了滿腔才俠、絶代容儀，非擇曠古才人如司馬長卿者，以爲依歸，則名隨身盡，千載而下，誰復知有文君者！"① 文君一番發人深思的言論，道盡了多少古代文人面臨湮滅不聞命運的心酸與無奈，這無非是陳玉蟾借文君之口，抒發自己不能名留後世而被歷史湮没的愁悶與感慨。衹是這種名垂後世的想法以及被歷史無情淹没的現實藉一女子之口表達，凸顯出更爲驚人的張力，展現出古代文人對千古留名的熾熱渴望。從戲曲藝術的層面來看，該劇"案頭化"的傾向似乎衹能供作者自逞才情，自娱賞玩，不利於舞臺扮演，而陳玉蟾的創作在當世乃至後世鮮有人聞似乎又暗合了劇中所表露的文人湮滅不聞的命運，人生如戲，使人讀之感慼然！

《鳳求凰》中對文君私奔亦有評點，其云："觀此，則文君一磊落丈夫也，豈可以奔女目之？"② "長卿冠世異才，其名必傳無疑，被文君一眼覷破，定死相從，意欲向千古名場中割長卿一片席耳。史遷本傳中敘次雖工，尚未窺破此意，卻爲作者拈出，應是文君知己。"③ "如此看來，不是長卿竊得文君，還是文君竊得長卿耳。昔人稱紅拂之從衛公，是千古第一嫁法，吾於文君亦云。"④ 陳玉蟾似乎又在爲相如文君翻案，從中調和，一洗文君"私奔"

① ［明］陳玉蟾：《鳳求凰》第十折《遣探》，《古本戲曲叢刊二集》本，第15頁。
② ［明］陳玉蟾：《鳳求凰》第十折《遣探》，《古本戲曲叢刊二集》本，第15頁。
③ ［明］陳玉蟾：《鳳求凰》第十折《遣探》，《古本戲曲叢刊二集》本，第15頁。
④ ［明］陳玉蟾：《鳳求凰》第十二折《俠媾》，《古本戲曲叢刊二集》本，第20頁。

之污，相如“竊妻”之嫌，這似乎亦是晚明劇作家對相如文君私奔之事所持有的同一態度。

明代的相如文君戲曲劇情大多敷衍《史記》記載而來，從明初至中後期的人物形象塑造上看，不同的相如文君戲曲已然展現了明代社會觀念的不斷變化。特别是文君與卓王孫形象的演變軌迹尤爲明顯。明初戲曲中的文君尊崇封建倫理道德，以“男尊女卑”爲思想行爲準則，依附於男性而存在；而後期的文君卻擁有日漸覺醒的女性意識，肯定對個體價值的追求；而卓王孫的商人形象亦是從明初的慕才知禮逐漸變爲中後期的見利忘義，勢利奸滑，這樣的轉變無疑代表了明代社會思潮從保守到開放的發展過程及世情風俗受商品經濟衝擊而日益涼薄的情狀。

清代的相如文君戲曲一掃明中後期對真摯愛情的熱烈追求與高歌，主要以相如展示才華，求取功名的發迹史爲劇旨。清代現存相如文君戲曲共七種，其中雜劇兩種：葉奕苞《長門宫》、舒位《卓女當壚》；傳奇五種：朱瑞圖《封禪書》、許樹棠《鷫鸘裘》、朱鳳森《才人福》、黄燮清《茂陵弦》及椿軒居士的《鳳凰琴》。

清初兩部雜劇《長門宫》以及《卓女當壚》一定程度上延續了明中後期的思想解放意識，表達了作者對至情爲上的才子佳人婚戀的追求。

兩部劇作並非完全敷衍史傳故事展開情節，《長門宫》選取陳皇后千金買賦的情節，主要寫相如之賦使得武帝與陳后破鏡重圓，通過作賦展現相如之才。劇中衹描繪相如作賦時，文君吹簫以和的生活情境，但從劇中人物對話，我們仍能看出作者所持的愛情婚姻觀念。劇中陳皇后出場時與侍女之對白云：

> ［旦］俺好恨也……恨著爹娘，輕許官家，反不若百姓們，夫妻廝對，到的白頭也①。
>
> ［旦］【得勝令】慣是男子們會跳槽，偏與婦人家裝圈套。總然六宫歌管多新調，可知一夜糟糠是舊交②。

作者藉陳皇后之口表達了男子慣於薄情的現實，而患難與共、糟糠之交的忠貞愛情纔是值得珍惜的，從此處我們亦可看出，即便作者未寫相如文君曲折的愛情過程，他對二人婚戀中的專一、忠誠的元素應該是肯定的。

《卓女當壚》從文君與相如當壚賣酒的情節入手，將楊得意的舉薦、王吉的幫襯插入其中，以狗監楊得意的“反知求士”來諷刺、揶揄達官權貴對有才之士的擠兑、打壓，表達了對現實社會有才之士難以施展抱負的控訴。此劇雖然主題並非集中於二人愛情，然而我們仍可窺見作者對二人自主婚姻的態度。劇中人物王吉知文君相如當壚賣酒的緣由之後，憤憤不平，謂相如乃博物君子，文君乃絶世佳人，遂擒拿卓王孫進行拷問，命其分財與相如文君。文君也十分氣惱卓王孫“把一對佳人才子當做村醪賣”③。可見，在作者舒位看來，文

① ［清］葉奕苞：《長門宫》第一折，《經鋤堂樂府》乾隆刊本，第2頁。
② ［清］葉奕苞：《長門宫》第一折，《經鋤堂樂府》乾隆刊本，第3頁。
③ ［清］舒位：《卓女當壚》，《瓶笙館修簫譜》刊本，第2頁。

君與相如之遇合仍是才子佳人愛戀的理想範式。

不同於前兩部雜劇對相如文君自主婚戀的積極意義的保留態度，清代的傳奇大多對文君越禮私奔相如的婚戀行爲頗有訾議，甚而在劇本中有意改造其私奔，展現對傳統婚姻價值觀的遵從。

朱瑞圖之《封禪書》以“相如婚宦”及“升仙封禪”兩條主綫爲故事情節發展脈絡，前半段主要寫相如與文君之婚戀以及在人間的仕宦經歷。劇中的文君深處閨閣，一腔摽梅之思無處申説。良辰美景，對月觀書，讀罷《登徒子好色賦》，歎“女子一生，遇一人如宋玉者足矣。無奈天下不多宋玉，間有宋玉，又自賣弄起來，豈不恨煞人也”[①]。又讀《楚漢春秋》，見項羽之專一，衹歎“人生得此一人，亦抑可矣”[②]。從文君所讀書史之感慨，即可管窺文君心目中理想愛情對象的大致輪廓：要有宋玉之才貌，兼得項羽之專一。這樣的擇偶標準仍是對《史記》中“才、色、情”擇配標準的呼應。這種發自本性的對真摯專一愛情的渴求心理隨即又被自我意識中對倫理規範的遵從而消解：“婚姻之事，畢竟如文王后妃，方爲得正。而其極樂處，不過琴瑟友之而已。”[③] 儘管文君表現出對理想愛情的渴望，然而個人之婚姻價值觀仍然遵從傳統的倫理道德意識。

不僅如此，在《琴心》一折中，相如同衆人在後園彈琴，文君聞琴，將相如琴意告知侍女流霞。流霞謂“天下才子佳人，自古難遇。常常有不得其偶，而相思兩亡者；亦有失身不肖，而一生悶絶者”[④]，從而鼓勵文君大膽追求。然而同前代的故事情節一樣，此劇的文君没有“仰托千秋以傳”的自我認識，而是搬出“不待父母之命，媒妁之言，逾牆而走，人皆賤之”[⑤] 的封建倫理綱常，對私奔的想法不予認同。當私奔之條件（探測相如之意、贈物以通情）的條件成熟，文君在侍女的催促下，既不語也不行動。臨行之時，文君又顧念“衹是父母割捨不下”，一路且行且淚，終於至與相如相會之所。王吉勸二人飲合巹之酒，文君又讓流霞代言：“此事既不告父母，又無媒妁，今日決難從命。”[⑥] 縣令王吉謂：“小官也掌一縣風化，天下才子佳人合成配偶，而有堂堂縣宰爲之作伐，何歉關雎之詠。”[⑦] 遂爲二人主婚。顯然，劇作家仍然以傳統婚姻價值觀來看待文君與相如的婚姻之事，作者欣賞二人乃天生佳偶，但是並不全然贊同文君之私奔行爲，所以在文君私奔的過程中，訴諸更多行爲的被動，甚至以縣令作伐來化解文君私奔行爲的非禮性質。

文君與相如得遂美滿姻緣之願，居臨邛日久，不見卓王孫之體恤，相如遂勸文君同歸成都。文君涕泣漣漣：

---

① ［清］朱瑞圖：《封禪書》第七折《麗情》，《古本戲曲叢刊五集》本，第27頁。
② ［清］朱瑞圖：《封禪書》第七折《麗情》，《古本戲曲叢刊五集》本，第28頁。
③ ［清］朱瑞圖：《封禪書》第七折《麗情》，《古本戲曲叢刊五集》本，第28頁。
④ ［清］朱瑞圖：《封禪書》第十七折《琴心》，《古本戲曲叢刊五集》本，第25頁。
⑤ ［清］朱瑞圖：《封禪書》第十七折《琴心》，《古本戲曲叢刊五集》本，第25頁。
⑥ ［清］朱瑞圖：《封禪書》第十八折《佳期》，《古本戲曲叢刊五集》本，第31頁。
⑦ ［清］朱瑞圖：《封禪書》第十八折《佳期》，《古本戲曲叢刊五集》本，第31頁。

【前腔】（旦）［太師引］奴此去，别慈親，闌干淚迸；遠鄉關，憂心似酲。苦被那瑶琴勾引，頓忘懷父母恩情。去也罷了。［繡帶兒］生憎一時間，做了不材短行，諒千古没個人兒持正。我空思了《周南》静貞，反同了濮上桑間情性①。

從此段文君的唱詞可見，文君對自我私奔行爲頗爲後悔，認爲自己被相如之瑶琴勾引，未謹守《周南·關雎》所宣導的幽閑静貞的美好品德，同"桑中之垢行"無甚不同，如此違反倫理道德的行爲，難逃千古責難。

黄燮清之《茂陵弦》對文君私奔情節的描寫與《封禪書》有異曲同工之妙。劇中的文君在私奔時亦步亦趨，時刻表現出對私奔行爲的後悔。

此劇同樣運用了縣令做媒的情節，不同於《封禪書》在相如文君私奔後做媒，《茂陵弦》中，先有縣令席上爲二人做媒，後有卓王孫之悔婚，遂纔有了私奔之行，其目的都一致，意在表現二人婚戀的"尊禮"性質。侍女對文君私奔的勸慰可爲佐證："若没有父母之命，媒妁之言，纔叫做私奔，纔有終身之玷。如今這頭親事，是卓王孫親口應允，且有縣令爲媒，緑綺爲聘，本是卓王孫變卦。小姐就權益行事，也不算傷風敗俗。"② 足可見此做媒情節的實質在於爲文君私奔正名。

當與相如會面時，文君頗有自悔之意："賤妾此來，雖係情感，然私奔之恥，終生莫贖，正是一失足成千古恨了。"③ 不禁傷心淚流。晚清瞿世瑛評此處描寫云："借文君口中，坐實私奔之罪，史筆凜然，未嘗爲美人恕也。"④ 指出了作者對文君之私奔行爲的罪責。

待相如顯貴之時，卓王孫遣蒼頭送貲財與文君，文君又懊悔不已：

哎呀，父親哪，這多是做女兒的罪孽也呵。［繡帶兒］高堂上更番怒喜，多因我一念癡迷。算嚴君到底心慈，能寬恕不肖孩兒。咳，卓文君呀卓文君，你一朝之失，節孝兩虧。即使才貌超群，安能補其缺陷也？⑤

在作者看來，文君之奔不僅違背了傳統婦德之守節觀，作爲子女，逆父母旨意而行，更是對父母之大不敬。於是處處表現文君自悔之意，表達對私奔行爲的譴責。瞿氏亦評此云："閲至此，可見作書之旨在相如不在文君。"⑥《茂陵弦》主寫相如之得遇發迹，而在文君形象上則寄予了對傳統婚姻價值觀的肯定與推崇。

在清代的傳奇中，對文君私奔相如的情節，有些甚至做了捨棄與變形，以此對文君私奔作"尊禮"的辯護。椿軒居士之《鳳凰琴》，劇中的文君在擇偶觀上延續了明中後期獨立的"傳人"⑦ 意識，文君在窺宴、琴挑的情節中暗許芳心，無奈受到卓王孫嫌貧愛富本性的阻

---

① ［清］朱瑞圖：《封禪書》第二十折《勸館》，《古本戲曲叢刊五集》本，第40頁。
② ［清］朱瑞圖：《封禪書》第五折《奔壚》，《古本戲曲叢刊五集》本，第15頁。
③ ［清］黄燮清：《茂陵弦》卷上第五折《奔壚》，清咸豐刻本，第18頁。
④ ［清］黄燮清：《茂陵弦》卷上第五折《奔壚》，清咸豐刻本，第18頁。
⑤ ［清］黄燮清：《茂陵弦》卷上第十二折《輸奩》，清咸豐刻本，第39頁。
⑥ ［清］黄燮清：《茂陵弦》卷上第十二折《輸奩》，清咸豐刻本，第39頁。
⑦ 文君言乃"要擇天下錦心繡口，第一才子，攜帶孩兒傳名後世"，即爲"傳人"。

撓，當自擇與傳統的婚姻價值觀構成的戲曲衝突呼之欲出時，作者卻筆鋒急轉，未訴諸文君欲自尋佳偶、衝破禮教束縛的私奔行爲，而是以神助的形式——觀音大士的幫助，來展現天生佳偶必偕秦晉的愛情歸宿。觀音大士一方面遣土地將文君之紅絲琴拿來，化作賣琴翁賣給相如，並引之入保安寺；另一方面又遣山王化作大虎，衝散在外打獵的文君與卓王孫，亦引文君至保安寺，於是二人便在傳統的情節模式——投庵中相遇，在老尼的主持下私定終身。此劇以神仙相助的情節模式訴諸二人婚戀的合法性，無疑削弱了文君出場時欲尋才人相傳的自主思想，其後之神助、投庵更是老套爛俗的情節模式，不僅荒誕不經，且俗不可耐。

從以上分析可見，清代的相如文君戲曲逐漸摒棄了明中後期較爲明朗的個體解放意識，在相如文君故事的再創作中，傾向於對二人愛情訴諸傳統的婚姻價值觀，逐漸走向遵理復禮的道路，劇中文君的不斷自悔表現出對內心情感的節制及禮教的遵從，在情與理的內心衝突中，最終偏向於對理的皈依。通過清代的相如文君戲曲的創作可見，清代作家顯然對文君相如私奔行爲持一種不認同態度。

以上可見，從相如文君愛情故事載入史集伊始，便對後世産生了重要影響。其在流傳的過程中更是打上了時代的烙印，反映了社會時代風貌、主觀情感及個體個性的熔鑄。從古希臘時期，西方哲學家們就開始了對愛情的理性思考，不斷進行對愛情本質的思辨與追問。柏拉圖從人的精神需要出發，認爲愛情是一種純粹的精神性的活動，與肉體無關，即所謂“柏拉圖式的愛情”。黑格爾認爲“愛情的最高原則是主體把自己抛捨給另一個性别不同的個體，把自己的獨立的意識和個别孤立的自我存在放棄掉，感到自己衹有在對方的意識裏纔能獲得對自己的認識”[①]，在强調自我奉獻的同時，認爲“婚姻實質上是倫理關係，是具有法的意義的倫理性的愛”[②]。恩格斯又將愛情歸結爲“人們彼此間以相互傾慕爲基礎的關係”[③]。相如文君愛情故事在後世文學作品中的廣泛流傳，正可見出中國封建時代古人對愛情的嚮往與執著追求。在中國的封建時代，相比對愛情的追問，古人似乎更加注重婚姻家庭的培育與教化。《禮記・昏義》：“婚禮者，禮之本也。”[④]“將合二姓之好，上以事宗廟，而下以繼後世也，故君子重之。”[⑤] 古人認爲，婚姻是家族的前提與基礎，是祭奉祖先與延續後代的重要手段。孟子亦曰：“人有恒言，皆曰‘天下國家’。天下之本在國，國之本在家，家之本在身。”[⑥] 家庭作爲社會中的最小組成單元，是立國之本，衹有先齊家，纔能達到治國、平天下的目的。故而，倫理王教當從夫妻開始。儒家道德規範又從男性的角度出發，對婦女的行爲進行倫理道德上的規範，《詩經》開篇《關雎》“窈窕淑女，君子好逑”的美好

① 〔德〕黑格爾著，朱光潛譯：《美學》第二卷，商務印書館1979年版，第326頁。

② 〔德〕黑格爾著，范揚、張企泰譯：《法哲學原理》第三編，商務印書館1961年版，第207頁。

③ 〔德〕馬克思、恩格斯：《馬克思恩格斯選集》第4卷，人民出版社1995年版，第234頁。

④ ［漢］鄭玄注，［唐］孔穎達疏，李學勤主編：《禮記正義・昏義》卷六十一，北京大學出版社1999年版，第1620頁。

⑤ ［漢］鄭玄注，［唐］孔穎達疏，李學勤主編：《禮記正義・昏義》卷六十一，北京大學出版社1999年版，第1618頁。

⑥ 楊伯峻譯注：《孟子・離婁上》卷七，中華書局1960年版，第167頁。

感覺便被打上了婦女品德教育的倫理印記。《毛詩序》言“《關雎》樂得淑女以配君子，憂在進賢，不淫其色，哀窈窕，思賢才，而無傷善之心”①，孔子亦贊其“樂而不淫，哀而不傷”②，意在歌詠“后妃之德”，乃“風之始也，所以風天下而正夫婦也，故用之鄉人焉，用之邦國焉”③。漢代尊《詩》爲經，《關雎》更作爲規範婦女道德行爲，在鄉、國推而廣之的教化工具。不僅如此，古代又講究“父母之命，媒妁之言”的婚姻制度，即“娶妻如之何，必告父母……非媒不得”④。但凡兒女婚事，都由父母做主，通過媒人介紹而成。否則，那些“鑽穴隙相窺，逾牆相從”⑤ 的人，“則父母國人皆賤之”⑥。這種根深蒂固的傳統倫理道德規範從明清劇作家對二人故事的改編亦可見出。而歷代文人對相如文君愛情故事的解讀和接受史，又代表着人類自身在歷史發展的長河中對愛情的體悟。儘管東西方對愛情的思考有所差異，然而中國古人在此故事中表現出的對愛情的追求，其實也正暗合了人類對愛情的執著追求。

作者單位：成都文理學院

① ［漢］鄭玄注，［唐］孔穎達疏，李學勤主編：《毛詩正義》卷一，北京大學出版社 1999 年版，第 21 頁。
② 楊伯峻譯注：《論語・八佾篇》，中華書局 1980 年版，第 30 頁。
③ 《毛詩正義》卷一，漢・鄭玄注，唐・孔穎達疏，李學勤主編，北京大學出版社 1999 年版，第 4—5 頁。
④ 程俊英、蔣見元：《詩經注析・齊風・南山》，中華書局 1991 年版，第 276 頁。
⑤ 楊伯峻譯注：《孟子・滕文公下》卷六，中華書局 1960 年版，第 143 頁。
⑥ 楊伯峻譯注：《孟子・滕文公下》卷六，中華書局 1960 年版，第 143 頁。

近三十年來對司馬相如接受的研究

唐　萍

20 世紀 80 年代，接受美學作爲一種新型的文學方法論進入中國。1983 年末到 1984 年，張黎在《文學評論》和《百科知識》上撰文介紹民主德國和聯邦德國的接受理論。1987 年，由周寧、金元浦翻譯的我國第一本接受美學譯著《接受美學與接受理論》問世，該書大大促進了接受理論在我國的傳播。接受美學注重從讀者的角度出發，使之與文學的研究密不可分。司馬相如作爲四大漢賦家之首，最先從真正文藝的角度而不是儒家政治倫理的角度，總結了漢賦的創作經驗，概括了漢賦家以大爲美的審美理想和大賦作品巨麗華美的藝術特徵，而且也在中國文學批評史上第一次提出了文學創作過程中的藝術構思聯合藝術想象問題，對後來的論賦者産生了深遠影響。因此，對歷代文人關於司馬相如的接受的研究應運而生。

一　漢魏晉南北朝時期司馬相如的接受研究

1985 年王以憲發表了《試論揚雄在漢大賦上對司馬相如的因革與發展》①，此文用比較的方法分析了揚雄在漢大賦上對司馬相如的繼承和發展。首先指出二人皆崇尚麗辭，工於雕琢；二人皆好堆砌奇文古字，使文章趣幽旨深；二人都注重辭賦的諷諫主旨。作者認爲這些相似點是時代的風尚和個人禀性愛好所致。其後指出揚雄模仿的衹是相如賦的基本格式和體制，並從內容、藝術表現手法、藝術風格、結構形式上分析了兩人的差異，指出揚雄的漢大賦雖得力於司馬相如，但他更重視賦的“文質相副”，並提出一條對辭賦進行批評的標準：“詩人之賦麗以則，辭人之賦麗以淫。”2003 年蔣方、張忠智發表了《司馬遷與班固眼中的

① 《江西師範大學學報》1985 年第 1 期。

司馬相如——兩漢文人的價值觀演化之管窺》①，該文指出司馬遷强調的是相如賦諷諫的實用價值，偏重其政治意義，班固卻將相如作爲以文章顯名的文人而載入史册。作者認爲是當時“士人”轉變爲“文人”所引起的價值觀差異導致了對司馬相如接受的側重點不同。2005年冷衛國在《“文章西漢兩司馬”的賦學批評》② 一文中將着重點放到了司馬相如的“賦心”“賦迹”説上面。他指出在賦學批評史上司馬相如第一次提出“賦心”“賦迹”説，而這兩種學説被後人廣泛接納，如晉成公的《天地賦序》、李白的《大獵賦序》等等無不承此。且“賦心”“賦迹”説隱含了體物的觀念，是陸機《文賦》“賦體物而瀏亮”、劉勰《詮賦》“體物寫志”的理論先導。作者進而指出中國古代文學由“言志”轉爲“體物”，由主觀抒情轉爲客觀描寫的標誌便是大賦的興起，而司馬相如不論是理論上還是實踐上都是先行者。

2006年羅劍波發表了《劉勰何以稱司馬相如爲“辭宗”》③。該文指出，劉勰衝破了漢代評論的既定模式，即“諷諭”論賦的傳統觀念，從賦體的文學特徵出發，對相如以及漢賦都做出了相對客觀公允的評價。作者指出，劉勰認爲“鋒利遒”是相如堪稱“辭宗”的重要原因；相如“好書”之性、“師範”所尚，使其賦呈現“誇豔”的特色則是相如“致名辭宗”的又一重要原因，而“誇飾”在劉勰看來也是合乎情理的，但劉勰處在淫麗之風盛行的時代，試圖改變此風，因此對相如的“誇飾”“豔麗”之風還是有所批評的。作者總結道，劉勰從文學的角度肯定、從糾正流弊的角度批評“誇飾”“艷麗”特色的思維模式是值得肯定的，也正是劉勰促使了司馬相如真正從文學意義上被加以肯定的時代的到來。2009年4月宗訓國發表了碩士論文《司馬相如接受史——漢魏晉南北朝》④，該文提到潛在讀者制約作家的選材和表現形式，而西漢的帝王諸侯的提倡、喜愛促進了司馬相如的創作。司馬遷作爲司馬相如的“第一讀者”更多的是影響後人對司馬相如的理解和接受。兩漢時期受經世致用思想的影響，揚雄、班固在肯定司馬相如文學成就以及作品的諷諫功能時都對其作品的“誇張”做出了否定，王充更是否定了相如賦的文麗特點。兩漢對其作品的類比多是結構上的主客問答，立意上對山川、物産的描述，用詞和句式上的模仿以及對鋪陳、想象、誇張的表現手法的繼承。魏晉時期儒家傳統的影響減弱，對司馬相如的接受多從肯定其文學地位出發，尤其是劉勰注重從純文學的角度接受相如。2012年高林廣發表了《〈文心雕龍〉的司馬相如辭賦批評》⑤，該文指出劉勰繼承了班固、揚雄的觀點，肯定了相如的辭賦地位，同時批評了相如辭賦華麗但實際用處不大。作者還概括劉勰對相如名篇的評價，《上林賦》：繁類以成豔；《哀秦二世賦》：其言側愴，斷而能悲；《大人賦》：氣號淩雲，風力遒勁；《封禪文》：維新之作，麗而不典；而後分析了劉勰《文心雕龍》中對司馬相如偶對、誇飾、用

① 《湖北大學學報》（哲學社會科學版）2003年第3期。
② 《文藝理論研究》2005年第2期。
③ 《鹽城師範學院學報》2006年第5期。
④ 首都師範大學2009年碩士學位論文。
⑤ 《内蒙古師範大學學報》（哲學社會科學版）2012年第3期。

典、煉字的評價。該文認爲劉勰視相如爲“辭宗”，並提出具有現實針對性的見解，且這些見解議論是確當的。2014年袁海俊在《論〈文心雕龍〉對司馬相如的評價》[①] 一文中分析了劉勰《文心雕龍》對司馬相如的批評接受。作者從《文心雕龍》關於相如的18處評價中指出劉勰對司馬相如有褒有貶，總體上對相如的“風骨”“麗”是持肯定態度的，並對相如的“辭宗”“賦仙”地位給予至高評價，提出直到劉勰《文心雕龍》，纔開始自覺而清醒地從文學角度評價司馬相如；且認爲劉勰對相如的評價主要受當時文風的影響，也被劉勰自身濃厚的儒家思想所左右。同時作者認爲劉勰對相如“竊妻而受金”的評價過於受前人影響，不管是對相如的作品的評論還是相如人品的評論，劉勰都未跳出時代局限。此文章逐條分析了《文心雕龍》對相如的接受，側重對司馬相如作品的分析。

二　唐宋時期司馬相如的接受研究

1986年陳鈞發表了《李白與司馬相如》[②] 一文，該文從司馬相如對李白個人經歷的影響、李白與司馬相如賦的比較、李白筆下的司馬相如形象三個方面分析李白對相如的接受。指出李白對相如一直是“私心慕之”，在仕途和作文上大量模仿相如，而李白筆下的相如具有男人、政治家、賦家的形象。其中李白對相如男人的形象是否定的，其他兩個形象是李白的追求也是他的生活實踐。該文認爲李白對相如的接受是全面的，司馬相如就是李白自己。2007年在蓬安舉行了紀念相如縣建縣1500周年暨國際司馬相如文化研討會。張海在會上提交了《異代知音，人生偶像——淺論唐代文人的相如情結》[③] 的文章。該文章從贊相如之才，慕長卿之志；羨相如之遇，抒人生之悲；歎相如之情，頌風流之事三部分描寫唐代文人視相如爲知己。該文從唐人對相如贊頌的角度出發，多方面論證了唐人對相如知音地位的推崇。王紅霞、張駿翬提交了《論宋詩話中的司馬相如》[④]，該文指出宋代對相如的評價視角更加具體化，更集中於一些聚訟莫辨的問題上。首先，宋詩話家普遍認同卓文君確實作過《白頭吟》，且宋詩話家們還對《白頭吟》有所記載；其次，在相如賦與屈原賦的繼承關係這個問題上宋詩話家們仍没達成共識，而關於相如賦的諷諫價值宋詩話家都是肯定的。該文還指出宋詩話家認爲《長門賦》確爲相如所作，《子虛賦》與《上林賦》兩賦乃一篇耳，同時作者認爲宋詩話家們認爲《封禪書》是諂諛之文的評價有失偏頗。趙俊波也提交了《唐人評司馬相如》[⑤]，該文提出唐代雖有少數文人批評相如之文無實際用處且相如没有吏

① 《湖南工業大學學報》（社會科學版）2014年第2期。

② 《青海社會科學》1986年第6期。

③ 國際相如文化研討會2007年10月。後發表於《西華大學學報》（哲學社會科學版）2009年第6期。

④ 國際相如文化研討會2007年10月。後王紅霞以《宋詩話中的司馬相如評論》發表於《四川師範大學》（社會科學版）2011年第2期。

⑤ 國際相如文化研討會2007年10月。

幹，但大多數文人對相如持贊揚的態度，常以相如自比或比師友爲相如，對其文章也大加模仿。究其原因主要是唐代崇文之風的盛行及對相如因賦得遇天子的豔羨。

2008年蘆倩發表了《卓文君私奔司馬相如故事在唐代的流變》①，該文指出唐代婚姻關係及兩性關係較爲開放，對文君私奔更多是寬容與理解，但頌揚愛情的唐代是批評相如的再娶行爲的；而後指出《玄怪録》中文君相如故事的悲劇結尾反應了唐代婚姻的利益性使愛情常常無疾而終。同年祁和暉發表了《蘇軾小貶大崇司馬相如》②。首先，文章指出蘇軾在評價相如的態度上與揚雄相似，而揚雄祇是贊羨相如的好運氣，並非貶損。所謂的貶損話語是蜀人語言習慣導致的，巴蜀民間至今仍有對身邊親近之人使用"反語"修辭法稱對的習俗。且唐代文人對司馬相如就已經大加肯定，蘇軾對相如的否定稍顯"不真實"、"不合理"。其次，蘇軾推崇李白杜甫，而李白杜甫十分崇仰司馬相如，蘇軾不可能"無動於衷"。綜上作者認爲蘇軾對相如的態度是崇仰的，而時代特徵及蘇軾"烏臺詩案"後力求遠禍的心態導致他不得不小貶相如。趙曉蘭發表了《〈成都文類〉中的司馬相如》③，此文章從《成都文類》卷一中楊天惠、鄭少微的《憫相如賦》以及卷四十八宋祁的《司馬相如字長卿贊》和《成都文類》中關於"琴臺"的作品以及收録的歷代詩文中關於司馬相如的抒寫分析。作者指出相如的作品是被肯定的，個人情感是被否定的。其原因一是北宋末年黨争不斷，以及文人們懷才不遇，一是遵循司馬遷對相如的評價。而宋祁的《贊》或許是爲文翁所作，所以更側重文才。但趙曉蘭指出，《成都文類》對相如的評價忽略了司馬相如對西南夷發展和民族大一統的貢獻。2014年馬君毅發表了《唐代詩人筆下的司馬相如形象初探——以詠史懷古詩爲探討中心》④，通過唐代詩人李白、田況、王素、韓絳等對司馬相如文學才華的吟詠充分肯定了相如在唐代文人筆下"相如死後無詞客"的文學大家形象；指出唐代詩人對相如與文君的愛戀是贊賞的，但對相如另尋新歡是譴責批判的；最後張君毅認爲唐代詩人從歌頌司馬相如的文學成就和相如與文君的戀愛角度對相如的整體形象做了較爲全面的展示。

三　明清時期司馬相如的接受研究

2009年10月《時代文學》發表了李瑩的《明清司馬相如劇簡論》⑤，該文從明清傳奇和雜劇的角度探討對相如的接受。該文將司馬相如劇的內容分爲搬演歷史、表現愛情和凸顯相如才華三類，並指出明清劇對相如是整體肯定的態度，他與文君的愛情也得到了歌頌。作

① 《作家》2008年第10期。
② 《樂山師範學院學報》2008年第2期。
③ 《四川師範大學學報》（社會科學版）2008年第5期。
④ 《現代語文》（學術綜合）2014年第9期。
⑤ 《時代文學》（下半月）2009年第10期。

者指出這與相如自身的魅力，還與明清時期對封建婚姻觀的反叛的社會思潮和科舉失意文人的自我安慰密切相關，文人將自己的人生嚮往寄托在了對相如的歌頌上。

四 關於司馬相如接受研究的專著

2008 年宗凡出版了編著《司馬相如資料彙編》①，該書主要收録歷代文人對司馬相如的生平、人品、作品等諸多方面的記載與評論。所收資料上起西漢，下至民國，按作者時代先後排列；關於卓文君的資料以及關於相如、文君愛情故事的歌詠、評論，附於書末，作爲《附録一：卓文君資料選編》、《附録二：司馬相如研究論著索引》和《附録三：表現相如生平及其與卓文君愛情故事的文藝作品和相關論著》三種。該書資料全面，是研究歷代文人對相如評價的重要資料。

綜上可看出，對司馬相如接受的研究集中在單個的作家或單部的作品，對整個朝代系統性的研究還較少。學者較爲偏向從時代背景分析文人對相如的接受，這點是值得肯定的，衹是忽略了文人本身的禀性及生活地域等方面對接受所産生的影響。其次可以發現，雖説接受理論從 20 世紀 80 年代就已傳入中國，但直到 21 世紀相如的接受研究纔得以充分發展，且唐宋對司馬相如的接受是異常活躍的，不管是其作品還是與文君的愛情故事，在唐宋都得到了很好的拓展，相反明清時期對司馬相如的接受研究較少。

筆者認爲，學者對相如接受的研究多從兩個方面入手，一是相如在賦學上的成就，二是相如的人品及與文君愛情故事的演變，但對相如政治家身份的接受研究還較少。趙曉蘭在《〈成都文類〉的司馬相如》中也提到了歷代詩文中言及司馬相如者，罕有提及其政治建樹。而司馬相如對西南夷以及民族大一統起到了至關重要的作用。此外，學者對司馬相如接受的研究通常是以時代爲綫索，罕有以空間爲出發點，研究異域對相如的接受；而由於資料較少且難以獲取，這方面的研究進行起來難度較大。

作者單位：四川師範大學文學院

① 宗凡：《司馬相如資料彙編》，中華書局 2008 年版。

樂山揚雄遺迹略考

唐長壽

樂山古稱嘉州，漢屬犍爲郡。山川秀美，自古爲文人修真養性吟詩作文之地。西漢文學家、哲學家、語言學家揚雄廁身其間，在樂山、犍爲、五通橋、沐川等地留有遺迹，多載於地方史志中，筆者所知共有五處。

第一處揚雄遺迹是最早載於史籍的樂山古城西的揚雄舊宅。北宋《新定元豐九域志》載："延祥觀，舊名揚雄觀，本雄舊宅。至道三年賜額。"可知北宋時，人們已經認可了延祥觀是揚雄遺迹，故宋代詩人陳兑有《延祥觀》詩道："延祥觀是揚雄宅，好住玄門第一流。"

到南宋，王象之就直接稱該山爲揚雄山，王象之《輿地紀勝》卷一四六《嘉定府》載："揚雄山，在（嘉定）府治西，有洞深邃，子雲隱居於此，遺像存焉。"該洞稱"讀書洞"。王象之在該卷接着説："讀書洞，在後溪延祥觀。觀有子雲讀書洞，洞有子雲像，高三尺許，旁有二人列侍。……今有楊徽之、宋白諸公詩，真迹具存。"洞臨大渡河，今已不存。根據樂山地區漢晉崖墓建造規律判斷，該洞可能係崖墓改造而成。楊徽之、宋白均爲北宋初人，分别任過峨眉縣令和玉津縣令，可知讀書洞在北宋初就已經存在。

明代，揚雄山上建有子雲亭，明初詩人蔡禎作《子雲草亭》詩道："獨步城西路，蕭條一草亭。古苔環徑碧，修竹繞軒青。石鑿觀書所，碑鐫陋室銘。草《玄》今已矣，千載想儀形。"詩文説在"觀書所"（讀書洞）中刻有《陋室銘》，即認爲劉禹錫所説的子雲亭就在此處了。明人程鼎又有《子雲草亭》詩道："古亭無主山城裏，石徑斑斑吐花絮。斷碣猶存漢字書，我來細讀良有以。"有"斷碣""漢字"之説，當是指讀書洞内碑刻，衹是子雲亭没人照管，確是"蕭條一草亭"。明人夏宏還有詩道："載酒無人來問字，題詞有客爲鐫銘。紫陽書法春秋筆，千古兹山得地靈。"都是説明了碑銘的存在。事實上，因揚雄遺迹，揚雄山堪稱靈山勝地了。其後，萬曆《嘉定州志》卷之五《雜收》總而言之："揚雄曾寓此。城西一里有揚雄山，石洞幽邃，先輩題詠頗多且雅。"

明末清初，曹學佺在《蜀中名勝記》中記道：“予觀《嘉州新志》，城西一里，有揚雄山，石洞幽邃，相傳以爲子雲游此，有子雲草亭。”文中的“嘉州新志”即指萬曆《嘉定州志》，曹學佺雖然没有實地考察，但也在他的著作中記録了讀書洞和子雲亭。其後，清同治《嘉定府志》卷五《古迹》也就認真地説：“揚雄故宅。在揚雄山，舊名揚雄觀，有西蜀子雲亭。”

到清代，山上建起了先農壇，成爲“每歲祀先農行耕耤禮之所”，子雲亭、讀書洞均成了歷史陳迹，山名也變成了巴蜀各地屢見不鮮的觀鬥山。抗戰時期，觀鬥山成爲西遷樂山的武漢大學校址之一，武漢大學在山上辦起了機械實習工廠。其後，有關當局臨河開拓公路，讀書洞隨之不復存在。再後，山上辦起了樂山師範附屬小學。再經半個多世紀後，到今天，在房地産開發的熱潮中，開山建起了一個“觀景文府”的樓盤，揚雄山毁其一半了。

第二處揚雄遺迹是位於樂山城西徐浩臨青衣江象鼻山上的太玄洞，山又名揚雄山。但此山衹見於民國地方志，民國《樂山縣志》卷九《人物》載：“揚雄……邑舊有揚雄山，山麓有洞，石上刻‘太玄’二字。”洞在山腰，名太玄洞。《樂山縣志》卷十二《金石》又説：“太玄洞，城西二十里揚雄山。洞口有篆文‘太玄’二字。”據筆者二十多年前考察，果有此洞，但該洞本爲崖墓，墓門上所題“太玄洞”三字爲楷書，清晰可辨，但非“篆刻”。現今，象鼻山太玄洞已取代觀鬥山（揚雄山）成爲揚雄在樂山城碩果僅存的遺迹了。

第三處揚雄遺迹是五通橋區金粟鎮南子雲亭，載於清陶澍《蜀游日記》中：“木子場，十五里子雲亭，揚雄嘗寓此。”木子場即磨子場，今金粟鎮，其南十五里當五通橋交犍爲界。清傅崇榘《傅樵村游記》一文中有相同記載：“磨子場，可泊。下游有子雲亭，爲揚雄故址。”1905 年，日本教師山川早水坐船經過，後在《巴蜀舊影》一書中寫道：“磨子場之下游有一個小亭，叫子雲亭，是揚雄之故址。”三人皆言之鑿鑿。筆者信之不疑，爲此在二十多年前專程到金粟鎮調查，問及鄉民，但一無所獲，看來，子雲亭早已消失了。

第四處揚雄遺迹是在犍爲縣南岷江西岸的紫雲山。紫雲山本作子雲山，南宋犍爲縣令左震《興文樓記》載：“子雲之山，杳靄煙嵐，若隱若現，猶有草《玄》之餘風。”可爲明證。王象之《輿地紀勝》卷一四六《嘉定府志》載：“子雲山，在犍爲縣南五里，舊經云子雲隱居之地，下有揚雄灘。”同樣寫作子雲山而不作紫雲山，並明説是揚雄隱居之地，山下岷江中之險灘也名揚雄灘。顯然，宋人認爲子雲山有揚雄遺迹，子雲山因揚雄而得名明確無誤。

宋末，因山爲城抵抗元軍。但該山城在《宋史》、《元史》中不是順理成章地寫作子雲城，而記作紫雲城，是“紫”不是“子”，令人不解。

到明代，曹學佺在《蜀中名勝記》中載：“子雲城，在縣南三十里。昔揚子雲避難於此，後人增築爲城，今水月寺是其故址，俗訛爲紫雲城。”清乾隆時，李元在《蜀水經》卷之三中又説：“江水又南經紫雲城。德祐初昝萬壽以紫雲城降元，即此城也。……紫，子音訛，不足據也。”都認爲紫雲城是“子”音訛爲“紫”之故，看來有一定的道理。

子雲山既爲揚雄隱居之地，山上就有紀念建築子雲亭。康熙《四川總志》卷二十二

《古迹》載："子雲舊城，（犍爲）縣東。子雲曾居此。後人避兵，築土城於上。"清康熙時嘉定州知州張芑作《行經子雲亭》詩："遥望子雲亭，青峰殊飄渺。古人貴著述，隨地可終老。"又知清初山上已有子雲亭，張芑並認爲揚雄確在山上動過筆，著述過，説不定還在此終老一生。對此，同治《嘉定府志》卷五《古迹》還找到考古學上的證明："舊有子雲亭，昔人嘗於其處得遺硯，如今製，但去圭角。"而嘉慶《犍爲縣志》卷之十《叢談》乾脆叫做"揚雄草玄硯"，道是："揚雄草玄硯，昔人掘地得之。"

乾隆《犍爲縣志》卷之一《形勝》對山上揚雄遺迹的記載要多些："子雲山，在縣南二十里，漢揚雄隱居，構亭於上。劉禹錫《陋室銘》所謂'南陽諸葛廬，西蜀子雲亭'是也。絶頂一池，不盈不涸，理不可解。邑令胡公學戴伐石題懸池二字。"乾隆《犍爲縣志》卷之一《古迹》又載："子雲亭在子雲山，亭右有洞，石床丹灶森然臚列，依稀一仙境也。王叔倫書：大儒不文，下筆動九天風雨；大將不武，揮戈掃萬里煙塵。於洞石壁題曰'子雲仙境'。乾隆間邑令宋錦率衆重修。"嘉慶《犍爲縣志》卷之二《方輿》載："子雲山……洞有宋隱士王叔倫書，池有明知縣胡學戴伐石題字。"可知王叔倫係宋人，該洞當不晚於宋代開鑿；胡學戴係明人，"懸池"當係明代之物。民國《犍爲縣志·疆土》載："洗硯池，子雲山腹草玄洗硯，至今水黑如墨。明知縣胡學戴伐石題懸池二字於側。"則把懸池稱爲洗硯池了。

李元《蜀水經》卷之三載："紫雲山……浮屠居其巔，望之如在雲端。摩巖刻'雲亭曉煙'四字。相傳揚雄故居。"嘉慶《犍爲縣志》卷之三《建置》載："子雲書院，縣南二十五里，今爲水月寺。"與李元"浮屠居其巔"之説相合。同卷又載："揚子雲祠，縣志二十五里子雲山。"

總而言之，從宋至清，紫雲山上先後建有"子雲亭"、"子雲洞"、"子雲書院"、"揚子雲祠"、"懸池"、"紫（子）雲仙境"、"雲亭曉煙"石刻等與揚雄有關的建築物，是樂山五處揚雄遺迹中相關遺存最多的地點。到今天，"子雲亭"、"子雲書院"、"揚子雲祠"、"懸池"等已消失不見，祇有"子雲洞"及"雲亭曉煙"、"紫（子）雲仙境"石刻等尚存。其中，"雲亭曉煙"石刻共有兩幅，分别刻於乾隆年間和嘉慶年間，表明"犍爲八景"之一的"雲亭曉煙"之景在乾隆時就有了。

第五處揚雄遺迹即指沐川縣沐溪河畔炭庫鄉的"子雲築室"。康熙《四川總志》卷二十二《古迹》載："子雲築室，沐川司西北，存故址。"嘉慶《馬邊廳志略》載："漢揚雄字子雲，成都人。初隱居犍爲之子雲山，又築室於邑之沐川。"同治《嘉定府志》卷五《古迹》則道："漢揚雄故宅，（犍爲）縣東南十五里子雲山。雄，江原人，初遷沐川，繼遷犍爲，再遷成都金花巷，此蓋其遷犍爲所居。石壁臨江，巖壑深邃，入山數里，一峰巋然，如在雲表。"三種文獻中的"沐川"的落脚點就是今沐川縣炭庫鄉。可惜文獻有載，但無遺迹可尋。

仔細分析樂山的五處揚雄遺迹，從文獻記載看，都祇見於北宋以後，而考古調查所見實物如樂山太玄洞，本身是東漢崖墓，身爲西漢人的揚雄自然不可能在晚於他的東漢崖墓内著書。犍爲紫雲山子雲洞無從判斷其年代，但也無從證明它早在西漢。查諸《漢書》等正史，也不見揚雄到漢犍爲郡的蛛絲馬迹。因此，樂山五處揚雄遺迹應是宋代以後逐步形成的紀念性遺迹。《輿地紀勝》卷一四六《嘉定府志》載："尊賢堂，在府治，有李太白等八畫像。"明以後稱"寓公祠"，明萬曆《嘉定州志》載："寓公祠，在龍泓，祀陸通、揚雄、郭璞、李白、邵博、蘇軾、黄庭堅、晁公武。"或可認爲，宋代開始，嘉州興起了一場造"文星"的運動，其中一位就是揚雄。樂山五處揚雄遺址與這場"造星"運動相互關聯，留下了這樣一筆名人文化遺産，成爲樂山歷史文化名城的組成部分。

對樂山等地的揚雄遺迹，乾隆《犍爲縣志》卷之九《外紀》評説頗有見地："揚子雲，儒者耳，位不過給事黄門。然千古以下，莫不悲而弔之。身之所履，皆成名迹，傳爲美談。彼王侯公卿，歌樓舞館，百年之後化爲荒丘者，不知其幾矣，求如子雲者，何可得乎？故生前之樂不如身後之榮也。"其實"皆成名迹"者，不一定爲揚雄"身之所履"。至於方志家們"生前之樂不如身後之榮"等説教，於信奉"娱樂至死"的我輩，無異於對牛彈琴。

作者單位：樂山市文化局

陳壽筆法與易代史觀

鍾思遠

陳壽作爲繼司馬遷、班固之後的又一文史大家，因獨撰《三國志》而名重兩晉、流譽千古。其著不僅是私修記傳體斷代史的典範，其人更以一己之力鳩合魏、蜀、吴三家史料，貫通東漢末至西晉初這一時期的中國歷史全貌。格局之大、筆力之雄，並世無二。然天降大任於斯人，卻是蜀漢之民。適逢蜀滅於魏，其人易朝入仕，又於魏晉禪代後著成三國史，開亡國舊士書新朝前緣之先河，更兼新朝臣子寫故國舊事之艱責。於是，關乎其史德史才、筆法文心等種種論議，自書成傳世日起，即爲聚訟之淵藪，歷代不歇。

追究衆議之根本，括其要處祇在兩端。一則《三國志》編撰體例之特别，運筆方式、修辭方法之特别，可謂之“陳壽筆法”。關乎此筆法長短優劣之論，是爲外因。二則陳壽筆法用意何在，與陳壽的特殊身份關係如何，可謂陳壽之“易代史觀”。關乎此史觀是非曲直之辨，是爲内因。歷代學者叩此兩端，所注目者又多在三題：一爲《三國志》所尊政統之是非；二爲《三國志》所現筆法之曲直；三爲《三國志》所呈敘事之優劣。於今視之，惟有在緊貼陳壽所處魏晉易代歷史背景的前提下，對這三方面問題逐一辨析，方可釐清陳壽筆法與其易代史觀的關係輪廓，從紛繁的歷代評説中撥開雲霧。亦惟有如此，纔能藉典型個案研究之效用，對魏晉易代之際的士情文心加深理解。

一

西晉禪魏而來，陳壽《三國志》奉魏爲正統，在西晉一朝自無異議。然衣冠南渡後，時局有變，東晉史家習鑿齒特著《漢晉春秋》，别倡新論。《晉書》卷八十二《習鑿齒傳》載曰：“時温覬覦非望，鑿齒在郡，著《漢晉春秋》以裁正之。起漢光武，終於晉湣帝。於三國之時，蜀以宗室爲正，魏武雖受漢禪晉，尚爲篡逆，至文帝平蜀，乃爲漢亡而晉始興焉。引世祖諱炎興而爲禪受，明天心不可以勢力强也。”① 其論雖非東晉有關《三國志》成就評判的主流，其問卻肇魏、蜀兩國正統是非之論始。其用心乃從《三國志》編撰體例角度出發，意在警示桓温專權之朝政。《晉書》本傳所載習鑿齒臨終之際上疏曰：“自漢末鼎沸五六十年，吴魏犯順而强，蜀人杖正而弱，三家不能相一，萬姓曠而無主。夫有定天下之大功，爲天下之所推，孰如見推於閹人，受尊於微弱？配天而爲帝，方駕於三代，豈比俛首於曹氏，側足於不正？即情而恒實，取之而無慚，何與詭事而托僞，開亂於將來者乎？是故故舊之恩可封魏後，三恪之數不宜見列。以晉承漢，功實顯然，正名當事，情體亦厭，又何爲虚尊不正之魏而虧我道於大通哉！”②

可見，習鑿齒尊劉攘曹之議，乃以史著爲道統，斥權臣僭越之行，寄托其護衛天下王道歸屬的願望。這與孔子作《春秋》的傳統一脈相承，亦是西晉士族衣冠南渡後，胸懷“風景不殊，舉目有江河之異”的家國悲情，意圖托古變今的文化自尊心使然。這一點在與東晉國勢有類的南宋尤其得到發揮：朱熹《通鑒綱目》、蕭常《續後漢書》皆尊昭烈之漢統，迨及元朝郝經之《續後漢書》、明朝謝陛之《季漢書》，亦傳習此法，都以修史實踐對陳壽《三國志》作出了反對。

習鑿齒從撰史體例着手，以正統論爲準繩，具體到對陳壽筆法尊曹魏貶蜀吴的批判，有三種例證可以在《三國志》中顯見：一是魏主有紀，而蜀、吴之主皆爲傳；二是魏主稱帝，而蜀、吴之主皆呼主；三是蜀、吴之國祚紀年雖各有其繫，卻皆以曹魏年號爲參照。如此做法，自然是陳壽身爲晉臣無可避免的。就上述所引習鑿齒言論看來，他亦明白魏晉政治譜系之因緣，衹是因其特爲自家著史之用意，並未對此寄予理解同情罷了。但習氏之後的歷代史家凡具公心，則鮮有不考慮陳壽修史之時代處境的。《四庫全書總目提要 · 史部》之《三國志》條對之持論可謂公允，其云：“魏爲正統，習鑿齒作《漢晉春秋》始立異議。自朱子以來，無不是鑿齒而非壽。然以理而論，壽之謬萬萬無辭；以勢而論，則鑿齒帝漢順而易，壽欲帝漢逆而難。蓋鑿齒時晉已南渡，其事有類乎蜀，爲偏安者争正統，此孚於當代之論者也。壽則身爲晉武之臣，而晉武承魏之統，僞魏是僞晉矣，其能行於當代哉？此猶宋太祖篡立近於魏，而北漢、南唐迹近於蜀，故北宋諸儒皆有所避而不僞魏。高宗以後，偏安江左，近於蜀，而中原魏地全入於金，故南宋諸儒乃紛紛起而帝蜀。此皆當論其世，未可以一繩格也。”③

就東漢末三國争雄的歷史勢態而言，曹魏獨霸於北，蜀吴並峙於南。前者挾天子以令諸侯，雖被譏爲閹宦之後，但掌控皇統，實據正朔。漢獻帝禪位曹丕，詔册頒行天下，孫權亦曾稱臣。是故，《三國志》據曹魏之功業實録史情，以之爲漢統後繼而領三國史之編撰體例，其史觀本身並無不妥。至於劉備雖自詡身世，然其起於寒素，譜系實情難以確考。況且

① 房玄齡、褚遂良等：《晉書》，中華書局 1974 年版，第 2154 頁。

② 房玄齡、褚遂良等：《晉書》，中華書局 1974 年版，第 2157 頁。

③ 永瑢、紀昀等：《景印文淵閣四庫全書總目》，臺灣商務印書館 1983 年版，第 16 頁。

中山靖王劉勝以好酒貪色見貶於史，奉之爲祖亦未多勝於閹宦之後。今世學者即有論曰："儒者以蜀漢劉姓，故以正閏屬之，此'應然'也。實則'昭烈之於漢，雖云中山靖王之後，而族屬疏遠，不能紀其世數名位'，故温公不敢使蜀漢'紹漢氏之遺統'，而以'漢傳於魏而晉受之'，與承祚相呼應，此史家'實然'之見也。"① 從中可見，以修史嚴謹審慎著稱於世的司馬光也認可了陳壽《三國志》據實定體的編撰筆法，並認爲實録史情乃是陳壽奉曹魏爲三國正統的首要原因。

但陳壽對魏、蜀、吴三國分别立史，而於紀傳體例、名分稱謂乃至繫年方式卻又不各自獨立，這的確也與其特殊身份及寫作用意有關聯。由當今學者的考證可知，《三國志》之魏、蜀、吴三書乃分别次第而成，尤其《魏書》在陳壽生前曾以獨立面目流傳於士林。《華陽國志》即載有張華、荀勖、夏侯湛見閲其書後的不同態度與舉動。三書之並行亦應是陳壽去世後的事情②。《晉書》卷八十二《陳壽傳》載："元康七年，病卒，時年六十五。梁州大中正、尚書郎范頵等上表曰：'昔漢武帝詔曰：'司馬相如病甚，可遣悉取其書。'使者得其遺書，言封禪事，天子異焉。臣等案：故治書侍御史陳壽作《三國志》，辭多勸誡，明乎得失，有益風化，雖文豔不若相如，而質直過之，願垂采録。'於是詔下河南尹、洛陽令，就家寫其書。"③ 所以，作爲私家編修的國史而言，陳壽之個人史觀、蜀漢舊臣心態與魏晉易代之際的主流著史思想發生矛盾糾葛，從而影響其著作的編撰體例與筆法，産生獨特的風格，是具備相應條件的。

首先，陳壽在奉魏爲三國正統的同時，將蜀、吴國史與之並立，即可謂秉公運筆之最大創造。如清代史家朱彝尊所云："於時作史者，王沈則有《魏書》，魚豢則有《魏略》，孔衍則有《魏尚書》，孫盛則有《魏春秋》，郭頒則有《魏晉世語》，之數子者，第知有魏而已。壽獨齊魏於吴、蜀，正其名曰三國，以明魏不得爲正統，其識迥拔乎流俗之表。"④ 縱使朱彝尊因贊譽陳壽修史體例之創造而否認《三國志》奉魏爲正統的著作實情，觀點明顯有誤；但其將《三國志》與彼時流布之史書相比較，則充分凸顯了陳壽其人其作在史學史上的重要意義。近代學者劉咸炘對此種觀點進一步辯駁申説，於今視之，成就了更爲公正的判斷。其云："王、魚諸作自是限於一方，未及揚、益總而記之，自不能以魏蓋二方。古人樸直，不以名亂實，當時曹氏實未嘗統二方，而鼎峙分疆，不相君臣，又前此所未有，太史世家之例既不可用（太史本紀、世家乃古者天子、諸侯二重之例），《晉書·載記》之例又尚未有，不得不各爲一書，以三國爲總稱，揆情度勢，固應若是。必謂是承祚有心抑魏以儕於吴、蜀，雖以意逆志，殆難使人信矣。"⑤ 劉氏之論摒棄南宋諸儒憤激不實之説，既肯定了陳壽《三國志》尊史實以立言，法舊例而創新，整體上對待魏、蜀、吴三國功業的評説較爲公平

① 汪榮祖：《史傳通説——中西史學之比較》，中華書局 2003 年版，第 115 頁。
② 范家偉：《陳壽對〈三國志〉分行與並行的處理》，《史學史研究》1998 年第 1 期，第 41 頁。
③ 房玄齡、褚遂良等：《晉書》，中華書局 1974 年版，第 2138 頁。
④ 朱彝尊：《曝書亭集》（影印文淵閣《四庫全書》），上海古籍出版社 1987 年版，第 313 頁。
⑤ 劉咸炘著，黄曙暉編校：《劉咸炘學術論集·史學編》，廣西師範大學出版社 2007 年版，第 306 頁。

等優點；也對朱彝尊、錢大昕、尚鎔等清代學者矯枉過正的陳壽私心“貶魏”説進行了糾偏。

二

《三國志》編撰體例之用意既明，次之而來的問題便是：就個人常情而論，作爲蜀漢舊臣的陳壽是否有可能在諸如文章修辭等細節方面寄托其“尊蜀”之意呢？縱覽《三國志》，是能找到相關證據支持的。比如：《蜀書·先主傳》中除開篇直書劉備姓及名字外，餘處皆用“先主”稱呼；而《吴書·吴主傳》對孫權則全部直呼其名。陳壽“不忘舊國”，可見一斑。對此，清代學者顧炎武和趙翼曾於各自論著中予以一定説明①。

又：關於曹操、劉備、孫權三人的評價，將陳壽筆下文辭對照觀之，亦頗可玩味②。其中對操、備二人皆幾無貶語，雖明言劉備之才幹治略遜於曹操，但與重在頌揚曹操之王霸武功不同，陳壽大贊劉備之聖明德行，更以“有高祖之風”一語相彪炳，或有暗喻其畢竟漢統血脈之意。對二人評價總體不可謂不公，然作者於其間情感之所傾，亦不難見出。對孫權，則褒貶各半，雖稱其爲“英人之傑”，但這顯然是不能與“超世之傑”（曹操）、“英雄之器”（劉備）的贊譽相伯仲的。

再者，如當今研究者所論，《三國志》中有些内容看似實録，細讀之卻可察覺著史者筆下春秋之意。如：《蜀書·先主傳》載東漢建安二十五年（220）事云：“魏文帝稱尊號，改年曰黄初。或傳聞漢帝見害，先主乃發喪制服，追謚曰孝湣皇帝。”③又載次年蜀漢太傅許靖等上言勸劉備稱帝文曰：“曹丕篡弑，湮滅漢室，竊據神器，劫迫忠良，酷烈無道。人鬼忿毒，咸思劉氏。今上無天子，海内惶惶，靡所式仰。”④ 更載劉備即位後之告書云：“曩者王莽篡盜，光武皇帝震怒致誅，社稷復存。今曹操阻兵安忍，戮殺主后，滔天泯夏，罔顧天顯。操子丕，載其凶逆，竊居神器。群臣將士以爲社稷隳廢，備宜脩之，嗣武二祖，龔行天罰。”⑤ 三者並觀之，雖以蜀漢君臣口吻記録彼時史政實情，然謂之有借題發揮、別澆塊壘之用心亦非完全不可能⑥。

因此，陳壽編撰《三國志》定天下三分之體例，乃秉公著史以求實；尊曹魏爲正統，雖有不得不顧忌魏晉禪代因緣之處，卻無妨史識是非之直見。而其身爲蜀漢舊臣，私心筆端時具故國黍離之情，史才騰挪之法，文章圓轉之功，實不可不謂之良苦。

---

① 趙翼著，王樹民校證：《廿二史劄記校證》，中華書局1984年版，第122頁。
② 陳壽：《三國志》，中華書局1959年版，第55頁，第892頁，第1149頁。
③ 陳壽：《三國志》，中華書局1959年版，第887頁。
④ 陳壽：《三國志》，中華書局1959年版，第888頁。
⑤ 陳壽：《三國志》，中華書局1959年版，第889頁。
⑥ 孫紹華：《〈三國志〉和陳壽的史識》，《史學史研究》1997年第2期，第31—32頁。

遺憾的是，後世史家或因查考史料未備，或因固執既有之史觀，從而對《三國志》中不得已用之的迴護筆法求全責備，譏議甚重，造成了今世對陳壽史德的諸多質疑與酷評。其中尤以唐朝劉知幾和清朝趙翼爲代表。

劉知幾《史通》内外共四十九篇。《内篇》中有十三篇語涉陳壽或《三國志》，《外篇》之《史官建置》亦言及之。其中貶多於褒，顯出了劉氏過分强調的疏離於唐朝官方修史系統之外的獨立史學立場。可惜劉知幾極富於理想，而有忽於史實；志之所揚，亦爲弊之所出。《直書篇》與《曲筆篇》中所列舉陳壽在《三國志》中輕視諸葛亮軍事才能，遮掩司馬昭弑君篡位行迹，評説蜀國無史官之狀，乃至陳壽本人“徵賄鬻筆”等事，或錯誣或短失，均有較明顯的紕漏，現已被後世研究者糾正殆盡①。

相比之下，趙翼在《廿二史劄記》卷六中以《〈後漢書〉〈三國志〉書法不同處》、《〈三國志〉書法》、《〈三國志〉多迴護》三條内容重點表達了對《三國志》“迴護”魏晉之筆法的評議，論説更爲詳細，無疑是有心將劉知幾所强調的相關問題更加深入推進了。

其於《〈後漢書〉〈三國志〉書法不同處》一條云：“《後漢書》與《三國志》，論時代則後漢在前，而作史則《三國志》先成，且百餘年也。自《三國志·魏紀》創爲迴護之法，歷代本紀遂皆奉以爲式，延及《舊唐書》、《舊五代史》猶皆遵之。其間雖有習鑿齒欲黜魏正統，蕭穎士欲改書司馬昭弑君，而迄莫能更正。直至歐陽公作《五代史》及修《新唐書》，始改從春秋書法，以寓褒貶。而范尉宗於《三國志》方行之時，獨不從其例，觀《獻帝紀》，猶有春秋遺法焉。雖陳壽修書於晉，不能無所諱；蔚宗修書於宋，已隔兩朝，可以據事直書，固其所值之時不同，然史法究應如是也。”② 此處將《三國志》所創之例與《後漢書》的相應筆法進行對比，又將陳壽與范曄二人之史觀相對較，肯定了《春秋》史統的正當性，情感上亦偏向對范曄一脈的認同。繼而，趙翼用曹操漢末任職事爲例，列舉了陳、范二人筆法的優劣，欲進一步證明：范曄下筆褒貶得宜，得《春秋》遺風；陳壽則因意屬“迴護”，導致所録失當。然而，今世研究者重新排比史料加以考辨，卻發現《三國志》裴注中多載天子詔書與曹操答謝文，證實曹操漢末進爵任職，多依當時的制度程式，非如范曄所書“自爲”、“自立”、“自進”之謂，《資治通鑒》亦采陳、裴之説。由此可以理據充分地駁斥趙翼所論，指出其所謂陳壽之“迴護”實可稱“直書”，而范曄之“褒貶”反屬意氣用事之舉③。

《〈三國志〉多迴護》一條又云：“《春秋》書天王狩於河陽，不言晉侯所召，而以爲天子巡狩，既已開掩護之法，然此物爲尊者諱也。至於弑君弑父之事，則大書以正之，如許止、趙盾之類，皆一字不肯假借，所以垂誡，義至嚴也。自陳壽作《魏本紀》多所迴護，凡兩朝革易之際，進爵封國，賜劍履，加九錫，以及禪位，有詔有策，竟成一定書法。以後

① 仲廣軍：《對陳壽評論思想的研究》第一章第二節《史學脱離經學獨立與陳壽評論》，陝西師範大學2010年碩士論文。

② 趙翼著，王樹民校證：《廿二史劄記校證》，中華書局1984年版，第119頁。

③ 徐大英：《陳壽修史“多所迴護”説辨析》，《史學史研究》1994年第3期，第39—40頁。

宋、齊、梁、陳諸書悉奉爲成式，直以爲作史之法固應如是。然壽迴護過甚之處，究有未安者。”[①] 此處，趙翼直接將《春秋》筆法與陳壽“迴護”筆法相較，明確指出前者“爲尊者諱”與後者“迴護過甚”的區別。繼而，趙翼用漢獻帝與魏常道鄉公各自禪位後在《三國志》中稱謂之比較，魏齊王芳被廢，魏高貴鄉公被弒，曹操征陶謙，魏文帝甄夫人之卒，蜀魏於魏太和年間數戰事之各自成敗在《三國志》中之表現，張郃降曹操，華歆、孫資、劉放等曹魏權臣各自傳記筆法等，大量排比舉例，欲充分證實其判斷。然於今觀之，趙翼上述所論，既有審析史料未備之失，又有欠於不能深悉陳壽《三國志》敘事編排之法，或更兼未予陳壽易代身份以充分同情而細審其筆下“微言”寄意之故，終致多有失當。是故，其同朝史家李慈銘所作《廿二史劄記·題記》有云：“其書以論議爲主，又專取各史本書，相互援證，不旁及他書，蓋不以考覈見長。”[②] 又作《越縵堂讀書記》云：“趙識見淺陋，全不知著書之體。”[③] 其評價及怨歎，實不爲無由。

如：趙翼所論魏齊王芳被廢之事，其云：“齊王之廢全出於師而太后不知也。《魏紀》反載太后之令，極言齊王無道不孝，以見其當廢。其誣齊王而黨司馬氏亦太甚矣。”[④] 這顯然是未審析《魏書·三少帝紀》所載“秋九月，大將軍司馬景王將謀廢帝，以聞皇太后”等語。

又如：趙翼所論魏高貴鄉公被弒之事，其云：“至高貴鄉公之被弒也……是司馬昭實爲弒君之首。乃《魏志》但書‘高貴鄉公卒，年二十’，絶不見被弒之迹。反載太后之令，言：‘高貴鄉公之當誅，欲以庶人禮葬之。’並載昭奏稱‘公率兵向臣，臣即敕將士不得傷害。騎督成倅弟成濟，横入兵陣，傷公，進至隕命。臣輒收濟付廷尉，結正其罪’等語。轉似不知弒君之事，而反有討賊之功。本紀如此，又無列傳散見其事，此尤曲筆之甚者矣！”[⑤]此處，趙氏明顯未綜觀《魏書·三少帝紀》中關於魏高貴鄉公曹髦的所有記載，不察陳壽對其早年事迹的贊揚與太后令中所述事迹的巨大差異。且即便是歷數曹髦之“罪”的太后令中，亦有“沈業即馳語大將軍，得先嚴警，而此兒便將左右出雲龍門，雷戰鼓，躬自拔刃，與左右雜衛共入兵陳間，爲前鋒所害”[⑥] 之語，從中可以窺見司馬昭得信後嚴陣以待之狀，並知曹髦之死與之密切相關。更可知，曹髦被弒於司馬昭之衛軍前鋒，迹象昭然。所以，此可謂趙翼不能深悉陳壽敘事編排之意，且未細察其筆下“微言”之諷。所評之“曲筆之甚者”，更出於其人不能對陳壽易代身份充分同情之故。

再如：對蜀魏於魏太和年間數戰事之各自成敗在《三國志》中之表現，趙翼論曰：“魏明帝太和二年，蜀諸葛亮攻天水、南安、安定三郡。魏遣曹真、張郃大破之於街亭，《魏

---

① 趙翼著，王樹民校證：《廿二史劄記校證》，中華書局 1984 年版，第 122 頁。
② 趙翼著，王樹民校證：《廿二史劄記校證》，中華書局 1984 年版，第 887—888 頁。
③ 李慈銘撰，由雲龍輯：《越縵堂讀書記》，中華書局 1963 年版，第 420 頁。
④ 趙翼著，王樹民校證：《廿二史劄記校證》，中華書局 1984 年版，第 123 頁。
⑤ 趙翼著，王樹民校證：《廿二史劄記校證》，中華書局 1984 年版，第 123 頁。
⑥ 陳壽：《三國志》，中華書局 1959 年版，第 144 頁。

紀》固已大書特書矣。是年冬，亮又圍陳倉，斬魏將王雙，則不書。三年，亮遣陳式攻克武都、陰平二郡，亦不書。以及四年，蜀將魏延大破魏雍州刺史郭淮於陽溪，五年，亮出軍祁山，司馬懿遣張郃來救，郃被殺，亦皆不書。並《郭淮傳》，亦無與魏延交戰之事。此可見其書法，專以諱敗誇勝爲得體也。乃至《蜀後主傳》，街亭之敗，亦不書，但云'亮攻祁山不克'而已。豈壽以作史之法，必應如是迴護耶?"[①] 然縱覽《三國志》全書可知，諸葛亮失街亭之事，《蜀書·後主傳》雖未載，但《蜀書·諸葛亮傳》、《蜀書·馬良傳》及其所附《馬謖傳》均有載；斬王雙之事，《魏書·明帝紀》雖未載，但《蜀書·後主傳》、《蜀書·諸葛亮傳》均有載；魏延破郭淮之事，《魏書·明帝紀》、《魏書·郭淮傳》雖未載，但《蜀書·後主傳》、《蜀書·魏延傳》均有載；張郃被殺之事，《魏書·明帝紀》雖未載，但《魏書·張郃傳》、《蜀書·後主傳》、《蜀書·諸葛亮傳》均有載。此可謂史家錯綜現義、參互成文之例。史實幾無所掩，"諱敗誇勝"亦難，遑論"迴護"？故趙翼之論又是不能深悉陳壽筆法之匆忙議論了。其餘種種舉證，據今世研究者對其例證的重新逐一考辨可知，大部分舉證的情理並不客觀，所涉史料考辨亦欠準確，均難以支持趙翼所謂陳壽筆法"迴護過甚"的評價[②]。

劉知幾與趙翼所發之關於陳壽筆法"迴護"論雖多有可商榷處，其問題的提出卻富有見地。"迴護"現象的存在毋庸置疑，其例其證亦不止於趙翼所舉。溯及陳壽所處之時勢職位，所歷之士風文情；於今更可推斷《三國志》中"迴護"魏晉之意圖自陳壽動筆時即始，而在《魏書》中先得顯露。否則，爲西晉文壇首望的張華也不會有以《晉書》相托付之語。且從《華陽國志》中"壽《魏志》有失勖意"的記載中，又可見此"迴護"並未"過甚"，甚或有忌諱未備、因直受屈的情況。

自此小結劉知幾、趙翼二人對陳壽"迴護"筆法的論説與評價，還有兩處內容需加以補充。

其一，在史家筆法中除體例選擇、史料采摘、敘事剪裁外，年號、稱謂、地名等關乎文章著録規範的標準亦是史家用心考量之處。陳壽《三國志》之對前朝史家史著的借鑒和其自主創例的用意，也值得今世學者注目[③]。

其二，陳壽筆法中"迴護"魏晉之現象不應從史德方面進行過分苛責。首先，自然是因《三國志》本身之歷史實録價值和體現出的道德精神已在千餘年流傳過程中，得到了世人的巨大肯定。再者，陳壽之"迴護"筆法，並非一定全是其本人所爲。《三國志》卷十三《魏書·王肅傳》中載録了魏明帝與王肅談《史記》一事，今觀之頗覺別有意味。其云："帝又問：'司馬遷以受刑之故，內懷隱切，著《史記》非貶孝武，令人切齒。'對曰：'司馬遷記事，不虛美，不隱惡。劉向、揚雄服其善敘事，有良史之才，謂之實録。漢武帝聞其

① 趙翼著，王樹民校證：《廿二史劄記校證》，中華書局1984年版，124頁。
② 王炳厝：《略論陳壽〈三國志〉迴護司馬氏——讀趙翼〈廿二史劄記〉有感》，《福建學刊》1997年第4期。
③ 龍顯昭：《陳壽史學芻論》，《四川師範學院學報》（哲學社會科學版）2001年第6期。

述《史記》，取孝景及己本紀覽之，於是大怒，削而投之。於今此兩紀有録無書。後遭李陵事，遂下遷蠶室。此爲隱切在孝武，而不在於史遷也。'"① 將之與晉惠帝於陳壽卒後，詔下河南尹、洛陽令就陳壽家寫其書一事相比較，又焉知晉室不竊占其文稿而自爲"筆削"乎？如此情形，便是趙翼奉爲史家直書之源的齊南史、晉董狐二人，恐怕也無可奈何吧！

三

由上述趙翼對陳壽"迴護"筆法的批評和後代學者的辯證中，可知雙方的議題已延伸至對陳壽敘史方法的具體論説。這也是《三國志》成書以來，對之評論的一個重要內容，即其敘事之優劣。而其論域所涉，更關乎對魏晉之際史學傳統新發展的認識。

考中國史學發展脈絡可知，魏晉時期乃是中國史學獨立之始，標誌性事件便是荀勖在《中經新簿》這一目録學著作中，並未循劉歆《七略》或班固《漢書·藝文志》之舊例，將史家著作散列或是歸於"六經"之《春秋》類，而是予史著、史學以獨立的圖書分類。《隋書·經籍志》之《經部》載曰："魏氏代漢，采掇遺亡，藏在秘書、中、外三閣。魏秘書郎鄭默，始制《中經》；秘書監荀勖，又因《中經》，更著《新簿》，分爲四部，總括群書。一曰甲部，紀六藝及小學等書；二曰乙部，有古諸子家、近世子家、兵書、兵家、術數；三曰丙部，有史記、舊事、皇覽簿、雜事；四曰丁部，有詩賦、圖贊、汲冢書。"② 這就促使此前文史混雜的著史傳統發生改變。其要者在於：史家録史乃在記取實事，非慎考嚴辨之所聞不載，不應恃才使氣、放蕩成文，徒炫辭章華彩。

史學的自覺促使了史家著史的科學化和規範化實踐。晉之後的南朝劉宋，國立玄、儒、文、史四館，裴松之輯《史目》以明史家學統。蕭梁之朝，昭明太子蕭統於《文選·序》中云："至於記事之史，繫年之書，所以褒貶是非，紀別異同，方之篇翰，亦已不同。若其贊論之綜緝辭采，序述之錯比文華，事出於沈思，義歸乎翰藻，故與夫篇什，雜而集之。"③ 其明確指出了史與文之重要區別在於作者情感和私見的介入程度。以此爲標準，史家著史應儘量客觀公正，若主觀見解和才情發揮過度，就並非史學而近於文學了。

由之返觀陳壽的敘事方法，可謂預應文史有別的先聲。陳壽卒後，范頵等人上表稱《三國志》"雖文豔不若相如，而質直過之"，一方面自是有憾於《三國志》之文采尚不能盡如人意，另一方面卻印證了陳壽著史乃秉持了置"質直"於"文豔"之上的標準。

於今觀之，陳壽《三國志》全書固難及《史記》之縱橫捭闔、異彩紛呈，亦不比《漢書》之氣象宏闊、典雅豐贍，但若因此對陳壽本人之文學才能過分貶議，則顯然有欠公平。

① 陳壽：《三國志》，中華書局 1959 年版，第 418 頁。
② 魏徵、長孫無忌等：《隋書》，中華書局 1973 年版，第 906 頁。
③ 蕭統：《文選·序》，《文選》，上海古籍出版社 1986 年版，第 3 頁。

張華、荀勖、夏侯湛皆爲西晉文壇翹楚，張華嘗欲托壽以《晉書》，荀勖曾稱譽壽之史才，夏侯湛見壽之史作後“壞己書而罷”，可見陳壽之文采實乃彼時之一流。劉勰將《三國志》與並時所行世之《晉陽秋》、《魏略》、《江表傳》、《吴録》相比，贊之曰“文質辨洽”，堪比“遷、固”，實乃一語中的。

綜論之，陳壽作《三國志》非但用功甚勤，筆法亦爲精心之選。其人以蜀士歸晉，身有當朝時局之羈，志在務實求真之著，然亦難捨故國桑梓之情。於是，筆下春秋，豈能全善？而未及三書並行，人竟先歿，闕疑種種，惟留後人評説。史家之難，得無見乎？

作者單位：商洛學院語言文化傳播學院

花蕊夫人筆下的成都園林

喻　芳

成都歷史悠久，公元前四世紀，蜀開明王朝將都城遷徙至此，取周太王遷岐“一年成邑，二年成都，因名之成都”①。從此以後，成都成爲了西蜀的政治、經濟、文化中心。秦孝王時蜀守李冰“鑿離堆，避沫水之害，穿二江成都中”②，興建了都江堰水利工程，解決了岷江水患和成都平原的灌溉問題，把成都平原變成了“沃野千里”的美麗富饒之鄉，“水旱從人，不知饑饉，時無荒年，天下謂之‘天府’也”③。在故鄉人的心中，它風景如畫、無與倫比：“九天開出一成都，萬户千門入畫圖。草樹雲山如錦繡，秦川得及此間無”。（李白《上皇西巡南京歌十首》之二）在他鄉游子的眼中，它是一方流連忘返的樂土：“游子去游多不歸，春風酒味勝餘時”。（方幹《蜀中》）千百年來，文人墨客、遷客騷人爲它寫下了無數贊美的詩篇，而花蕊夫人以女性的視角、宫中人的身份爲我們揭開了成都另一種面目，别樣的美麗。

對於花蕊夫人其人，歷來學者有兩種觀點，至今仍然争執不下：一種是傳統觀點，認爲花蕊夫人爲後蜀孟昶妃，其依據材料爲歷代文史典籍，長期爲歷代學人所認同。另一種觀點則認爲，花蕊夫人爲前蜀王建妃，此觀點最初是由浦江清在《花蕊夫人宫詞考證》一文中提出的，此後多有學者從此説。筆者在此傾向於傳統觀點，即花蕊夫人應爲後蜀花蕊夫人——孟昶之妃。花蕊夫人宫詞内容豐富，以獨特的視角和身份描寫宫中園林建築、民俗游樂、宴飲美食、日常生活等，雖傷於纖巧，但真實自然，詳盡細膩，自有清新流麗之風。本文擬從園林建築的視角去透視成都文化和風俗特色。

中國園林的建築歷史非常久遠，在神話傳説中就有關於黄帝、西王母等的園囿的記載，

① ［宋］樂史撰、王文楚點校：《太平寰宇記》卷七二，中華書局 2007 年版，第 1463 頁。

② ［漢］司馬遷：《史記》卷二九，中華書局 1959 年版，第 1406 頁。

③ ［晉］常璩撰，劉琳校注：《華陽國志校注》，巴蜀書社 1984 年版，第 105 頁。

有文獻可考的歷史可追溯到殷商，紂王的鹿臺是中國園林的最早建築，據司馬遷的《史記·殷本紀》中所載："（紂）好酒淫樂……厚賦税以實鹿臺之錢，而盈巨橋之粟。益收狗馬奇物，充仞宫室。益廣沙丘苑臺，多取野獸蜚鳥置其中。"① 而成都大約在商末周初也出現了園林雛形，1952 年成都北郊發現的羊子山土臺即是實證。秦漢時期，皇家園林規模巨大，前所未有。秦有阿房宫，漢有上林苑，私家園林也開始出現，《三輔黄圖》中所記載的袁廣漢園就是唯一一座私家民園。到魏晉南北朝時，私家園林的數量更多。隋唐五代至宋是我國古代園林的興盛期，除皇家園林、寺廟園林外，私家園林特别盛行。這段時期，成都城市經濟繁榮，游賞習俗盛行，園林池苑衆多，園内景色宜人，亭臺樓閣與奇花異草争相輝映，其中，摩訶池和宣華苑是著名的皇家園林。花蕊夫人用她的如花妙筆給我們描摹了摩訶池、宣化苑最美好的時光，再現了五代蜀國那轉瞬即逝的短暫繁華，打開了那塵封已久的鮮活歷史。

一　摩訶池

摩訶池始建於隋代，據唐人盧求《成都記》記載："池在張儀子城内。隋代蜀王楊秀取土築廣此城，因爲池。有胡僧見之曰：'摩訶宫毗羅'。蓋摩訶爲大宫，毗羅爲龍，謂此池廣大有龍，因名摩訶池。"② 從隋唐到五代摩訶池的面積不斷擴大，摩訶池"始成初期，面積約五百畝，衹能貯蓄天然雨洪。唐代，成都的城市水利得到全面發展，唐德宗貞元元年（785），節度使韋臯開解玉溪，並與摩訶池連通；唐宣宗大中七年（853），節度使白敏中開金水河（禁河），自城西引流江水入城，匯入摩訶池，連接解玉溪，至城東匯入油子河（府河）"③。流水的引入，爲園林注入了盈盈生氣，增添了幽幽神韻，從此，摩訶池就成爲成都著名的游覽勝地。五代時期後蜀皇帝孟昶"再次拓展摩訶池，由今展覽館向北延伸至體育場、正府街一帶，湖面由隋唐時的五百畝擴展至一千畝"④。

在花蕊夫人的筆下，摩訶池水面寬闊，水勢浩大，春水碧於天，緑波寬似海，美景似江南，樓殿勝蓬萊：

旋移紅樹斫新苔，宣使龍池更鑿開。
展得緑波寬似海，水心樓殿勝蓬萊。（三四）⑤
安排諸院接行廊，水檻周回十里長。

① ［漢］司馬遷：《史記》卷三，中華書局 1959 年版，第 105 頁。
② ［唐］盧求：《成都記》，見於宋代祝穆《宋本方輿勝覽》卷五一，上海古籍出版社 1991 年版，第 909 頁。
③ 陳渭忠：《摩訶池的興與廢》，《四川水利》2006 年第 5 期。
④ 陳渭忠：《摩訶池的興與廢》，《四川水利》2006 年第 5 期。
⑤ 曹明剛：《滿堤紅艷立春風——花蕊夫人詩注評》，上海古籍出版社 2004 年版。本文所引花蕊夫人詩都出自該版本，不另爲注釋。

青錦地衣紅繡毯，盡鋪龍腦鬱金香。（二八）
龍池九曲遠相通，楊柳絲牽兩岸風。
長似江南好風景，畫船來去碧波中。（二五）

摩訶池的一年四季美輪美奂，各有風韻。早春楊柳吐緑，盛春海棠如錦，暮春群花争艷，長夏嫩荷飄香，秋水澄澈如鏡，就像一幅幅優美的畫卷：

早春楊柳引長條，倚岸沿堤一面高。
稱與畫船牽銀纜，暖風搓出彩絲縧。（四三）
海棠花發盛春天，游賞無時列御筵。
繞岸結成紅錦帳，暖枝猶拂畫樓船。（六七）
慢梳鬟髻著輕紅，春日争來芍藥叢。
近日承恩移住處，夾城裏面占新宫。（五九）
嫩荷香撲釣魚亭，水面文魚作隊行。
宫女齊來池畔看，傍簾呼唤勿高聲。（八〇）
高燒紅燭點銀燈，秋晚花池景色澄。
今夜聖人宿新殿，後宫相競覓只承。（七四）

“中國古代園林中的水，大到浩渺無邊的江河湖海，小到涓涓細流，都是造園家所不肯放過的水景塑造對象”①。摩訶池也是以水景爲主體的園林，但它注重自然因素，因地制宜，引江河流水入取土之坑，水量巨大，水源充足，流水清澈，烟波浩渺的水面與沿岸花木映照成趣。

二　宣華苑

五代前蜀王建稱帝後，把摩訶池改爲龍躍池。王建之子王衍即位後，又改龍躍池爲宣華池，並且大興土木，環池建宫爲宣華苑，“（乾德三年）五月，宣華苑成，延袤十里。有重光、太清、延昌、會真之殿，清和、迎仙之宫，降真、蓬萊、丹霞之亭。土木之功，窮極奢巧”②。可見宣華苑環池而建，以水爲中心，宫殿亭臺衆多，綿延十里，建築精美，極盡奢華。然而五年後前蜀滅亡，宣華苑遭兵火破壞。後蜀立國後，孟氏又修整舊苑，宣華苑美景更勝往昔。

宣華苑臨水布置，池畔遍種花木，亭臺散落其中，以自然景觀取勝，不像隋唐皇家園林叠山、理水盡顯人工雕琢的精巧。

---

① 耿劉同：《中國古代園林》，中國國際廣播出版社 2009 年版，第 43 頁。
② 王文才、王炎：《蜀檮杌校箋》，巴蜀書社 1999 年版，第 168 頁。

三面宫城盡夾墻，苑中池水白茫茫。
亦從獅子門前入，旋見亭臺繞岸傍。（三二）

宣華苑格局宏偉，樓臺高聳，花木長新，歲月悠閑，一片太平，極顯皇家宫苑烜赫宏偉的氣象：

五雲樓閣鳳城間，花木長新日月閑。
三十六宫連内苑，太平天子住崑山。（一）

宣華苑的高閣宫殿輕盈靈巧，玲瓏空透，似乎飄然於天水之間，給人虛無縹緲之感：

太虛高閣凌波殿，背倚城墻面枕池。
諸院各分娘子位，羊車到處不教知。（三五）

宣華苑建築華美宏麗，金碧輝煌，碧樹紅樓，景致優美，真是丹青難足：

楊柳陰中引御溝，碧梧桐樹擁朱樓。
金陵城共滕王閣，畫向丹青也含羞。”（六六）

在永恒的時間中，没有萬古不變的存在，一切繁華終將落幕，湮没在歷史的風烟裹，後蜀短暫的繁華也注定很快消失，隨着後蜀的滅亡，宣化苑宫殿被毁，摩訶池水面萎縮，昔日舊痕没煙蕪，就像陸游《摩訶池》詩所寫：“摩河古池苑，一過一銷魂。春水生新漲，煙蕪没舊痕。年光走車轂，人事轉萍根。猶有宫梁燕，銜泥入水門。”到元末明初，摩訶池遭受了更大的破壞。“明洪武十八年（1385），蜀王朱椿將大半個摩訶池填平，於後蜀宫殿舊址修建蜀王府。明末清初，蜀王府毁於戰亂，清康熙四年（1665），於蜀王府廢墟上興建貢院，西北隅仍殘留少許水面，民國三年（1914）纔全部填平作爲演武場”①。從此，美麗恢宏的摩訶池、宣華苑消失殆盡，無迹可尋，幸好還有花蕊夫人的絶妙詩篇將它的倩影定格，讓後人想象、緬懷、追思。

三　摩訶池、宣華苑的生態之美

摩訶池、宣華苑是皇家園林，除了展現皇家氣勢和莊嚴外，其最可貴之處在於人與自然的和諧，能讓人體驗到與自然的生命共感，呈現出生態之美。

江河是園林的魂魄，園中水與江河水脈相通，就具有了江河的靈氣、精神，獲得了自然之魂，摩訶池水引自玉溪、金水河，綿延千畝，如玉鑒瓊田，充滿自然的生機和靈氣。從春到秋，碧水之上，飛鳥翱翔，驚鴻照影，水面波光粼粼，荷花摇曳生姿，幽香輕浮，水中魚兒結隊暢游，岸邊楊柳依依，紅艷滿園，亭臺樓榭掩映在緑蔭花叢。這裹是緑的世界，花的

① 陳渭忠：《摩訶池的興與廢》，《四川水利》2006 年第 5 期。

海洋，鳥的天堂，人的樂園，在這裏人與自然和諧共處，形成良好的生態環境，盡顯生命的自由和美好。

在蜀宫園囿的生態鏈中，花木是最亮麗出彩的一環，摩訶池畔、宣華苑中，廣種花樹植物，夕陽之下“樹影花光遠接連”。

後蜀皇帝孟昶本就是愛花之人，他“於宣華苑廣加種植，名之曰牡丹苑。（廣政）五年，牡丹雙開者十，黄者白者三，黄白相間者四，後主宴苑中賞之，花至盛矣”①。（廣政）十三年九月，又令“城上盡種芙蓉，九月間盛開，望之皆爲錦繡”②，據説成都别號蓉城由此得名。

孟昶性奢靡，喜游賞，而其游賞活動多與賞花有關：

（廣政）十二年八月，昶游浣花。是時，蜀中百姓富庶，夾江皆創亭榭游賞之處，都人士女，傾城游記，珠翠綺羅，名花異香，馥郁森列。昶御龍舟觀水嬉，上下十里，人望之如神仙之境。昶曰：“曲江金殿鎖千門，殆未及此”。兵部尚書王廷賦曰：“十字水中分島嶼，數重花外見樓臺。”昶稱善久之。③

（廣政）十二年冬十月，賞紅梔子花於芳林苑，大宴百官。花本青城山叟所貢，初進紅梔子三粒，種之成樹，其花爛紅六出，清香如梅，當時最重之。④

花蕊夫人宫詞描寫了許多蜀宫之中排宴賞花之韻事。立春之日起，宫中内侍就摘下嬌嫩鮮艷、帶露而開的紅梅供奉皇上，報告春回大地，百花競放的消息，皇帝賜花宫中美人，共享新春的喜悦：

立春日進内園花，紅蕊輕輕嫩淺霞。
跪到玉階猶帶露，一時宣賜與宫娃。（三一）

春暖花開，春光正好，宫中排宴賞花，殷殷期盼着春花綻放，心情是那樣急切，清晨起探花開的宫女已來去幾回，生怕誤了花期，負了良辰美景：

殿前排宴賞花開，宫女侵晨探幾回。
斜望花開遥舉袖，傳聲宣唤近臣來。（七）

仲春時節，煙柳滿園，群芳吐艷，是賞花的好時候。怒放的海棠、迎風的暖枝、紅錦帳、畫樓船搆成一幅蜀宫春游圖，透出春的熱烈、人的喧囂：

海棠花發盛春天，游賞無時引御筵。
繞岸結成紅錦帳，暖枝猶拂畫樓船。（六七）

---

① 王文才、王炎：《蜀檮杌校箋》，巴蜀書社 1999 年版，第 168 頁。
② 王文才、王炎：《蜀檮杌校箋》，巴蜀書社 1999 年版，第 349 頁。
③ 王文才、王炎：《蜀檮杌校箋》，巴蜀書社 1999 年版，第 349 頁。
④ （清）吴任臣：《十國春秋》卷四十九，中華書局 1983 年版，第 719 頁。

花蕊夫人的筆下，摩訶池、宣華苑就是一個讓人迷醉的美妙和諧的世界，水邊苑中樹木繁多：楊柳堆煙、梧桐如蓋、桃李帶露、柑橘經霜……林間樹下花花草草惹人沉醉：海棠花、牡丹花、芍藥花、梔子花、荷花、白銀花、芙蓉花、梅花……次第開放。這裏又是各種生命的樂園：沙鷗空中飛舞、飛鶴雲天盤旋、黄鶯婉轉歌唱、鳴蟬聲聲輕吟、鴛鴦淺灘漫步、蜻蜓池中點水……

作爲皇家園林，摩訶池、宣華苑具有秦漢、隋唐以來皇家園林的富麗堂皇之美、雄渾飛動之勢。但它更以自然和諧取勝，呈現出獨特的生態之美，這與蜀地濃厚的道教文化氛圍有密切的關係。

道家思想在蜀地源遠流長，戰國、秦漢時期，蜀地就廣泛流行神仙傳説和道家學説。兩漢時期，蜀地的道家之學更是大爲興盛，著名學者嚴遵、揚雄因精通道家學説而名揚天下。在這樣的思想背景之下，蜀地成爲了道教的發祥地。東漢末年，沛國人張陵在蜀郡大邑鶴鳴山創立五斗米道，標誌着道教的正式産生，鶴鳴山也因此享有“道源聖城”的美譽。到了唐代，由於帝王的尊崇，道教的發展臻於極盛，蜀地的道教更是空前繁榮，就像李白詩歌所寫“蜀國多仙山，峨眉邈難匹”。道教奉道家創始人老子爲祖師，奉老子所著《道德經》爲經典。道家主張“道法自然”、“自然而然”、“因任自然”，這些思想意識深深影響了西蜀的造園活動和園林審美，使西蜀表現出不同於北方與江南等地的造園理念和園林審美，隨形就勢，充分利用自然條件，以自然本身爲美。“因此，從西蜀園林的具體表現來看，對自然的尊重、融洽程度卻明顯高於其他園林。”① 這一觀念同樣適用於西蜀的皇家園林，正因爲西蜀氣候宜人，沃野田肥水美，自古以來栽花種樹的民風興盛，到處林木葱蘢，繁花似錦，所以摩訶池畔、宣華苑中，花木之景成爲它最亮麗的風景綫。在今人眼中，園林中的自然因素的美學意義甚至超過人工因素，趙春林在《園林美學概論》中認爲：“園林中諸自然因素自成一個相對完整的生態系統，是園林美十分接近自然美的物質基礎，起着主導作用。一旦生態系統遭破壞了，園林美便不復存在了。單是園林建築物被毀，倒不一定導致園林美的喪失。”② 因此，摩訶池、宣華苑的自然花木勝景具有極高的美學價值。

雖然，摩訶池、宣華苑已經消失殆盡，無迹可尋，我們衹能插上想象的翅膀去追踪詩人的足迹，尋訪它的麗影，但是它所承載的注重自然之感、生態之美的思想意識與造園理念，卻有利於我們探討和開發成都的園林文化和生態文化。

作者單位：西華大學人文學院

① 陳其兵、楊玉培：《西蜀園林》，中國林業出版社 2010 年版，第 77 頁。

② 趙春林：《園林美學概論》，中國建築工業出版社 1992 年版，第 113 頁。

宋初直臣田錫出蜀時間新考[①]

汪國林

田錫（940—1003），字表聖，嘉州洪雅（四川眉山）人，宋初名臣，宋代文學的開拓者和奠基人之一，《宋史》卷二九三有其本傳。其賦被譽爲“猶有唐人遺意”、“興會淋漓，音節嘹亮，研辭賦旨，不讓唐人”[②]。其古文理論與古文創作是有宋一代古文運動的先導，他畢生“竊嘗以儒術爲己任，以古道爲事業”[③]，主張“夫人之有文，經緯大道，得其道則持政於教化，失其道則忘返於靡漫”[④]。其詩主張轉益多師，以情合於性，以性合於道，達到自然無痕的境界。他說：“爲文爲詩，爲銘爲頌，爲箴爲贊，爲賦爲歌，氤氲吻合，心與言會，任其或類於韓，或肖於柳，或依稀於元、白，或仿佛於李、杜，或淺緩促數，或飛動抑揚，但捲舒一意於洪蒙，出入衆賢之閫閾，隨其所歸矣。使物象不能桎梏於我性，文彩不能拘限於天真，然後絶筆而觀，澄神以思，不知文有我歟，我有文歟。”[⑤]這是何等的高妙。《全宋詩》收詩共計壹百六十餘首，這衹是“十年苦思詩千首，一夕迴腸事萬端”所存極少的一部分。著有《咸平集》五十卷，在中國文化史上留下了光輝的足迹。

同時，他性格剛烈，是太宗、真宗朝著名直臣。宋代諸多賢公名臣都對田錫的磊落之風稱贊不已，名臣范仲淹曾感慨道：“嗚呼！田公，天下之正人也。言甚危，命甚奇，盡心而弗疑，終身而無違。嗚呼！賢哉！吾不得而見之。”[⑥]司馬光也稱贊道：“范公大賢，其言固無所苟，今其銘曰：‘嗚呼！田公，天下之正人也。’雖復使他人竭其慕仰之心，頌公之美，累千萬言，能有過於此乎？光於范公，無能爲役，范公恨不得見田公，則田公果何如人

① 基金項目：本文系2014年度安徽省高校優秀青年人才支持項目階段性成果之一。
② 轉引自劉培：《論田錫辭賦的新變》，《文史哲》2001年第4期。
③ 《全宋文》卷八八《貽宋小著書》，巴蜀書社1990年版，第124頁。
④ 《全宋文》卷八八《貽宋小著書》，巴蜀書社1990年版，第121頁。
⑤ 《全宋文》卷八八《貽宋小著書》，巴蜀書社1990年版，第123頁。
⑥ ［宋］范仲淹：《范仲淹全集》卷十二，四川大學出版社2002年版，第321頁。

哉？"① 蘇軾在《田表聖奏議敘》中也感慨道："嗚呼！田公，古之遺直也。其盡言不諱，蓋自敵以下受之有不能堪者，而況於人主乎！吾是以知二宗之聖也。"②

四庫館臣對其人品與文品也評價甚高，他們在《咸平集提要》中說："錫常慕魏徵、李絳之爲人，以獻納爲己任。《國老談苑》記太宗幸龍圖閣閱書，指西北架壹漆畫篋，上親自署鑰者，謂學士陳堯叟曰：'此田錫之奏疏也。'愴然者久之。則當時已重其言，故其没也，范仲淹作墓誌，司馬光作神道碑，而蘇軾序其《奏議》亦比之賈誼，爲之操筆者皆天下偉人，則錫之生平可知也。詩文乃其餘事，然亦具有典型，其氣體光明磊落如其爲人，固終非溲忍者所得仿佛焉。"③

其忠直在他的《陳州謝恩表》中有直觀的體現。他說："……始自秘省，擢升諫官；初上封章，遽蒙聽納。尋下御劄，遍求直言，仍賜臣敕書，以示嘉獎。以臣所言者罷交趾之役，以臣所諫者去髠鉗之刑，其餘所陳，不敢備述。敕書喻臣曰：'今後凡有見聞，更在無辭獻替。或行或寢，斷自於朕心；盡節盡忠，勿渝於爾志。'臣所以嘗思啟沃，上答聖明，每有見聞，必陳章疏，非敢沽直臣之譽，但欲酬英主之知臣。"④

關於田錫生平材料的原始文獻，主要有：田錫自述家世的《先君贈工部郎中墓碣》，范仲淹《贈兵部尚書田公墓誌銘》，蘇軾《田表聖奏議序》，《宋史》卷二九三《田錫傳》，《東都事略》卷三十九《田錫傳》及《續資治通鑒長編》中的零星記載。今人對其生平研究成果頗豐，尤以羅國威先生的《田錫年譜》最爲詳盡，爲我們瞭解田錫提供便利，但也有少許謬誤，如對田錫出蜀時間界定就是壹例，而這對考查田錫生平交友十分重要。

對田錫出蜀東游長安的時間，羅國威先生將其繫於後蜀廣政二十一年即958年，其理由爲："雖未具年月，然以情理考之，父母歿，方遠游，此乃古訓，故繫於此。且以'爲期二十年'考之，錫三十九歲登第，恰相符合。"⑤ 這是不妥當的。丁父憂滿後，田錫是在蜀中游學讀書，並没有立即出蜀東游長安，其出蜀時間需要重新界定。其繫年不妥的理由主要有以下幾點：

其一，隋唐時期居喪制度已經全面法律化，《唐律疏議》就有衆多這方面的規定，如卷十："父母之喪，法合二十七月，二十五月内是正喪，若釋服求仕，即當不孝，合徒三年；其二十五月外，二十七月内，是'禫制未除，此中求仕爲'冒哀'合徒一年。"⑥ 撇開嚴峻的法律不説，單單在注重儒家教育的田氏家族，應該不至於發生父喪期間遠游他方的情況。

其二，田錫衹説中第前有過"爲期二十年"的讀書生涯，但並没有説是從游學長安開始算起，完全可以包括在蜀中的求學生活。因而"且以'爲期二十年'考之，錫三十九歲

① 《全宋文》卷壹二二五，上海辭書出版社2006年版，第266頁。
② ［宋］蘇軾著、孔凡禮點校：《蘇軾文集》卷十，中華書局1986年版，第317頁。
③ ［清］永瑢等：《四庫全書總目》卷一五二，中華書局1965年版，第1306頁。
④ 《全宋文》卷八五，巴蜀書社1990年版，第62頁。
⑤ 羅國威：《田錫年譜》，載《西華大學學報》2010年第4期。
⑥ ［唐］長孫無忌：《唐律疏義》卷一，影印文淵閣《四庫全書》本，第672册，第36頁。

登第，恰相符合”的理由是站不住脚的。

其三，田錫稍後的許多游歷、交友與詩作明顯發生在蜀中，則更難以解釋。如對田錫與楊徽之、宋白等人的游歷與交友情況，《宋史·田錫傳》記載道：“楊徽之宰峨眉，宋白宰玉津，皆厚遇之（田錫），爲之誕譽，由是聲稱翕然。”① 即田錫與當時文壇、政壇已嶄露頭角的峨眉縣令楊徽之、玉津縣令宋白結成忘年之交，並深受他們賞識延譽，詩文唱和不斷，文名漸起，此事發生在蜀中則不言而喻。《宋史·宋白傳》説：“建隆二年，竇儀典貢部，擢進士甲科。乾德初，獻文百軸，試拔萃高等，解褐授著作佐郎，廷賜襲衣、犀帶。蜀平，授玉津縣令。”②《宋史·楊徽之傳》：“蜀平，移峨嵋縣令。時宋白宰玉津，多以吟詠酬答。”③ 即二人是在後蜀平定後（乾德三年之後）爲官蜀中的，如果田錫已在後蜀廣政二十一年東游長安，就不好解釋與他們交友唱和了。

田錫在《貽青城小著書》中對宋白等人的鼓勵十分感激地説：“洎吾皇平定中區，蜀爲內地，錫滯若匏繫，介在一隅，約《國風》以伸辭，玩《大易》以知命，棲息環堵，服膺大道。雖然，長者之轍交於陳平之門，天將屈我一時，而伸我以道乎？厚我以文，而遇我以知乎？不然，安得弘農楊公徽、安定梁公周翰、廣平宋公白，皆博我以雅道，勉我以大來矣？”④也可看出平定後蜀後，田錫並未離開蜀地遠徙長安游學。

其四，再看田錫在海州向太宗皇帝上的謝恩表，其可靠性應當非常高。他説：“……每念生於劍南，鄙在草野。父母訓勵，早令讀書；鄉里薦稱，遂謀干禄。相繼數舉，未成一名。洎朝廷書軌混同，文物光被，臣始攜持老幼，涉歷艱險，往來咸秦，羈旅京闕。值陛下嗣登寶位，振起儒風，微才不遺，群英咸至。臣年三十九及第，便授官資；達不因人，驟升華貫。”⑤ 由此表可知，在趙宋滅蜀之前（後蜀於宋乾德三年，即965年覆國），田錫應有幾次失敗的科舉應考。他是在“朝廷書軌混同”之後纔居家遷往咸秦的，這肯定發生在乾德三年之後。

那麼，田錫何時舉家出蜀遷往咸秦的呢？筆者認爲定在太祖開寶四年（972）左右爲宜。先看有關的內證，田錫與當時名臣胡旦交往頗密，曾寫有《答胡旦書》，其文爲：“秀才即先輩：人來得書，竊知寧適，慰悦之外，感荷良深。兼蒙見招，俾與文會，良期美信，莫尚於兹，甚善甚善！余念自出蜀至咸、鎬間，今已六稔，再遷家，兩遇權停貢舉……”⑥ 由此文“吕狀元蒙正得第”可知，此文作於太平興國二年正月戊辰（七日）之後，因爲吕蒙正即此年中丁丑科狀元，對此《續資治通鑒長編》有明確的記載，其文爲：“（太平興國二年正月）戊辰，上御講武殿內，出詩賦題覆試進士，賦韻平側相間依次用，命翰林學士

① ［元］脱脱：《宋史》卷二九三《田錫傳》，中華書局1977年版，第9787頁。
② ［元］脱脱：《宋史》卷四三九《宋白傳》，中華書局1977年版，第12998頁。
③ ［元］脱脱：《宋史》卷二九六《楊徽之傳》，中華書局1977年版，第9867頁。
④ 《全宋文》卷八九，巴蜀書社1990年版，第135頁。
⑤ 《全宋文》卷八五，巴蜀書社1990年版，第63頁。
⑥ 《全宋文》卷八九，巴蜀書社1990年版，第129頁。

李昉、扈蒙定其優劣爲三等，得河南吕蒙正以下一百九人。”[①]而《咸平集》在此文前附有《附胡旦書》，文中結尾有寫作時間“正月二十九日”。田錫此文應該與之時間相近，即太平興國二年（977）二月或稍後，由此逆推六年，即開寶四年（971）或稍後田錫離開蜀中是符合歷史真實的，上述諸多矛盾也可以得到很好的解釋。

作者單位：安徽科技學院中文系

① ［宋］李燾：《續資治通鑒長編》卷十八，上海古籍出版社 1979 年版，第 393 頁。

蘇軾尺牘校勘記

劉奇晉

孔凡禮先生點校的《蘇軾佚文彙編》，見於中華書局1986年第1版《蘇軾文集》第六册。這是繼《蘇軾詩集》和《蘇軾文集》之後，孔先生花費五六年時間完成的又一成果，爲世人矚目，貢獻是大的。

我是個蘇軾書法愛好者，孔先生的書我買過幾種，讀了一些。總的講，感覺不錯，受益頗多，但也發現了一些問題。

《蘇軾佚文彙編》卷二、三、四，計收尺牘238件，其中，自墨迹、刻帖録入者78件。今以78件與蘇軾手迹對勘，發現有58件存在文字不確、錯漏，標點欠妥，或原本是一件被誤爲兩件、三件，或不同的兩件又被誤判爲一件，以及贋品入録等問題。這裹，主要做文字校勘，亦就尺牘繫年、分合等發表一些個人意見，以就教於專家學者。如偶有一得，僅供《蘇軾文集》再版時修訂參考。

校勘説明：（一）一件一個編號，按《蘇軾佚文彙編》先後爲序。（二）每件一個標題，均使用《蘇軾佚文彙編》原標題。P××××，爲該尺牘在《蘇軾佚文彙編》頁碼。（三）尺牘文字、標點，一如《蘇軾佚文彙編》。（四）校勘部分，爲尺牘與蘇軾手迹對勘發現的問題及個人的一點意見。

1. 與杜道源五首（五）（P2440）

令子所示，專在意來日，相見即達之，但未必有益也①。輒送十緡省爲一奠之用。難患流落中②，深愧不能展毫末也。不罪！不罪！軾手啟。

【校】①似應標點爲："令子所示，專在意，來日相見即達之，但未必有益也。"②此帖有墨迹，現藏臺北故宫博物院。據墨迹，"難患"二字之間有一倒置符號，應爲"患難"。

2. 與文與可十一首（五）（P2442）

軾啟。近遞中辱書，承非久到闕，即日想已入覲矣。無緣一見，於邑可知。苦寒，尊候何似，貴眷令子各安勝。軾蒙庇粗遣，但秋來水災，幾已爲魚，必知之矣。寄惠六言小集，古人之作，今世未省見。老兄别後，道德文章日進，追配作者。而劣弟懶墮日退，卒爲庸人，他日何以見左右，慚悚而已。所要拙文，實未有以應命，又見兄之作，但欲焚筆硯耳，何敢自露。兄淹外既久，雖與時闊疏，而公議卓然，當遂踐清近也。歲行盡，萬萬以時自重[①]，不宣。軾再拜與可學士老兄閣下[②]。十二月十六日。

【校】①據《西樓帖》，“自重”後還有“謹奉手啟上問”六字。②閣，《西樓帖》爲“閤”，雖字形不同而其用同“閣”，從之。下同，不再説明。

3. 與文與可十一首（六）（P2443）

軾啟。郡人還，疊辱書教。承尊候微違和，尋已平愈，然尚未甚美食。又得蒲大書云：尊貌頗清削。伏料道氣久充，微疾不能近，然未免憂懸，惟謹擇醫藥，痛加調練，莫須燃艾否？軾近來亦自多病，年老使然，無足怪者。蒙寄惠偃竹，真可爲古今之冠，謹當綴黄素其後，作十許句贊。蓋多年火下，不可無言也。呵呵。聞幼安父子共得卅餘軸。謹援此例，不可過望[①]。所示，當作歌詩題之。軾作此乃莫大之幸，日夜所願而不得者。今後更不敢送浙物去矣。老兄恐嚇之術，一何疏哉。想當一大噱。别後亦有拙詩百餘首，方令人編録，以求斤斧，後信寄去。老兄盛作，尚恨見少，當更蒙借示，使劣弟稍稍長進。此其爲賜，又非頒墨惠竹之比也[②]。冗中奉啟，不盡言[③]。軾再拜與可學士親家翁閣下。正月廿八日。

【校】①可，《西樓帖》爲“敢”。②頒墨惠竹，《西樓帖》作“頒惠墨竹”。③不盡言，《西樓帖》爲“不盡盡意”。

4. 與文與可十一首（七）[①]（P2444）

軾輒有少懇，托幼安干聞。爲近於守居之東作黄樓，甚宏壯，非復超然之比。曾告公作《黄樓賦》，當以拙翰刻石其上。其臨觀境物，可令幼安道其詳，告爲多紀江山之勝，仍不用過有褒譽。若過譽，僕即難親寫耳，切告。又有少事，甚是不識好惡，輒附絹四幅去，告爲作竹木、怪石少許，置樓上爲屏風，以爲彭門無窮之奇觀，使來者相傳其上有與可賦、畫，必相繼修葺，則黄樓永遠不壞，而不肖因得掛名，公其忍拒此意乎？見已作記上石。旦夕寄書去[②]。正月中遣人至淮上咨請，幸少留意，不罪，幸甚。軾惶恐。

【校】①孔注：“此簡作於元豐元年春”，我以爲應作於元豐元年九十月間。書云：“爲近於守居之東作黄樓，甚宏壯，非復超然之比。”可知作此書時黄樓已成。據蘇軾《書子由黄樓賦後》：“元豐元年八月癸丑，樓成。九月庚辰，大合樂以落之。始余欲爲之記，而子由之賦已盡其略矣，乃刻諸石。”可知樓成於八月十一日，大合樂於九月九日，則刻石必在其後。書云：“見已作記上石。旦夕寄本去。”則此書必在九月九日之後，又在十月十六日與文同書（見本文6）之前。②書，《西樓帖》爲“本”。

5. 與文與可十一首（八）（P2444）

軾啟。疊辱來教，承起居佳勝[①]。適聞中間復微恙[②]，且喜尋已平復。軾比來亦多病，漸老不耐，小放意輒成疾，不可不加意慎護也。水後彌年勞役，今復聞決口未可塞，紛紛何時定乎？寄示和潞老詩甚精奇。稍間當亦繼作六言詩，殆難繼也。未緣會遇，萬萬以時自珍。謹奉手啟，上問不宣。軾再拜與可學士親家翁閣下。三月二十六日[③]。

【校】①勝，《西樓帖》爲“適”。②《西樓帖》無“適”字。③二十六日，《西樓帖》爲“廿六日”。

6. 與文與可十一首（一〇）（P2445）

軾啟。稍不馳問，不審入冬尊體何如？想舊疾盡去，眠食益佳矣。見秋榜，知八郎已捷①，不勝欣慰。惟十一郎偶失，甚爲悵然。一跌豈廢千里②，想不以介意。寄示碑刻，作語古妙，非世俗所能彷彿。長句偈尤奇，非獨文字甘降，便當北面參問也。近有一僧名道潛，字參寥，杭人也。特來相見。詩句清絶，可與林逋相上下，而通瞭道義，見之令人蕭然。有一詩與之，録呈，爲一笑也。未由展奉，萬萬以時自重，不一不一③。軾再拜與可學士親家翁閣下。十月十六日。

《黄樓賦》如已了，望付去人，如未，幸留意！留意！

【校】①“見秋榜，知八郎已捷”，《西樓帖》作“見秋，軾知八郎已捷”。②據《西樓帖》，“一”前有“然”字，應爲“然一跌豈廢千里”。③不一不一，按習慣，作“不一一”。

7. 與張天覺四首（一）（P2447）

軾啟。羈旅索寞久矣，見公得一散懷抱，爲樂難名。行日猶欲上謁，遽聞侵夜解去，既而累日風雨，知仙舟未免留連，甚爲耿耿也。兩沐□□，慰□□□①。即日起居何如？公受眷遇深，必不久遠，外會□舟中之……②

【校】①“兩沐□□，慰□□□”，《西樓帖》塗改難辨，似爲“兩沐書問，□慰牢落。□”。②□，《西樓帖》爲“散”。孔先生所據爲北京市文物商店藏本，“會散舟中之”後缺。然天津藝術博物館藏端方本則是完整的。現用天津本補字後點爲：“公受眷遇深，必不久遠外。會散舟中之語，想必留意也。餘更萬萬慎重自愛。謹奉手啟上問。不宣。軾再拜天覺學士執事。三月十四日。”其缺失皆由北京市文物商店藏本前後淆亂所致。

8. 與張天覺四首（二）（P2448）

軾啟。一向多病，不時奉書，思仰甚矣。比日履兹畏暑，起居佳勝。向蒙示諭“鐵牛老鼠”之説，實不曉此謎。但廢放之中，病患相仍，默坐觀者①，雖無所得，而向之浮念雜好，盡脱落矣。永日杜門，游從登覽，舉覺無味，此下根鈍器，所守如此，不足爲達者言也。久望公還②，何故至今，何時復得把臂一笑。未間，惟萬萬以時自重③。軾再拜天覺學士閣下。六月五日。

【校】①者，《西樓帖》作“省”。②公，《西樓帖》作“召”。③“自重”後，《西樓帖》有“不宣”二字，應爲：“惟萬萬以時自重。不宣。”

9. 與張天覺四首（四）（P2448）

……語想必留意也。餘更萬萬慎重自愛。謹奉手啟上問，不宣。軾再拜天覺學士執事。三月十四日①。

【校】①此殘簡當是本文7《與張天覺四首（一）》之一部分。合爲：“軾啟。羈旅索寞久矣，見公得一散懷抱，爲樂難名。行日猶欲上謁，遽聞侵夜解去，既而累日風雨，知仙舟未免留連，甚爲耿耿也。兩沐書問，□慰牢落。□即日起居何如？公受眷遇深，必不久遠外，會散舟中之語想必留意也。餘更萬萬愼重自愛。謹奉手啟上問。不宣。軾再拜天覺學士執事。三月十四日。”

10. 與石幼安二首（一）（P2453）

軾啟。前日急足還，領手教，具審起居佳勝，眷愛各佳安，至慰！至慰！軾此與賤累並安。知令子九月末方還，侍下未敢奉書。杭州接人□未到[①]，□到便行，不出此月末起發，十月上旬必到也。乍此遠別，豈勝依戀，新涼，惟若時加愛。舍弟未及奉啟，不宣。再拜幼安□兄[②]。

油兩缾封全，充□不訝輕瀆[③]。八月十一日。

貴眷萬福。

洋州令子必安。見報，與可已有替人，莫是別有美命否？賤累並安。軾又上[④]。

【校】①□，《西樓帖》作“猶”。②“再”字前，《西樓帖》有“軾”字。□，《西樓帖》作“表”。補字後爲：“軾再拜幼安表兄。”③□，《西樓帖》作“信”。補缺字後，應點爲：“油兩缾，封全充信，不訝輕瀆。”④《與石幼安二首（一）》，作於熙寧四年八月十一日即將離京赴杭倅任時。但“貴眷萬福”以下文字，在天津本《西樓帖》中雖緊接《與石幼安二首（一）》，然實爲另書殘件，當作於熙寧十年。理由是：書云“洋州令子必安。見報，與可已有替人，莫是別有美命否?”據此，蘇軾作此書時，文同將離洋州任。據何增鸞、劉泰焰《文同年譜表》“（文同）熙寧十年在洋州任。冬赴京，判登聞鼓院”可證“貴眷萬福”以下作於熙寧十年。

11. 與石幼安二首（二）（P2453）

軾啟。向者人還，領手字，具審起居佳安，眷愛各寧謐。軾此與賤累並無恙。凶歲之餘，流殍盜賊無虛日，凡百勞心。近頗肅静，吏民稍見信，漸向無事，幸不憂及。楊元素處書信不知收得未？□□及餘信物幸早爲覓便附去[①]。先人今次封贈，此已納錢訖，更不煩干致，惟告説與□院人吏令早附去也[②]。春向晚，拜見無由，每念契闊，未嘗□□□而□也[③]。惟萬萬自重不宣。軾再拜幼安表兄閣下。三月□□日[④]。

【校】①□□，《西樓帖》作“誥黄”。②□，《西樓帖》作“本”。③而□也，《西樓帖》作“而歎也”。④□□，《西樓帖》作“廿四”。

12. 與陳季常四首（一）[①]（P2459）

一夜尋黄居寀龍，不獲。……廿三日。

【校】①孔先生説此帖見於《西樓帖》，恐是誤記。據我所知，此帖有墨迹，現藏臺北故宫博物院。刻帖見《三希堂法帖》等，但不見於《西樓帖》。

13. 與陳季常四首（二）（P2459）

軾啟。新歲未獲展慶，祝頌無窮。稍晴，起居何如？數日起造必有涯，何日果可入城？昨日得公擇書，過上元乃行，計月末間到此。公亦於此時來[①]，如何？如何？竊計上元起造尚未畢工。軾亦自不出，無緣奉陪夜游也。沙枋畫籠，旦夕附陳隆船去次。今先附扶劣膏去。此中有一鑄銅匠，所借所收建州木茶臼子並椎[2]，試令依樣造看，兼適有閩中人便，或令看過，因往彼買一副也。乞暫付去人專愛護，便納上。餘寒，更乞保重。冗中，恕不謹。軾再拜季常先生丈閣下。正月二日[3]。

【校】①於，墨迹作"以"。②所借，墨迹作"欲借"。③據墨迹，此首失録附言："子由亦曾言方子明者，他亦不甚怪也。得非柳中舍已到家言之乎？未及奉慰疏，且告伸意，伸意。柳丈昨得書，人還即奉謝。次知壁畫已壞了，不須快悵，但頓著潤筆，新屋下不愁無好畫也。"墨迹現藏故宫博物院。

14. 與陳季常四首（三）[1]（P2460）

軾啟。人來，得書。……不一一，軾再拜。

【校】①據墨迹，此首失録附言："知廿九日舉掛，不能一哭其靈，愧負千萬千萬。酒一擔，告爲一酹之。苦痛！苦痛！"墨迹現藏故宫博物院。

15. 與陳季常四首（四）[1]（P2460）

知廿九日舉掛，不能一哭其靈，愧負千萬千萬。酒一擔，告爲一酹之。苦痛！苦痛！

【校】①此首爲故宫博物院藏與陳季常書墨迹《人來得書帖》的附言。即本文 14 與陳季常四首（三）。

16. 與純父一首（P2461）

軾啟。辱教，伏承起居佳勝。示及文字及緡物，物領如數[1]。怱怱，復而不盡[2]。軾再拜純父侍講足下[3]。廿五日。

【校】①物領，讀《西樓帖》，判爲"已領"似更恰當。②而，《西樓帖》作"白"。不盡，應爲"不一一"。改後，應點爲："怱怱復白，不一一。"③父，《西樓帖》爲"夫"，故標題應爲《與純夫一首》。

17. 與家退翁三首（一）（P2461）

軾啟。數日鬥寒，身體佳否[1]？來日謁告一日，與公略會話，幸訪臨早食也。不宣。軾再拜退翁朝散年兄[2]。

【校】①身，《西樓帖》作"尊"。②據《西樓帖》，"朝散年兄"後，尚少"廿三日"三字。

18. 與家退翁三首（二）（P2462）

軾啟。昨日先納送行詩，必達。經宿起居何如，來日定成行否？卑體尚畏風，不果往別。千萬順維自愛[1]。細簟一領，暑途恐須用。魚膠四斤[2]，鹿頂合子一枚，賜墨三丸，納上。不訝浼瀆，不宣。軾再拜退翁朝奉使君兄。十一日。

【校】①維，《西樓帖》作"候"。②斤，在《西樓帖》，此字像"斤"，確認是"片"。

19. 與家退翁三首（三）（P2462）

軾啟。人來，辱手書，具審起居勝常，甚慰想望。軾連歲乞補外，請越得杭，恩出望外。不獨少便衰疾，亦遂安蠢拙矣。但去□日遠[1]，歸掃墳墓何日，不能無惘惘也。乍熱，千萬以時保愛，治行，冗中布謝，草略，不宣。軾再拜退翁朝散年兄[2]。□月十三日[3]。

手啟上退翁朝散家。軾謹封。

【校】①□，《西樓帖》作“德”。②據《西樓帖》，“朝散”後尚少“使君”二字。③□月十三日，《西樓帖》爲“四月十二日”。

20. 與程正輔三首（一）（P2488）

軾近得子由書報，近有旨，去歲貶逐十五人，永不敘復，恐赦書量移指麾，亦未該也。行止孰非命者？譬如元是惠州人，累舉不第，雖欲不老於此邦，豈可得哉！私心如此，兄必亮之也。

添“蛙”字一韻，亦已添訖。

寄惠松子牛膝梨棗，一一珍佩。巖起茶芎如尋得，亦告，因便示及與鄧師也。念五□未暇書[1]，復信寄去次[2]。軾再啟。

朝雲蒙頒賜牙梳，附百拜之懇[3]。

【校】①□，《西樓帖》作“絹”。②復，《西樓帖》作“後”。③此帖在天津藝術博物館藏匋齋本《西樓帖》第五册，爲紹聖二年十一月三日與程正輔書《時走湖上帖》之附件一。《時走湖上帖》云：“軾啟。别後，因本州便人一次上狀並《香積詩》必已達尊覽。兩辱賜教，具審起居佳勝，甚慰馳仰。軾入冬眠食甚佳，几席之下，澄江碧色，鷗鷺翔集，魚蝦出没，有足樂者。又時走湖上，觀作新橋。掩骼之事，亦有條理，皆初慰人意。蓋優哉游哉，聊以卒歲，知之免憂。藥錢亦已如請。比來數事，皆蒙賜左右，此邦老稚，共荷戴也！乍寒，萬萬自重。不宣。軾再拜正輔提刑大夫兄閣下。十一月三日。”

21. 與程正輔三首（二）[1]（P2489）

“縱”字韻詩，和得尤奇，誦咏不已。兄尚少《香積》一首，想續示及也。軾又上。

軾詩於“霞”字韻下添入一聯云：“豈無軒車駕熟鹿，亦有鼓吹號寒蛙。”更不别寫去。

子由一書，告發一□角遞[2]。

【校】①此帖在天津藝術博物館藏匋齋本《西樓帖》第五册，爲紹聖二年十一月三日與程正輔書《時走湖上帖》之附件二。②□，《西樓帖》爲“皮”。

22. 與程正輔三首（三）[1]（P2489）

十郎計别來安樂。博羅公人回，簡帖已領矣。

【校】①此帖在《西樓帖》第五册第十三頁，緊接第十一、十二頁與程正輔書《誦咏帖》，儼然是《誦咏帖》的附件。

23. 與程六郎十郎一首（P2489）

六郎，十郎昆仲：節近，感慕愈深，奈何！奈何！惟千萬節衣强飯[1]，以慰親意。大郎、三郎有消耗到未？復信附慰疏也[2]。軾白。

【校】①衣，《西樓帖》爲“哀”。②復，《西樓帖》爲“後”。

24. 與范子豐二首（二）（P2492）

軾啟。别來新歲慶侍多暇，日集休福。軾百凡如昨[1]，然方求郡，累削不允，終當堅請，以息煩言耳。蜀公丈以節下人事略無少暇[2]，未果上問，乞道下懷。新春，萬萬以時保練，冗中不謹。軾再拜子豐承事親家翁執事。正月六日[3]。

【校】①百凡，《西樓帖》爲“凡百”。②“蜀公丈以節下人事略無少暇”，應點爲“蜀公丈以節下，人事略無少暇”。③六，《西樓帖》爲“二”。

25. 與質翁一首[1]（P2496）

軾啟。近人回，奉狀必達。比日履兹春候[2]，豈弟之化，想已信服，吏民坐歡之樂，豈有涯哉！無緣陪接，但深馳仰。尚冀若時保練，少慰區區，不宣。軾再拜質翁朝散使君老兄閣下。正月廿四日。

【校】①網上見此帖墨迹，謂上海張氏涵廬舊藏，不知現藏何處。②墨迹未見“春候”二字，“比日履兹”下有“起居佳勝”四字。

26. 與若虚總管一首（P2496）

原文略。

【校】此件見於《三希堂法帖》，醜陋不堪，贋品無疑。觀蘇軾遺墨，雖云變化，然面貌風格自有其一貫性。而此件與蘇書面目毫不沾邊，不知當年是如何進入内府的。我以爲像這類既非蘇軾手迹、文字亦無來歷的東西，是不應該作爲佚文收入《蘇軾文集》的。附圖：

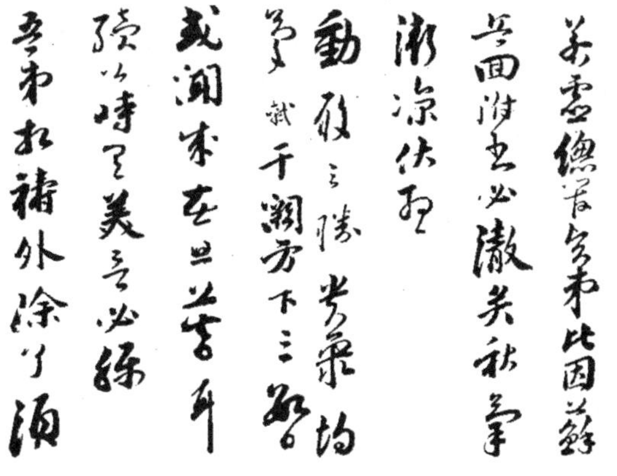

27. 與樞密一首[1]（P2501）

軾啟。孟冬薄寒，伏惟樞密正議臺候萬福。軾即日蒙恩，罪戾之餘，寵命逾分，區區尺書，不足上謝。又不敢輒廢此禮，進退恐慄。未緣趨侍，伏冀上爲廟朝，精調寢味。下情祝頌之至。謹奉啟起居，不宣。軾頓首再拜樞密正議執事。十月十七日。

【校】①樞密，即司馬光，見上海圖書館藏宋搨《鬱孤臺法帖》卷六，但與此篇文字出入較多，應以《鬱孤臺法帖》文字爲準。兹録如下：“軾頓首再拜。孟冬薄寒，恭惟門下侍郎臺候萬福。軾即日蒙免，罪戾之餘，寵命逾分，區區尺書，豈足上謝。又不敢廢此小禮，進退恐慄。未緣趨侍，伏冀上爲宗社精調寢興，下情祝頌之至。謹奉手啟，布陳萬一，不宣。軾頓首再拜門下侍郎執事。十月十七日。”

28. 與親家母一首（P2504）

□□[1]。親家母尊候萬福。不敢别狀乞侍次道區區事，已無可奈何，千萬寬中强解勉也。舍弟婦自聞逸民之喪，憂惱殊甚，恐久成疾。□□□遣兒子邁歸鄉[②]，且迎十一郎，新□□暇歸寧[③]，俟少定搽，卻送歸侍下不難，且望早白知太君，纔得來音，便速邁行也[④]。遞中乞□一二字爲貺[⑤]，切望！切望！軾又上[⑥]。

書乞差人送至中江知縣程推官。眉陽蘇軾謹外封[⑦]。

【校】①□□，觀《西樓帖》二字餘筆，似爲“太君”。②□□□，在《西樓帖》是二字，爲“欲暫”。③暇，《西樓帖》爲“略”。④速，《西樓帖》爲“遣”字。⑤□，《西樓帖》爲“且”字。⑥此書雖係斷簡，但經補缺改錯後，便可讀了。書云：“太君親家母尊候萬福。不敢別狀，乞侍次道區區。事已無可奈何，千萬寬中强解勉也。舍弟婦自聞逸民之喪，憂惱殊甚，恐久成疾，欲暫遣兒子邁歸鄉，且迎十一郎新□略歸寧。俟少定搽，卻送歸侍下不難。且望早白知太君，纔得來音，便遣邁行也。遞中乞且一二字爲貺。切望！切望！軾又上。”據蘇轍元祐七年八月《祭亡婿文逸民文》（《欒城後集》），文逸民死於元祐年間，此書亦爲此間所作。⑦此爲致中江程推官書外封。程建用，字彝仲，元豐中爲中江推官。在《西樓帖》，《與親家母一首》前即是與程彝仲書，考爲元豐六年秋冬至七年春間作於黃州。此很可能是《與程彝仲書》外封。

29. 與友人一首[①]（P2507）

子野出家之議。前年在都下，始聞其言，私心亦疑之，屢勸不須如此，在家出家足矣，而子野意堅決不回。僕猶恐其難遂，再三要審，而子野確然自誓，欲僕與發言，求一度牒。難違其意，故爲求之。子野□得度牒[②]，當攜來就僕，求作剃度齋，乃落髮也。今蒙示諭，深認一宅骨肉至意，專在下懷。俟他到此[③]，即取其度牒收之，力勸令且更與宅中評議也。仍旦夕發一書，與舍弟，亦令似此勸之。但恐他未到筠，□□已落髮[④]，則無及也。軾又白。

【校】①這封信大約是寫給吴子野的兒子吴秀才的回信。②□，《西樓帖》爲“云”。③俟，《西樓帖》爲“候”。④前一“□”，《西樓帖》爲“州”，可讀爲“但恐他未到筠州，□已落髮”。

30. 與友人一首[①]（P2508）

寄示墨竹、草聖，皆極妙，所謂亹亹逼人。並示長生匱法，僕亦傳得此方久矣，但未暇養錬，常有從理入口之憂，所謂面上桑葉氣，非所患也。松滋王令，邂逅一見，好學佳士也。輒托附書。適值數親□冗迫[②]，未暇詳悉。續附遞次，不宣[③]。軾頓首。

墨竹與石，近又變格，別覓便寄去次。

【校】①在蘇軾友人中，稱“墨竹、草聖”者，唯文與可一人而已。故此首爲與文與可書無疑。②□，《西樓帖》爲“客”。因字明而文義明，標點亦需改動，爲：“輒托附書。適值數親客，冗迫，未暇詳悉。”③不宣，應爲“不一一”。

31. 與友人一首（P2508）

□紙示喻戎主病遜之事[①]，此亦聞□者[②]，初報十二月三日已殂，秘而未發，近乃知其未也。胡雛勇悍猜忍，得志恐不復静，識者頗憂之矣。而我將驕卒惰，緩急決不可用，此憂尤大，然慎不可先事有作，□説作事[③]，祇閲習大處，亦能致敵疑，疑則彼必先之，如何□□□□請□因疑而發[④]，不可不慎也。□□□惟積穀一事。此外則是擇帥莫用、韓縝之類。擇使及館伴、接伴莫用、王子韶之類[⑤]。此在廟堂至公無私耳。軾體問得一事，胡雛若得志，必有嶮薄貪利之臣出而爲之謀，雖未敢渝盟稱兵，必須時遣三二十人鈔劫邊民，若得利而歸，我不能制，其來必頻，人數漸多，其利愈博。若移文詰問，即云不知，□此不已，必開邊隙，此必然之勢也。近霸州文安縣賊是矣[⑥]。必已知其詳。捕盜官吏但防護他出境而已。軾謂此一事最近最切，當深留意。官軍近驕惰[⑦]，帶甲行十里便喘汗，見賊一二十人解走者，即是精兵，此等決不可恃也。惟有緣邊人户，自相團結，爲弓箭社。此人飲食長技與虜同，守護親戚墳墓，人人自爲戰，虜獨畏此耳。□爲精悍得力與陝西弓箭手無異[⑧]。而陝西弓箭手，皆官給田，此間自是人户田地産業，不論貧富，每户團結一名，深可愧也。前輩名將，如韓魏公、龐丞相、王□相之流[⑨]，皆加意拊循。熙寧、元豐中，講求邊事至矣，然將帥皆貪功希賞之人，謂此事乃是實頭。

【校】①□，《西樓帖》爲“别”。②□，《西樓帖》爲“議”。③□，《西樓帖》爲“未”。④何，《西樓帖》爲“河”。□□□□請，《西樓帖》爲“東□界之請”。⑤“此外則是擇帥莫用、韓縝之類。擇使及館伴、接伴莫用、王子韶之類”應點爲：“此外，則是擇帥，莫用韓縝之類。擇使及館伴、接伴，莫用王子韶之類。”⑥近霸州，《西樓帖》爲“近日霸州”。⑦近，《西樓帖》爲“久”。⑧□，《西樓帖》爲“其”。⑨□，《西樓帖》爲“黑”。

32. 與友人一首[①]（P2510）

子由亦曾言方子明者，他亦不甚怪也。得非柳中舍已到家言之乎？未及奉慰疏，且告伸意[②]。意柳丈昨得書[③]，人還，即奉謝次。知壁畫已壞了，不須怏悵。但頓著潤筆，新屋下，不愁無好畫也。

【校】①此帖爲元豐四年正月二日與陳季常書附件，墨迹現藏故宫博物院。《與陳季常書》云：“軾啟。新歲未獲展慶，祝頌無窮。稍晴，起居何如？數日起造，必有涯。何日果，可入城。昨日得公擇書，過上元乃行，計月末間到此。公亦以此時來，如何？如何？竊計上元起造，尚未畢工。軾亦自不出，無緣奉陪夜游也。沙枋畫籠，旦夕附陳隆船去。次今先附扶劣膏去。此中有一鑄銅匠，欲借所收建州木茶臼子並椎，試令依樣造看。兼適有閩中人便，或令看過，因往彼買一副也。乞暫付去人，專愛護便納上。餘寒更乞保重，冗中恕不謹。軾再拜季常先生丈閣下。正月二日。”②“伸意”下有重複符號，故爲“伸意，伸意”。③意，墨迹無此字。

33. 與友人一首[①]（P2511）

子由在筠，甚安。此中祇兒子過罄身相隨，餘皆在宜興，子由諸子在許州也。法眷各安，不及一一奉書。軾又上。

【校】①此帖見匋齋藏《西樓帖》第二册。與“成都大尹明叟，雅故相知之深，禮當拜狀。以罪廢之餘，不敢上玷。或因問及，即道此意，如不言及，即不須道也。軾手啟”及信封“手啟上寶月大師老兄。軾謹封。書上成都府大慈寺中和院寶月大師。眉山蘇軾謹外封”前後相接，又都是在紹聖元年十月蘇軾到惠州至次年六月寶月化去這段時間寫的。讀信，再按常理推之，很可能是蘇軾到惠州不久收到寶月慰書的復信的兩個副件，書寫時間約在紹聖元年冬，宜合爲一帖。

34. 與友人一首（P2511）

令子今年何處取解？貴眷各想安勝。舍弟不住得信，無恙，恐閑知。軾再拜。

瀘南不聞秏[①]，鄉中所繫不小，不能無慮也。

黄人聞任師中死，相率作齋，然皆以軾爲主，亦一段佳事。恐要知。

【校】①瀘南不聞秏，《西樓帖》爲“瀘南殊不聞秏”。

35. 與友人一首[①]（P2512）

近得侄孫行唐主簿彭書，其母四娘者又逝去，彭已扶護入京葬訖。本令此子般小兒子房下來，此今又丁憂，亦災滯中一撓也。

【校】①此帖在匋齋本《西樓帖》第五册，爲紹聖二年十一月十日與程正輔書《長至帖》附件，應合爲一帖。

36. 與友人一首[①]（P2512）

……大人曾是。軾在益州時同角有書奉寄並文□一封[②]，参差卻將歸。今仍附去，悉之！悉之！舍弟不及書。臨行草草。僧正亦不别幅，千萬致意。軾上。

【校】①此帖在匋齋本《西樓帖》第五册，爲嘉祐四年十月十二日與寶月大師書《眉陽奉候帖》附件，應合爲一帖。②□，《西樓帖》爲“惠”字。

37. 與友人一首[①]（P2513）

布幛鞭希寄。任長官來一人，臘月中離。任屯田欲借實録略看，已與説僧正及吾兄有可借處。任甚丁寧欲見，希與掛意。任亦名士，因此識之，亦善，伊看了必便納去，無憂沉墜。切祝！切祝！

【校】①此帖在匋齋本《西樓帖》第五册，爲嘉祐四年十月十二日與寶月大師書《眉陽奉候帖》附件，應合爲一帖。

38. 與子明九首（一）（P2516）

軾啟。自離鄉奉狀，遂至今日，亦到京。百冗，然怠慢之譴，不敢辭也[①]。亦不捧來誨。頗得眉州書，粗聞動止。即日遠想尊體佳勝。侄男女各安。軾二月中，授官告院，頗甚優閑，便於懶拙。卻是子由在制置司，頗似重難。主上求治至切，患財利之法弊壞，故創此司。諸事措置，雖在王安石、陳升之二公，然檢詳官不可不協力講求也。常晨出暮歸，頗羡弊局之清簡。今歲以中舉人來者極多[②]，已有四百餘人。十六郎舉業頗長，有望。因風時寄片字。餘惟千萬善保尊重。謹奉狀，起居不備。弟軾再拜子明都糾二哥、縣君二嫂左右。□月廿七日[③]。

【校】①似應標點爲：“自離鄉，奉狀遂至今日，亦到京百冗，然怠慢之譴，不敢辭也。”②以，《西樓帖》爲“川”。③□，《西樓帖》爲“三”。

39. 與子明九首（二）（P2516）

軾啟。得遞中及走馬處書誨，喜知尊候康勝，郎娘各安。軾此與以下各無恙。陳州亦安，近一沿牒來①，住十餘日而去。所報獄事甚詳。初聞亦深爲憂撓。近聞石掾翻案，他莫亦不免作失入，近有人言，見審刑孫侍制論此事云，法官據案下法不成出入下頭必是有失舉□或失出下減等②，皆公罪杖，必不深重，且請安心。蒲大已作檢正，仍是孔目房，甚有能名。雍大得蜀憲，旦夕行矣。兄意已與具道矣。料錢請到二月□③，已托李由聖寄銀五十兩，在鮮于子駿處，托轉達蓬州大哥處分擘奉還也。具有數子在彼。近日不行青苗者，雖舊相不免。弟若出外，必不能降意委曲隨世，其爲齏粉必矣。以此且未能求出，聊此優游卒歲耳。未緣聚首，惟望以時自重，不備。弟軾再拜子明都曹二哥、縣君二嫂左右。四月七日。

【校】①《西樓帖》無“一”字。②□，《西樓帖》爲“駁”。補字後，標點爲：“法官據案下法，不成出入。下頭必是有失舉駁，或失出下減等。”③□，《西樓帖》爲“住”。

40. 與子明九首（三）（P2517）

軾啟。因循久不奉狀，亦多時不捧來誨，傾繫殊深。即日遠想尊體佳勝，侄兒女各無恙。鄉人到者，皆言兄臨政①，精敏之譽，甚慰想望。軾此並安常。昨五月生者嬰兒名叔寄，甚長進。子由在陳州安，八月中生一女，名宛娘，必已知之。曾托石嗣慶秘校附書並公服□必達②。兄去替更祇半年，必且爲東上之計，不知會於何處？軾自到闕二年，以論事方拙，大忤權貴，近令南床捃摭彈劾，尋下諸路體量，皆虛，必□已矣③。然孤危可知。春間，必須求鄉里一差遣，若得，即拜見不遠矣。忠義古今所難，得虛名而受實禍，然人生得喪皆前定，斷置已久矣，終不以此屈。遠書，不敢覼縷，略報免憂耳。冬寒，千萬善保尊重，不備。弟軾再拜都曹子明兄、縣君二嫂左右。十月廿八日。

【校】①言，《西樓帖》爲“談”。②□，《西樓帖》爲“段”。③□，《西樓帖》爲“且”。

41. 與子明九首（四）①（P2518）

軾啟。久不奉誨音，日增思念②。嚴寒，不審尊履何如③？軾與以下並安。府□已有正官陳忱④，更月餘到，且可脱去。近爲十六侄葬事，得朝假十日，昨晚方自八角歸，掩壙諸事已了。頗甚臻至，但削諸浮華，可送者十餘人⑤，亦就八角略管領之，傷心！傷心！媳婦彭壽且安。柳郎亦送至，□小娘亦在此⑥，爲久患腹藏，調理無效，故柳郎挈來入京就醫也。服藥漸有體□⑦，見今亦無苦恙，勿憂！勿憂！巧孫甚長惠⑧，祇在家裏，安下數日，卻暫去覲他伯父在此監倉。軾近遷居宜秋門外，宅子稍□廳前頗有野趣⑨，可葺作一小園。但自揣必不久在都下，無心作此也。近日事□頗新⑩，兄弟蠢拙，頗爲當柄者所忿⑪。孤遠恐不自全，日虞罪戾耳。遠書不細述。未由拜會，千萬以時珍衛。謹奉狀不備。弟軾再拜子明都曹二哥、縣君二嫂左右。十一月廿二日。

尊己一婢，近歸京師。句令府中分□⑫，病亡因依□見⑬，寄櫬潤州鶴林寺，已焚了，並十二郎亦然□□⑭，已令行文字往本州鈐東寺僧常□照管⑮，力□祇及□□⑯。

【校】①孔注：“此簡作於熙寧三年。”我以爲當作於熙寧二年冬。②念，《西樓帖》爲

“企”。③履，《西樓帖》爲“屐”。④□，《西樓帖》爲“幕”。⑤可，《西樓帖》爲“耳”。改字後斷句爲：“近爲十六侄葬事，得朝假十日，昨晚方自八角歸。掩壙諸事已了，頗甚臻至，但削諸浮華耳。送者十餘人，亦就八角略管領之。”“耳”當屬上句。⑥□，《西樓帖》爲“彼”。補後標點爲：“媳婦、彭壽且安，柳郎亦送至彼。小娘亦在此。”“彼”當屬上句。⑦□，《西樓帖》爲“面”。⑧巧孫，細辨《西樓帖》，作“巧緣”爲宜。⑨□，《西樓帖》爲“得”。⑩□，《西樓帖》爲“體”。⑪《西樓帖》無“者”字。⑫□，《西樓帖》爲“析”。⑬□，《西樓帖》爲“雲”。“句令府中分□，病亡因依□見，寄櫬潤州鶴林寺”，補字後應點爲：“句令府中分析病亡因，依雲，見寄櫬潤州鶴林寺。”⑭□□，《西樓帖》爲“傷告，傷告”。⑮□，《西樓帖》爲“切”。⑯力□衹及□□，《西樓帖》爲“力且衹及此耳”。

42. 與子明九首（五）[①]（P2519）

軾啟。忽又歲盡，相去數千里，企望之懷，牢落可知。即辰尊履何如[②]？軾此並安，已罷府幕，依舊官告院。大哥已授蓬州儀隴令，必已知。小娘在此服藥，已安，元亦無苦恙也。十六郎房下，權已迎歸在此[③]。彭壽頗健。子由來年窮臘方赴任，方頭罷卻差遣，請受坐食貧，兄既不知過[④]，又被士大夫交口譽之，愈難向道也。奈何！奈何！無緣會聚，惟乞以時珍衛。謹奉啟上問，不備。弟軾再拜子明都曹兄、縣君二嫂左右。

【校】①孔注說此帖“作於熙寧四年”，我以爲應該是熙寧二年十二月。理由是：第一，熙寧三年四月七日，蘇軾寫給蘇子明的信有“已托李由聖寄銀五十兩在鮮于子駿處，托轉送蓬州大哥處”一語。蓬州大哥即蘇子正。作此書時始言授蓬州儀隴令，説明此帖作於熙寧三年四月以前。按“忽又歲盡”推之，應是熙寧二年十二月。第二，蘇軾在熙寧二年下半年寫的另一家書中說，十六郎去逝已數月，十六媳婦要求不獨住殺豬巷而還來和蘇軾一家同住，蘇軾已同意並準備接她來。此帖說“十六郎房下權且迎歸在此”，也説明此帖作於熙寧二年十二月。第三，據《宋史紀事本末》和曾棗莊《蘇轍年譜》，蘇轍因反對王安石變法，於熙寧二年八月罷三司條列司檢詳官職，改授河南府推官，三年正月隨張方平往陳州爲學官三年。此帖說“子由來年窮臘方赴任，方頭罷卻差遣”，也説明此帖作於熙寧二年底。②履，《西樓帖》爲“屐”。③已，《西樓帖》爲“且”。④“請受坐食貧，兄既不知過”，斷句應爲：“請受坐食，貧兄既不知過。”

43. 與子明九首（六）[①]（P2519）

軾啟。累捧來誨，伏承尊履休勝，侄男女各安康，深慰！深慰！軾此與以下並安。累蒙令問奏案次第。近問得一的當人，云兄已書杖六十公罪，又係去官，必無虞，非久，上矣。千萬無慮。問得甚的，不欲詳言也。但可惜石同年不免耳。近蒙惠書，冗中未及答。且告多致懇，宦途常事，不足介意。軾近乞外補，蒙恩除杭倅□闕[②]，旦夕且般挈往宛丘，相聚四五十日，俟涼而行，愈遠左右，益增傾企。伏暑方熾，萬乞保重。臨行百冗，奉狀草率，幸恕之，不備。弟軾再拜都曹二哥、縣君二嫂左右。六月十七日。

料□譜至三月已繳納訖[③]。去年寄一笏，令孫潛帶與鮮于子駿，轉達大哥處。自後又寄蓬州知州十奉去[4]，並有數子在大哥處也。

【校】①此帖見匋齋本《西樓帖》第六册，僅是全帖前半部分。帖的後半部分爲："君實親事，托景仁問之，未有報，恐是不肯。俟更問其果決，報去。軾久懷墳墓、親友，深欲一歸，但奏狀中不敢指乞去處，一任陶鑄，故得此也。上批出，與知州差遣。中書不可。初除潁倅，擬入，上又批出，故改倅杭。杭倅亦知州資歷，但不欲弟作郡，恐不奉行新法耳。此來若非聖主保全，則齏粉久矣。知幸！知幸！餘杭風物之美冠天下，但倅勞冗耳。且喜兄無事，官藏外得公罪，全不礙事。近有疏決，然卻不該人多言，案在寺該得者非也。須身在京，乃該。恐要知之。迫行，不詳悉。軾再拜。十六媳婦、彭壽並安，他欲相隨去杭州，故且帶去。然終未見兄與處置，如何爲便。大哥書中已言其詳，請早與熟慮示下。"應當合爲一帖。②□，《西樓帖》爲"見"。補字後，標點應爲："蒙恩除杭倅，見闕"，"見"通"現"。③料□譜至三月，《西樓帖》爲"料錢請至二月"。補字、改正後，應點爲："料錢請至二月，已繳納訖。"④奉，《西樓帖》爲"兩"字。

44. 與子明九首（七）（P2520）

軾啟。九月遞中奉狀，計達。即日遠想尊候萬福，侄男女孫各計安勝，後來更添孫未？軾此與以下並安。拜别忽又歲盡，會集杳未有期，西望於邑。時事日蹙迫，所至皇皇。錢塘舊號樂都，比來事事減削寒儉，食口漸衆，而百物貴，平居僅可□足[1]，自顧方拙，日忤監司，若蒙體量沙汰，好一段狼當也。然得過且過，亦未暇計慮。兄仍權延貢□已赴本任[2]。因風時賜誨音。嚴寒，千萬乞善保尊重，有少公事，一到湖州。臨行草草中，奉狀不備。弟軾再拜察推子明兄、縣君二嫂左右。十一月十五日。

十二姨尊候計萬福。近領手誨，爲忙中未及拜狀，乞道卑懇。軾又上。

【校】①□，《西樓帖》爲"裹"。②□，《西樓帖》爲"莫"。補字後，標點爲："兄仍權延貢，莫已赴本任？"

45. 與子明九首（八）（P2521）

軾啟。久不上狀，懶惰之性，兄所照知，想未深罪。即辰尊履何如？兄所臨有聲，藹然想諸公文章[1]，别有殊擢。弟已有替人，替成資。二年水旱，無種不有，且衹得善去也。闊别十年，瞻奉無期，此懷可知。惟順時保練，卑請區區之至也[2]。謹奉手狀起居，不備。弟軾再拜寺丞子明二哥、縣君二嫂左右。八月十八日。

建茶兗墨各少許，表□而已[3]。不罪浼瀆。《中秋》三詩，寄呈以當一笑。軾再拜。

【校】①文，《西樓帖》爲"交"。改後標點爲："兄所臨有聲藹然，想諸公交章，别有殊擢。"②請，《西樓帖》爲"情"。③□，《西樓帖》爲"信"。

46. 代侄媳彭壽與其二伯母一首[1]（P2522）

媳婦上問縣君二伯母。春和，尊候萬福。諸侄郎娘各安勝。承批問，愧荷！愧荷！人行速，未及拜書。惟順時保重！保重！媳婦拜上。

【校】①此帖是蘇軾爲十六侄媳婦代筆，作於熙寧二年十二月，而不是熙寧四年。理由是：第一，在《西樓帖》，此帖緊接《與子明九首（五）》，即本文42。第二，"春和"，祝福新春祥和之語，與《與子明九首（五）》“忽又歲盡”時間吻合。第三，因十六媳婦與蘇子明夫婦關係更親近，眼下與蘇軾同住，春節將至，理當敬頌“春和”。因此，我認爲此帖與《與子明九首（五）》作於同時，是一起發郵的。《與子明九首（五）》已證作於熙寧二年十二月，此不贅述。

47. 與堂兄一首[①]（P2523）

又，三弟不及上狀[②]。

十六侄不幸，忽然數月，想同增悲感。此郎君爲葬他□□時揮霍使錢過當[③]，又放數百千利錢在人上，並索不得。有事日，衹有數貫錢，葬事一□[④]，並是軾竭力與幹辦，雖骨肉常理不當説，然旅寓遭此頗困。今已葬訖，家中一空。媳婦頭面些小盡賣添使。此外每月有六貫房錢耳，卻少家卅二等錢百餘貫。媳婦再三言，不可獨住，殺豬巷恐别有不虞，錢物又使不足，堅要□軾左右[⑤]。軾因思此子不幸，軾與諸兄皆當知管，不當更有推辭，但吾兄與孀婦是親□生[⑥]，於事體尤穩便耳。欲且權令歸家，他日俟子正或吾兄到闕，卻令隨侍，如何？不久即是百日，俟過此即令歸也。十六郎在時，使卻軾錢二百千，遺書令用房錢漸次還。然少别人錢多□急未到此也[⑦]。見賣所居屋子數間，用還家卅二，所有每月房錢，先用還任歸道，次即用還子正與兄料錢。料□他家已請到閏月使了也[⑧]。近得子正書，令取□□頭□十二月已後[⑨]，更不令清□[⑩]。子正有書，以十千助其葬。恐知。兄所説公服，爲到京後，忘卻向時之語，已裁著了。來年夏服專奉留。軾再拜。

【校】①熙寧二年十一月寫給堂兄蘇子明的家書。②又三弟，《西樓帖》爲“九三弟”。③□□，《西樓帖》爲“兹人”。補字後可標點成：“想同增悲。感此郎君，爲葬他兹人時，揮霍使錢過當。”④□，《西樓帖》爲“行”。⑤□，《西樓帖》爲“歸”。此處標點應爲：“媳婦再三言，不可獨住殺豬巷，恐别有不虞。”⑥□，《西樓帖》爲“舅”。⑦□，《西樓帖》爲“卒”。補字後可標點成：“然少别人錢多，卒急未到此也。”⑧□，《西樓帖》爲“錢”。補字後可標點成：“料錢，他家已請到閏月，使了也。”⑨令取□□頭□，《西樓帖》爲：“令取他奉頭自。”⑩清□，《西樓帖》爲“請使”。聯繫⑨⑩，補字後可標點成：“近得子正書，令取他奉頭，自十二月已後，更不令請使。”

48. 與堂兄三首（一）[①]（P2524）

去歲，嘗領書教求訪佳婿。春□下頗曾經營[②]，皆無成效，故不敢奉報。近因司馬君實之子喪偶，試托范景仁與説，他亦未有可否之語。今封景仁簡帖拜呈。君實之子名康，昨來明經及第，年二十一二，學術文詞行檢，少見其比。決可謂佳婿矣。人才亦佳。但恐其方貴，不肯下就寒族。然聞其意，卻不願富貴家，又與軾頗善。恐萬一肯，亦不可知。見説潞公、邵興宗皆求之。請試劄侄女年命，及示諭兄意如何。或以爲可，即俟軾得鄉中差遣過長安亟言之[③]，若成，即俟兄得替，挈來長安過親，亦甚穩便。事雖未十成，衹中先報去，貴知兄意如何？試經營看。景仁已致仕，告詞極不差[④]。蓋軾與孔文仲累言也[⑤]。文仲對策極切直，都下人士談不容口[⑥]，已押出門矣。景仁物論亦甚賢之。遠書不盡，軾再拜。

廿郎弟妹各安，不及作書。十六郎一房並如常，彭壽甚長成。

司馬康是君實之親兄子，君實未有子，養爲嗣也。

【校】①與堂兄蘇子明書，熙寧三年十月作。②□，《西樓帖》爲“陽”。③亟，《西樓帖》爲“與”。④差，《西樓帖》爲“美”。⑤言，《西樓帖》爲“之”。⑥人士，《西樓帖》爲“士人”。

49. 與堂兄三首（二）[①]（P2525）

……司馬親情。近爲此公移許州，未定居，見乞西京留臺，未允。候見定撲，即更托景仁將書問之。若此事成，即兄須一人來否[②]？□俟得回報[③]，即報去次。軾又上。

作此書了，聞君實爲青苗使蘇□所劾[④]。俟稍定撲，方與書也。

【校】①與堂兄蘇子明書，熙寧三年十月底作。②人，《西樓帖》爲“入”。③□，《西樓帖》爲“纔”。④□，《西樓帖》爲“涓”。

50. 與堂兄三首（三）[①]（P2525）

……君實親事，托景仁問之，未有報，恐是不肯。俟更問其果決報去。軾久懷墳墓，親友深欲一歸[②]，但奏狀中不敢指乞去處，一任陶鑄，故得此也。上批出，與知州差遣。中書不可。初除穎倅，擬入，上又批出，故改倅杭。杭倅亦知州資歷，但不欲弟作郡，恐不奉行新法耳。此來若非聖主保全，則齏粉久矣。知幸！知幸！餘杭風物之美冠天下，但倅勞冗耳。且喜兄無事，官職外得公罪[③]，全不礙事。近有疏□[④]，然卻不該人多言，案在寺該得者非也。頃身在京[⑤]，乃該。恐要知之，迫行，不詳悉。軾再拜。

十六媳婦彭壽並安，他欲相隨去杭州，故且帶去。然終未見兄與處置，如何爲便。大哥書中□言其詳[⑥]，請早與熟慮示下。

【校】①此帖在匋齋《西樓帖》第六册，爲熙寧四年六月與堂兄子明家書之一部分。②此處標點應爲：“軾久懷墳墓、親友，深欲一歸。”③職，《西樓帖》爲“藏”。④□，《西樓帖》爲“決”。⑤頃，《西樓帖》爲“須”。⑥□，《西樓帖》爲“已”。

51. 與堂兄一首（P2526）

十二姨仍安健否？曾令王四説，令寫元神一本，以其酷似先妣，故欲見之也。不知曾寫得否？切不可道弟此意，恐老人不樂也。王四不知安在？王三見説祇在京漉月不肯□罪人□[①]。

【校】①不肯□罪人□，《西樓帖》爲：“不肯歸。罪人！罪人!”補字後，可標點爲：“王三見説祇在京，漉月不肯歸。罪人！罪人!”

52. 與堂兄一首（P2526）

欲以數張紙楦此奠文，令不皺摺。又記得兄嘗要弟寫字，故寄近日所書兩紙，其實以爲楦耳。軾拜□[①]。

【校】①□，《西樓帖》爲“白”。

53. 與堂兄一首[①]（P2526）

十二姨尊候必康健，近托程潤之附書信，必達，因侍幸道懇。小大郎、十九郎、廿郎兄弟各安。子由常得書，甚安。軾房下四月四日添一男，頗易養，名似叔，並荷尊蔭。十六媳婦彭壽並安。屢以兄意及君素意語之，他近日漸有從人之意，誠爲穩便。然親情頗難得全，望諸兄與措意，求佳者，切切。歲月易得，不宜更緩，須是彼此共與求討。兄且在鄉里待闕，且與三哥相□[②]。羨之。成都守官極可樂，又得照管墳墓，又羨之。此中公事人事無暇，又物極貴，似京師，圭田甚薄，公庫窘迫，供給蕭然，但一味好個西湖也。役法、鹽法皆創新，盜賊縱横，上下督迫，吏民脅息，□□火□上耳[③]。鄉中新事□批報[④]。十四叔必安。向要腰帶，出京時寄去矣。因見，問達否？不備。軾再拜。

大哥近得書，甚安。十九郎知在彼。

四小哥生計必漸成就，如何？

【校】①熙寧五年作於杭州。②□,《西樓帖》爲“聚”。幾處標點欠妥，現點爲：“十六媳婦、彭壽並安”，“望諸兄與措意求佳者”，“且與三哥相聚，羨之”。③□□火□上耳,《西樓帖》爲“立火熬上耳”。④□,《西樓帖》爲“略”。補字後，可標點爲：“鄉中新事，略批報。”

54. 與寶月大師三首（一）（P2528）

軾頓首。昨者累日奉喧，既行，又沐遠出，至刻厚意。即日法履何如？所要繡觀音，尋便召人商量，皆言若今日便下手繡，亦須至五月十間方得了當。如成見賣者即甚不佳，厥直六貫五六。見未令繡，且此咨報，如何？如何？借及折枝兩軸，專令歸納，並無污損，且請點檢糊佛，甚煩催督。今令兩僕去迎，且請便遣回，今趁追薦[①]，仍希覷令子細安置結束，勿使磨損，爲祝。其餘者，亦幸與督之，至祝！至祝！所借浮漚畫一軸，近將比對壁上畫者，恐非真筆，然亦稍可愛。前人如相許輟得亦妙。冗事甚聒雅懷，非□契不至此也[②]。大人未及奉書，舍弟亦同此致懇。珍重！珍重！不次。軾頓首宗兄寶月大師。三日早。

前買纈一匹，花樣不入意。卻封納換黄地月□者一匹[③]，厥直同否？聒噪！聒噪！

昨所説兩藥方，劄去呈大人。近召卅八哥[④]，與説前來事意，他言待歸與一親情計會，此欲與再扣前人，恐要知。浮漚請與挂意圖之。厥費亦請勿令過，前來所説，但量貧宗所辦得，莫作何三輩眼目看也。呵呵。因送實宰，千萬□及[⑤]。軾手啟。

【校】①今，《西樓帖》爲“令”。②□，《西樓帖》爲“宗”。此，《西樓帖》爲“比”。③□,《西樓帖》爲“兒”。④卅,《西樓帖》爲“卌”。標點略改爲：“昨所説兩藥方，劄去呈。大人近召卅八哥，與説……”⑤ □,《西樓帖》爲“訪”。

55. 與寶月大師三首（二）[①]（P2529）

軾頓首。違間旬日，法履何似？昨眉陽奉候數日，及至嘉樹亦五六日間，延望不至，不知何故爽前約也[②]？怏怏。來早且解纜前去，漸遠，無由一見，惟强飯多愛[③]，今嘉倅任屯田秀才行，聊附此爲問。草草，不宣。軾頓首宗兄寶月大師。十月十二日。

【校】①此帖見匋齋本《西樓帖》第五册，作於嘉祐四年十月。帖後尚有“大人曾是。軾在益州時同角有書奉寄，並文惠一封，參差卻將歸。今仍附去，悉之！悉之！舍弟不及書。臨行草草。僧正亦不别幅，千萬致意。軾上”和“布幛鞭希寄。任長官來一人，臘月中離。任屯田欲借實録略看，已與説僧正及吾兄有可借處。任甚丁寧欲見，希與挂意。任亦名士，因此識之亦善。伊看了必便納去，無憂沉墜。切祝！切祝！”兩段文字，當爲本帖附件。②知,《西樓帖》爲“審”。③此節文字，標點應爲：“來早且解纜，前去漸遠，無由一見，惟强飯多愛。”

56. 與寶月大師三首（三）[①]（P2529）

……成都大尹明叟，雅故相知之深，禮當拜狀。以罪廢之餘，不敢上玷。或因問及，即道此意，如不言及，即不須道也。軾手啟。

手啟上寶月大師老兄。軾謹封。

書上成都府大慈寺小和院寶月大師[②]。眉山蘇軾謹外封。

【校】①此帖見匋齋本《西樓帖》第二册。與前面“子由在筠，甚安。此中衹兒子過罄身相隨，餘皆在宜興。子由諸子在許州也。法眷各安，不及一一奉書。軾又上”，似爲一帖。②小，《西樓帖》爲“中”。

57. 與史院主徐大師一首[①]（P2529）

軾啟。久别思念不忘。遠想體中佳勝，法眷各無恙。佛閣必已成就，焚修不易，數年念經度得幾人。徒弟應師仍在思濛住院，如何，略望示及。石頭橋、堋頭兩處墳塋，必煩照管。程六小心否？惟煩與提舉，是要。非久求蜀中一郡歸去，相見未間，惟保愛之[②]。不宣。軾手啟上治平史院主、徐大師二大士侍者。八月十八日。

【校】①關於此帖的書寫時間，文徵明説書於熙寧二年，我以爲熙寧三年的可能性最大。②保愛之，當爲：“保愛！保愛！”

58. 與佛印禪師三首（三）[①]（P2531）

軾啟。人至，辱書，承法體佳勝。離揚州日忙迫，不復知公在郡也，但略見焦山耳。今承示喻，知世外尚劫劫如此[②]，吾輩何足道耶！妙高詩，聊應命耳。僕不知大顛如何人，若果出世間，豈一退之能輕重哉！今日過召伯埭，自此入塵土俠猾之鄉矣。回望山水間，麈塵妙談，豈可復得。

惟千萬爲衆自重，不盡[③]。軾再拜佛印禪師足下。八月廿九日。

【校】①孔注稱此帖“作於元祐七年”。雖然元祐七年蘇軾在揚州，但我認爲此書是元豐八年八月寫給佛印的。理由是：元豐八年五月，蘇軾復朝奉郎、起知登州（《續通鑒長編》）。蘇軾得報，七月自常州出發（《東坡先生年譜》）。七月二十五日，與杜介會於金山，話天台之異，作詩贈之（《贈杜介》序）。八月過揚州，二十七日會石塔寺長老，記答問（《記石塔長老答問》）。二十八日，作詩贈竹西寺無擇長老（《墨莊漫録》）。詩存《蘇軾詩集》卷二十六，題爲《余將赴文登，過廣陵，而擇老移住石塔，相送竹西亭下，留詩爲别》。書云：“今日過召伯埭，自此入塵土俠猾之鄉矣。”召伯埭，即今之召伯，揚州東北四十里。二十八日在揚州，二十九日過召伯埭作此書，在情理之中。故此帖作於元豐八年八月二十九日。書云：“《妙高》詩，聊應命耳。”《妙高》詩，即《金山妙高臺》（《蘇軾詩集》卷二十六），蘇軾應佛印之囑托所作也。②據《西樓帖》“世外”下落“人”字。③不盡，應爲“不一一”。

作者單位：四川省政府文史館

《宋史·魏了翁傳》補正

彭東焕

魏了翁字華父，號鶴山，學者稱鶴山先生。魏了翁在南宋中後期的學壇政界享有盛譽，是今人研究南宋哲學史、教育史、文學史的重要人物。《宋史》卷四三七有傳，是歷來學者參引的基本史料。由於《宋史》纂修較爲粗疏，錯誤常有。就魏了翁本傳而言，尚存在一些問題有待於做出進一步的辨析釐清：一是記載有誤。其中涉及繫年、官名、書名的地方，或有訛誤之處。二是詳略不當。對其生平大事，或闕如或從略，本末不詳。三是記事粗疏。往往多事並舉，籠統言之，或前後失次，或繫年未詳，含混不清之處常有。以上問題的存在，不便於學者據以做出正確的判斷。本文試圖依據相關文獻，對《宋史·魏了翁傳》做初步的正誤補闕工作：本傳訛誤及記事失次之處，則正之；大事闕略及繫年未詳之處，則補之。本文所補正之《宋史》本傳，以中華書局點校本爲底本①，迻録之本傳文字，均注明頁碼，以便讀者對照檢尋。有未詳及失當之處，敬祈同仁指正。

《宋史·魏了翁傳》補正：

魏了翁字華父，邛州蒲江人。(第 12965 頁 3 行)

《宋史》本傳多不及傳主生卒年月，今補其生年。魏了翁《鶴山先生大全文集》（以下簡稱《鶴山集》）卷七三《朝請大夫太府少卿直寶謨閣致仕張君午墓誌銘》稱：“淳熙五年，君舉進士，了翁始生。”② 卷七七《鎮江府教授徐君墓誌銘》：“婺武義徐君以淳熙六年十一月丙申卒於鎮江府教授。……我生之明年而君卒。”知魏了翁生於淳熙五年③。《鶴山

① ［元］脱脱等：《宋史》，中華書局 1977 年版。

② 本文所引《鶴山先生大全文集》文字，均據民國《四部叢刊初編》縮印本。爲行文方便起見，下文簡稱《鶴山集》。

③ 《鶴山集》卷七八《朝奉大夫太府卿四全總領財賦累贈通議大夫李公墓誌銘》：“某生未及月而公卒……（公）卒於淳熙四年閏六月壬辰。”“淳熙四年閏六月壬辰”，此説有誤。淳熙四年無閏月，“閏六月”爲淳熙五年事，所云“四年”爲“五年”之誤。《墓誌》中述李氏晚年奏事之勤，略云：“蓋自淳熙三年之秋九月，迨五年三月，僅一年有半，而奏聞凡十有三上。”可爲佐證。

集》中收録大量了翁生日唱酬詩詞，題下注有“六月八日”字樣，知魏了翁生日爲六月八日。據陳垣先生《二十史朔閏表》，淳熙五年六月八日，以干支紀日爲辛未，合西曆6月25日。綜上所述，魏了翁生於淳熙五年六月辛未（六月八日）。

慶元五年，登進士第。時方諱言道學，了翁策及之。（第12965頁5行）

魏了翁中第策及道學一事，關涉較多，現補述其始末如下。

慶元五年（1199）五月戊戌（五月七日），宋寧宗御集英殿親試舉人，此爲寧宗即位後首次主持殿試，稱爲龍飛榜。魏了翁參加此次殿試，御擢第一，後降爲第三名[①]。《鶴山集》卷二《送二兄三兄赴廷對》記載此事云：“天子龍飛春，了翁對軒陛。柄臣方擅朝，黨論如鼎沸。軋軋不能休，一揮三千字。植治貴和平，用人戒偏陂。天子擢第一，期以風有位。尋寘之三人，仍詔恩禮視。”

由第一降爲第三，是因爲魏了翁在殿試的對策中涉及道學之事。慶元三年，朝廷置“僞學逆黨籍”，着籍者五十九人。從此，道學正式被視爲“僞學”，理學家被列入“逆黨”行列，史稱“慶元黨禁”。就在這一年，魏了翁在一封感謝恩師的信中，還表達了自己對於道學的看法：“竊以詞章本童子篆刻，雕蟲之技；道學乃儒者心地，汗馬之勳。……君門射策，寧敢過期，讜論批鱗，誓不迎合。”（《鶴山集》卷六六《謝邛守范季才宗丞啟》），認爲道學是“儒者心地”，並表示“君門射策”“誓不迎和”，流露出捍衛道學的堅定決心。

慶元五年，魏了翁等人赴京應試，途中議論，慨然以忠正直言、不懼干禍相激勵，了翁在其所撰《四川茶馬司幹辦公事韓甲墓誌銘》中回憶當時的情形：“慶元五年，上始御集英殿親策進士。某與韓甲聖可、樂新子仁同舟而下，相與謀曰：‘今事勢已極，惟有忠正廣大以作人才，安静和平以植基本。若相激不已，則天彝泯亂，人心憤郁，國亦隨之。此而不言，是爲有負。或疑觸忌干禍，而三人自矢靡他。”（《鶴山集》卷七二）殿試對策，“誓不迎和”的魏了翁果然做出了“觸忌干禍”的舉動，在“慶元黨禁”這場政治風潮的風口浪尖上，本心流露，受到波及。事後魏了翁賦《謝恩詩》云：“彤池繆對三千字，黄甲俄輸一二籌。初學粗知存大體，紛更要洗洛陽羞。”（《鶴山集》卷七《己未唱第後謝恩詩》）仍然堅持自己的看法，對道學前景還是本着一種“河清可俟”的樂觀態度。

嘉泰二年，召為國子正。明年，改武學博士。開禧元年，召試學士院。（第12965頁7行）

此處“嘉泰二年”爲“嘉泰三年”之誤。

《鶴山集》卷九八《焚黄告先墓文》：“癸亥，以國子正造朝。明年，爲武學博士。”癸亥，是嘉泰三年癸亥（1203）。魏了翁在同時期撰寫的多篇文字中，都曾提到此次受召之事，如《鶴山集》卷九〇《哭女璧海文》稱：“歲在癸亥，汝生於成都，汝母以産餘感疾而殂。時余已得學官之除，亟解僉幕，偕汝護母之喪以歸。”此處所稱“得學官之除”，即

---

① 錢大昕《十駕齋養新録》卷一四《鶴山大全集》稱了翁“嘉定元年登第”，誤。虞集《道園學古録》卷七《鶴山書院記》：“（了翁）年十八登故宋慶元己未進士。”稱了翁十八歲登第，誤。

“召爲國子正”之事，以文義，其事是在楊氏“感疾而殂”前夕。《鶴山集》卷九八《告楊宜人墓文》云：“嘉泰三年夏，君以疾卒。”明確交代楊氏卒於嘉泰三年（1203）夏。了翁被召應在此前不久。

嘉泰三年被召，則本傳所稱“明年”即已指開禧元年，後文稱“開禧元年，召試學士院”，其中“開禧元年”四字已爲多餘。

改秘書省正字。(第12965頁倒5行)

開禧元年三月，除秘書省正字。

《南宋館閣續録》卷九《官聯三》：“魏了翁（開禧）元年三月，除（秘書省正字）。”①

明年，遷校書郎，以親老乞補外，乃知嘉定府。(第12965頁倒3行)

此處“明年”爲開禧二年。四月，遷校書郎；八月，詔知嘉定府。

《南宋館閣續録》卷八《官聯二》：“（開禧二年）四月，（魏了翁）除（校書郎）。”“（開禧二年）八月，（魏了翁）知嘉定府。”《鶴山集》卷三五《答易尚書紱》：“丙寅之秋八月，尚書卷收朝迹，而某偶亦以是月請外，便親懷漢嘉印綬以去。”《鶴山集》卷四一《書鶴山書院始末》：“開禧二年秋八月，臨邛魏了翁請郡西還。”

行次江陵，蜀大將吴曦以四川叛，了翁策其必敗。又明年曦誅，蜀平，了翁奉親還里。(第12965頁倒3、2行)

此處實敘開禧年間魏了翁請郡西還之事，但幾事並舉，時間與事件交代均有些混亂。稍釐述始末如次：

開禧三年正月，過江陵。《鶴山集》卷八九《敷文閣直學士贈通議大夫吴公獵行狀》：“（開禧三年春正月）戊戌，夔路司以吴曦反書至，内阻外猘，公爲寢食俱廢。某自春正月道荆西歸，公謂其可與語，嘗挈與分視守備。至是，馳書峽中挽回，俾攝參議官，且曰：‘其爲我任西事之責’。”

行至蜀口，聞吴曦叛亂之事，故返回江陵暫避。《鶴山集》卷五九《跋二蘇送宋彭州迎視二親詩》：“開禧二年秋，余以侍養不便由館職丐漢嘉以歸。明年春，僅至蜀口，聞逆曦之變，倉促議還荆州，盡違始願。”《鶴山集》卷二三《辭免召赴行在狀》：“歲在丙寅，以侍養不便，力蘄外補。誤恩從欲，畀守漢嘉。歸去蜀口，適遭興賊之變。亟回江陵以俟平定。”

“又明年”之説誤，還里是在當年六月。《鶴山集》卷九〇《哭杜威州文》：“尋丐守漢嘉以歸。明年，還里舍。”“丐守漢嘉”爲開禧二年事，前文已述，“明年”爲開禧三年。《鶴山集》卷九八《祭先墓文》稱：“最後遷校書郎，丐守漢嘉以歸。……中遭叛亂，溯沿往復，逮今年六月，始獲善還舍里。”則還里是在此年六月。

朝廷收召諸賢，了翁預焉。(第12965頁倒2、1行)

嘉定元年閏四月二十六日，聖旨召魏了翁赴行在。

① ［宋］陳騤、佚名撰，張富祥點校：《南宋館閣録·續録》，中華書局1998年版。

《鶴山集》卷二三《辭免召赴行在狀》：“（嘉定元年）閏四月二十六日，三省同奉聖旨：魏了翁召赴行在。”

會史彌遠入相專國事，了翁察其所為，力辭召命。(第 12965 頁倒 1 行)

此説不妥。

關於此次未赴召一事，魏了翁在其所撰《哭宇文樞密紹節文》中曾稍述其始末：“嘉定更化之初，録前爲權所軋者，某首叨召用。既辭不獲請，則將治任以趨。會離心制，榮望日頹。”（《鶴山集》卷九一）則此次請辭未獲允准，後以其父之喪而未能成行。本傳所云“會史彌遠入相專國事，了翁察其所爲，力辭召命”，有未妥處。

丁生父憂，解官心喪。(第 12965 頁倒 1 行)

嘉定二年三月，生父高孝璹卒。

《鶴山集》卷九〇《哭杜威州文》：“禮成之夕，公與余表叔父一見投分，不翅平生。僅逾月而公卒，則元年三月也。叔父常悒悒念之。逾年始獲拜公像於成都，哭之慟。又逾月而叔父死，則二年之三月也。”此處所云“叔父”即指了翁生父高孝璹，以了翁過繼魏家，故稱本生父孝璹爲“表叔父”、“叔父”。

築室白鶴山下，以所聞於輔廣、李燔者開門授徒，士争負笈從之。由是蜀人盡知義理之學。(第 12965 頁倒 1 行—第 12966 頁 1 行)

嘉定三年春，書院落成，開門授徒。此處“李燔”爲“李方子”之誤；所云“以所聞於輔廣、李燔者開門授徒……由是蜀人盡知義理之學”不妥。

《鶴山集》卷四一《書鶴山書院始末》：“嘉定三年春，詔郡國聘士，邛之預賓貢者比屋相望，未有講肄之所。會鶴山書院落成，乃授之館。其秋，試於有司，士自首選而下拔十而得八，書室俄空焉。人競傳爲美談。”

“李燔”爲“李方子”之誤，蔡方鹿先生《魏了翁評傳》一書已有考證。

所云“以所聞於輔廣、李燔者開門授徒，士争負笈從之。由是蜀人盡知義理之學”，事關師承淵源，黄宗羲《宋元學案》卷八〇《鶴山學案》將魏了翁列爲“范氏所傳（朱、張再傳)”，認爲魏了翁應爲范子長門人，對《宋史》本傳所説“以所聞於輔廣、李燔者開門授徒”一説不以爲然。黄宗羲之子黄百家在編定《宋元學案》一書時對此有所申述，並在案語中爲作注腳云：“《宋史》言：鶴山‘築室白鶴山下，以所聞於輔廣、李燔者開門授徒，士争負笈從之。由是蜀人盡知義理之學’。於是《嘉興志・輔漢卿傳》遂謂鶴山是漢卿之門人。然考《鶴山集》言：‘開禧中，余始識漢卿於都城。漢卿從朱文公最久，盡得公平生言語文字。每過余，相與熟復誦味，輒移晷弗去。余既補外，漢卿悉舉以相畀。’又言：‘亡友輔漢卿，端方而沈碩，文公深所許與。’乃知友而非師也。”[1]《鶴山集》卷五五《朱文公五書問答序》：“某之生也後，不及從游朱文公先生之門。而獲交其高弟，盡得其書以貽同志，凡今蜀本所傳是也”。其所自言“貽同志”者，乃就書而言，《宋史》稍變其説而成爲

① ［清］黄宗羲原著，全祖望補修，陳金生、梁運華點校：《宋元學案》，中華書局 1986 年版。

學問之事。未妥。

差知漢州。(第12966頁2－4行)

嘉定四年冬，知漢州。

《鶴山集》卷三九《漢州開元觀記》："嘉定四年冬，余守廣漢。"

會境内橋壞，民有壓死者，部使者以聞，詔降官一秩，主管建寧府武夷山沖祐觀。(第12966頁3－4行)

嘉定五年夏，橋壞，免官；冬，主管建寧府武夷山沖祐觀。

《鶴山集》卷九八《梓潼廟祝文》："繆政致異，郡人游觀，死傷横道。遂使素嘗愠嫉者得以甘心焉。尚賴寬恩，僅以鐫免。曾未半載，即察前誣，亟頒祠廪。"則其主管宫觀之事尚在半年以後。《鶴山集》卷七《李德秀致政以其生日前一日約士友到長慶院訪梅花、山茶，因以爲壽》詩，題下小注云："十二月四日。"中有"但願多書沖祐考，與君長伴歲寒枝"之句，注下注稱："是日余聞沖祐之報。"則了翁得祠官之報在此年十二月四日。了翁主管建寧府沖祐觀，在嘉定五年（1212）十二月，免官事在此年夏。

未數月，復元官知眉州。(第12966頁4行)

嘉定六年八月，知眉州。

《鶴山集》卷四〇《眉州新修蟆頤堰記》："迨嘉定五年，水又岔至射王景堰，僅餘尋丈，幸未決。……明年，余來爲守。"《鶴山集》卷四〇《眉州江鄉館壁記》："嘉定六年，臨邛魏某來爲州。"知時爲嘉定六年；《鶴山集》卷八一《朝議大夫知敘州魏公墓誌銘》："（文翁）舉嘉定四年進士，調迪功郎眉山縣尉。上事之八月，予被命守眉。"時在八月。

嘉定四年，擢潼川路提點刑獄公事。八年，兼提舉常平等事，遷轉運判官。(第12966頁8行)

此處"嘉定四年"爲"嘉定八年"之誤。

《鶴山集》卷五三《周元公程純公正公謚告序》："臣自嘉定八年司臬劍東，兼攝漕事。"《鶴山集》卷四一《玉臺極堂柱識》："嘉定八年冬，臨邛魏某由祥刑攝漕治潼。"

上疏乞與周敦頤、張載、程顥、程頤賜爵定謚，示學者趣向，朝論韙之，如其請。(第12966頁倒7、6行)

魏了翁上疏爲周、二程、張等請謚之事，實曠日持久，上疏請有三次，此處籠統言之，未加區較，今簡要交代其始末如次：

第一次在嘉定九年正月，上書爲周敦頤請謚，並及二程。《鶴山集》卷一五《奏乞爲周濂溪賜謚》："臣猥以晚學，誤被柬注，擢司詳刑。……臣竊見故虞部郎中周（敦）頤……而頤獨奮乎百世之下，乃始探造化之至賾。……又有河南程顥、程頤，親得其傳，而聖學益以大振。雖三人者皆不及大用於時，而其嗣往聖，開來哲，發天理，正人心……臣愚欲望聖慈，詳臣所陳，如以爲可采，乞下之禮官，如先朝邵雍、徐積等故事，將周（敦）頤特賜美謚，使海内人士咸知正學之宗，其於表章風厲，誠非小補。如程頤兄弟並得在易名之典，則尤足以章明時崇儒重道之意。"

第二次在嘉定十年正月，催促早定謚，並以張載爲請。《鶴山集》卷一五《奏乞早定周程三先生謚議》："臣聞：謚者，行之迹，昔人所以旌善而懲惡，節惠而尊名也。……至於倡明正學於千有餘載之後，上嗣去聖，下開來哲，如周（敦）頤、程顥、程頤、張載及一時大儒高弟，其有功於生民之類，亦不爲小矣，世之相後不爲近矣，而卒未有表而出之者，人亦不以爲闕也。……而二年於兹，猶未有以易其名者，豈事大體重，未容以輕議邪？……臣愚欲望聖慈，申飭有司，速加考訂，俾隆名美謚，早有以風厲四方，示學士大夫趨嚮之的，則其於崇化善俗之道，無以急於此者。"李心傳《道命録》卷九收録此文，末附禮部太常寺申文，稱"嘉定十年正月二十九日，奉聖旨依"，知此疏乃其年正月所上。

嘉定十三年夏，朝廷爲周敦頤及程顥、程頤等三人定謚，未及張載。前兩次請謚及定謚經過，魏了翁在《周元公程純公正公謚告序》中做過總結："臣自嘉定八年司臬劍東，兼攝漕事。厥明年春，上疏請下禮官，爲周頤及程顥、程頤議其所以易其名者。璽封下都省，省下春官，時少常伯亦上疏，請謚二程，遂並以下。奉常博士曰：'事關名教，議不可輕，宜下都省集議。'由是議久不決。厥十年，臣自漕臣再申述前奏，並以横渠張載爲請。久之，禮官議以周（敦）頤謚元，程顥謚純，頤謚正，上悉賜可。厥十有三年六月，乃以命書與其貳付元奏請官，臣遂得受而藏之。"（《鶴山集》卷五三）

第三次在嘉定十六年。《鶴山集》卷二三有《申尚書省乞檢會元奏賜横渠先生謚狀》，是朝廷爲周、二程定謚之後，專爲張載請謚所上，其中有云："某前任潼川府路提刑兼權運判及後來正除運判日，曾兩次具奏，乞將先儒周敦頤、程顥、程頤特與賜謚，俱荷聖慈並賜俞允。……惟是第二次奏狀貼黄爲故崇文殿校書郎同知太常禮院横渠先生張載並致易名之請，蓋爲四人有功正學，事體一同，聞已曾下禮官勘當，然至今四年，未嘗施行。"十三年"至今四年"，當是嘉定十六年所上。

遂寧闕守，了翁行郡事。（第 12966 頁倒 6 行）

嘉定九年秋，遂寧闕守，了翁行郡事。

《鶴山集》卷四一《玉臺極堂柱識》："嘉定八年冬，臨邛魏某由祥刑攝漕治潼。明年春，壞城葺臺。暨秋爲真，徙治遂。"《鶴山集》卷六九《顯謨閣直學士提舉西京嵩山崇福觀許公奕神道碑》："（嘉定）五年二月，除知夔州，表辭不行。十月，改知遂寧府。八年七月，進龍圖閣待制。九年七月，加寶謨閣直學士知潼川府。"則知嘉定九年秋知遂寧許奕改知潼川府，故而"遂寧闕守"，了翁"徙治遂"，是代行知遂寧之職。

十年，遷直秘閣，知瀘州，主管潼川路安撫司公事。（第 12966 頁倒 5、4 行）

此處"十年"爲"十一年"之誤。

《鶴山集》卷二十四《四乞祠申省狀》："戊寅之春，除直秘閣。"戊寅是嘉定十一年戊寅。

丁母憂，免喪，差知潼川府。（第 12966 頁倒 4 行）

十一年三月，生母譙氏卒；十三年冬，知潼川府。

《鶴山集》卷八六《大理少卿贈集英殿修撰徐公墓誌銘》："予自嘉定十一年被命帥東

川，以心制乞身。"《鶴山集》卷一三《直秘閣知潼川府到任表》："方渡瀘之有命，遽陟屺之纏悲。"所言"陟屺之變"乃指了翁喪母之事。《鶴山集》卷九九《先叔母卒哭醮詞》："三月皇皇，忘母之不見。"事在此年三月。免喪知潼川府在守制期滿後，爲嘉定十三年。

進兵部郎中，俄改司封郎中兼國史院編修官。（第12967頁1行）

嘉定十五年九月，進兵部郎官兼實録院檢討官；十一月，改吏部司封郎中，兼國史院編修官、實録院檢討官。

《南宋館閣續録》卷九《官聯三》："魏了翁（嘉定）十五年九月以兵部郎官兼；十一月爲吏部郎中……並兼（實録院檢討官）。"又"魏了翁（嘉定）十五年九月以兵部郎官兼；十一月爲吏部郎中……並兼（國史院編修官）"。《鶴山集》卷六七《除兵部郎官兼史職謝宰執》："元會充庭，領念校文之舊；便朝賜對，叨陪司武之聯。仍兼細史之華，不廢操觚之素。"

十六年，為省試參詳官，遷太常少卿兼侍立修注官。（第12967頁3－4行）

十六年正月二十五日，任省試參詳官；三月，遷太常少卿兼侍立修注官。

《宋會要輯稿》第一百十五册《選舉二一》："（嘉定十六年）正月二十五日……司封郎官魏了翁……參詳。"《鶴山集》卷七五《太常博士李君墓誌銘》："嘉定十六年，某爲太常少卿。"《南宋館閣續録》卷九《官聯三》："魏了翁（嘉定）十六年三月，爲太常少卿。"

十七年，遷秘書監，尋以起居舍人，再辭而後就列。（第12967頁5行）

嘉定十七年正月元日，爲秘書監；同月，除起居舍人。

《南宋館閣續録》卷七《官聯一》："魏了翁（嘉定）十七年正月，除（秘書監），是月爲起居舍人。"卷九《官聯三》："魏了翁（嘉定）十七年正月，爲秘書監。"《鶴山集》卷七三《陸伯微持之墓誌銘》："嘉定十有六年……明年之元日，余爲秘書監，又得同省。"

三疏求閑不得請，遷起居郎。（第12967頁倒5行）

九月，遷起居郎。

《南宋館閣續録》卷九《官聯三》："（嘉定十七年）九月，爲起居舍人，仍兼（實録院檢討官）。"又"（嘉定十七年）九月，爲起居舍人，仍兼（國史院編修官）"。同書卷七《官聯一》："（嘉定）十七年正月除（秘書監），是月爲起居舍人。"對除起居舍人之時間交代自相矛盾。張富祥先生於卷九之《校勘記》中考證云："魏了翁條'九月爲起居舍人'，周校本、徐校本作'九月爲起居郎'，《歷代名人年譜》同周校本等。疑此處以作'起居郎'爲正。"按了翁於九月前已數次請辭，個中緣由，乃此年寧宗駕崩，時事忽異，人多遠禍離朝。了翁《辭免除起居舍人狀》、《辭免除起居郎狀》俱見於《鶴山集》卷二三，前者詞氣尚平易，而後者重申辭官之請，則較堅決："而當嬰疾之餘，數上祝釐之請。……欲望朝廷特賜敷奏，覆眎累陳之牘，丕昭從欲之仁，亟畀辭官，改圖邦哲。"是辭起居舍人乃其上書請祠（閏八月）之前，而辭起居郎則爲其後，九月受命者，當爲起居郎。

俄權尚書工部侍郎，了翁力以疾辭，乃以集英殿修撰知常德府。（第12968頁5－6行）

寶慶元年九月二十四日，除權工部侍郎；十月二十三日，詔魏了翁集英殿修撰、知常德府。

《鶴山集》卷二四《牒糧料院契勘供職月日幫行請給》："九月二十四日伏准尚書省劄子，備奉聖旨，除權工部侍郎。"《鶴山集》卷三三有《除工部侍郎上史丞相》，題下小注："九月二十五日。"卷二四又有《辭免除工部侍郎狀》、《丐外再申尚書省狀》、《再辭免除權工部侍郎奏狀》、《除權工部侍郎舉虞剛簡自代奏狀》、《丐祠再申尚書省狀》等，皆爲除工部侍郎後所上。《鶴山集》卷二四《辭免除集英殿修撰知常德府狀》："某今月十九日准尚書省劄子，三省同奉，魏了翁除職予郡。二十三日續進省劄備奉聖旨，魏某除集英殿修撰、知常德府。"

越二日，諫議大夫朱端常遂劾了翁欺世盜名，朋邪謗國，詔降三官，靖州居住。（第12968頁5－6行）

十一月甲申（十一月二十七日），御史大夫朱端常論了翁欺世盜名，追降朝請郎，靖州居住。

《宋史》卷四一《理宗一》："（寶慶元年十一月）甲申，朱端常言魏了翁封章謗訕，真德秀奏劄誣詆。詔魏了翁落職，奪三秩，靖州居住；真德秀落職罷祠。"《鶴山集》卷六九《參知政事資政殿學士致仕真公神道碑》："十一月，御史大夫朱端常論了翁，追三官，落職，靖州居住。"

了翁至靖，湖、湘、江、浙之士，不遠千里負書從學。（第12968頁7－8行）

寶慶二年夏，了翁抵靖，創鶴山書院。

《鶴山集》卷三五《答洪郎中咨夔》："賴天王聖明，僅徙南安，又徙之靖。二年之夏，方抵謫所。"《鶴山集》卷三六《答蘇伯起振文》："城之東得隙地，爲屋數間，亭沼華木略具，號鶴山書院。距寓館不數十步，時時攜友往來其間。"

乃著《九經要義》百卷，訂定精密，先儒所未有。（第12968頁8行）

"百卷"當爲"二百六十三卷"。"百卷"之説不確。

關於《九經要義》之總卷數，《九經要義》原本題二百六十三卷。依諸經要義所標卷數，《周易要義》十卷、《尚書要義》二十卷、《毛詩要義》二十卷、《周禮要義》三十卷、《儀禮要義》五十卷、《禮記要義》三十三卷、《春秋要義》六十卷、《論語要義》十卷、《孟子要義》十四卷，合計爲二百四十七卷。諸經要義中，有一卷分上、下卷或上、中、下卷者，統計子卷之數，後世諸家著録，多標"二百六十三卷"。

紹定四年復職，主管建寧府武夷山沖祐觀。（第12968頁倒7行）

紹定四年六月己未（六月四日），詔復元官職祠禄。

《宋史》卷四一《理宗一》："（紹定四年）六月己未，詔魏了翁、真德秀、尤焴、尤爚並敘復元官職祠禄。"

五年，改差提舉江州太平興國宫，尋知遂寧府，辭不拜。（第12968頁倒7、6行）

五年夏四月丁卯（四月十七日），起魏了翁爲集英殿修撰、知遂寧府，辭不拜。

《宋史》卷四一《理宗一》："（紹定五年四月）丁卯，起魏了翁，以集英殿修撰知遂寧府。"《鶴山集》卷二四《辭免知遂寧府狀》："伏念某自貽大譴，久屏窮荒。……某自五溪還荆，上霧下潦，遂成寒暑之疾。繼以仲女卒於荆鄙，哭泣無聊，扶持西泝。至夔門，又有亡弟之訃，幾不能生會。韃卒内侵，驚憂乘之，心氣怔忡，手足戰悼。幸已輿疾還里，正念處陰休影以佚餘齡，而成命驟頒。"此狀題下有"紹定五年四月"字樣。

進寶章閣待制、潼川路安撫使、知瀘州。（第12968頁倒6行）

五年八月己未（八月十一日），詔除寶章閣待制、潼川府路安撫使知瀘州。

《宋史》卷四一《理宗一》："（紹定五年八月）己未，魏了翁以寶章閣待制、潼川安撫使知瀘州。"又詔在八月，赴任則又在次年。《鶴山集》卷八三《知南平軍朝請江君埍墓誌銘》："予還蜀之明年，起家帥東川。"

彌遠薨，上親庶政，進華文閣待制，賜金帶，因其任。（第12968頁倒4、3行）

紹定六年十一月己未（十一月十九日），詔魏了翁進華文閣待制，賜金帶。

《宋史》卷四一《理宗紀》："（紹定六年十一月）己未，以了翁爲華文閣待制知瀘州、潼川路安撫使，賜金帶。"《鶴山集》卷三七《鄭丞相》："此月十九日伏准十一月十九日堂帖，偶蒙誤柬，進職賜。"《鄭丞相》一啟，題下有"甲午"字樣。

用了翁權禮部尚書兼直學士院。（第12969頁6－7行）

端平元年九月，詔魏了翁爲權禮部尚書。

端平更化而召還魏了翁、真德秀之事，《續資治通鑒》、《宋史紀事本末》諸書皆載爲"冬十月"。考《鶴山集》卷二五《再乞祠奏狀》言其事，稱："使臣生還，尋又起畀藩服、列之周行。臣方被命於元年之秋……"已明言其時爲秋季；洪咨夔《平齋文集》卷二〇《權户部尚書真德秀除翰林學士知制誥兼侍讀制》有"朝京師於甲午之元，拜内相於季秋之月"之句，可證真、魏被召之事在九月。

入對，首乞明君子小人之辨。（第12969頁7行）

端平二年六月入對。

《鶴山集》卷二五《再乞祠奏狀》："臣間關萬里，至今年六月，始得玉陛方寸以陳其罣罣之愚。"

乃以端明殿學士、同僉書樞密院事督視京湖軍馬。（第12970頁1—2行）

端平二年十一月乙丑（十一月六日），詔魏了翁爲端明殿學士、同僉書樞密院事，督視京湖軍馬。

《宋史》卷四一《理宗一》："（端平二年）十一月乙丑，以曾從龍爲樞密使、督視江淮軍馬；魏了翁同簽書樞密院事、督視京湖軍馬。"《鶴山集》卷二六有辭免端明殿學士同簽書樞密院事督視京湖軍馬狀》，有云："臣今月六日恭准御筆……"

會江淮督府曾從龍以憂畏卒，並以江、淮付了翁。（第12970頁2行）

此說不妥。"會"字尤誤。

《鶴山集》卷二七《奏兩府所辟官屬截日供職》："臣於初二日夜半伏准省劄恭奉御筆，令臣督視江淮軍馬。"是十二月二日，詔令了翁兼督視江淮軍馬。《宋史》卷四二《理宗二》："（端平二年十二月）甲辰，曾從龍卒，贈少師。"十二月甲辰爲十二月十六日。詔魏了翁兼督視江淮軍在曾從龍卒之前，此處"會江淮督府曾從龍以憂畏卒，並以江、淮付了翁"之説不妥。

尋兼提舉編修《武經要略》，恩數同執政。（第12970頁4行）

十二月十一日，詔兼同提舉編修《經武要略》。此處"武經要略"爲"經武要略"之誤。

《鶴山集》卷二六《辭免同提舉編修經武要略奏狀》："臣今月十一日准省劄，備奉聖旨，差臣兼同提舉編修《經武要略》者……"按《經武要略》編修，爲歷朝通例。往往一朝有一朝之《經武要略》，與《經世要略》之類相似，衹是專以軍事爲題材，表彰一代帝王軍功。

朝辭，面賜御書唐嚴武詩及"鶴山書院"四大字，仍賜金帶鞍馬。（第12970頁5行）

端平三年十二月十四日，朝辭。

《鶴山集》卷二七《陛辭奏定國論别人才回天怒圖民怨》一文題下注："十二月十四日"。《鶴山集》卷二九《奏祈督府前後事體乞檢會累章施行》："臣自十二月十四日陛辭。"

乃酌上下流之中，開幕府江州。（第12970頁6行）

端平三年二月六日，開府幕江州。

劉克莊《後村先生大全集》卷八九《端平江閫題名記》："端平三年春，蒙韃深入，疆吏告急，上慨然遠覽中興舊規，命僉樞魏公了翁督視江淮、京湖軍馬，即江州開大幕府。"《鶴山集》卷二九《奏析督府前後事體乞檢會累奏施行》："臣以十二月十四日陛辭，二月六日纔抵九江。"[①] 江州，治潯陽，今江西九江。

甫二旬，召為僉書樞密院事，赴闕奏事，時以疾力辭不拜。（第12970頁7行）

端平三年二月己酉（二月二十二日），詔魏了翁僉書樞密院事赴闕奏事。

《續資治通鑒》卷一六八："（理宗端平三年二月）己酉，詔魏了翁依舊端明殿學士、簽書樞密院事。"《宋史》卷四二《理宗二》："（端平三年二月）詔魏了翁依舊端明殿學士簽書樞密院事，其速赴闕。"《鶴山集》卷六有《端平三年春三月戊午朔，天子有詔，俾臣了翁以僉書樞密院奏事。既上還山之請，乃休沐》詩。柯維騏《宋史新編》卷一三《本紀第一三·理宗》："（端平三年二月）甲辰，召魏了翁簽書樞密院事，不拜。""二月己酉"（二月二十二日），與了翁自言之"三月戊午"相距九天，蓋"二月己酉"（二月二十二日）是指朝廷下詔時間，而"三月戊午"（三月一日）是指了翁接旨時間，二者並不矛盾。

尋改資政殿學士、湖南安撫使、知潭州，復力辭，詔提舉臨安府洞霄宫。（第12970頁倒6行）

端平三年四月己酉（四月二十三日），詔除資政殿學士知潭州。

《鶴山集》卷二五《辭免除資政殿學士知潭州劄子》："臣伏准尚書省劄子以臣三上辭

---

① 《鶴山集》卷三一《安總領》："某自二月五日方抵九江。"以抵九江爲"五日"，今依奏章所云。

免，乞歸田里。四月二十三日，三省同奉御筆，不允。除資政殿學士知潭州者倏聞。"《宋史》卷四一《理宗一》："（端平三年）己酉，魏了翁乞歸田里，詔不允。以資政殿學士知潭州。"

未幾，改知紹興府、浙東安撫使。（第12970頁倒6、5行）

十一月十五日，詔魏了翁依舊端明殿學士，知紹興府、浙東安撫使。

《鶴山集》卷二五《辭免知紹興府浙東安撫使奏狀》："十一月十五日，三省同奉御筆，魏了翁依舊端明殿學士，差知紹興府浙東安撫使。"辭狀題下小注注明"十一月二十二日"。

嘉熙元年，改知福州、福建安撫使。（第12970頁倒5行）

嘉熙元年正月三日，詔了翁知福州、福建路安撫使。

《鶴山集》卷二五《辭免知福州福建路安撫使奏狀》："正月十一日伏准尚書省劄子。正月三日三省同奉御筆，魏了翁改差知福州、福建路安撫使者。"《宋史》卷四二《理宗二》："嘉熙元年春正月乙卯，以魏了翁知福州，兼福建安撫使。"詔書日期，《四庫全書》本，作"正月二日"，參以《理宗紀》，當以"正月三日"爲確。

口授遺奏，少焉拱手而逝。（第12970頁倒3行）

嘉熙元年三月十八日卒。七月，葬於高景山金盆塢，史繩祖撰寫神道碑。

繆荃孫《魏文靖公年譜》："（嘉熙元年）三月十八日薨。""王實齋時知平江府，經紀喪事甚爲周摯。"《姑蘇志》卷三四："魏文靖公墓在高景山金盆塢……嘉熙元年葬，直寶謨閣史繩祖撰神道碑。"又據《姑蘇志》卷三四所載，王遂於此年四月十二日以焕章閣待制知平江，七月九日到任，七月二十五日差知慶元府。則了翁之葬在此期間。

所著有《鶴山集》、《九經要義》、《周易集義》、《易舉隅》、《周禮井田圖説》、《古今考》、《經史雜抄》、《師友雅言》。（第12971頁1－2行）

所列諸書，《易舉隅》、《周禮井田圖説》後世不見公私藏目著録，或早佚；《經史雜抄》，傳世者有《經外雜抄》、《讀書雜抄》等，或爲同書異稱；此外數種或有殘佚，但均傳世。《師友雅言》，宋人已編入《鶴山集》中，後世也有單行本流傳。除本傳所列諸書外，魏了翁著作另有《周禮折衷》、《正朔考》一卷、《學醫隨筆》、《鶴山筆録》等傳世。

作者單位：四川省社會科學院文學研究所

張獻忠屠蜀惡行溯考

馮廣宏

一　問題的提出

成都東郊錦江上有座九眼的宏濟橋，橋南又有一座回瀾塔，爲萬曆二十一年（1593）四川布政使余一龍始建，以顯示傳統的風水意義。但半個世紀後，張獻忠在成都建立“大順”政權，覺得“橋是弓，塔是箭，彎弓正射承天殿”，對朝廷不利，便下令將塔拆除，結果發現塔底磚上刻着篆字寫的預言詩，《明史・五行志・詩妖》載有其文：

> 修塔余一龍，拆塔張獻忠。歲逢甲乙丙，此地血流紅。妖運終川北，毒氣播川東。吹簫不用竹，一箭貫當胸。漢元興元年，丞相諸葛孔明記。

雖然《明史》號稱“正史”，但這段記載實在失於稽考，一是諸葛亮不會自稱“孔明”；二是三國時期也没有這種文體；三是蜀漢並無“元興”年號，衹有東吴孫皓264年改元“元興”，而西蜀劉禪263年所改的是“炎興”，可是那時諸葛亮早已去世三十年，怎可能題碑呢？不過這一堆荒唐並不妨礙預言的準確性。“歲逢甲乙丙”，亦即大順元年甲申、二年乙酉、三年丙戌，成都確實遍地在流血；張獻忠屠蜀的重點，確由成都延至川北川東；“吹簫不用竹”是個字謎，即肅親王愛新覺羅・豪格（1609—1647）的“肅”字，1646年張獻忠撤退到西充鳳凰山，未料到肅親王的先頭部隊已逼近山頭對面，以致清將雅布蘭一箭射中了他左胸，令他倒地而死。

這段杜撰的碑文得入正史，説明它存在着社會影響力，能够代表蜀人民意；從中透露出一種仇恨心理，並帶有幸災樂禍情緒。由此，就引發出本文的討論：應該如何看待和描述歷史事實？毋庸諱言，古今皆有“綱舉目張”式的史德指導，史學界常以“貼標籤”爲習慣，例如20世紀50年代以前，張獻忠一般被認爲是“流寇”、“亂臣賊子”、“殺人魔王”；此後則以階級分析爲綱，凡沾到“農民起義”的人物，往往多栽其花少挑其刺，甚至矯枉過正，個別史家還公開地掩蓋張獻忠短處，誇大張獻忠長處，故視“貼標籤”爲“唯心史觀”，恐怕也不過分。

張獻忠屠蜀，四川民間怨聲載道，但有些史家評斷所殺者僅是“地主階級的貴族和官僚”，以及各縣“圖謀暴亂的地主、紳士”；至於殺戮士子，則因他們進行間諜活動之故。講到四川人口鋭減的原因，則着重歸結於明朝官軍的“殘害”，摇黄土暴子的“屠殺”，吴三桂和清廷軍隊的“血腥罪行”；而“八大王剿四川——雞犬不留”的民諺，以及正史野史裏對張獻忠殘暴的描述，皆委之於清代“文字獄”的文化專制，讓文人“奉旨僞造”，進行愚民——這類論斷，扎根於史料取材的傾向性上：凡是不利於張的材料，或淡化，或貶斥；凡是有利於張的記載，儘管十分零星，也充分肯定，反復引用，輔以推理。可是出乎這些史家意料的是，意大利教士利類思、葡萄牙教士安文思一同在1642年入川傳教，進入大西陣營後受到尊重，曾經目睹張獻忠的所作所爲，以後便寫成記事交給耶穌會，由法國牧師古洛東譯成中文，於1904年以《聖教入川記》爲名出版。洋牧師的記録，顯然就没有奉旨杜撰或誣蔑的嫌疑了。如果用《聖教入川記》與野史材料來核對，發現很多情節相當吻合，反觀清廷所纂《明史·流寇傳》裏描述的張獻忠，好像遠不如牧師説得露骨——這説明“唯心史觀”必須揚棄。

中國人自古便有歷史責任感。大災大難後的幸存者如果略通文墨，總想把全過程記下來給後人作爲借鑒，别無他求。因爲古時並無新聞媒體和公開報刊，得以製造輿論；那時除了科舉，做文章也絶少成名得利的機會，刻印成書更是困難。如果野史作者抱有造謡誣蔑、欺騙後人的想法，那真是非常的不現實！如果擯棄野史筆墨，會把真實史料也一齊排斥掉了。

據此，本文主張對正史野史所有材料一視同仁，多作挖掘和相互比較，輔以合理性分析，將張獻忠本來面目直接顯露，不再貼任何標籤，讓史料説話，看看張獻忠犯下的屠蜀罪行，是怎樣一步一步走過來的，故謂之“溯考”。

二　出身和素養

《明史》記載張獻忠是延安衛柳樹澗人（今屬陝西延安），出生於萬曆三十四年（1606），他的家庭既不富裕，也不特别貧困，其父張快有技藝，會經商，因偕子在四川販棗受辱，故痛恨蜀人①。

① 《續編綏寇紀略》稱“父業履，母織席”；抱陽生《甲申朝事小記》稱“父快，屠沽而賤”；沈頤仙《遺事瑣談》稱他“本鐵匠子”；吴偉業《綏寇紀略》説他“固將家子”，與《延綏鎮志》言其家隸屬軍籍相合。

張獻忠從小讀過書，粗通文墨①，還愛做詩②。《陝西通志》卷三十一説他很早就當過延安府的捕役，常受同事欺侮，不勝壓抑，就去投靠造反軍“小掌盤子”王嘉胤，幾次在同官軍作戰中，“臨戰輒先登，於是衆服其勇”，很快就成爲一支隊伍的領導人，自號西營八大王。可見張獻忠在文武兩方面都有些素養，而且生性勇敢，頗講義氣，愛恨分明，這在許多文獻中都有所反映③。

如按階級分析觀點，張獻忠家庭成分是商販，本人出身是軍人，不能算是農民。當時被迫起義的農民，烏合散亂，没有作戰經驗；而軍伍出身的張獻忠有一定軍事知識，治軍相當嚴格，在戰術方面，主要采取打不贏就走的策略，並及時鼓舞士氣，與貧苦百姓水乳交融④，這種隊伍，官兵當然不是對手。

張獻忠采取順應民心的行動，使他取得很大成功，不過在他意識深處，卻潛伏着“恐怖主義”思想，突出表現在民間稱爲“七殺碑”的《聖諭》上。現在這塊碑的實物陳列在

---

① 《續編綏寇紀略》云獻忠“自少讀書不售，遂與逃兵三百人起而爲盜”；計六奇《明季北略》説他上過私塾，因和同學打架傷人，家裏賠了錢纔未讀書。

② 顧景星《自芳堂集》記有寧死不屈的李新被殺後，張獻忠還在驛牆壁上題了悼詩：“山前山後皆出松，地平平地柳成陰；桃李笑柳柳笑松，千秋萬古還是松！”署名是“關西張秉吾題弔李新”。獻忠有“敬軒”、“秉吾”等雅號。《聖教入川記》洋教士記有他另一首詩：“高山有青松，黄花生谷中；一旦冰雹下，黄花不如松。”詩風與前首一致。劉景伯《蜀碧》載大順元年（1644）獻忠到梓潼七曲山張亞子廟認祖，賦詩一首：“一綫羊腸路，此地更無憂。人是人神是，同國與天休。”還命令從官全部唱和。

③ 《綏寇紀略》説獻忠少時在王威手下當兵，與同輩 18 人犯了軍紀，要開刀問斬，這時副總兵陳洪範見獻忠身材魁梧，便出面保他，其他人都殺了頭，衹有獻忠鞭打 100 下了事。後來他一直念叨“陳總兵活我”，“每飯必祝之”（一説刻檀木爲像），但陳洪範本人並不知道。1638 年張獻忠接受招安，住在穀城方岳宗家，岳宗酒醉拳擊獻忠，還撕破他衣服。次年獻忠在穀城造反，關了城門，這時岳宗纔慌慌張張跑出來，遠遠大喊：“張敬軒將軍救我！”獻忠連忙招手説：你怎麽還没出城？再遲就來不及啦！於是打開西門放他全家。《明季北略》説：岳宗的弟弟方岳貢任松江知府，是個清官，獻忠曾寫信爭取過他：“使人人不愛錢如公，獻忠何自作賊？”《綏寇紀略》説獻忠臨走時在穀城牆上寫明造反緣由，並且開了一大篇清單，列出上官受賄的時間和錢數，特别注明：“襄陽道王瑞栴，不受獻忠錢者，此一人耳！”表現出正義性格。獻忠還看重文人，余瑞紫《流賊陷廬州府紀》在書尾還得意地説：“想此賊生性慘毒，殺人千百萬，被掠者百十萬人，而求其始終未受一日之苦，未吃一毫之虧者，必以瑞紫爲首稱云。”

④ 《小腆紀年》記其軍中禁止私藏白銀，立有戰功的人允許攜帶家眷，但不准尋花問柳。進入城市後搭帳篷居住，不准進入人家。戴笠《懷陵流寇始終録》講衝鋒時選擇一人居前，稱爲“領頭子”；大隊隨之跟進。頭子不過五六人，衹能進不能退；如果頭子受了傷，就有“游騎兵”報告，立即换人。假如所有頭子都换了三次，主將便鳴金收兵，主動撤退，保存實力。戴名世《孑遺録》提到 1638 年農民軍攻滁州時，饑民紛紛追隨，打了勝仗就長驅直入；打敗了就散些金錢在路上，讓官軍去撿，謂之“買路錢”。官軍與本地饑民交戰，互認同鄉，衹要丢下馬匹器械，就放他們逃走，謂之“打活仗”。1640 年張軍在湖北山區隱遁，團結山民，運輸米鹽芻酪來改善他們生活，得到山民的擁護。開始時，張軍一路徵集糧食，一路救濟饑民，隊伍不斷壯大，余瑞紫記進入廬州時，有人稱張軍頭目爲“王爺”，那頭目説：“你莫叫我爺，我等響馬營生，都是兄弟相稱。”張軍中很重視“官裁縫”；稱文人爲“相公”，醫師爲“大夫”，相當文明。1641 年攻入襄陽，把王府中 15 萬兩銀子拿出來賑濟災民。1642 年張軍駐屯舒城，麥子熟了，獻忠號召農民出來割麥；三河寨民衆殺豬宰羊前來慰勞，獻忠還送給他們 8 頭牛、50 兩銀子。1643 年占領武昌，將王府儲存的大量金銀賑濟災民。接着進攻長沙、衡州，宣告“所屬州縣士民，照常樂業；錢糧三年免徵”。百姓聽説張軍要來，皆引領以望。張軍指向四川夔州時，官軍不敢正面交鋒。文秉《烈皇小識》説：獻忠讓各營飲酒，鼓掌而歌：“前有邵巡撫，常來團轉舞；後有廖參軍，不戰隨我行；好個楊閣部，離我三天路。”在武昌時，大旗上還寫了“天與人歸”、“招賢納士”、“天下安静”、“威震八方”的口號。

廣漢房湖公園欞星門左側，建有碑亭保護[①]。碑文内容是：

聖諭：天有萬物與人，人無一物與天。鬼神明明，自思自量。大順二年二月十三日。

筆者以爲："天有萬物與人，人無一物與天"是一種新的"原罪論"，"天"等同於造物的上帝。然而人類對天居然没有一點回報，因此都有罪，至少是欠了天老爺的債。這筆債，"鬼神明明"，上帝的隨從全都明白，隨時可以討還；"自思自量"，讓人們好好想想，該怎麼辦。想來想去，罪惡滔天，乾脆去死！

張獻忠不承認人類創造的所有物質文明、社會財富，"人無一物與天"；更談不到什麼精神文明、文化財富，以及"以人爲本"了。儘管他打天下走遍大江南北，懷抱的卻並非安民定國的大志。《聖教入川記》有一段説：獻忠有句諺語是"天造萬物爲人，而人受造非爲天"，請二神父將此語速寄歐洲各國，以傳揚其聰慧；同時還説"造天之神，即造地之神"，又説"四川人民未知天命，爲天所棄。因天前生孔聖，宣傳聖道，早知川人弗從，故生孔聖於東省。東省人民愛聖人，遵聖道，而川人反是，故天厭之，並屢降災殃以罰之。今遣我爲天子，剿滅此民，以懲其違天之罪"。這些説法與他的"原罪論"一脈相承。

張獻忠對四川特别有偏見。他以西蜀爲基地建立政權，不但不愛護這塊基地，不負起保民責任，相反卻以剿滅蜀民爲己任，認爲是代天行道，這種思想確實恐怖！

彭遵泗《蜀碧》提到：張獻忠敗後，他的侄兒削髮爲僧，隱居灌縣三十六峰（青城山），因爲臉上有火藥燒的疤痕，自稱"疤和尚"，此人康熙四十年（1701）還在。作者的伯父彭珩曾與之交往，問他有關張獻忠的事，疤和尚説過：

獻忠初起，原圖脱禍，無意殺人。至湖廣，率同輩五六，夜盜武當山大廟金頂。甫上，見王靈官持鞭喝云："快去！若非上帝放汝收生，定打殺汝！"因此自負為"奉天殺人"云。

這肯定是張獻忠對侄兒吹的牛皮，但所反映出的"奉天殺人"恐怖思想，應屬信史。書中又記有1644年他在成都東門殺人時，剛一舉刀，天忽打雷。於是怒而指天："爾放我下界殺人，今乃以雷嚇我耶?"1645年他驅百姓於中園時，又"詐言於衆曰：'有天書夜墜庭中，命我剿絶蜀人。'"沈荀蔚《蜀難敘略》説："逆嘗向天詛云：人民甚多且狡，若吾力所不及，願天大降災殃，滅其種類！"歐陽直公《蜀警録》也説："一日，大雷風雨，獻忠仰天大呼曰：'天爺爺！你也要我殺得徹！'人莫測其故。"這些言行表現，與他那"原罪論"完全合拍，一以貫之，皆在强調放手殺人的合理性。

張獻忠屠蜀惡行的思想基礎，扎根於此。現代史家從殺人的數量上、品質上、動機上所

① 早年林名均在上海《逸經》雜誌33期上發表過《四川張獻忠碑記》一文述其來歷："1934年，廣漢基督教福音堂牧師英人董篤宜，偶於城郊一茅屋牆壁中發現一碑，式甚奇古，後約當地新漢週報主編鄧穆卿君一同往視，知爲張獻忠碑。石工正擬毁以築路，乃亟告縣府設法運至（廣漢）公園保存。此碑高凡六尺二寸，廣三尺，碑面上端鎸布龍紋，上截書'聖諭'二大字，繞以龍紋，下截有文字共三行。"

做的種種辯護，顯然没有什麽實際意義了。

三　暴力的遞進

戰争的殘酷性，有一個漸進過程，隨着時間的推移，有日益加重的趨勢。比如活動在川東的“摇黄賊”，對於想中途逃跑的人，在臉上刺“天王”、“大王”等字樣，即使逃脱，也會被官府捉住以盜匪論處，所以那些人衹好留下來造反。後來發展到割去耳鼻的肉刑，而張獻忠采取的則是剁手①。從策略上講，割耳鼻僅僅破壞相貌、侮辱人格而已，而剁掉一隻手，便喪失戰鬥力，在軍事上作用很大，可以看出張獻忠比較高明。谷應泰《明史紀事本末》載1641年張獻忠攻占襄陽後，又攻打鄖陽，“獻忠以所擒鄖兵，人斷一手縱歸，以辱官軍”，這大概是剁手肉刑的起始。次年攻占六安，“將州民盡斷一臂，男左女右”，肉刑由俘虜擴大到了民衆。余瑞紫《流賊陷廬州府紀》：“午後，將六安人盡剁其手。先伸左手者，砍去不算，復剁其右手。”“各營皆有擄去者，如左右營之頭目，又吩咐在左營者去左手，右營者去右手。”從這裏得知，肉刑已發展成爲勝利者的一種娱樂了。

在張營半年之久的余瑞紫説：農民軍攻城前宣傳：“早早開城投降，秋毫不動；若是攻開，雞犬不留。”這意味着屠城政策的開端。野史所記張獻忠攻隨州、桐城、蘄州、黄州、麻城等地，都有屠城記録②。

占領武昌後張獻忠稱王，政治欲望開始膨脹，心理變態隨之發生，打開了“奉天殺人”的惡性之門，凡攻城不下的地方，皆以殺戮立威，這種惡行確實也起到了短期的效果，但他完全忘卻了争取民心的正確做法，反而更加迷信暴力；雖然他尊重知識人才，卻又剛愎自用，聽不進謀士的意見，習慣於獨斷專行。住在簡州鄉下的傅迪吉，曾按年代順序寫過一部

---

①　李馥榮《灩澦囊》有雍正元年（1733）嘉川劉承莆的序，談到“曾見二三父老，聚飲一堂，述其亂離之況，聞者莫不心膽墮地。或老而劓刵者，曾遭摇黄劫者也；或老而缺左右手者，曾遭張獻忠劫者也；嗚呼，亦慘矣！”親見劫後倖存的老者講述經受的浩劫，摇黄的肉刑是割去耳鼻；而張獻忠則爲剁手。

②　《小腆紀年附考》記1643年攻占蘄州：“令紳士冠帶，自東門入，西門出，盡殺之。”攻占武昌後，“其倖存民，或刖手足，或鑿目鼻，無一全形者。”舊鈔《獻賊紀事略》還有“士民數百餘萬，盡趕下水”之説，《綏寇紀略》《小腆紀年》較詳：當時要求男青年當兵，其餘市民皆殺；後來連殺手的手腕都累得快脱臼了，於是“開漢陽門，縱之去”。城門外就是長江，大家慌忙跳江逃命，很多人又不會水，淹死大部。“自鸚鵡洲達道士洑，浮胔蟻動，水幾不流。逾月，人脂厚累寸，魚鱉不可食。”費密《荒書》載1644年攻重慶相當艱苦，於是“城中男女皆斷右手”。《明季南略》言“砍手者三十餘萬人，流血有聲”。《明史紀事本末》稱：“取丁壯萬餘，刵耳鼻，斷一手，驅徇各州縣。”告訴各地，這就是“兵至不下”的榜樣，宣稱“但能殺王府官吏、封府庫以待，則秋毫無犯”。以群衆的肉身安全當做政治籌碼，“由是，所至官民自亂，無不破竹下者”。顧山貞《客滇述》説：“各州縣惟恐加兵，皆望風送款。獻忠擇其魁傑者，授以知縣之職，發兵送之。”

《五馬先生紀年》，從中看出張獻忠暴行的逐步升級現象①：1644 年建立大西政權，都督帶兵到簡州"打招安"，給每人背部印上"西朝順民"字樣，"自此以後，即不殺人。兵不甚擾民，民亦入營貿易"，表明開國時短暫的和諧氣象。第二年就見到任意屠殺，"流賊起營回州，將前留婦女殺盡，上成都去了，謂之'卷塘'"。第三年鄉村民衆成爲驚弓之鳥，到處躲避屠戮。大西軍到，"地方蕩然一空，止見屍横遍野，河下不見一人。灣中止有一兩手俱剁者，流賊不殺。云家房屋盡燒，和尚殺盡"。簡陽與成都隔着一道高大的龍泉山，鄉村居民看到的也僅是一個局部，而他那樸實的記録，已經滿紙是"殺"，非常血腥。

既如此崇尚暴力，而對於發展經濟、改善民生又缺乏措施，於是使張獻忠團隊很快站到了群衆的反面，民心全失，許多地方的百姓不得不起來反抗，這原是客觀歷史規律的反映。《蜀難敘略》説：獻忠"以蜀民多阻險自固，益恨之。令閉諸郡邑城門，悉行斬戮。人皆惴惴待死，投繯赴井者無算。旋傳僞詔赦之"。"人知必死，凡有險阻，皆舉義旗。"這樣，大西政權便墮入惡性循環的怪圈之中。因爲屠刀之下並不分地主或農民，所以反抗者的成分也分不清地主和農民②。在此期間，民衆自發起來抗争者此起彼伏。平民反抗者中有眉州外號"鐵脚板"的陳登皡，聲稱"反正是死，爲何袖手待斃"，在白旗上寫"敢與殘忍流賊張獻忠爲敵者從我"。數日内不期而集者上千人，持獵槍，執木棒，火攻張營，張軍大亂而逃。井研居民雷應奇説："奈何郡縣無一殺賊者?"也糾集一批勇士，與張軍對抗。敘州七寶寺和尚晞容，認爲"硐中數百萬生靈，豈可坐視其死"，於是糾集 500 勇士與張軍對抗，終於解圍。地主反抗者中有邛州舉人劉道貞，起兵在雅州小關山與張軍打了一仗，保住了嚴道以南的安全。順慶（今南充）舉人鄒簡臣"潛與順慶豪傑倡義，建中興赤幟於江滸，數日衆至十餘萬，軍聲大振"。洪雅土户余飛糾集民衆，在花溪打敗張軍；夾江千總周鼎昌在南安鎮又給以致命打擊，使張軍殘兵逃回成都。康熙《四川成都府志》指出，那時"成都百里

---

① 傅迪吉《五馬先生紀年》載：1644 年七月張軍攻破重慶府，"遠兵逃回，盡剁右手"。大西建國後的十月初四，三個都督帶兵到簡州"打招安"，有千百艘船扎在灌水壩，士民紛紛到軍前投降，"三帥有喜意"。第二年，19 歲的傅迪吉棄文經商，被俘入營："聞舉號三陣，畢，大叫各營傳兵殺人。登時衹聞刀響，大殺逾時。與昨日不同，久之屍滿大壩。無人可殺，住刀。隨拖死人下河，河面不知堆積幾層。及視牆下，所存甚多，猶難計數。""'卷塘'其時約在二十五六間，歷臘月衹近兩月。"第三年，20 歲的傅迪吉再記：正月十六半夜，從山外面跑來數千人，説"將黑時流賊突至，殺人，我們走脱，不知後面……"衹見遠處火燭連天，連續不斷，天亮時大西軍到，"屍横遍野，河下不見一人"。

② 道光《樂至縣志》載宿士敏《鄒公易齋傳》，順慶（今南充）舉人鄒簡臣"潛與順慶豪傑倡義，建中興赤幟於江滸，數日衆至十餘萬，軍聲大振。賊捲甲遁，恢復順慶十餘城。"《蜀碧》記邛州舉人劉道貞，1644 年"僞参將張略地至邛，道貞策殺之，棄家走沈黎，激勵土漢李衛等共抗賊，而身自資軍於曹勳"。在雅州大破張軍："賊至雅州，道貞及勳拒戰於小關山，大破其衆，斬首千級，賊敗走，自是嚴道以南不被寇害。"又記眉州外號叫"鐵脚板"的人，"姓陳，名登皡，生有膽識，膂力過人，家貧獵獸自給，常赤足逐鹿豕，奔新斬叢竹中，里許而足不傷"。1645 年"正月五日，賊驅城中人至原田上盡殺之，又搜戮四鄉居民"。陳登皡撕裂白衣爲旗，上寫"敢與殘忍流賊張獻忠爲敵者從我"，數日内不期而集者上千人。登皡手持獵槍，背負柴弓竹矢，赤足先衝，上千人各執木棒相隨，在城西醴泉河砍木立柵，張軍大懼，移兵東館。夜半登皡大鳴金鼓，火攻張營，數百人内外夾擊，張軍大亂而逃。"於是，眉之多月鎮、斑竹、王二郎壩諸村，各聚衆自守，皆名其營爲'鐵勝'。賊聞之，不敢逼。""時井研有雷應奇者，素負俠氣，賊至曰：'奈何郡縣無一殺賊者?'糾義勇拒於高境關，追至桑園，力殺數賊死焉。"《小腆紀年》載敘州七寶寺和尚晞容糾集勇士與張軍對抗事。民國初年武俠小説作家朱貞木撰寫《七殺碑》一書，描寫過川南反抗者雪衣娘陳瑶霜、女飛衛虞錦雯、僧俠七寶和尚晞容、丐俠鐵脚板陳登皡、賈俠余飛、賽伯温劉道貞等故事。

外，耰鋤白梃，皆與賊爲難”。

這種反動力使張獻忠受到很大刺激，但他並不反省自己政策上的失誤，改弦更張，而是變本加厲，采取十分天真的高壓態勢。他認爲眼皮底下的城市居民便於控制，而鄉村居民住得分散，又有山林隱蔽，因此確定“除城盡剿”政策，想把城與城之間的人民殺盡，形成無人區[①]。可是無人區的田地如何耕種，環境如何管理，他絲毫没有考慮。寫《荒書》的費密沉痛地評論説：“古凶逆之慘，有屠城坑軍者，未聞有屠山屠野，盡一省而屠之者！至千里無煙，空如大漠；書契以來，所未當有也！”

走到這一步，證明張獻忠在錯誤的泥淖裏已經越陷越深，以致不能自拔，即使他不再想殺人，恐怕也做不到了！

四　空前的破壞

張獻忠大西政權曾采取一套極端主義的城市管理手段，其所以如此，也有不得已之處。因爲張軍攻城之前，常常事先派人僞裝混入城内，以做内應[②]；爲了防止敵方也用同樣辦法，祇有把整個城市變成集中營，纔能百分之百保險。首先是將分散在鄉村的農民及逃往鄉間的居民，動員到城内居住[③]。其次是實行嚴格的保甲制度、身份證制度、出入城盤查制度以及連坐制度，許多野史均有類似記載[④]。再次是嚴格控制軍民言論，廣泛安排密探監聽，

① 歐陽直公《蜀警録》記録了“發兵出剿百姓，令曰‘除城盡剿’”的部分過程：“凡剿一處，先令地方官清四至界，並嚮導人送領兵官。前一日，照四至界址，布兵環圍，次日開剿。四下齊向中央搜殺，如圍場合龍口之狀。龍口合而野盡，然後屠其城。剿畢，復扒草尋穴，細搜數日，乃復命。”剿殺鄉民行動是有計劃性的，並且還有嚴酷的法治監督：“倘有漏網者，或於别處發覺，罪坐領兵官。”歐陽直公親見因殺人不徹底而受剥刑的案例：“嘗見郫縣解一逃民，審係峨眉人，查剿峨眉官洪都督，剥其皮。”歐陽直公還指出：“剿局始自崇慶州，終於再屠成都城。蓋開城時所屠者，原住城内之人；今所屠者，招勸進城之人也。”

② 《懷陵流寇始終録》言：“將攻襲郡邑，必前遣間諜，僞爲僧道、游客、商賈入城，結納市民爲内應。若獲名家大族，必質其父母妻子；遣士卒扮僮僕，押行至城内。呼曰：‘我某也，被擄得脱至此。’守者知而納之。計成，厚遺之，以示信也。”1641 年攻襄陽，一面派間諜進城，與監獄裏的犯人串聯，發起暴動；一面讓士兵扮作商人，藏精兵於貨車内進城；獻忠帶領 18 騎兵追趕明軍使者，奪得敵方軍符，原路返回混進城内；半夜打開城門，放大隊人馬占領襄陽。

③ 《蜀難敘略》作者沈荀蔚母子住在邛州，記下 1644 年實事：“賊旋下令曰：凡爾處市鎮俱順民，毋恐。”“山中作逆者當剿除之。人以是不敢入山。”次年，又有命令：“凡居山野者俱叛逆，將悉行剿滅；城内者俱良民，乃免死。於是深山窮谷之人，咸扶老挈幼入城市，露處猶不能容。”《荒書》説：“凡成都士民避難他出者，悉令賊官查出，驅成都。”

④ 《紀事略》云：成都“四城門不許擅行出入。凡城内出者，先赴兵馬司處投遞手本，上開某街等幾鋪或某坊某人出到某處，左右鄰某人，户首某人，保結某人，有無家口，約某日回城。如至期不回，先拘左右鄰及户首斬殺，後拘出城不回之人家口，不拘老少，盡數斬殺。其城外人者，兵馬司盤問明白，填給入票。事畢出城，驗繳原票方行放出。如或有失落原票者，即殺不放。如係本日往還者，則於左頰印一圖書，至晚驗明圖書方行放出。倘或有被汗水磨擦，圖書不明者，亦拘留斬首。”《蜀碧》：“令民間家懸‘順民’號帖，以大順新錢釘之帽頂。”“又行保甲法甚嚴，諸門各設一兵部、二都督，譏阿出入。民之出城者，先期報某甲姓名，以某事往，約某日歸，合符而入。有失期及逾時者斬。”《五馬先生紀年》説鄉村秀才“並家眷驅入城中，十人一結。一家有事，連坐九家。雖父子、夫婦，私居不敢輕出一言”。《蜀警録》提到整肅大西軍幹部，也是“殺其一家，連坐兩鄰”。有些人頭被砍了，還不知道爲了什麽事。

記載此事的材料亦不一而足①。《蜀警録》、《灩澦囊》、《綏寇紀略》、《鹿樵紀聞》都記有一樁趣事：成都街民張成恩晚上没事，想要出去串門，他妻子阻止説："天都黑了，還講什麽張家長、李家短?"這兩句很普通的話，竟被稱作"查事人"或"詗事小兒"的密探抓個正着。次日黎明兩口子被綁到張獻忠面前，張獻忠一聽其語，哈哈大笑："這是説我張家的長，李自成他家的短，是良民啊!"不但釋放二人，還賞了一筆銀子。在這裏，決不能責怪那些可惡的密探。因爲《蜀難敘略》説："其有不及報，而爲他處發覺者，則並'查事人'亦誅之。"最恐怖的是十家連坐，衹要有人不小心踩到"地雷"，這十家都得一起完蛋！因此居民白天上街，碰到親戚朋友，大家都低下頭不敢打招呼。這種精神上的禁錮，並不比屠城更爲輕鬆。

大西政權厲行法治，表現爲殘酷的嚴刑。《灩澦囊》説：

> 别罪輕重。輕者割耳劓鼻、斷手足；次重，斬首；再重，淩遲。或當磔，别定刀數，割肉如鵝眼大，三五百刀之刑，數滿者輒捨之。極重者，剥皮實草。

這些苛法並不專對蜀人，張營官兵也一樣，比較公平。《蜀碧》稱官吏貪污"有至一兩者，家坐誅；十兩者，生剥其皮"。剥皮實草之刑十分殘酷，很多人以爲張獻忠是始作俑者，其實冤枉他了，那原是朱元璋的發明②，張獻忠的創新是"小剥皮法"，"將人兩背膊皮，自背溝分剥，揭至兩肩，反披於肩頭上"。施於犯法較輕者，不致立即致人死命。在這種極端方式統治下，城内秩序相對穩定。

針對鄉村民衆的"除城盡剿"政策，經過1645年醖釀，至1646年初開始實施，張獻忠四個義子（平東王孫可望、撫南王劉文秀、安西王李定國、定北王艾能奇）分四路進軍，進行"草殺"。《荒書》説："時州縣之野已屠，惟城中人未盡屠。其屠，川西爲甚，川北次之。"《蜀碧》稱劉文秀奉命清剿"成、龍所屬州道，並長吏誅之。兵到有煙火者，將吏必斬"。劉文秀寧左勿右，領兵進駐邛州時"取遺民萬餘家盡屠之，又殺僧道千人"，立"搜山"、"望煙"等頭目，"縱越高山大谷。有匿崖洞者，舉火熏之。邛、蒲二百里，盡爲血肉之場"。他在丹棱，"驅城中民於西門外濟橋殺之，屍與橋平，水爲之壅"。

戮殺平民，軍士們並不自願。《蜀難敘略》説過：

---

① 《綏寇紀略》："左右有詗事小兒數千，夜則周行街巷，聽人語，犯者白堊識其門，黎明而收者至。"《蜀難敘略》："又凡沖僻閭巷、有人之所，即分發詗事之賊，謂之'查事人'，房屋垣扉皆遍。凡兩三偶語；或夜中燈火；即夫妻子女語言間，有稍涉不吉，若'未平'、'不穩'、'斷絶'、'死敗'之類；次日，並左右鄰里十家皆斬之，死者初不知爲何事也。其有不及報，而爲他處發覺者，則並'查事人'亦誅之。"《蜀警録》："每日夜差官請令巡查。巡役則晝扮閑人，混入兵民中省視；夜則聽籬察壁，入户逾垣。凡有日間偶語、夜間閒言者，不論兵民是非，一概謂之'説亂話'，立刻鎖解皇城都督王尚禮殺之。言及時事者，同住人並戮。雖至親遇於道，不敢相問慰，遥望即各低頭去。"

② 《蜀警録》透露："初，獻賊入蜀王府，見瑞禮門樓上奉一像，公侯品服，金裝，人皮質，頭與手足俱肉身。訊内監，云：'明初涼國公藍玉、蜀妃父也。爲太祖疑忌，坐□謀反，剥其皮，傳示各省。自滇回蜀，王奏留□□□樓。'獻忠遂效之，先施於蜀府宗室。"劉景伯在《海瑞傳》裏查到，海瑞痛恨官吏貪污，上疏建議"舉太祖法，剥皮囊草"，證明剥皮酷刑是朱元璋的首創。劉景伯説獻忠學會了剥皮法，朱元璋的子孫首先遭殃，剥皮示衆的屍體越來越多，"街之兩旁，夾道累累，列千百人，遥望若送葬俑"，成爲一道血腥恐怖的風景綫。

每賊日須首級，或二三，或四五，多寡以地方大小繁簡論，如式乃已；不，則亦殺之。後利其輕，代以手鼻；其數亦如之。死者數千萬，骨肉如山，累累相望。

孫錤《蜀破鏡》也説：

賊約：凡兵殺男子一百，授把總；女子倍之。以手足為記。兵以上官，較次進級。不者，當以大逆無道論死，妻孥坐戮。

獎罰分明，故軍士殺人，實在是迫不得已！“其偏裨不忍行誅，多自經於野樹。”《見聞隨筆》記録了因不願殘殺平民，從而受剥皮之刑的將領名單，有都督張啟用，八卦營王明，振武營洪正隆，隆興營郭嘉允，三奇營宋官，永定營郭尚義，三才營婁文，幹城營汪萬象，援剿營彭心見，決勝營周志賢，定遠營張成，中敵營杜興文，英勇營張其在，大成營王克明，龍韜營商元，以及失去姓名的志義、天討、金戈、神策、虎威、虎賁、豹韜、虎略等營總兵官：“皆以搜括無功，剥皮死；仍斬其家口、部將以徇。”

如此正規化的殺戮行動，取得了顯著成績。馮甦《見聞隨筆》記下“四路殺人”的統計數字，與彭貽孫《平寇志》相近：

歲丙戌元日，命四將軍分路草殺。五月，回成都上功疏：平東一路，殺男五千九百八十八萬（《平寇志》無下一“八”字），女九千五百萬（《平寇志》“九”作“五”）。撫南一路，殺男九千九百六十餘萬，女八千八百餘萬。安西一路，殺男九千九百餘萬，女八千八百餘萬。定北一路，殺男七千六百餘萬，女九千四百餘萬。

四路殺人資料列表如下：

各路	男（萬人）	女（萬人）
東	5988（5980）	9500（5500）
南	9960	8800
西	9900	8800
北	7600	9400

即按偏小的數字，總計也有65940萬人。《明史・流賊傳》記爲：“將卒以殺人多少敘功次：共殺男女六萬萬有奇。”不過這一數字實在大得離譜，1946年任乃强著《張獻忠屠蜀辨》即已指出：《明史》説獻忠屠殺蜀人六萬萬有奇，但又記萬曆六年四川十三府六州人口僅310萬餘，難道60幾年人口就增生200倍供他去殺？何況張獻忠所據之地，不足全蜀的三分之一，“雖合雞犬計之，亦不能達此數”。

這究竟是什麼原因呢？關鍵在《明史》“敘功次”三個字上。原來四路張軍把屠戮民衆算做軍功，大家要“上功疏”，以公文形式呈報殺戮數量，其中任意誇大、虚報冒領是必然的情況。《荒書》説明資料緣由：丙戌二月，“盡屠川西、川北州縣，以人手爲功。凡賊驗功之處，聚手如山；焚之，指節之骨，散棄滿野”。以人體部位統計殺人數量，不可能精確，許多文獻均有記述①。原來“共殺男女六萬萬有奇”的驚人數字，主要來自張軍內部的文檔。如果説是有意編造，張軍統領虛報浮誇、貪功希賞，要負主要責任，史官不過照録而已。有些現代史家據此指爲《明史》造謡污蔑農民起義軍的鐵證，誠所謂“風馬牛不相及”！

在張獻忠的倒行逆施之下，建立一兩年的大西政權四面楚歌，軍事上節節失利。川東不守，明軍曾英駐屯重慶；川南有王祥起遵義，曹勳據大渡河所，侯天錫駐瀘州；川西有朱化龍屯茂州，馬乾屯内江，而威脅最大的是據有敘、嘉等地的楊展。張獻忠決定撤離成都，預先進行徹頭徹尾的大破壞。《蜀破鏡》道出他的心理：“自我得之，自我滅之，不遺種於兹也。”具體措施，首先是剿殺成都内外民衆②，著《聖教入川記》的外國牧師曾親歷這驚心駭目的剿民過程，敘述比較詳細：先派軍隊驅趕民衆到南門外沙壩，張獻忠“厲聲痛駡百姓私通敵人，隨即縱馬躍入人中，任馬亂跳亂踢，高吼‘該殺該死之反叛’，隨令軍士急速動刑。真是屍積如山，血流成河”。那時張獻忠義子“孫可望此時領兵將回，離成都二百里，途中聞知成都剿洗之信，大爲悲傷，痛哭不已”。“時日落西山，道旁死屍狼藉，其中尚有小孩呻吟者。”

最令人奇怪的行動，是最後殘殺自己的部屬，“除留后妃二十人爲服役諸事外，餘二百八十人盡皆殺絶”。“獻忠殺婦女後，狂喜欲舞，並向百官稱賀，謂已離婦女之厄，身無掛累。”當時大西軍中並不全是戰士，拉家帶口，拖兒帶女，大概張獻忠想清理整頓，拖出一支精幹隊伍，節省一批軍糧，但手段未免太毒辣了一些。《蜀警録》記其親見親聞③，先殺内外各衙門大小文職官員；接着是周邊軍營官兵，然後放一把火，“移師出城，駐營於郊；令各營縱火燒毀房屋。一時各郡縣城野廬舍俱燼”。進入順慶統計四路軍營人數，“或云五六萬，或云六七萬。獻忠怒曰：老子何用許多人？直須勁旅三千，自可横行天下！於是嚴督

① 《蜀碧》：“賊每屠一方，標記所殺人數。貯竹圍中，人頭幾大堆，人手足幾大堆，人耳鼻幾大堆，所過處皆有記。”《蜀警録》：“每官兵回營，以所剁手掌驗功。掌一雙，準一功。凡有軍官衙門所在，手掌如山積；而成都城内人掌，則更幾於假山之萬叠千峰矣。”作者親見一件文字材料：“嘗見一劄，付自副將升總兵；其劄頭空白處，用朱筆細字備註功級：‘算手掌一千七百有零’。嗚呼慘哉！”那人因殺1700多人由副將升成總兵。

② 《聖教入川記》：“一六四五年十一月二十二號，獻忠欲剿洗全城居民，先暗遣一人捏詞誑報，以惑衆心：謂某路敵軍大隊將到，須當操練兵馬，以作禦敵之計。次日，大集人馬，若將赴戰場一般。獻忠暗將毒謀，通知各營軍官，飭令剿洗，不留一人。詭言百姓等已暗通敵人之故，勾引大隊入川，以圖大舉；故當剿滅此城居民。爾等各宜秘密準備，不得遺漏軍情云云。”“各軍分隊把守城門，餘軍驅百姓到南門就刑。”“被拘百姓無數，集於南門外沙壩橋邊。一見獻忠到來，衆皆跪伏地下，齊聲悲哭求赦云：‘大王萬歲！大王是我等之王，我等是你百姓，我等未犯國法，何故殺無辜百姓？我等無軍器，亦不是兵，亦不是敵，乃是守法良民。乞大王救命，赦我衆無辜小民’云云。”兩牧師總結起初：“在朝之官，統計千人；離川時亦有七百人；臨死時僅有二十五人。皆因獻忠殘暴過甚，殺人亦多。或命死於刀下；或令鞭死；或令將頭皮揭去；或淩遲碎剮。種種非刑，一言難盡。”

③ 《蜀警録》：“行次順慶界，大閲。盡殺川兵，不留一卒。川兵盡，詭云欲於舊兵中，挑立四班水軍。獻忠親臨過隊。不論老幼、男婦，俱從獻忠面前疾趨而過。過去者即生；喝止者爲挑，即登鬼録。如挑其父母，子女不敢回顧；挑其子女，父母不敢回顧；夫妻亦然。”“先於江邊立一木柵城。挑齊男婦、老幼三萬餘人，交與撫南（劉文秀）押入木城，外用官兵守之。數日後，傳令於木城外，用槍炮向内攻擊，斃其半；方揮兵各入斫殺。其斫殺不盡者，群驅入江中。”

消滅，以殺人多者爲功”。《蜀碧》引《隨筆》説：

士民既盡，檢各衛兵及各營新兵，年十五以上者殺之。各路殺衛軍七十萬有奇，家口不計；成都兵二十三萬有奇，家口三十二萬。自成都北威鳳山起，至南門桐子園，直七十里，積屍若喬嶽。

《明季南略》説兵馬屠殺過半後，義子孫可望、艾能奇等密問張獻忠：“今上等好漢斬殺將盡，後將何以禦敵?”張獻忠沉默了一會兒回答：“皇帝極是難做，咱老子斷做不來。今老子金銀甚多，想來做皇帝不如做絨貨客人快活。我今有金銀數萬兩，絨貨數十挑，好驢馬百十頭。將此衆人殺盡，我等心腹數十人，擔馱金銀絨貨，前往南京做絨貨客人，受享富貴，圖下半世快活，有何不可?”這些思想，比較符合他的個性和當時處境。

張軍撤離成都時，破壞得極其徹底的是各類建築物。《蜀難敘略》説：

賊自出屯以後，日惟焚毀城内外民居及各府署、寺觀，火連月不絶。惟蜀府數殿累日不能焚，後乃以諸發火具充實之，乃就燼。其宫牆甚堅，欲壞之，工力與砌築等不能待，乃止。

盤龍石柱二，孟蜀時物；裹紗羅數十層，浸油三日，一火而柱折。

《聖教入川記》指出：

獻忠由川往陝，離成都時下令將皇宫焚毀。在城外見隆煙騰起，火光燭地，大為狂喜。復令全城四面縱火，一時各方火起，公所私地，樓臺亭閣，一片通紅，有似火海。大明歷代各王所居之宫殿，以及民間之房屋財產均遭焚如。轉瞬間，川中首城已成焦土，實屬可惜!

“天府之國”的成都，就這樣在張獻忠號令下成爲一片廢墟！李調元《蜀雅》云：

自（順治）三年獻逆去後，城中絶人迹者十三年。狐兔縱横，林木叢雜，凡市廛、閭巷、居址，一切不可復識。川北秦人隨大軍開闢，斫樹白其皮為界，施棚帳於髑髏、瓦礫間，因樹為柱，覆以茅。遠近趨利者踵相接，然故民則萬不獲一也。兵士獵豺虎熊豹，日不暇給。

需要補充的是，保存至今的大順二年（1645）《大西驍騎營都督府劉禁約碑》實迹[1]，即驍騎營都督劉進忠所頒，這位大西軍中的愛民將領一直受到張獻忠打壓。《蜀碧》言：

保寧守將劉進忠，部下多蜀人，獻至惡之，謀坑其衆，漏言於閽者。進忠大恐。獻

---

① 大順二年（1645）《大西驍騎營都督府劉禁約碑》文爲：“〔上缺〕本府秉公奉法，號令森嚴，務期兵民守分相安，斷不虚假，仰各驛鋪〔缺〕約法數章，如有犯者，照約正法。特示。一、不許未奉府部明文，擅自招兵。擾害地方者，許彼地士民，解鎖軍前正法。如容隱不舉，一體連坐。一、不許往來差並閑散員役，擅動鋪遞馬匹、兵夫，查出捆打。一、不許坐守地方武職，擅受民詞，違者參處。一、不許假藉天兵名色擾害地方，該管地方官查實申報，以憑梟首。一、不許無賴棍徒投入營中，擅輒具詞詐告，妄害良民，違者捆打。一、不許守□文武官員擅娶本土婦女爲妻妾，如違參究。大順貳年三月日。”

忠又下僞詔，用秦人鄙語駡進忠，進忠忿怒。時我朝肅王方奉命西征，至漢中。進忠赴師迎降。

其他文獻也有記述[①]，《灩澦囊》所記情節比較具體：

時進忠守朝天，而獻賊營兵逃奔朝天者絡繹不絶，獻忠益忌之，調進忠回金山鋪會剿。進忠疑不敢赴。羽檄日三四至，進忠愈疑畏。謂部下曰："主上曾言先屠儒，次屠民，再次屠蜀中新附將卒。今檄文星急如是，殆欲屠新附者也，為之奈何?"衆曰："事急矣，惟北投大清活生靈，為善計。"

由於這支軍隊蜀人最多，迫使其叛變投清。

張獻忠的死，與劉進忠投清軍、做嚮導大有關係。但張獻忠最後丟命的原因，仍歸根於他的軍令過嚴[②]。此事許多野史對此都有記述，而以《聖教入川記》兩個教士目睹的過程，最爲可信：1647 年正月初三日，

突有偵探隊某兵飛奔入營，謂在營前高山上，見有滿洲兵四五人，各騎馬由山谷迎面而來。獻忠聞報，即時震怒，欲將報信之兵正法。幸被人討保，未能加罪。

獻忠未能深信滿兵竟敢至此，殊知大隊已匿營前大山反面。歷半小時，又有探兵入營告急，謂滿兵馬隊五人，已到營外對面高山矣。獻忠聞警，隨即騎馬出營，未穿盔甲，亦未攜長槍，除短矛外别無他物。同小卒七八名並太監一人，奔出營外，至一小崗上，突然一箭飛來，正中獻忠肩下，由左旁射入，直透其心，頓時倒地，鮮血長流。獻忠在血上亂滾，痛極而亡。

《荒書》説張獻忠死後數月的 1647 年春，"大清李國英入成都。留張得勝守之，闢草萊而居。國英旋遂寧、潼川。得勝兵弱又缺糧，采野菜、草籽爲食"。張獻忠的焦土政策果然見效了！

本文提供出張獻忠由一個性情中人轉變爲殺人魔王的全過程。其程度是漸進的，由弱而

① 《灩澦囊》説："成都都督劉進忠屢諫獻忠不可妄殺，獻忠忌之，留進忠守朝天。"張獻忠辱駡他的那道"聖旨"，計六奇《明季南略》有載。那時進忠正在遂寧，忽傳朝廷有敕書來到，便命生員登壇開讀，官民在下面跪聽。但聞聖旨全文爲："奉天承運皇帝詔曰：咱老子叫你不要往漢中去，你强要往漢中去，如今果然折了許多兵馬。驢毬子入你媽媽的毬！欽哉。"如此辱人的鄙語，堂而皇之地寫入詔書，當然讓劉進忠受不了。

② 《蜀警録》："張營事例：凡賊兵之'站隊'，傳令掛帶，乃掛帶；傳不掛帶，即寸鐵不許附身。是日，兵衆未奉傳掛帶，俱未繫什物，赤手侍立，不敢妄動。"

强，最後無可收拾。現代史家已没有必要再爲他辯護減罪，何況地下還出土種種物證①，他是跳進黄河也洗不清的。

作者單位：四川省政府文史研究馆

① 民國《簡陽縣續志》記萬人墳在縣西南蘆葭橋里許："相傳張獻忠草殺簡人，聚男婦於此，圍而殲焉。後耕者往往鋤得骨骸。清咸豐間，鄉人憫其暴露，遂深掘而搜括之，白骨累累，盈筐滿載。爰募資就道旁合葬一冢，並立石表曰萬人墳。"光緒《潼川府志》記三臺縣有萬人墳在東門外，"張獻忠所殺"，1645年南明左都督楊展封築。鹽亭縣有萬人墳在東門外江神廟右，"乃張獻忠所屠，白骨如阜"。1688年"邑人張士標募人封之，冢高二丈，周圍六尺，立碑識之"。乾隆重修《漢州志》記廣漢萬人墳："平寇將軍楊展憫白骨暴露，爰收葬於治西，立碑誌之。"嘉慶《續志》録有楊展碑文，題"隆武二年（1646）仲冬月"。2002年4月初，成都新南門立交橋施工時，在紅星路與濱江路交叉口工地上，連續兩天挖出數百具人體骨骼，估計可能還有數目不詳的人骨埋在更深的土層中，其中衹有一兩具屍骨保存得比較完整。據專家稱，這些遺骸是腿骨在一起，指骨又在一起。通過骨頭顔色和土層層位，可初步斷定是明末清初時一起大規模非正常死亡事件。老南門下穿隧道施工時，也挖掘出迄今三百多年的萬人白骨坑。同年8月，崇州城區埋設電信電纜，在落魂橋附近意外挖出數百具屍骨，因爲這一帶全是民房，並非墳墓區，不可能把屍骨埋在房子下面；所以老年人説，應該是張獻忠殺戮的百姓。

李仙根生平考述

胡傳淮　陳名揚

李仙根是有清一代巴蜀文化的優秀傳承者，其人其文其事享譽頗多，然至今未有專論。李朝正《清代蜀中鼎甲軼聞》對李仙根的事迹作了一定宣講，卻未詳加考述①。李劍華《李實初探》考述了李實的祖籍、家世、生卒年、爲人與著作，展現了李仙根的家庭②。牛軍凱《三跪九叩與五拜三叩：清朝與安南的禮儀之争》文中運用李仙根《安南使事紀要》研究了清安禮儀之争問題③。劉玉珺《中國使節文集考述——越南篇》論述了宋至清中國使越文集，提及李仙根《安南使事紀要》《安南雜記》及其保存情況④。汪泉在《清朝與越南使節往來研究》中有“康熙七年（1668）清使李仙根等赴越調停黎、莫之争”條，論述了李仙根奉使安南事⑤。田秀娟《清前期越南人入華避難事件述論》在提及莫氏避難中國事時，亦論及李仙根奉使安南事⑥。《中國歷代榜眼》一書載有李仙根事迹，然頗多舛誤⑦。《中國文化世家·巴蜀卷》書中有“父子進士——明清李實世家”一節，然亦失於考述不嚴⑧。拙文《明清遂寧五大家族研究綜述》中展現了以李實研究爲核心的遂寧李氏家族研究現狀⑨。

由是可知，重新發現李仙根，考證其生平，述説其思想，是極爲必要的，此亦爲遂寧張文端公鵬翮未遂之長願。李仙根研究對巴蜀文化及清史研究，亦或有所裨益。我們通過多方途徑搜集李仙根史料，做出初步考述，以此拋磚引玉，祈請同人補充，以爲巴蜀文化研究共

① 李朝正：《清代蜀中鼎甲軼聞》，《文史雜誌》1988 年第 2 期。

② 李劍華：《李實初探》，載李行健等主編，遂寧市文化局編：《李實學術研討會文集》，語文出版社 1996 年版，第 158—166 頁。

③ 牛軍凱：《三跪九叩與五拜三叩：清朝與安南的禮儀之争》，《南洋問題研究》2005 年第 1 期。

④ 劉玉珺：《中國使節文集考述——越南篇》，《首都師範大學學報》（社會科學版）2007 年第 3 期。

⑤ 汪泉：《清朝與越南使節往來研究》，暨南大學 2008 年碩士學位論文。

⑥ 田秀娟：《清前期越南人入華避難事件述論》，山東師範大學 2010 年碩士學位論文。

⑦ 王鴻鵬等編著：《中國歷代榜眼》，解放軍出版社 2004 年版，第 286—288 頁。

⑧ 毛遠明，劉重來主編：《中國文化世家·巴蜀卷》，湖北教育出版社 2004 年版，第 381—392 頁。

⑨ 胡傳淮：《明清遂寧五大家族研究綜述》，《四川職業技術學院學報》2014 年第 8 期。

同傾力。

一　李仙根生卒年、字号考

關於李仙根的生卒年，現存四種説法。第一種謂李仙根明天啟元年（1621）出生，清康熙二十九年（1690）去逝。此説見於江慶柏編著的《清代人物生卒年表》，其根據爲《國朝耆獻類徵初編》中的李仙根傳[①]。拙文《明清遂寧之五大家族》文中同此説法[②]。第二種是1993年版《遂寧縣志》，其認爲李仙根“生於明光宗泰昌元年（1620）”，並於1690年去逝，此説據張鵬翮所作仙根傳記判定[③]。第三種是乾隆本《長洲縣志》，其認爲仙根“卒年七十有五”，未知依據[④]。第四種是乾隆本《直隸秦州新志》，其介紹蒲珩時，言其與“故大學士張玉書，户部侍郎李仙根皆同年生”[⑤]。而張玉書生於崇禎十五年，即認爲李仙根生於1642年。

我們同意第一種觀點。理由如下：

其一，《國朝耆獻類徵初編》中的李仙根傳，載爲儲大文所撰，此傳即爲儲大文《存硯樓二集》卷十一中的《户部右侍郎李公家傳》[⑥]。《户部右侍郎李公家傳》與載於《遂寧張文端公全集》中的《故光禄少卿李公傳》[⑦] 同，後者爲前者的删減版。那麽《户部右侍郎李公家傳》的作者到底是儲大文還是張鵬翮呢？據考，儲大文生於康熙四年，康熙六十年方爲進士，此時仙根已作古，何來傳中“嘗從公於朝”之説？且該文論曰“予與李公同州籍”，儲大文爲江蘇宜興人，李仙根爲四川遂寧人，又何來此説？而張鵬翮與李仙根同爲遂寧人，且於康熙九年（1670）進士及第，故有“嘗從公於朝”之説。故我們認爲此文爲遂寧張文端公鵬翮所撰，而轉刊於儲大文文集中。刊於《遂寧張文端公全集》和《遂寧縣志》中的李仙根傳均因未知緣由被删減，其全文幸存於《存硯樓二集》中。考述李仙根生平，《户部右侍郎李公家傳》爲較可信之史料。

其二，根據《户部右侍郎李公家傳》，李仙根於庚午年（1690）三月二日卒，年七十。據古人計歲常用虚歲倒推，仙根應於明天啟元年（1621）生。而1993年版《遂寧縣志》在

---

① 江慶柏編著：《清代人物生卒年表》，人民文學出版社2005年版，第275頁。李仙根傳見［清］李桓輯：《國朝耆獻類徵初編》卷五十一。

② 胡傳淮：《明清遂寧之五大家族》，《尋根》2014年第6期。

③ 遂寧市地方志編纂委員會編：《遂寧縣志》，巴蜀書社1993年版，第927頁。

④ 《長洲縣志》卷二十七流寓，清乾隆十八年（1753）刻本。該志曰仙根“卒年七十有五，葬於彭山崦之原”。

⑤ 《直隸秦州新志》卷十人物，清乾隆二十九年（1764）刊本。該志云：“蒲珩，字佩珩，秦州人。幼聰慧，博學能文。登順治辛丑進士，故大學士張玉書，户部侍郎李仙根皆同年生。”

⑥ ［清］儲大文：《存硯樓二集》卷十一，清乾隆京江張氏刻十九年儲球孫等補修本。載《清代詩文集彙編》第215册，上海古籍出版社2011版，第497—499頁。

⑦ 見張鵬翮撰：《遂寧張文端公全集》，清光緒七年（1881）刻本。載《清代詩文集彙編》第176册，上海古籍出版社2011年版，第356—358頁。

倒推年齡時未考慮虛歲問題。

其三，乾隆十八年《長洲縣志》中雖載仙根“卒年七十有五”，但此説並未見於他處。且在乾隆二十六年的《元和縣志》中，仙根年齡已更正爲“七十”[①]。民國二十二年《吴縣志》[②] 亦采用後者説法。

其四，《遂寧李氏族譜》明確載仙根“生於明末天啟辛酉年六月二十日子時，係遂邑南郭學宫前南津橋生焉；没於清朝康熙庚午年三月初二日酉時，葬蘇州府寒山，卒年七十”[③]。此爲對李仙根生卒年最明確、最可信之記載。

關於李仙根的字号，《户部右侍郎李公家傳》云：“李公，名仙根，字子静。”乾隆本《長洲縣志》云仙根“號南津”。考李久齊、李道清編撰之《遂寧李氏族譜》，知仙根原名之欽，他還有八個弟弟，分别是：之明、之平、之弦、之慎、之中、之綿、之治、之槩。故1993年《遂寧縣志》中“李仙根，名之欽，字子静，號南津，榜名仙根”爲確實。然文獻中亦流傳一錯誤説法。雍正本《四川通志》云“李仙根，字南津”[④]，乾隆年間完成的《四庫全書總目提要》亦云“仙根，字南津”[⑤]，清《文獻通考》[⑥] 亦同，均爲抄《四川通志》而誤。

二　1621－1661：崇實爲要天下任，蜀中鼎甲第一人

明天啟元年辛酉（1621）六月二十日，李仙根出生於四川遂寧書臺山下[⑦]。據《遂寧李氏族譜》載，李仙根祖籍湖北麻城，明初始遷居遂寧。一世祖李志高遷遂寧縣安仁里下縣壩，繼遷下安里之四方山；二世李茂華由四方山遷遂寧南郭學宫之後居住；三世李桂元，字左泉，爲明嘉靖時庠生，善書法；四世李友松，即李仙根祖父，字鶴來，亦邑文庠，少通經義，善書法，精醫術；自五世李實始，遂寧李氏家族由耕讀之家成爲科第仕宦世家[⑧]。李仙根父李實，字如石，號鏡庵，明末清初語言學家，所作《蜀語》影響頗大。李仙根母吕氏爲吕潛之妹，外祖父爲南明重臣吕大器。

崇禎元年戊辰（1628），李仙根入遂寧縣學，工書善文，才華横溢，號“高才生”，深受外祖父吕大器器重。《户部右侍郎李公家傳》載：“公八歲，善屬文、工書，補博士弟子，

---

① 《元和縣志》卷二十六流寓，清乾隆二十六年（1761）刻本。該志云仙根“戊辰，入都，留補光禄寺卿，卒於官，年七十”。

② 《吴縣志》卷七十六下，民國二十二年（1933）鉛本。

③ 李久齊、李道清撰：《遂寧李氏族譜》，1927年内部版。現藏四川宋瓷博物館。

④ （雍正）《四川通志》卷九下，文淵閣《四庫全書》本。

⑤ 《四庫全書總目提要》卷五十四史部十雜史類存目三。

⑥ ［清］《文獻通考》卷二百二十四經籍考，文淵閣《四庫全書》本。

⑦ 據李劍華考證李仙根家在時遂寧縣城南學宫前書臺山下，即今遂寧市第一中學後。見《李實初探》。

⑧ 胡傳淮：《明清遂寧之五大家族》，《尋根》2014年第6期。

號高才生。從外祖督東川，公嘗曰：'子静氣甚别，終成吾家宅相'，深器之。”乾隆本《長洲縣志》載仙根“少好古文，不屑爲俗學，書效蘭亭樂毅論，而近師趙文敏”。仙根遠志自幼顯露，爲文作書，尤有天下襟懷。

崇禎九年丙子（1636），李仙根父李實中舉[①]。崇禎十六年癸未（1643），李實進士及第，任長洲縣令，有惠政，民衆威望很高[②]。《户部右侍郎李公家傳》載仙根“父如石公，前癸未進士，知長洲縣，有惠政，民德之”。《聽雨樓隨筆》載仙根“其父名實，字如石，進士。明季爲吴縣令，多善政”[③]。

順治二年乙酉（1645）夏，李實去官，隱居於蘇州上清江，以授課爲業。秋，李仙根與母親二人從四川來到父李實隱居處一起生活[④]。乾隆本《長洲縣志》載：“仙根少從父宦游吴中。甲申後，父子俱隱上清港，織簾讀書。”謂仙根跟隨李實知長洲，此爲誤斷。據乾隆本《元和縣志》載：“父實，崇禎癸未進士，爲長洲縣令。而仙根留蜀養母，會張獻忠破蜀，所至屠滅，仙根乃奉母奔吴。時父已去官隱吴淞，仙根灌園操作，負米以養”。同治本《蘇州府志》載：“父實，明末爲長洲知縣，後棄官隱吴淞。仙根侍父來吴，遂占籍長洲。”[⑤] 李仙根在《〈涓埃集〉小序》中自述：“自甲申歲蜀中大亂，根挈家赴家大人任所。乙酉之秋，殆抵吴門，而家大人亦以國變，隱吴淞江濱矣。”[⑥] 可知，仙根在父“宦游吴中”時，與母親留在遂寧，後因蜀亂，方來父隱居處。

乾隆本《長洲縣志》載：“後實遣歸蜀省墓。”數年後，清政府平定四川，李仙根受父命歸蜀省墓。李仙根在《〈涓埃集〉小序》中言：“根以覓弟回蜀，忽值鄉舉，因理舊業，叨預賢書。”仙根在四川入清後第一次鄉試前不久回到遂寧家中。

關於李仙根回川一事，民間還有一種傳説。仙根在蘇州的學生柴世俊夢中知自己將得狀元，師得榜眼。學生將此夢告知仙根後，仙根隨即將原名“之欽”改爲現名，並回四川應舉。《字觸補》載，仙根“國變不能歸蜀，僦居錦帆涇側，館於鄉間柴氏。柴氏子世俊夢入玉京，試得狀元頭，師得榜眼，以告之子静。子静心喜自負，因拆榜眼二字之半合爲根字，改名仙根，仍回原籍應舉。辛丑傳臚果一甲第二，狀元則馬世俊也。柴名姓馬，名偶符耳”[⑦]。事亦見於《國朝鼎甲徵信録》等。

順治十一年甲午四月廿四日（1654年6月8日），四川在保寧府舉行甲午科鄉試，主考官爲户部主事李宗孔[⑧]。李仙根應考，中舉人[⑨]。據《上元縣志》載，曾任四川學政的薛良

---

① 見《李實》“明思宗崇禎九年（1636）中舉”條。載遂寧市地方志編纂委員會編：《遂寧縣志》，巴蜀書社1993年版，第926頁。

② 見《李實》，載遂寧縣志編纂委員會辦公室：《遂寧縣志》，1929年修，1984版，第143—144頁。

③ ［清］王培荀著，魏堯西點校：《聽雨樓隨筆》，巴蜀書社1987年版，第511頁。

④ 見《李實》，載遂寧縣志編纂委員會辦公室：《遂寧縣志》，1929年修，1984年版，第143—144頁。

⑤ （同治）《蘇州府志》卷一百十二流寓，清光緒九年（1883）刊本。

⑥ 李久齊，李道清：《遂寧李氏族譜》，1927年内部版。

⑦ ［清］周亮工：《字觸補》卷三晰部，清光緒小嫏嬛書庫刻本。

⑧ 錢實甫編：《清代職官年表》，中華書局2005年版，第2885頁。

⑨ （同治）《蘇州府志》載“順治甲午，仍舉四川鄉試”。《户部右侍郎李公家傳》載“國朝甲午，中鄉試”。

朋閱仙根文章時歎曰：此鼎甲才也[①]。

順治十八年（1661），辛丑會試，主考官爲内閣大學士成克鞏、衛周祚。李仙根應考，中進士。廷對第二，中榜眼[②]。李仙根成爲四川入清後獲得鼎甲的第一人，亦爲有清一代四川唯一一位榜眼，遂寧歷史上科名最高者[③]。此後二百多年四川無人超越[④]。不久，李仙根便被授予弘文院編修（七品）一職[⑤]。

《堅瓠集》載有一神話，言山東有個李神仙，曾説一讖："騎白馬，趕黄龍，王孫公子在其中。中有一仙翁，福禄永無窮。"結果"是年先帝上賓，應趕黄龍之讖，及傳臚狀元乃溧陽馬世俊，榜眼遂寧李仙根，探花嘉興吴光，傳臚嘉興孫，各符其言。未幾，馬與吴俱卒，李子静仕至侍郎。"[⑥] 此故事應爲後人杜撰。但 1661 年李仙根參加殿試時，順治確已崩，值康熙沖齡踐位。馬世俊與吴光皆早逝。

李作梅論曰："二百年來，蜀中得鼎甲者，惟遂寧李子静閣學一人。"李仙根出身文化世家，受父親李實影響極大。仙根自幼勤文善書，承蜀中文脈。面對明末清初百年未有之變局，他敢於違父不仕清廷之志。從應鄉試中舉到殿試廷對第二成爲榜眼，李仙根皆以"崇實"爲其幟志。他曾做詩云："不讀逸民傳，焉知聖主勞。招弓虛玉帛，洗耳自蓬蒿。迹已河山邈，名猶日月高。今皇方籲俊，此輩豈終韜。"[⑦] 仙根"負勃鬱磅礴之氣概"，"以天下爲己任"，欲憑出仕改造國家。遂寧張文端公鵬翮評曰："憶曩者，衡論賢才中可膺節鉞之任，爲朝廷霖雨蒼生者，於天下得七八人焉。而公其一也。"[⑧]

三　1662 - 1667：潛修翰林忠幟志，條畫蜀形才初顯

李仙根高中榜眼，任弘文院編修後的康熙元年（1662）到康熙六年（1667）間，其事迹頗不詳。《户部右侍郎李公家傳》載"甲辰分考，得士十有一"。康熙三年甲辰（1664），此年會試，李仙根爲閱卷官，經過他批閱録取的士子有十一人。仙根一邊潛修於弘文院中，

① "薛良朋，字德林，明永城公裔。貢生起家，富平縣，累官川北道兼提督學政。閱李仙根探花文，曰：此鼎甲才也。"見《上元縣志》卷二十，清道光四年（1824）刻本。

② 《清秘述聞》載：成克鞏，字子固，直隸大名人，癸未進士，内閣大學士；衛周祚，字聞石，山西曲沃人，丁丑進士。辛丑科題爲"知止而後一句，夫子之文全章，易其天疇二節"。此年狀元爲馬世俊（字章民，江南溧陽人），榜眼爲李仙根，探花爲吴光（字長庚，浙江歸安人）。見［清］法式善等撰：《清秘述聞》卷一，清嘉慶四年（1799）刻本。又《制義科瑣記》載成克鞏爲崇禎癸未榜進士，和仙根父李實同科。見《制義科瑣記》卷三，清函海本。

③ 遂寧科舉史上除李仙根科名最高爲榜眼外，科名第二則屬楊名。楊名，字實卿，嘉靖八年（1529）殿試一甲第三名（探花）。

④ 直到資中駱成驤於清光緒二十一年（1895）乙未科被光緒帝欽點爲狀元，在此期間，祇有大竹江國霖於 1838 年被道光帝欽定爲探花。此三子即爲四川在有清一代的全部鼎甲。

⑤ 《户部右侍郎李公家傳》載仙根"辛丑，禮部試，殿試一甲第二，授弘文院編修"。

⑥ 《堅瓠集》秘集卷二，清康熙刻本。

⑦ 遂寧市地方志編纂委員會編：《遂寧縣志》，巴蜀書社 1993 年版，第 778 頁。

⑧ 見張鵬翮《祭李子静文》。

一邊傾力於爲國拔選人才。

《户部右侍郎李公家傳》載："丙午地震，求言疏五事，條畫蜀情形甚悉。旋擢司業，晉秘書院侍讀。"康熙五年丙午（1666），此年發生地震[①]，李仙根上疏言五件政事，川中情形描述甚詳。李仙根才華初顯。不久後，仙根從弘文院編修升爲司業（從四品）、秘書院侍讀（從四品）。

四 1668－1669：奉使安南宣聖諭，不辱使命靖邊疆

據《清史稿》載："六年，維禧奪都統使莫元清高平地，元清奔雲南。"[②] 又《新寧州志》載："維禧既封王爵，六年八月，遂發兵攻高平。元清敗績，率其妻子族屬奔滇界之皈朝。行李盡空，老少不滿三百口。"[③] 康熙六年丁未（1667）八月，清廷封臣安南國王黎維禧進攻清廷封臣安南都統使莫元清所據高平地。莫元清戰敗，率族跨境逃入雲南。

《清實録》載："初安南都統使莫元清，爲安南國王黎維禧所逼，奔入雲南，上疏陳訴。上命安置莫元清於南寧。安南國王黎維禧亦上疏言興兵復讐始末。"[④] 康熙七年戊申（1668）四月，黎維禧擅兵進攻莫元清事傳到北京。兩廣督撫提鎮諸臣請兵征討，康熙不許，讓廷臣推選"具才望善辭令者"使安南。時任秘書院侍讀學士的李仙根被廷舉爲正使，奉旨平息邊境兵事[⑤]。康熙賜仙根正一品麟蟒服，詔許便宜從事。兵部主事楊兆傑爲副使[⑥]。

《清實録》所載敕諭安南國王黎維禧全文如下：

> 上遣內秘書院侍讀李仙根等賫敕宣諭黎維禧，敕曰：皇帝敕諭安南國王黎維禧，據爾奏稱，因莫元清之祖莫登庸，有逼陷爾先國母、先嗣王，行弒奪國之讐，今興兵致討等語。又稱報復爾國前讐，剿除莫氏，止有莫敬恭、莫敬寬竄居高平。爾又往討，已經設誓和好等語。據此，則兩讐已復，和好完結，各居異地矣。莫氏作亂之人，既皆喪

① "丙午地震"指的是哪一地震呢？據《户部右侍郎李公家傳》述地震後"求言疏五事，條畫蜀情形甚悉"，因有"蜀情形"字樣，似此地震發生在川陝地區。查康熙五年秋，鳳翔發生過地震（見陝西省地方志編纂委員會主編：《陝西省志・地震志》，地震出版社1989年版，第56頁）。然據"求言疏五事"，應爲京城或附近發生天異，康熙召問群臣議奏。查《北京災害史》，康熙五年北京並無地震（見於德源：《北京災害史》下册，同心出版社2008年版，第757頁）。又據《河北省志》載，康熙五年交河、盧龍、宣化、保定均發生有地震（見河北省地方志編纂委員會編：《河北省志》第9卷《地震志》，河北人民出版社1993年版，第72—73頁）。故推此地震爲河北地震。

② 《清史稿》卷五百二十七，中華書局1977年版，第14628頁。

③ （光緒）《新寧州志》卷四，清光緒五年（1879）刊本。

④ 《清實録》第4册《聖祖實録》卷二十五，中華書局1985年版，第355頁。

⑤ 《欽州志》載："上不忍加兵，暫移元清於南寧，特遣內院侍讀李仙根、兵部主事楊兆傑往諭維禧，今□高平還元清。"（見《欽州志》卷十四，清雍正元年刻本）雍正本《廣西通志》載："特遣院臣李仙根、部臣楊兆傑諭王還其土地人民。"（見《廣西通志》卷九十六，清文淵閣《四庫全書》本）

⑥ 《户部右侍郎李公家傳》載："戊申，安南黎維禧據莫氏高平地。莫元清奔寓南寧，詔擇部院官往飭諭，廷臣交舉公，命充正使。而兵部郎武昌楊公貳之。公疏維禧遵諭還土。元清謹取，具覆疏復命。第恐蠻性貪黠，仇隙已深，厚利難捨，復具狡辯，本章應否收接，作何進止。詔許便宜從事，賜正一品麟蟒服以行。"

亡，又係故明嘉靖時已完結之事，蓋已世遠年久。莫元清先經納貢歸誠，朕授為都統使之職，爾後又納貢歸誠，隨封為王。爾今生事興兵，稱為復讐，理應於未興兵之前，將情節陳奏，聽候敕旨。乃竟未請旨，遽爾興兵，殘破高平地方，殺戮兵民，殊為不合。今既稱遵旨罷兵，著將高平地方人民，俱還莫元清，各守土安生，以副朕綏乂生民之心，盡爾奉藩之義，庶永承寵眷之祉矣。其慎思恪遵而行。毋違。特諭①。

在李仙根即將離京之際，友人龔鼎孳（1615－1673）有《送李子静侍讀使安南》贈之，詩云："披香丹詔出龍墀，東觀西清輟講時。蜀國雄文驅弩矢，漢關明月照旌旗。儒臣久裕安邊略，廟算全勝下瀨師。綸閣策勳應計日，九重前席問瘡痍。"②

龔鼎孳以"蜀國雄文驅弩矢"贊川人李仙根以儒臣身份代表天子出使安南，以口舌罷兵事。其言仙根於"全勝"之後歸廟堂，必能進一步爲國家所用。

李仙根友人同科張玉書（1642－1711）在《送李侍讀、楊職方同使安南序》中論議了安南政事，對李仙根、楊兆傑出使越南給予了建議，表達了信心。張玉書言："國家懷柔遠人，東西日出入之鄉，罔不率俾。而安南視他屬國爲近。自奉正朔以來，賜恤賜封，使者冠蓋相望於道，恩澤至厚。"受清政府册封的安南國王黎維禧兵指高平，將同樣受清政府册封的安南都統使莫元清給趕到了雲南。守臣"請亟移師聲其罪，或易王封，或置郡分五管如前代故事"。然而，"聖天子不忍也"。先是令守臣"馳檄諭維禧，令即歸元清故地，不則移師未晚"，又"慮尺一之詔不能盡布德意"，令院臣推選"具才望善辭令者"前往安南宣諭。時任侍讀的李仙根和兵部主事被推選，前者擔任正使，後者擔任副使。當正副兩位大使即將出發之時，"朝士大夫群餞於國門外"。有人議論說："交人自漢唐來叛亂相尋，屢煩師旅，今謂兩使臣至，能即率命否乎?"張玉書曰："必率命無疑也。"張玉書說，莫氏附歸清朝，朝廷授予其爲都統使，先於黎氏。後黎氏亦附，"國家不責其既往，錫以真封"，封其爲安南國王。此舉爲"天子分土地也"，讓黎莫二氏"各守外圉，恪共臣職"。而今黎氏擅自引兵争奪，"蔑王制，復私讎，一舉而三失焉"。且黎氏政權與老撾、占城等地皆關係緊張，此時安枕全因"獨黎受中朝封爵，倚藉天威可恃"，可"一旦爲中朝罪人"，必然飽受圍困。張玉書認爲清廷有"國家全盛之力"，衹要兩位使臣陳説以大義，令黎氏政權知道利害所在，使其幡然悔罪，那麽"立談銷甲兵，上揚天子威靈，下救交人生齒數百萬"的外交功勞，將遠超乎"前代征南諸將之功"③。

申涵盼（1638—1684）所著《忠裕堂集》中有《李子静出使安南序》一文，此文具體描繪了仙根即將離京奉使安南的情形。文中言，當仙根即將出發時，衆大臣在國門外餞行。此時的仙根手持康熙帝所賜"龍旗玉仗"，身穿"一品緋衣"，衆人皆很羡豔。申涵盼舉杯

① 《清實録》第4册《聖祖實録》卷二十五，中華書局1985年版，第356頁。

② ［清］龔鼎孳：《定山堂詩集》卷三十一"七言律詩十六"，清康熙十五年（1676）吴興祚刻本。又見《續修四庫全書》集部别集第1403册，第140頁。

③ ［清］姚椿輯：《國朝文録》張文貞公文録卷一，清道光十九年（1839）瑞州府鳳儀書院刻本。

向衆大臣言："此萬里行不易，吾輩易地自處，何以不辱命。請各籌畫於杯酒間。"衆臣議論紛紛。有人言衹要以朝廷威靈臨之，黎氏將立馬稽顙；有人云黎氏此舉"其意叵測"；有人説，根據前兩次出使經驗，他們都"奉命唯謹"，這次也不會例外；有人反駁道，以前兩次衹是禮節性來往罷了，今年與往年不同，中國要"以揖讓息其兵戎，於勢爲難"。仙根"獨目笑而不言"，他爲大家宣講策略：即使越南人狡猾，那也是人吶。衹要"情以感之，義以喻之，利害以愓之"，他們最終會恭命的。接着，仙根假設與安南國王對話，詳陳義理：莫元清是你的臣，莫氏從祖輩莫登庸始就與黎氏交惡，是"爾國亂臣"，你們要聲討，"於義誠當然"。然而，莫氏先於黎氏"奉正朔"，皇帝以他爲安南都統使，那麼莫元清就是"王臣"，莫所在的土地就是"王土"。根據"春秋之法"，倘若諸侯間擅相征伐，那麼"罪必誅無赦"。你黎維禧不將此事上奏天朝而擅自用兵，此乃"不臣"之舉。你現在所依靠的不過是"兵力强地勢强地勢險"罷了，但若天朝"興問罪之師"，"天戈南指"，莫元清又作爲嚮導，那你必不保。今日是皇帝仁厚，可憐你無知罷了，特派遣我來宣諭於你，命你"上表自訟，以元清者歸元清，各守土無相侵害"，永奉天朝。那麼，待你必厚，你將萬安。你好好考慮吧。否則"尺一之詔甫旋，數萬之甲隨下矣"。仙根説完，衆大臣"喟然嘆服"，舉杯同賀"信不辱命矣"。午後，仙根偕副使職方楊兆傑離京，持節遠赴安南[①]。

據李仙根《安南使事紀要》載，使團於康熙七年（1668）十一月二十八日到南寧[②]。李仙根到南寧後面會了莫元清，並於十二月初前往安南[③]。

康熙八年己酉（1669）正月，李仙根大使偕楊兆傑副使抵安南。黎維禧先是不接旨，仙根引據律典，曉以大義，反復開諭十多次，耗時達三月。《户部右侍郎李公家傳》載："己酉正月，抵安南，至都統司門。維禧不出，譴諭十餘返乃出，迎宣讀如禮。既而交人議多梗，公草書一通。首言皇上如上天好生，視交民猶内地，不忍以元清故而輒加兵。先遣使宣諭，開爾國悔咎之路，爲黎氏非爲莫氏也。中復數其臣誤國十罪。移諭輔國鄭檍，且曰：'爾家屢世勳，慎毋俾黎氏覆祀。'是時維禧幼，政柄胥檍持之。得書咋舌曰：'天使語是，而龍編浪泊間，蟄雷數震擊，舉國慴伏，乃請畫結，領元清擇便地處之。'公堅不許曰：'自明萬曆壬辰，莫茂洽敗，莫氏支屬屯諒山、高平、海東、新安州。乙未，兩廣總督遣偵問，莫敬恭報願居高平、諒山、海東地。旋失，乃保高平一郡。而黎氏後二年丁酉，始進金人乞款，今七十餘年矣！高平固莫氏故地也，又奚庸擇便地。'往返閲三月。"

"安南人見仙根風裁峻厲，詞旨嚴正，震慴以爲天人"[④]，仙根終令黎氏君臣誠服。黎維禧按清廷三跪九叩禮接旨，退還莫元清高平土地人民。仙根義不辱命，"令夷人不敢輕中夏

---

① ［清］申涵盼：《忠裕堂集》，中華書局1985年版，第12—13頁。

② ［清］李仙根：《安南使事紀要》，北京圖書館藏清鈔本，載《四庫全書存目叢書》史部第56册雜史類，齊魯書社1997年版。

③ 《户部右侍郎李公家傳》載："冬十二月，發鎮南關。"

④ 《元和縣志》卷二十六"流寓"，清乾隆二十六年（1761）刻本。

哉"[①]。交南大定。仙根依據在安南的見聞和調查，歸途纂《安南使事紀要》[②]，後成爲研究中越關係史的重要典籍。

李仙根奉使安南時，還曾路過廣西上思縣。上思縣有明末流寓於此的探花趙楊。清代廣西詩人黎申產[③]在《古松二首》序言中記敘了此事，謂"古松上人，趙姓，名楊，字伯雍，吴江人，明季探花。鼎革後，祝發隱遷隆峒之芭麗山。國朝康熙六年，侍讀李公仙根，奉使安南，過而訪之。乃出資，俾峒官創寶蓮庵以居之。上思州牧某立碑紀其事。蓋李公曾受業伯雍之門云"。該詩云"滄桑故國空餘夢，衣缽門生尚有緣"，明清易代後，故人於邊地相遇，感慨繫之。詩中還注有"李公過訪後，峒官爲置腴田若干畝，以資供養"事。此爲仙根奉使安南一遺迹也[④]。

李仙根和楊兆傑完成使命準備還朝之時，途經廣西平樂縣。平樂知縣陳光龍在籌邊樓設宴送别二使臣，並賦詩四首相贈。其一曰："驛騎雙星出，車書萬國同。共知恩浩大，不敢決雌雄。周寵皇華燕，漢鐫銅柱功。四方思猛士，此日慰歌風。"[⑤]

李仙根是一位影響了中國歷史發展進程的人物。康熙八年（1669），李仙根奉使安南時，路遇流落廣東的蜀人鄧嗣祖，諭令資助其回故里廣安。二百餘年後廣安誕生了一代偉人鄧小平。此事載入了廣安《鄧氏分譜》和毛毛著《我的父親鄧小平》。

康熙八年六月，李仙根抵京。《清實録》載："兵部議，宣諭安南使臣李仙根等事竣，賫回安南國王黎維禧覆疏。内稱謹遵諭旨，將高平府石林、廣源、上琅、下琅，土地人民，退還莫元清，乞令莫元清歸屬本國等語。應如所請。從之。"[⑥] 同治本《蘇州府志》載李仙根"備奏始末，並進所撰《使事紀要》。上大喜，獎勞甚至"[⑦]。不久，仙根被任命爲國子監祭酒（從三品）。《户部右侍郎李公家傳》載："會聞祭酒之命，詣闕疏進，聖祖仁皇帝御弘德殿召問，慰勞良久，命内院繙譯留覽。"仙根奉使安南之功畢顯。

仙根還朝後，友人嚴我斯有長詩《贈李子静奉使安南歌》與之。《贈李子静奉使安南歌》先交代了李仙根奉命出使安南的緣由，並言"帝選廷臣使絶域，意氣如雲李生獨"，仙根出使意氣風發形象活現；"道旁觀者如堵立，單車匹馬揚風沙"，仙根帶着國家的使命毅然出發；"自夏徂秋，浮江更涉漢。蒼梧雲正愁，麗江波黯淡"，過黄河，涉漢水，到廣西，一路奔波；"不加一矢控一弦，重關絶域靖烽煙"，言仙根不辱使命，不用一兵卒便解決邊境問題；最後嚴我斯贊曰："誰謂書生不出户庭誇墳典，不能封侯萬里致通顯。嗚呼！

① （雍正）《廣西通志》卷一百十八，清文淵閣《四庫全書》本。又見《太平府志》卷四十一，清雍正四年（1726）刻本。

② 《晚清簃詩匯》評《安南使事紀要》"致詳"，《四庫全書總目提要》評《安南使事紀要》爲："其詞多質樸少文。蓋隨筆記録，未及删潤也。"正因"未及删潤"，更顯示了仙根此書的史料價值。

③ 黎申產（1824 – 1900），字蠡庵，號嵩山，又號十萬山人，廣西寧明縣人。黎申產爲著名壯族詩人，著有《寧明州志》和《菜根草堂吟稿》。

④ ［清］黎申產：《菜根草堂吟稿》，廣西人民出版社 1993 年版，第 408—410 頁。

⑤ （光緒）《平樂縣志》卷十下，清光緒十年（1884）刊本。

⑥ 《清實録》第 4 册《聖祖實録》卷三十，中華書局 1985 年版，第 407 頁。

⑦ （同治）《蘇州府志》卷一百十二，清光緒九年（1883）刊本。

男兒何必致身通顯萬里求封侯，如君赫赫垂千秋。”謂仙根因奉使安南事，必將“赫赫垂千秋”[①]。

五　1670－1678：閣學直諫民生事，弘德經筵儒化清

據康熙九年（1670）庚戌科進士陸隴其《三魚堂日記》載，是年三月十六日他作爲登科進士到國子監謁先師廟後，到彝倫堂向祭酒行了拜禮。當時的漢祭酒即爲李仙根[②]。

九月十四日（1670年10月27日），侍講學士李仙根與東閣學士陳敳永共同擔任康熙庚戌科武會試總裁。十月十九日，庚戌科録取張英奇等200名武進士[③]。

《户部右侍郎李公家傳》載：“公撰《聖學頌》，並跋書綾以進。跋尾言：‘古有起居注，記言記事，而禮科因請設左右史官。’得諭旨，此國朝起居注所由昉也。公首充職。”考《清實録》，起居注最早由内秘書院侍讀學士熊賜履於康熙七年九月壬子日上疏提議。熊賜履言：“如以農隙講武，則請遴選儒臣，簪筆左右，一言一動，書之簡册，以垂永久。”[④]李仙根之《聖學頌》應作於康熙九年左右，且爲同人共同議定之事宜。

最早祈請清廷開經筵之人亦爲熊賜履。其於康熙七年九月癸丑日上疏言：“宋儒程頤曰：天下治亂繫宰相，君德成就責經筵。是講學勤政，二者不可偏廢，而在今日，尤爲最切要者也。臣請蒞政之暇，間御便殿，接見儒臣，諮諏講論。如天人理欲之分，危微操舍之界，道術是非之辯，政事得失之由，一一明晰而討究之。”[⑤] 請設起居注官及開經筵之議，雖爲一二人奏請，卻是整個漢官群體在推動，而李仙根則是首倡者之一。

康熙十年（1671）二月丙戌日，李仙根以侍講學士身份受命爲清代首批經筵講官。自此，遂寧李仙根成爲一代帝師。同時受命的還有吏部尚書黄機、刑部尚書馮溥、工部尚書王熙、都察院左都御史明珠等十五名大臣[⑥]。二月戊戌日，“以舉行經筵禮，遣大學士杜立德告祭先師孔子”。己亥日，康熙首御經筵，“講畢，賜大學士、九卿、詹事及講官等宴”[⑦]。康熙經筵從兹始。《户部右侍郎李公家傳》載：“公體臒而修幹，吐音如警鶴，善敷講。嘗講畢，傳翌日入禁庭。”據《康熙起居注》載，仙根至少有四次爲康熙帝進講《四書》，每

---

① 見嚴我斯《天王堂詩集》，載《四庫全書存目叢書》集部别集第239册，第361—362頁。

② “十六，辰刻至國子監謁先師廟。先行二拜禮，皆鵠立。俟三鼎甲至殿上獻酒，二三甲首名至兩廡。分獻畢，復行二拜禮而退出廟門，鼓吹彩旗，迎至彝倫堂，見祭酒。在監者行四拜禮，餘行二拜禮。祭酒坐受臺上，設酒餚。拜畢各拈花易服而出，是爲釋褐。時漢祭酒李仙根。”見陸隴其：《三魚堂日記》卷二，清同治九年（1870）浙江書局刻本。

③ 錢實甫編：《清代職官年表》，中華書局2005年版，第2779頁。

④ 《清實録》第4册《聖祖實録》卷二十七，中華書局1985年版，第372頁。

⑤ 《清實録》第4册《聖祖實録》卷二十七，中華書局1985年版，第373—374頁。

⑥ 《清實録》第4册《聖祖實録》卷三十五，中華書局1985年版，第473頁。

⑦ 《清實録》第4册《聖祖實録》卷三十五，中華書局1985年版，第474頁。

當講解完畢，皆“賜宴如例”[①]。

康熙十年二月癸丑日，李仙根與翰林院掌院學士折庫納、熊賜履，侍讀學士傅達禮、宋德宜、史大成，侍讀張貞省、嚴我斯，修纂蔡啟僔，編修孫在豐等十名大臣受命爲康熙朝日講官[②]。康熙十年八月甲午日，“設立起居注。命日講官兼攝。添設漢日講官二員，滿漢字主事二員，滿字主事一員，漢軍主事一員”[③]。日講官李仙根與折庫納、熊賜履等成爲有清一代第一批起居注官，仙根成爲康熙近臣。康熙朝起居注由起居注官們每日輪流記録，與仙根共事的起居注官有嚴我斯、陳廷敬、喇沙里、莽色等[④]。

據《户部右侍郎李公家傳》載，李仙根此期還曾協理翰林院事。仙根協理翰林院時，敢直言，曾對四川招收移民一事上諫。康熙年間，因川亂後人少地多故，須從湖廣等地招收移民填川。康熙十年五月乙未日，四川湖廣總督蔡毓榮疏言“蜀省有可耕之田，而無耕田之民”，招民乃急務，“請敕部準開招民之例，如候選州同州判縣丞等，及舉貢監省生員人等，有力招民者授以署職之銜”，“其本省現任文武各官有能如數招民開墾者，准不論俸滿即升”[⑤]。

仙根聞此奏議後諫言：“目前虛名，轉瞬實課，恐病民並病官矣，齊豫耿賈二撫覆車可鑒也”，堅決反對此制。部議又准關東例，招百家以知縣用。仙根諫言：“關東招圈田失業民，充應募數，旋以多捏報而止。今陝楚州縣，胥用丁口。考最此蘄招民，彼甘棄民乎？惟勤撫孑遺，則民且不俟招而集。”他認爲令民遷徙的最佳方法在於與民惠政[⑥]。

《户部右侍郎李公家傳》載：“京察詳允副都御史缺，内傳李仙根有骨氣可用，以例不符，止。”都察院副都御史職掌監察彈劾事，非秉直者不可任。“内傳李仙根有骨氣可用”，可知仙根秉直氣節爲人所知。

康熙十二年七月七日（1673 年 8 月 18 日），李仙根由翰林院侍讀學士升爲内閣學士兼禮部侍郎[⑦]。《户部右侍郎李公家傳》言仙根爲閣學時，“善持議，毗贊廟謨爲多”。仙根常議國家興化問題，提出“崇實爲要，不然是適滋擾也”的主張。《户部右侍郎李公家傳》又云：“德音免蘇松明歲半税，或疏並免佃租半。公議曰：‘隸農雖貧，無科索之擾，業田者輸正供，辦雜徭累負滋甚。至佃租率緣旱沴免，奚事脅之。且政宜杜漸，半租令下恐不至，全逋不止，訴訟自此滋繁矣。’高陽李文勤公得公議，入告乃寢。”此爲李仙根“崇實爲要”理念在議政時的典型體現。

---

① 仙根四次爲康熙帝進講經書，分别在康熙十二年五月十三日、十四日、十五日和康熙十三年二月十九日。見中國第一歷史檔案館整理：《康熙起居注》第一册，中華書局 1984 年版，第 98、152 頁。

② 《清實録》第 4 册《聖祖實録》卷三十五，中華書局 1985 年版，第 475 頁。

③ 《清實録》第 4 册《聖祖實録》卷三十六，中華書局 1985 年版，第 489 頁。

④ 見中國第一歷史檔案館整理：《康熙起居注》，中華書局 1984 年版。

⑤ 《清實録》第 4 册《聖祖實録》卷三十六，中華書局 1985 年版，第 485 頁。

⑥ 見《户部右侍郎李公家傳》。

⑦ 《清實録》第 4 册《聖祖實録》卷四十二，中華書局 1985 年版，第 565 頁。又見錢實甫編：《清代職官年表》，中華書局 2005 年版，第 905 頁。

《户部右侍郎李公家傳》載："癸丑，充《世祖實録》副總裁。"然據《清實録》載："《太宗文皇帝實録》，命大學士圖海爲監修總裁官。大學士索額圖、李霨、杜立德、馮溥爲總裁官。學士郭四海、穆成額、岳甘、額庫禮、紀振疆、王守才、史大成、李仙根、傅達禮、熊賜履爲副總裁官。……諭曰：卿等督率各官，敬慎纂修，速竣大典，表彰謨烈，以副朕繼述顯揚先德之意。"① 故知，李仙根於康熙十二年七月擔任的乃是《太宗文皇帝實録》副總裁，而非《世祖實録》副總裁。

康熙十二年（1673）冬，閣學李仙根受金華戴汝兆等所請，撰寫有《舞劍臺碑記》②。舞劍臺在天津盤山，是"唐李衛公靖舞劍處"。仙根贊李靖"抱奇才大略，仗劍起蒿萊，輔太原真人龍，戰而有天下，意氣闢易古今"，並騁想當初情境"西望燕山，東眺遼海，拔劍起舞，公固有所托乎"。文末"雲霞絢采，天風嘯號，儼如當日劍影，淩虛流虹，激電相爲上下云"句，刻畫入神，獨具禪意。

康熙十三年甲寅（1674），因吴三桂反清事，朝廷大舉用兵。康熙認爲李仙根是"文臣之知兵者"③，三月三日（1674 年 4 月 8 日）④，派他到荆州協理大兵糧餉，兼理驛傳撫民事務。同督糧者有左都御史多諾、兵部侍郎納布⑤。

《平定三逆方略》載："丁卯，命都察院左都御史多諾、兵部侍郎勒布、内閣學士李仙根，往荆州督理大兵糧餉。時諸臣往，賜之印，敕曰：玆以滇黔煽亂，大兵進剿，軍需浩繁，職任重大，必須專官綜理，始克允濟。特命爾多諾總理大兵糧餉，撫民事務，勒布、李仙根協理大兵糧餉，撫民事務。凡大兵所到之處，備辦糧餉，支給如遇轉輸不便處，與兵主王將軍等會同商酌以行。督撫以下大小各官有能不苦累百姓不誤糧餉者，許爾等題敘獎勸，如有苦累百姓稽遲糧餉者，即行題參議處。支給大兵糧餉，酌量辦理，解運糧餉，酌量取調，官兵護送其辦理兵餉。地方官如致遲誤，護送錢糧官兵或不如數遣發，或護送有怠玩之處，應題參者即行題參，應治罪者即行治罪，仍綜核錢糧出入，嚴察虚冒。招撫土著，大兵經過地方，流離百姓務令得所。兼理湖廣等處地方驛遞事務。敕中開載未盡事宜，聽爾便宜區畫。爾等膺玆重寄，須持廉秉公，攄忠殫力，俾軍儲充裕，驛站無稽，民生乂安，地方綏靖。斯稱委任，如因循怠忽，或措置乖方，致誤重任，責有所歸，爾等慎之。"⑥

《户部右侍郎李公家傳》云仙根在鄂日夕謀劃，終使經費够用。後因故被降，回到蘇州。仙根因何事而鐫調，未可考。李仙根從 1661 年高中榜眼到 1674 年以閣學身份督理糧餉，再到"以緣鐫調"，首次體驗到人生之起落。

康熙十三年（1674）十月初九日，李仙根父李實於長洲去世，年七十有八，鄉謚貞文

① 《清實録》第 4 册《聖祖實録》卷四十二，中華書局 1985 年版，第 567 頁。

② 《舞劍臺碑記》見［清］［蔣溥等奉敕撰：《欽定盤山志》，載《中國佛寺史志匯刊》第二輯，臺北明文書局 1980 年版，第 433—435 頁。

③ （乾隆）《元和縣志》載："會吴三桂叛，上以仙根文臣之知兵者，命理餉，駐荆州。"

④ 錢實甫編：《清代職官年表》，中華書局 2005 年版，第 905 頁。

⑤ 《清實録》第 4 册《聖祖實録》卷四十六，中華書局 1985 年版，第 607 頁。

⑥ 《平定三逆方略》卷四，清文淵閣《四庫全書》本。

先生。從鄉人請求，留葬於蘇州上方山之寒山。祀長洲名宦祠，入遂寧鄉賢祠，又祀遂寧忠孝祠[①]。李實在仙根貴顯後依然“方巾布袍”，不易忠明之志；善於治經，通《易》，其語言學著作《蜀語》影響頗大[②]。《遂寧縣志》評之曰：“吾鄉鏡庵先生，幼而純樸，長而循謹，言行必軌於尺度，其爲人務實而遠華。及令吴甫逾載，設施亦多所未竟，乃吴人愛之慕之，適館授餐，留三十年之久而不厭。嗚呼，其德操感人之深而能如是乎？而風流自此遠矣！”[③]

六　1679－1687：副憲廷論顯風骨，中川侍郎弘法深

康熙十八年己未（1679），李仙根任鴻臚寺少卿（從五品）[④]。十月五日（1679 年 11 月 7 日），康熙特擢仙根爲都察院左副都御史（三品）[⑤]。《户部右侍郎李公家傳》載，仙根“言事率持大體，朝審覆奏，堂議参遺漏”。關於河督所請别項銀事，仙根反對左都御史的論議，終使康熙采納他的意見，照數撥銀。據《户部右侍郎李公家傳》，仙根於此期間曾任明史纂修官。

康熙十九年庚申（1680），李仙根依然擔任都察院左副都御史[⑥]。三月，李仙根與唐朝彝、李宗孔、宋德宜等因對九卿會推江西按察使事持異議，遭吏部彈劾，吏部議欲降仙根五級調用。二十八日，康熙於乾清宫聽政時言，“以朕觀之，唐朝彝似屬無罪”。三十日吏部再議仙根降級事時，康熙認爲言官直議當屬本職，仙根等“皆無過”。吏部議方罷[⑦]。

李仙根、李宗孔、唐朝彝、宋德宜等因堅持公論，於 1680 年被吏部議欲罷官、降職事見《張文貞集》《傅青主先生年譜》和《康熙起居注》。事件起源於江西按察使員缺，九卿會推舉江西按察使。左通政張可前、大理寺少卿聯合保舉福建副使張仲舉，兵部尚書宋德宜保舉湖廣副使楊大鯤、山東僉事葉方恒，“舉出之人各懷私意”。最終在權臣主導下，九卿會擬定讓張仲舉做正，葉方恒做副。等到需所有議事人員簽字認可奏議時，廣西道御史唐朝彝説：“我聞人也，知仲舉爲真，其人平常，不應保舉躐升。”堅決反對推舉張仲舉任職。

---

① 李久齊、李道清撰：《遂寧李氏族譜》，1927 年内部版。

② 《聽雨樓隨筆》載李實“隱居三十年，子貴後，布袍角巾，如未有禄養者。年八十乃卒，著有《蜀語》未傳。其詩有云：‘飄零白下家重破，痛哭青雲夢已殘’，‘新亭淚灑庚申歲，彭澤詩編甲子年’。家國滄桑，黍離之感深矣。”

③ 遂寧縣志編纂委員會辦公室：《遂寧縣志》，1929 年修，1984 年版，第 143—144 頁。

④ 李仙根在爲好友吴光所撰的《太史長庚公傳》中署名“賜進士及第奉直大夫翰林院侍讀學士年弟李仙根拜撰”，“奉直大夫”爲清代從五品散階，故知李仙根此時爲鴻臚寺少卿，亦知《太史長庚公傳》作於 1679 年。見（清）吴光撰：《使交集》，民國十年（1921）吴興劉氏嘉業堂刻吴興叢書本。載《清代詩文集彙編》第 127 册，第 579 頁。《使交集》又名《奉使安南日記》。吴光，字迪前，號長庚，浙江歸安（今湖州）人。吴光與李仙根同科（1661），爲三甲之探花。1664 年，曾任祭諭安南國王正使。

⑤ 錢實甫編：《清代職官年表》，中華書局 2005 年版，第 560 頁。

⑥ 錢實甫編：《清代職官年表》，中華書局 2005 年版，第 1680 頁。

⑦ 中國第一歷史檔案館整理：《康熙起居注》第一册，中華書局 1984 年版，第 517—519 頁。

於是衆口争執，至午不決。宋德宜此時言："會推大典，如此哄争，不若仍較俸開列。我所保二人，亦不必保舉矣。"宋亦不簽字。第二日，都察院堂官、六科給事中、各道御史聯名彈劾唐朝彝、宋德宜，因時任左副都御史的李仙根和吏科掌印給事中李宗孔亦未簽名，一並遭到彈劾。朝彝辯疏説張仲舉做知府時，有軍隊哄亂之事，可知其無能，"且保舉者皆其同姓，恐有私弊，故臣不敢畫題"。李仙根和李宗孔都進行自我申辯，言都御史魏象樞"必欲衆人從己，恐成隨聲附和之慚"。吏部議奏，欲將唐朝彝革職，李仙根、李宗孔、宋德宜均降五級調用。此事是朝官之間權鬥的典型體現。權官想獨掌朝議，而如李仙根、李宗孔、宋德宜等頗爲正直的官員，敢於對朝中論議提出不同意見，卻受到聯合的打壓。康熙帝綜覽全局，言"以朕觀之，唐朝彝似屬無罪"，又言"廷推事關重大，或舉或否，原許各抒所見，倘衆口符合，而無一人争執，豈能無黨同之弊？今若將朝彝議處，將來推舉之人，或有徇私請托者，誰肯直言指摘耶？"介於權官與言官之間的便是阿附之官，倘若打擊言官，其結果必將形成權黨，則朝廷再無真言。康熙做出了保護言官、打壓權官的明智舉動。雖上裁唐朝彝無罪，但吏部仍對仙根等不阿附簽名事耿耿於懷。三十日，吏部再奏論處李仙根、李宗孔、宋德宜降級事。康熙詢問諸學士意見。索額圖言："凡會推會議，原各抒所見，不必合同。"杜立德言："雷同符合，非人臣之議。既係公議，自應各陳所見，可則行之，不可則止。豈有一言不合衆議，即行糾參之理？"由於康熙前日的裁決，此時廷議得以逆轉。康熙聽罷衆議，言："然，當免處分。"徐元文奏曰："凡言免者謂有罪，而聖恩獨寬之也。臣以爲三臣實未有罪，聖旨但云不必處分，則所全多矣。"康熙聽取了徐元文的意見，仙根等終未獲處分①。此事反映了朝中群臣間鬥争的殘酷性，也體現了仙根敢於直言、秉公議政的"中川風骨"。

康熙十九年（1680）十一月初六，康熙因"天象示異"，傳諭曰："今白氣見於西方，必有徵驗。爾等可各抒所見以奏。"召集群臣論議。工部侍郎趙璟、金鼐提及陝西民衆困於轉餉入蜀事，死傷甚多。時任左副都御史的李仙根論曰："陝西地方極爲緊要，今民人困苦至極，宜停止陝西運糧四川，即令買四川之米爲便。計購買四川糧米，可以濟二十萬軍之用。其果否購買足用，應特遣大臣一員前往詳察。"康熙言"諸臣所奏皆善"，最終以陝西總督哈占任川陝總督來解決此問題②。通過此事，可知仙根心繫民生之切。

康熙二十年（1681），歷時八年的三藩之亂終於平定，清廷大慶。乾隆本《元和縣志》載"時逆藩甫定，無辜誅連者甚衆。仙根力爲平反，全活萬人"，救民功勞甚大。《户部右侍郎李公家傳》載："及庚申之翦滅吴孽也，安南奏貢期例三年。自三叛連衡，思明、欽州、蒙自，貢道胥阻，綿歷六年。今天威遐播，逆豎削平，請遵貢期，如彝典。内索《使事紀略》，覽之曰：畢竟是向來措置得宜，令彼一心嚮服。欽惟聖祖天縱神睿，識洞垓埏，

---

① 事詳見中國第一歷史檔案館整理：《康熙起居注》第一册，中華書局1984年版，第517—519頁。《文華殿大學士户部尚書掌翰林院事徐公神道碑》，載張玉書撰：《張文貞集》卷九，清文淵閣四庫全書本。《徐立齊相國事略》，載李元度編撰：《國朝先正事略》卷六，清同治刻本。《傅青主先生年譜》，清宣統三年丁氏刻霜紅龕集本。

② 中國第一歷史檔案館整理：《康熙起居注》第一册，中華書局1984年版，第636頁。

而惓惓交南事若此。”康熙對《安南使事紀要》和仙根外交功績依然不忘，足見仙根奉使安南使命完成之出色。

康熙二十年二月十四日（1681 年 4 月 2 日），康熙於乾清宫聽政。吏部題補户部左右侍郎員缺，康熙言“李仙根辦事有才，李天馥爲人謹慎，可將此二人補授”①。因得帝信任，李仙根由左副都御史升任爲户部右侍郎②。同時，仙根仍擔任經筵講官。仙根任户部右侍郎時，敢於直議。按例收銅銀限八月解繳國庫，仙根蒞任後，特意寬逾限日。他言：“關有遠近，奈何以例限之。”對於滇黔之案，仙根力請分别族系，省查解釋無辜。仙根還曾對四川增茶鹽、引解銅經由地稱驗具結、潼關稅務增部員等議持否定意見，“力言不可”。還曾發起廷議改折河南漕米、減臨清關銅價萬兩、豁免靈寶捏墾糧等案，“皆獲允”③。同治本《蘇州府志》評仙根曰：“有經濟才，立朝以勿欺自矢。在部院時，持論侃侃，所裨益甚多。”④

仙根在朝時，多向康熙推薦賢能之士。《上虞縣志》載有肇敏一人“性伉爽，不畏强御，樂急人之難”，時任户部侍郎的仙根曾疏薦之於朝，惜“辭不赴”⑤。

康熙二十一年壬戌（1682）上元節，康熙帝“欲紀一時之盛”，雅集群臣於太和殿下，仿柏梁體賦詩。時任户部右侍郎的李仙根列席。康熙在《御制詩序》中言：“朕於宣政聽覽之餘，講貫經義，歷觀史册，於書見元首股肱，賡颺喜起之盛，於詩見《鹿鳴》《天保》諸篇，未嘗不慕古之君臣，一德一心相悦若斯之隆也。今海内晏安，兵革偃息，首春令序，九陌燈輝，豐穰有徵，吾民咸樂。思與諸臣及時式燕，爰於乾清宫，廣集簪裾。”康熙第一賦詩曰“麗日和風被萬方”，内閣大學士明珠、户部尚書梁清標等大臣相繼和詩。仙根和詩曰“共期紅杇答殊常”。群臣以次各賦詩九十三韻，仙根和詩順序爲第十五，足見其朝中地位⑥。

康熙二十一年，康熙遣李仙根到會稽山（南鎮）致祭。仙根作《南鎮神文》，祭曰：“惟神拔秀千巖，標奇萬壑。襟江帶海，鍾美儲祥。朕祇承神祐，疆宇蕩平□，特遣專官，用申殷薦，惟神鑒焉。”⑦

李仙根封山還朝之期，長洲蔣楛有《贈李子静少司農封山還朝》與仙根。詩云：“太平更舉石函封，南鎮尊巖視岱宗。帝簡久專三獨坐，皇華遥借少司農。鄴侯清静馨香協，元禮高深肸蠁從。擁傳勾吴同使蜀，喧闐齊識長卿容。”⑧

---

① 中國第一歷史檔案館整理：《康熙起居注》第一册，中華書局 1984 年版，第 665—666 頁。

② 《清實録》第 4 册《聖祖實録》卷九四，中華書局 1985 年版，第 1192 頁。又見錢實甫編：《清代職官年表》，中華書局 2005 年版，第 561 頁。《户部右侍郎李公家傳》言仙根“庚申，擢户部右侍郎”，爲誤。

③ 見《户部右侍郎李公家傳》。

④ （同治）《蘇州府志》卷一百十二流寓，清光緒九年（1883）刊本。

⑤ 《上虞縣志》卷四十八，清光緒十七年（1891）刊本。

⑥ 見中國第一歷史檔案館整理：《康熙起居注》第二册，中華書局 1984 年版，第 808—809 頁。又見《清實録》第 5 册《聖祖實録》卷一〇〇，中華書局 1985 年版，第 4 頁。又見《黄州府志》卷首，清光緒十年（1884）刊本。

⑦ 見（康熙）《會稽縣志》卷十四祠祀志上，民國二十五年（1936）紹興縣修志委員會校刊鉛印本。又見《紹興府志》卷首，清乾隆五十七年（1792）刊本。

⑧ （清）蔣楛：《天涯詩鈔》卷三，清康熙三十三年（1694）丘如升刻本。

《户部右侍郎李公家傳》載李仙根"壬戌，以議錢法投劾去"。《清代職官年表》中，仙根此年仍任户部右侍郎①。《康熙起居注》載仙根被降事發生在康熙二十三年②。故《户部右侍郎李公家傳》所載時間爲誤。

康熙二十二年癸亥（1683），李仙根仍任户部右侍郎③。據同治本《蘇州府志》載，李仙根曾於此年偕郡人宋駿業一起，幫助江蘇巡撫余國柱修蘇州廟學④。

康熙二十三年甲子八月十七日（1684 年 9 月 15 日），李仙根因錢法事被議，降四級⑤。此後幾年，仙根長住蘇州⑥。

據《康熙起居注》載，康熙二十三年（1684）三月十九日，廷議民間私鑄小錢案。議政王、貝勒、大臣、九卿、詹事、科、道會議議奏"私鑄小錢爲首之人及匠役擬斬，知情買用者擬絞，賣錢經紀鋪户人等、私雜小錢者擬責四十板，枷號一個月，流徙尚陽堡"，足見此案之大。康熙言"私鑄小錢行使，定罪之例雖嚴，但小人貪利犯法者常有。此皆由該管官員不行嚴拿"，認爲發生此案是負責管理錢法的户部右侍郎李仙根和相關稽察科、道官及監督官的責任⑦。

康熙二十三年（1684）五月十八日，因"户部覆准江西奏銷浮冒扛抬砲位火藥及大兵進剿雇覓人夫船隻錢糧"事，都察院議請將户部尚書杭愛、梁清標，户部侍郎李仙根、沙海、李天馥、庫勒納等各降二級留任。康熙認爲都察院"所議似過"，李仙根等被罰俸一年⑧。康熙二十三年八月十六日，吏部因"寶泉、寶源二局在前物料工價不行減定，糜費浮冒"事彈劾户部。李仙根和巴錫、金鼐、金世等被降級調用⑨。

依筆者管見，康熙確屬追求官員清正廉潔之明君，但李仙根在擔任户部右侍郎負責管理錢法期間並未有何營私痕迹。據《康熙起居注》所載廷議的三個案子，亦未能證是李仙根在爲自己謀利，祇能説是"管理錢法失察"。就第一案而言，民間私鑄小錢豈有法能禁絶？第二案覆准江西奏銷錢糧事和第三案寶泉、寶源二局物料工價問題，亦未能證仙根曾得益。

李仙根從 1679 年擔任都察院左副都御史，到 1681 年升任户部右侍郎，再到 1684 年因管理錢法失察而降調，他再度體驗到人生之起落。

康熙二十五年丙寅（1686），夏，李仙根受同鄉山曉皙禪師所請，爲寧波天童寺撰文

---

① 錢實甫編：《清代職官年表》，中華書局 2005 年版，第 562 頁。
② 中國第一歷史檔案館整理：《康熙起居注》第二册，中華書局 1984 年版，第 220—221 頁。
③ 錢實甫編：《清代職官年表》，中華書局 2005 年版，第 562 頁。
④ （同治）《蘇州府志》卷二十五，清光緒九年（1883）刊本。
⑤ 錢實甫編：《清代職官年表》，中華書局 2005 年版，第 563 頁。
⑥ （同治）《蘇州府志》載："以錢法事被議，罷歸。"
⑦ 中國第一歷史檔案館整理：《康熙起居注》第二册，中華書局 1984 年版，第 1154 頁。
⑧ 中國第一歷史檔案館整理：《康熙起居注》第二册，中華書局 1984 年版，第 1184—1185 頁。
⑨ 中國第一歷史檔案館整理：《康熙起居注》第二册，中華書局 1984 年版，第 220—221 頁。

《敕賜天童弘法禪寺重興碑記》[①]。全文見於《壬寅銷夏録》，端方又題爲《李侍郎書天童弘法禪寺重興碑記》。載於《天童寺誌》的《重興寺記》即爲《敕賜天童弘法禪寺重興碑記》的删改版，署名爲“司農蜀遂李仙根”。該文又見於康熙本《鄞縣志》卷二十一，署名爲“國朝少司農蜀遂李仙根”，並轉刊於雍正本《浙江通志》卷二百三十。

《敕賜天童弘法禪寺重興碑記》首言：“浙水以東，多大名山，而四明乃大雄氏真身舍利，震旦十九塔之一。其吉祥殊勝，爲諸方之冠，不問可知天童寺阿育王。”仙根贊寧波曰：“迦文舍利，皆隱不見，惟四明感劉薩訶，哀懇獨出。”而天童寺“矗海澨，獨藴奥區”，乃“四明之冠”。仙根簡述了天童寺自義興開山以來的歷史，言該寺有“鎮曜南天”之功。仙根言，天童寺“自唐宋及元明，屢有興替”，但因“天人合發”，“往往廢不久而即復”。其論興廢則曰：“天下之廢典一也。有小廢也，則小興，欲其大興也，則必有大廢。”繼而詳細記敘了密雲悟禪師對天童寺重興之大功，並贊天童寺爲“百千萬祀之佛海”。密雲悟禪師於壬午秋示寂，木陳忞公主持天童，並於1659年受順治帝欽召，錫號弘覺禪師。木陳忞公後繼者爲遠庵僼公，僼公付山曉晳公。山曉晳公“又承師志，手輯諸録，俾禪門薪火畢清，滴血不漏”。仙根論曰：“夫佛法，上等事以智慧，波羅蜜照破一切虚妄名稱，而行願回向，則又取夫廣修供養，隨喜功德，有漏無漏，何以殊焉?”言文字輕，行善重。其又言：“而以興造名藍，於門百堵，遂謂不朽勝事，度亦悟禪師所不屑也。”仙根認爲密雲悟禪師並非以建築廟宇爲至樂至盛之事。緣因“諸佛菩薩於一切有無際，莫不截斷，惟衆生不能斷；非不能斷，實不可斷，亦不必斷也”，衆生“由六根而迷，亦由六根而悟，莊嚴色相，六根之所寄也”，故藉以“莊嚴色相”來度“有志向上者”，使人“見所未見，聞所未聞，又見所真見，聞所真聞，喜於心動，於目舞蹈，於手足汎，葦航而不懼，步林麓而傾誠”，可使人知“發蒙易轍、戀命趨福”，從而“望慈月而生清涼”，以“直超玄要”。這方是“莊嚴色相之所成就”，也是密雲悟禪師、山曉晳禪師以及自西晉義興禪師以來天童高僧的永久行願[②]。

《敕賜天童弘法禪寺重興碑記》論理宏遠超然，文字清新凝練，爲李仙根散文代表作，也是《天童寺志》之重要文獻。

康熙二十五年冬，寧波天童寺山曉晳禪師去世，仙根作《山曉晳禪師塔銘》以紀之[③]。該文載於《天童寺志》，署名爲“侍郎遂寧李仙根”。

塔銘序首先敘述了1686年春，山曉晳禪師請仙根作“天童重興碑序”（即《敕賜天童弘法禪寺重興碑記》），並於夏到蘇州當面囑托一事。山曉晳禪師看見仙根的寺記後“大

---

① 李仙根在《山曉晳禪師塔銘》中言：“丙寅春，山曉和尚訂餘作天童重興碑序，夏來吴，面囑之。”知仙根於此年夏撰寫了《敕賜天童弘法禪寺重興碑記》。載杜潔祥主編：《中國佛寺史志匯刊》第一輯第13—14册《天童寺志》，臺北明文書局1980年版，第549—554頁。

② 《敕賜天童弘法禪寺重興碑記》載於（清）端方《壬寅銷夏録》，稿本。《重興寺記》文載杜潔祥主編：《中國佛寺史志匯刊》第一輯第13－14册《天童寺志》，臺北明文書局1980年版，第150—154頁。

③ 李仙根在《山曉晳禪師塔銘》序文中言丙寅夏禪師來吴，“閱冬季，而師寂音至”。文章後面部分也詳細描述了禪師在丙寅年的經歷，可知山曉晳禪師確於1686年冬圓寂。

喜”，並言“吾無憾於祖山矣”。接着仙根介紹了山曉晳禪師的生平。山曉晳禪師俗名魏本晳，字山曉，是四川長壽縣人，自小“有塵外志”。禪師十九歲出川到南京，得天童密雲悟禪師啟發，“習慕禪”。木陳忞禪師再主天童時，山曉晳禪師擔任首座。1659 年，山曉晳禪師跟隨木陳忞禪師進京面聖，與順治帝探討佛理。順治帝言“北方法道久廢，特留闡揚，勿以風土有異爲念”，欲留禪師。山曉晳禪師對曰“天上天下惟我獨尊，因甚又要雪山苦行，睹明星方得大悟”，又曰“急水打球子”。順治帝解釋道，“爲佛法來親近和尚，豈可以一杓水便潑去耶”，又云“朕痛佛法澆漓，過在學者辨道之心不切，親師之念不真，故諄諄諭此爾等勉之”。順治命近侍李國柱選隆安寺，賜紫衣，請師爲國開堂講法。不久，順治帝駕幸隆安，看望木陳忞公和山曉晳公兩禪師，言“朕去冬於萬善殿，一見便覺動止不凡，足堪師表，人天心甚喜。今法席森嚴，道風遠振，不辜相留之意矣”。1672 年，山曉晳禪師再住天童，“慕從者益衆，遵忞公命編竇積録九十三卷”。十年後，山曉晳禪師“欲去”，然“諸護法懇留”，山曉晳禪師便永住天童。1686 年夏，禪師來到蘇州，“凡僧俗檀信來者無不接見，笑語勉以向上事，若大別者”。是年十月師回到天童寺，十一月“趺坐微笑而逝”。仙根論曰，“夫一切興替，皆有數而佛法不至中湮者，則亦時賴有人耳”，極贊天童自密雲大師來“開承昌裕”的景象。寧波葛同果稱山曉晳禪師乃“梵海之砥柱，末法之針石”，仙根認爲此“可謂知師矣”①。

七　1688－1690：不究厥用才焯著，三起三落總晏如

《户部右侍郎李公家傳》載：“戊辰，補光禄寺少卿。”康熙二十七年戊辰（1688），李仙根補任光禄寺少卿（五品）。

《户部右侍郎李公家傳》載，康熙二十九年庚午（1690）正月九日，清廷舉行祈穀祭祀。李仙根在典禮上按例代卿捧祭牲。仙根因當時患有胃病，手腕無力，祭盤稍捧低了些，致以“失儀”罪降職。這是仙根人生的第三次起落，也是仙根宦途的終點。

即便如此，仙根安然自若，不爲所動，“日書徑二尺字，觀者驚爲神”。三月二日，仙根病逝，年七十。入祀遂寧鄉賢祠、忠孝祠。

關於仙根葬處，見三種説法。乾隆本《長洲縣志》載仙根“葬於彭山崦之原”，同治本《蘇州府志》載“户部侍郎李仙根墓在竇華山顔家隖”，民國本《遂寧李氏族譜》載仙根“墓葬蘇州上方山之寒山”。

《遂寧李氏族譜》載李仙根原配王夫人，繼配陳夫人。有四子：奕振、奕據、奕撜、奕撰。奕據曾任武昌府通判，奕撰曾任南通州州判，俱未回川。

① 《山曉晳禪師塔銘》，載杜潔祥主編：《中國佛寺史志匯刊》第一輯第 13—14 册《天童寺志》，臺北明文書局 1980 年版，第 549—554 頁。

八　千古風流讓蜀人，如君赫赫垂千秋

李仙根是有清一代四川唯一一位榜眼，遂寧歷史上科名最高者。李仙根傳承了巴蜀文化，他以天下爲己任，以崇實爲幟志。仙根居廟堂之高時，以秉直著，捍衛公論。他奉使安南，以義理銷甲兵，不辱使命，終平靖邊疆，爲一代外交名臣。他擔任清代第一批經筵講官和日講起居注官，爲儒化清廷做出了不可磨滅的貢獻。仙根處江湖之遠時，重教隆佛，助修蘇州廟學，澤惠東南；廣釋佛法道義，能傳者久。

仙根一生“三起三落”，卻恒於崇實，達於大道，敢言敏行，終不愧“中川風骨”。遂寧張文端公鵬翮追記仙根曰“公雖旋起旋挫，不究厥用而才譎焯著”，又言“景陵初，内外大臣偉略雄辯，絶出者輒曰‘李侍郎’”，足見其在朝中之清譽。文端公歎曰：“豈東山涪江秀傑蟠積之氣，雅有獨鍾者耶！”他褒譽了仙根於1668到1669年間奉使安南平定邊事的功績。文端公贊曰：“嗚呼！孔子所謂‘專對而不辱君命者’，其李公之謂歟。”①

仙根善詩能文，精於書道。同治本《蘇州府志》評仙根“詩文駘宕婉折，書法遒逸”。張文端公在《祭李子静文》中言：“惟公鍾岷峨之秀，秉箕尾之精，天性孝友，家學淵源。其爲文，自成一家言，而書法遒勁，在率更河南之間。”② 仙根的散文代表作有《敕賜天童弘法禪寺重興碑記》《三國史論》《安南雜記》等，代表詩歌有《季秋王公武約游上方山》《謁子游祠》等。仙根書法最著者當爲蘇州全福講寺所題“水中佛國”四字，惜今不存。陳廷敬《答李子静少司農兼索其書法二首》以“千古風流讓蜀人”稱贊仙根書法藝術在朝中的影響力，並以“即無金玉裝奩軸，肯設桓家寒具油”謙虚地表達索書之意③。張文端公謂詩文書法於仙根而言“特公之緒餘也”，“公負勃鬱磅礴之氣概，然以天下爲己任”。《祭李子静文》言：“嘗見公議論天下大計，愷切周祥，指畫民生，休戚不啻。”文端公對家鄉人言仙根：“意公得柄用，當必有以道濟天下，使家給人足，物阜民安。見公之立於朝，氣象嚴嚴，威儀卒度；意公而得柄用，則必以方正之氣，肅百僚，使賢良在位，忠讜盈廷。見公學術宏深，博聞强識；意公而得柄用，則必以帝王之學，深啟沃，使禮樂明備，教化滂洽，而今皆已矣。嗟乎！公之心未可一二與鄉人言也。”

《户部右侍郎李公家傳》載仙根有“《游野浮生集》，奏議碑雜文，胥藏於家”，惜多不傳。李作梅在《江曉帆詩文集序》中言四川自楊慎以來兩百年惟仙根一人得鼎甲，而其詩文又無多傳，深感歎息：“二百年來，蜀中得鼎甲者，惟遂寧李子静閣學一人，至其著作，

① 見《户部右侍郎李公家傳》。

② 見張鵬翮：《遂寧張文端公全集》，清光緒七年（1881）刻本。載《清代詩文集彙編》第176册，上海古籍出版社2011年版，第363頁。

③ ［清］陳廷敬：《午亭文編》卷十三，清文淵閣《四庫全書》本。

僅傳《安南紀略》，其他杳無聞焉。甚矣！文章之事，欲有以壽於天壤並非易易也。”①

文端公言“悲”曰：“嗟乎！生之有死，古今猶旦暮耳，何足悲乎？所以悲者，不悲公之歿，而悲公之志未伸；不悲公一身之云亡，而悲夫老成之凋謝，文獻之無徵也。”故今作李仙根生平之考述，是以聲仙根之遠志，廣家鄉人聞，以謀後起者也。此亦爲張文端公之長願。

嚴我斯贊仙根曰：“誰謂書生不出户庭誇墳典，不能封侯萬里致通顯。嗚呼！男兒何必致身通顯萬里求封侯，如君赫赫垂千秋。”

作者單位：四川省蓬溪縣政協　寧波大學人文與傳媒學院

①《大竹縣志》卷十四藝文志下，臺北成文出版社 1976 年版，第 1255—1256 頁。

李調元與趙翼的交往及互評考論

鄭家治

李調元是清代巴蜀第一學人，百科全書式的人物，以詩文著稱，在文學及文藝理論上有《詩話》、《詞話》、《賦話》及《劇話》、《曲話》傳世，且與性靈派主講袁枚、趙翼、蔣仕銓都有交往，尤其是書信往來。因此近時論者謂李氏是性靈派。而性靈派主將趙翼則是清代三大史學家之一，也以詩文著稱。本文擬通過趙翼與李調元及其交往、李調元對趙翼的評價、李調元趙翼互贈詩文解讀來考察二人的關係，進而説明李氏與趙氏詩歌及詩學的異同，也間接考察李氏與性靈派詩歌及詩學的異同。

一　趙翼與李調元及其交往概述

趙翼（1727—1814），字雲崧，一字耘松，號甌北，晚號三半老人，漢族，江蘇陽湖（今江蘇常州）人。清朝著名文學家、史學家。乾隆二十六年（1761）進士。官至貴西兵備道。旋辭官，主講安定書院。長於史學，考據精賅。論詩主“獨創”，反摹擬。五、七言古詩中有些作品，嘲諷理學，隱寓對時政的不滿之情。所著有《甌北全集》、《甌北詩話》、《廿二史劄記》、《陔餘叢考》等。早年家境清貧。自六歲起，即隨做塾師的父親就讀於外，十五歲父卒之後即接替父業應聘爲富家課徒。乾隆十四年（1749）被迫赴京投奔親戚。抵京後以其文才受知於刑部尚書兼翰林院掌院學士劉統勳，在劉家纂修《國朝宫史》。翌年秋中舉，旋被聘入汪由敦幕署。乾隆二十一年（1756），入直軍機，尹文端公、傅文忠公等倚重之，奉命草擬文書。乾隆二十六年進士，殿試第三，授翰林院編修。以後數年，相繼參加了《平定准噶爾方略》和《御批通鑒輯覽》兩部官修史書的編寫，還數度主持鄉會試事宜。

李調元乾隆二十五年（1760）庚辰進京應會試，乾隆二十六年辛巳官内閣中書，次年壬午住北京椿樹三條胡同，與趙翼對宅，二人交往密切，且與王夢樓、畢秋帆、祝芷塘等訂交唱和，人稱爲“小李將軍”。乾隆二十八年癸未（1763）進士，房師即王夢樓、趙翼，改翰林院庶吉士，《童山自記》有追記。他又謂：“癸未，余始謁趙雲崧先生於寓所椿樹三條胡同，汪文端公舊宅也。余時官中書，與雲崧宅門斜對，朝夕過從，詩酒言歡。癸未會試，雲崧爲分校。”① 這則詩話前面有一條説：“陽湖趙雲崧翼，乾隆辛巳探花，余中書同年也，爲人頷尖而面小，似猿，而胸中書氣逼人。癸未，散館引見後，上語大學士傅忠勇曰：‘此人文自佳，而殊少福相。’”② 這則詩話似有不尊之嫌，且李氏在辛巳爲中書，而趙翼授翰林院編修，應該不是所謂同年。惜乎李調元的其他詩文未見記載，不過晚年卻有回憶：“憶自辛壬之間，得附譜末，同居京師椿樹三條胡同，門僅斜對，過不數武，日與唱酬往返。每見先生玉堂著作，甫脱稿即傳播人口，竊以此才天授，爲之執鞭，亦所忻慕。”③ 趙翼也回憶説：“京華舊游迹，振觸一燈前。”④ “回憶春明徵逐，詩酒流連，此景何可再得也。”⑤ 足見李調元與趙翼的亦師亦友的交誼非常深厚，所謂“唱酬往返”“詩酒流連”。

乾隆三十一年（1766）冬，趙翼出任廣西鎮安知府。臨行，已散館任吏部主事的李調元有《送編修趙雲崧翼出守鎮安》。應該説趙翼没有辜負李調元的期望，他在鎮安知府任上革弊懲奸，籌劃與緬甸戰事，卓有治績。乾隆三十五年（1770），趙翼調守廣州，治海盜有功，未幾擢貴西兵備道。不料乾隆三十七年（1772）十月，因他當初在廣州處理失誤的一樁舊案被朝廷追究，受到降一級調用的處分，當路將奏留，他以母老力辭。歸里侍養者五年，後遂不復出。乾隆四十五年（1780）五月，他取道山東赴京，不料中途忽患風疾，於是衹好掉頭南歸。此後歸隱長達三十餘年。如此，朝廷可能少了一員良吏能員，而中國卻多了一位著名的史學家與文學家。因爲趙翼的《廿二史劄記》、《陔餘叢考》是清代史學名著，憑藉《甌北詩鈔》、《甌北詩話》，趙翼也成爲清代著名的詩人與詩學家。

自别後，趙李二人未能再見，且極少有書信往來。乾隆四十三年（1778）有人冒充趙翼之子持《甌北全集》拜謁李氏，李氏記載在《童山詩話》卷五中。《雨村詩話》卷五也有記敘，晚年詩歌也有反映。乾隆四十八年（1783）李氏有《趵突泉用趙雲崧韻》（《童山詩集》卷二十四），乾隆六十年（1795）李氏《綿竹楊明府實之座上詠牡丹戲贈》詩末句“勾他叛吕又何妨”自注：“‘我欲勾他叛吕防’，趙雲崧戲袁子才寵客劉霞裳句也。楊明府時有寵客宋桂，欲從余學，故借用之。”⑥ 説明李氏對趙翼是瞭解的，但没有書信往來及詩文唱和。

直到嘉慶五年九月（1800）趙翼“忽從姚姬傳處，遞到《雨村詩話》一部，載拙作獨多，翻閲之餘，感愧交並”，且得知十二年前有人冒充兒子拜謁李氏的事，於是托綿州知府

① 詹杭倫、沈時蓉：《雨村詩話校正》，巴蜀書社 2006 年版，第 51 頁。
② 詹杭倫、沈時蓉：《雨村詩話校正》，巴蜀書社 2006 年版，第 50 頁。
③ 《答趙雲崧觀察書》，《童山文集》卷十，《叢書集成初編》本，中華書局 1985 年版。
④ 趙翼：《致李雨村觀察》，《童山詩集》卷四十一附，《叢書集成初編》本，中華書局 1985 年版。
⑤ 《童山文集》卷十附趙翼復信，《叢書集成初編》本，中華書局 1985 年版。
⑥ 《童山詩集》卷三十四，《叢書集成初編》本，中華書局 1985 年版。

劉慕陔捎信給李，李氏立即回信，次年有《劉慕陔州尊遣吏送趙雲崧前輩書，時萬卷樓焚，雲崧不知也，因作詩寄之，亦當爲我一哭也》："不恨同心各一天，秪嗟書劄也茫然。粤東宦迹同鴻爪，川北民膏濺鵠拳。趙括父書偏不讀，劉宏吏紙屢郵傳。是災是火俱休問，作答忙封附去船。"① 李調元辛酉（1801）有《戊戌年余視學粤東，閽人以趙雲崧觀察子名帖求見，並以甌北集爲贄，余見之留飯，贈三十金而去，昨接雲崧書，言其時子尚幼，並未入粤，乃假名幹謁也，不覺大笑，作詩見寄，余亦爲捧腹，依韻答之》："人生萬事盡傳奇，尤是官場不易知。頭角居然高我子，言談殊不肖君兒。贈金小事原無惜，款飯殊恩悔莫追。未接手書終不解，怪無一字謝微資。"② 其後又有《得趙雲崧前輩書寄懷四首》③，此詩或爲嘉慶五年李氏得趙翼信後所作，《童山詩集》編輯有誤。此後趙翼有五言律詩四首致李氏，李氏有和詩。次年趙翼有《有感流賊》寄李氏，李氏有答詩《和趙雲崧有感流賊原韻》。

從前面的簡介可以看出，在性靈派三大家之中，李調元與袁枚屬於神交；與蔣士銓有準確記載的交往在"壬寅相見於順城門之撫臨館"，但卻無詩文表現之；與趙翼的交往最早，時間在乾隆二十六年至三十一年之間，其中同居京師椿樹三條胡同时最爲接近，不過除趙翼出守鎮安有詩相贈外，也無詩文記載。至近三十年後的嘉慶五年九月纔又有書信往來，此後唱和不少，可謂有始有終。從往來的詩文看，趙翼這位著名前輩文學家、詩學家並無驕矜之態，而是十分謙虚客氣，還主動致書贈詩關心李調元。李調元也尊重師友趙翼，主要表現在其《雨村詩話》中大量采録趙翼的詩歌，計約 26 處，81 首，包括長篇七古《李郎曲》，僅僅衹少於袁枚及王夢樓，評論也較多較高。何以采録赵作如此之多？可能一是李氏親近性靈派，二是乾隆四十三年（戊戌）那個冒名趙翼兒子的人雖然可能造成誤會，但卻送給李氏《甌北全集》，後來趙翼又贈給李氏《甌北詩鈔》，李氏有原著在手，所以批閱采録評論較多。這與李氏編輯有《袁枚詩選》所以《雨村詩話》中多袁詩相類似。

二　李調元在《雨村詩話》中對趙翼的評價

（一）李調元對趙翼詩歌的總體評價。李調元説："近時詩推袁、蔣、趙三家，然皆宗宋人。子才學楊誠齋，而能各開生面，此殆天授，非人力也。心餘學山谷，而去其艱澀，出以響亮，亦由天人兼之。子才亦自言：'余不喜山谷而喜誠齋，心餘不喜誠齋而喜山谷。'雲崧立意學蘇，專以新造爲奇異，而稗家小説，拉雜皆來，視子才稍低一格，然視心餘，則殆過者而無不及矣。"④ 這段話比較綜合論述袁枚、趙翼、蔣士銓三人，認爲三家都宗宋人，有不足法的意思。認爲趙翼"立意學蘇"，即專門學蘇或者主要學蘇，其創新主要在"專以

① 《童山詩集》卷四十一，《叢書集成初編》本，中華書局 1985 年版。
② 《童山詩集》卷四十一，《叢書集成初編》本，中華書局 1985 年版。
③ 《童山詩集》卷四十二，《叢書集成初編》本，中華書局 1985 年版。
④ 詹杭倫、沈時蓉：《雨村詩話校正》，巴蜀書社 2006 年版，第 33 頁。

新造爲奇異”，在學習繼承的基礎上出新出奇是好的，但缺點是將稗家小説等内容典故入詩，有不純之憾，所以比袁枚稍低一格，但卻高於蔣士銓。尚鎔的評價應該更爲全面：“子才學楊誠齋而參以白傅，苕生學黄山谷而參以韓、蘇、竹垞，雲崧學蘇、陸而參以梅村、初白。平心而論，子才學前人而出以靈活，有纖佻之病；苕生學前人而出以尖鋭，有粗陋之病；雲崧學前人而出以整麗，有冗雜之病。”① 他認爲“子才學楊誠齋而參以白傅”，楊萬里的詩歌本就生新活潑，如彈丸脱手；袁枚更别開生面，突出一個“新”字，所謂“參以白傅”，即學習白居易的閒適詩恬淡清新通俗之氣；而蔣士銓則兼學宋代的蘇、黄與唐代的韓愈及清代的朱彝尊；趙翼也兼學宋代的蘇軾、陸游和清代的吴梅村、查初白。這話應該有根據。趙翼的《甌北詩話》系統地評論李白、杜甫、韓愈、白居易、蘇軾、陸游、元好問、高啟、吴偉業、查慎行等十家詩，重視詩家的創新，立論比較全面、允當。但其取向是明確的，即於宋重視蘇軾、陸游，於清重視吴偉業、查慎行。趙翼存詩4800多首，以五言古詩最有特色。如《古詩十九首》、《閒居讀書六首》、《雜題八首》、《偶得十一首》、《後園居詩》等，或嘲諷理學，或隱寓對社會的批評，或闡述一些生活哲理，頗有新穎思想。七古如《將至朗州作》、《憂旱》、《五人墓》，七律如《過文信國祠同舫庵作》、《黄天蕩懷古》、《赤壁》等，都有特色，並在造句、對仗方面見出功力。作爲著名歷史學家，他的詩歌自然會以史實甚至稗家小説入詩，還加以評論，因此有時議論過多，過於散文化，顯得形象性較差。

（二）以新造爲奇異。趙翼爲詩主張創新。作於乾隆四十九年的《論詩》五首説：“滿眼生機轉化鈞，天工人巧日争新。預支五百年新意，到了千年又覺陳。”“李杜詩篇萬古傳，至今已覺不新鮮。江山代有才人出，各領風騷數百年。”“隻眼須憑自主張，紛紛藝苑漫雌黄。矮人看戲何曾見，都是隨人説短長。”“少時學語苦難圓，衹道工夫半未全。到老始知非力取，三分人事七分天。”② 第一首認爲自然萬物長新，所以人巧必然求新，合起來便是“天工人巧日争新”，從自然萬物及哲學的角度説明新的必然性。如此則新舊對立統一：今日新，他日便陳；今日覺陳，往日卻新。第二首延伸到詩壇，認爲即便最偉大的詩人與詩篇都衹能領一時風騷，時代在變化，人更在變化，所以必須創新。第三首講怎樣創新，即所謂獨具隻眼，自有主張，而不能矮人看戲。因爲主張創新，又認識到文學藝術的特殊性，所以第四首便强調天才，所謂“三分人事七分天”，這個劃分是較爲準確的。

李調元認爲趙翼“立意學蘇”，但又“專以新造爲奇異”，也即首重創新。重視創新自然就多變化，而不拘格律。李調元説：“趙雲崧……其爲詩千變萬化，不可以格律拘，而筆舌所奮，如諧如莊，往往令人驚心動魄。人皆推其古歌，余獨愛其近體。”③ 認爲趙翼重視創新，具體而言便是“爲詩千變萬化，不可以格律拘”，如此則能揮灑自如，表達複雜豐富

① ［清］尚鎔：《三家詩話》，《清詩話續編》本，上海古籍出版社1983年版，第1923頁。

② ［清］趙翼：《甌北集》卷二十八，上海古籍出版社1997年版，第630頁。

③ 詹杭倫、沈時蓉：《雨村詩話校正》，巴蜀書社2006年版，第51頁。

的情意，有“如諧如莊，往往令人驚心動魄”的審美效果。一般人認爲趙翼詩歌以古體最好，因爲古體較爲自由，長於敘事，並隱寓對社會的批評，闡述生活哲理，寄寓新穎的思想，但李調元卻認爲他的近體也很好，换言之，認爲趙翼的古體、近體都有佳作。

（三）工於懷古。真正的歷史學家不僅要熟悉歷史，考據精審，熱愛歷史，而且要有歷史精神，要有極高的史識。趙翼正是這樣的大歷史學家而兼詩人，他自然會工於懷古。所謂工於懷古，既要在考辨研究的基礎上熟悉歷史，也要熱愛歷史，更要能觸歷史（古迹、古事、古人）而生情思，總結出歷史發展的規律與經驗教訓，並用形象的語言將其表現出來，使詩歌富有作者的情感理念與精神。歷史在詩歌中衹是一種文化意象，再由意象融合成意境，使詩歌保持其抒情本質與審美特性，而不是單述史實，或者單發史論。中國歷史漫長，古迹、古事、古人衆多，從《詩經》之《雅》、《頌》與《楚辭》開始，詩人便常發思古之幽情，也間接表現抒發對現實社會及現實人生的感慨，懷古成爲詩歌的一大題材與門類，歷代的詩壇大家與名家幾乎都有懷古名篇，甚至可以説没有懷古名篇就不能稱爲大家或者名家。

李調元説：“雲崧工於懷古，《樓桑村》云：‘敵强終造三分國，士少能臣第一流。’又《金川門懷古》云：‘前史曾傳靖難兵，摩戈從此破神京。削藩禍起書生計，負扆圖慚叔父名。一領袈裟宵出竇，九江紈綺曉翻城。興師若不論成敗，高煦宸濠豈異情?’末二句千秋定論。”[①] 作爲中國歷史上第一流的歷史學家與著名詩人，趙翼必然工於懷古，李調元引其詩來證明。樓桑村是蜀漢昭烈帝劉備的故鄉，在今河北涿縣。據《三國志》載：“先主（劉備）舍東南角籬上有桑樹，高五丈餘，遥望童童如車蓋，先主少時，常與族中諸兒戲於樹下。”[②] 後因稱樓桑里。劉先主死後，鄉人曾建廟以作紀念。廟在涿縣西南十里。趙翼此聯概括了劉備成功與遺憾的原因，成功的原因是北有曹操，東有孫權，强敵環視，因此而能發奮自强，最終能建立蜀國而三分天下，也就是孟子所説：“入則無法家拂士，出則無敵過外患者，國恒亡。然後知生於憂患而死於安樂也。”[③] 最終没能統一天下的原因是劉備雖如諸葛亮所説的占有人和，但這僅僅是劉備與諸葛亮君臣諧和，卻缺少第一流的能臣隊伍，而僅僅衹有諸葛亮等少量人才。簡言之，成就王業靠的是面對强敵而自强不息的精神與衆多的人才，這當是中肯之論。金川門爲南京十三城門之一，1402 年，朱元璋四子燕王朱棣起兵攻占南京，就是從金川門入城的，史稱“靖難之役”。朱棣成爲永樂皇帝後，對金川門格外看重，委派其妹寶慶公主的夫君趙輝駙馬充任金川門的“千户守”。明末，金川門曾一度封閉。爲何有朱棣奪取皇權的“靖難之役”？歷代争論不已。趙翼在《金川門》一詩中有句云：“乃留弱幹制强枝，召亂本由洪武起”，“豈知釁即起蕭牆，臂小何能使巨指”[④]，明確指出肇禍的根源乃在朱元璋身上，正是分封諸王制度造成了幹弱枝强、指大於臂，最後便禍

① 詹杭倫、沈時蓉：《雨村詩話校正》，巴蜀書社 2006 年版，第 114 頁。

② ［晉］陳壽：《三國·蜀志·先主傳》，百衲本二十四史。

③ 《孟子·告子下》，朱熹《四書集注》，中華書局 1983 年版，第 348 頁。

④ ［清］趙翼：《甌北集》卷三十五，上海古籍出版社 1997 年版，第 827 頁。

起蕭牆，無法收拾。這應該是溯源追本之論。至於“靖難之役”後建文皇帝是死是逃亡，後世説法頗多，朱棣在位時説建文已死，但民間疑爲逃亡之説盛行。乾隆末葉，明亡已逾百年，所謂“朱三太子”被獲處死也過去了六十多年，朝廷已不再擔心明室嫡裔復辟的事，於是在乾隆四十二年，詔改明史本紀，把“建文焚死”改爲“棣（永樂帝）遣中使出后（馬皇后）屍於火，詭言帝屍”①。趙翼的《金川門懷古》詩中，有“一領袈裟宵出竇，九江紈綺夜翻城”，“從亡芒履千山險，駢戮歐刀十族空”② 之句，坐定建文出亡之事，並敢於議論明成祖慘酷殺戮建文遺臣的暴政，即是明證。

（四）以詩爲戲。李調元説：“雲崧詩有可學，有不可學。可學如……俱工麗，不可學者七古如……未免以詩爲戲也。”③ 所舉可學的詩歌的體裁都是七言律絶，題材則有贈人詩如《汪文端詩》、《贈袁子才》、《哭心餘》、《錢司寇》，有寫景抒情詩如《青燈》、《村舍》、《歸里》、《六十》，有懷古詩如《定軍山》《汴梁雜詩》，也有詠物詩如《詠美人風筝》，重在抒情詠懷，富有形象性與感染力，而且對偶工麗，所以列舉出來加以贊揚。所舉不可學者爲七古《十不全歌》，題目與題材便已經有戲謔意味，而詩中的“自從塑就人樣字，化工能事始畢矣。聽他夫妻父子依樣畫葫蘆，大概不出範圍裏”等詩句，則不僅思想內蘊具有戲謔味道，主旨在議論，而且語言散文化、俚俗化，因此具有較濃的以詩爲戲的味道。據李調元的口氣，詩中表現詼諧滑稽是可以的，但不可過度。

李調元又説：“雲崧詩多愛嘲笑，有句云：‘惟有童村讀書聲，郁郁乎文喧不已。’謂錯讀‘郁郁乎文’之句也，則近於插科打諢矣。又集中有《夏將軍廟》，言即傳奇《醉隸夏得海》事，雖見《明史・蔡錫傳》中，亦可不必入集。”④ 認爲趙翼“多愛嘲笑”，這尚不是毛病，但將村童錯讀句讀寫入詩中加以嘲笑，則近乎插科打諢，顯得過分。李調元還認爲詩中表現歷史人物應該言之有據，否則便惹人嘲笑。趙翼的《夏將軍廟》寫明代夏將軍被後人立祠供奉之事，夏將軍之事《明史・蔡錫傳》有簡介，傳奇《醉隸夏得海》亦有表現，不過真僞不得而知，所以不必寫成詩歌流傳，否則便會引人嘲笑。李調元强調寫歷史人物、歷史事件應該信而有徵是有道理的，尤其是趙翼這樣的大歷史學家，但詩歌畢竟不同於歷史，寫傳奇中的歷史人物以寄寓作者的感慨也是可以的。

趙翼《簷曝雜記》説：

> 洛陽橋少時見優人演蔡忠惠修洛陽橋，有醉隸入海投文之事，以為荒幻。《明史》及閲，則鄞人蔡錫守泉州時事也。余至泉州，過此橋，果壯麗。橋之南有忠惠祠，手書碑記猶在。旁有夏將軍廟，即傳奇所謂醉隸夏得海也。橋名萬安而曰洛陽者，其地有洛陽社，此水亦名洛陽江也。按《閩書》以此事屬蔡錫，並記橋圮時有《石讖》云“石

① 見修改後的定本四庫全書本《明史》。
② ［清］趙翼：《甌北集》卷二十，上海古籍出版社 1997 年版，第 427 頁。
③ 詹杭倫、沈時蓉：《雨村詩話校正》，巴蜀書社 2006 年版，第 53 頁。
④ 詹杭倫、沈時蓉：《雨村詩話校正》，巴蜀書社 2006 年版，第 54 頁。

頭若開，蔡公再來”，以為錫之證。而《堅瓠集》《名山記》皆亦以為忠惠事。又云：其母先渡此江，遇風，舟將覆，聞空中有聲呼“蔡學士在”，風遂止。同舟數十人問姓名。公母方有娠，心竊喜，發誓願，如果符神言，當造橋以濟行者。後公守泉而母夫人尚在，遂奉母命成之。

而附會者又謂吕洞賓遭劫時，避於公爐内得免，乃謝以筆墨。公造橋時，以之書符檄，故能達海神云。其説不經。而《府志》兩存之，究未知其爲襄與錫也。今按忠惠手書碑記一百五十二字，但志其長三百六十餘丈，廣丈五尺，洞四十有七，用錢一千四百萬有奇，而其他不及焉。使其奉母命，且有海神相之，則安得不志親惠而著神庥？然則醉吏一事，非忠惠可知也。至橋之長三四百丈固雄壯，然閩橋如此者甚多。福州之南臺，長不及而廣過之，石視萬安更新整。即泉州一府，如通濟橋長八十餘丈，順濟橋長一百五十餘丈，大通長二百餘丈，鎮安長三百餘丈，盤光四百餘丈，東洋四百三十餘丈，釃水二百四十二丈，安平八百十有一丈，釃水三百六十二丈，其他以數十丈計者，更指不勝屈也。蓋閩多海汊而又有石山，汊闊而取石易，故規制如此。余所見天下橋樑，滇、黔之用鐵索，閩之用石，皆奇觀也①。

（五）批評趙翼詩的偏於蕪雜

李調元説：“雲崧詩最富。余在粤東時，其子來謁，以《甌北全集》見示，雖美不勝收，而微嫌其不能割愛。今玉溪自成都回，見貽一册，名《甌北詩鈔》，則雲崧手删，僅存什一，可謂去滓存液矣。有《自題删改舊詩》云：‘愛筍食其嫩，食蔗愛其老。愛嫩則棄根，愛老則棄杪。非人情不常，物固難兩好。何況詩文境，所歷有遲早。少時擅藻麗，疵纇苦不少。老去斯剷除，又覺才豔槁。安能美並存，病處又俱掃。晚作蔗根肥，少作筍尖小。’真閲歷有得之言。”② 這則詩話首先肯定趙翼詩歌的豐富，認爲《甌北全集》總體上可稱美不勝收，但又“微嫌其不能割愛”，以至有蕪雜之弊；後面又贊揚趙翼親手删削僅存什一的《甌北詩鈔》是“去滓存液”。前後比較，可知趙翼的全集瑕瑜互見，而親自删削的選集則多存精華，説明趙翼不愧爲有自知之明的學者兼詩人。這裏要説明的是，作爲全集當收入所有詩作，任何人的作品都不可能全部都是精妙之作，所以瑕瑜互見是正常現象，不值得非議，反之，選集就應該主要是精華了。

李調元采録了趙翼的《自題删改舊詩》。趙翼的詩歌以竹筍甘蔗爲喻，説明了詩歌風格因爲年齡、閲歷的影響有老練老辣與稚嫩華美兩類，世人對這兩類風格也各有所好，所謂“愛筍食其嫩，食蔗愛其老。愛嫩則棄根，愛老則棄杪”。他進而認爲這兩類風格各有其優點與缺點，不能適合所有人的口味是正常的，所謂“物固難兩好”，且這種風格的變化不是“人情不常”的結果，而是受年齡、閲歷的影響而自然産生的。他認爲這兩種詩文境界凡人都要經歷，是一種普遍規律，但又“所歷有遲早”。他還結合自身的創作來説明這種變化，

① 《叢書集成初編》本，中華書局 1985 年版。

② 詹杭倫、沈時蓉：《雨村詩話校正》，巴蜀書社 2006 年版，第 144—145 頁。

並分析其弊病，表明自己的苦惱："少時擅藻麗，疵纇苦不少。老去斯剷除，又覺才黯槁。"最後提出了詩歌創作的最高境界是"安能美並存，病處又俱掃"，且能保持其特點，所謂"晚作蔗根肥，少作筍尖小"。趙翼的這首詩歌以詩論詩，論述的是年齡閱歷與詩歌風格變化的關係，以及老嫩兩種風格的特點及人們對其態度，涉及詩歌審美論、創作論，以及文藝心理學與文藝生態學，藴意深厚複雜。但他結合自身實踐來談，屬於親身體會參悟的見道之言，且以比喻出之，意深而語淺，實現了生動形象與藴含深厚的結合。李調元贊揚其爲"真閱歷有得之言"，這説明他不僅贊同趙翼的觀點，而且贊揚其通過形象與比喻來寓理的詩歌。

三　李調元趙翼互贈詩文解讀

（一）《送編修趙雲崧翼出守鎮安》。詩云：

玉堂揮翰究推誰，二載螭頭四海知。自古詞臣多出守，況今才子最能詩。桄榔樹底行苗步，薜荔門中謁柳祠。莫遣煙瘴侵鬢髮，他年燕許候擒詞[①]。

這是今存爲李調元詩文集第一首有關趙翼的詩歌，寫於乾隆三十一年冬，李調元當時剛剛散館任吏部文選司主事。詩歌首聯推戴趙翼，説趙翼在翰林院瀟灑揮筆，頃刻成文，以至獨占鰲頭，四海知名。頷聯送別，對友人寄予很高的希望，古今翰林詞臣出守地方，一經歷練，必然大用，何況趙翼已經是舉國知名的大才子與著名詩人。頸聯想象友人出守廣西的情景：在桄榔樹下"行苗步"，熟悉民情，體恤民意，成功地治理安撫少數民族，爲國立功，也没有忘了去拜謁前輩詩人柳宗元的祠堂。最後祝願友人"莫遣煙瘴侵鬢髮"，而應該早日回朝，朝廷正需要你這樣的"燕許大手筆"寫詩著文，言下之意是希望趙翼也成爲唐代燕國公張説、許國公許頲一樣身居高位的一代名臣，成爲提倡文教的楷模。李調元的眼光是準確的，對趙翼的評價也是準確的，遺憾的是乾隆中後期因爲封建社會的痼疾，也因爲乾隆奢侈無度，好大喜功，致使奸寵和珅等擅權，吏治敗壞，所謂乾隆盛世掩蓋下的中國社會已經危機重重，真正的正直有爲之士斷然不會有好結果。趙翼在乾隆三十一年冬出任廣西鎮安知府，乾隆三十五年，調守廣州，未幾擢升貴西兵備道，仕途頗爲順暢。不料乾隆三十七年十月，因他當初在廣州處理失誤的一樁舊案被朝廷追究，受到降一級調用的處分，當路將奏留，但他已知難有作爲，於是便以母老力辭，此後歸里侍養者五年，後遂不復出。乾隆四十五年五月欲再入仕途，不料中途忽患風疾，於是衹好掉頭南歸，終於歸隱。

（二）《趙翼與李調元書》。書云：

同年至好，一别三十餘年，萬里相望，無由通問。回憶春明徵逐，詩酒流連，此景

① 《童山詩集》卷八，《叢書集成初編》本，中華書局1985年版。

何可再得也。忽從姚姬傳處遞到《雨村詩話》一部，載拙作獨多。翻閱之餘，感慨交並，知足下之愛我有癖嗜也。伏念弟與足下出處大略相同，然足下動筆千言，如萬斛泉，不擇地湧出。而弟循行數墨，蚓竅蠅聲，其才固已萬不能及。足下居有園亭聲伎之樂，出有江山登覽之勝，著書滿家，傳播四海，提倡風雅，所至逢迎。而弟終日掩關，一編度日，生計則僅支衣食，聲名則不出鄉間，以視足下之晞髮扶桑，濯足滄海，又豈特楹之與莛耶？惟是年來海內故人多半零落：袁子才、王西莊，俱於前歲物故，祝芷塘去冬又卒於雲間。惟吾二人尚憖遺無恙。東西萬里，白首相望，不可謂非幸事也。弟所著詩集外，已刻者尚有《陔餘叢考》四十三卷，未知曾得呈覽否？近有《廿二史劄記》三十六卷，今歲可以刻成。此後亦不能再有所著述矣。《雨村詩話》中有趙雲崧子叩謁於廣東學署一段。足下提學粵東時，小兒年僅勝衣，從未有游粵者。此不知何人假冒干謁，遂使弟有此干兒，可發一笑。並縷及之，想足下亦為捧腹也。聞蜀中流匪充斥，而綿州獨晏如，可為遥賀。然烽煙俶擾中，恐亦不免戒心。昔日將軍之稱，或將弄假成真。弟翹首西瞻，惟時時灑酒祝平安耳。州牧劉君，係弟內侄，聞居其官，頗有循良之譽。倘地方有守禦之事，尚祈協力佽助為禱。吳雲蜀嶺，相見何日，蘸筆縷述，不禁黯然①。

這封書信附於《童山文集》卷十，《雨村詩話補遺》最後一則也敘述收信前後之事，還轉載了這封信。《雨村詩話補遺》卷四說："庚申八月十八日，余回南村省墓，見書樓已成灰燼，長子及養子皆逃，房屋爲土賊拆毀殆盡。本州尊爲武進劉慕陔先生印全，壬辰進士，由資陽令升合州刺史，擢綿州六年，歷有廉名，余向以老病未得展謁。未歸，曾蒙枉駕至家查問，是以土賊稍戢，不然，片瓦難存也。九月初八日，慕陔忽差人送故人趙雲崧七月初五日書至，問之，則甌北即慕陔姑丈也。"這段話交代了收信前的背景，具體的收信日期是庚申九月初八日，趙翼寫信日期是同年七月初五日，由趙翼內侄知府劉慕陔捎帶來。轉載書信後李調元寫道："以三十餘年未得見之知己忽通音訊，爲之狂喜，遂即日作詩寄甌北云。"②結合趙翼的書信與《雨村詩話》的記載，可知趙翼從姚鼐處得到《雨村詩話》，因爲其中記載他的詩歌很多，且有有人冒充其兒子一事需要解釋，於是在七月初五日修書一封，托內侄綿州知府劉慕陔帶去，劉氏差人送信，送到的時間是庚申九月初八日。劉氏任綿州知府六年，李調元因爲"老病未得展謁"。李氏萬卷樓失火之後，劉"曾枉駕至家查問"。得信之後，李調元感慨萬分，當即寫詩抒懷，並且回信。其後又有《得趙雲崧前輩書寄懷四首》反復致意。

趙翼的書信寫得很好。第一，他抒發了三十餘年的別情及"萬里相望，無由通問"的遺憾，回憶當年"春明徵逐，詩酒流連"的情景，感慨"此景何可再得也"。第二，寫"忽從姚姬傳處遞到《雨村詩話》一部，載拙作獨多"，既直接向對方表示感謝，又間接説明了

① 《童山文集》,《叢書集成初編》本，中華書局 1985 年版，又載《雨村詩話》補遺卷四。
② 詹杭倫、沈時蓉:《雨村詩話校正》，巴蜀書社 2006 年版，第 415—416 頁。

來信的主要原因。第三，承上，接着對比二人的才華、成就、名聲及生活，贊美對方，表示謙遜。第四，轉而回憶故人零落，感慨時光之易逝、倖存之不易與故人友誼的珍貴。第五，介紹自己近年的兩部著作，願意與朋友交流切磋。第六，解釋有人假冒干謁一事，以爲笑料。第六，由衷地關心故人平安。這段文字一波三折，首先遥賀對方在流匪充斥的戰亂中平安晏如；其次一轉，寫烽煙俶擾，局勢萬變，身在其中者肯定有戒懼之心；再次，回顧當年初交時之往事，當年在椿樹胡同對門而居，衆人稱李氏爲詩壇“小李將軍”，聯繫李氏的詩文，可知當年的“小李將軍”固然指李調元姓李而又在詩壇初露頭角，是位英氣勃勃的小李將軍，其實也因李氏當年血氣方剛，壯志淩雲，喜歡議論關心國事及軍事，所以三十多年後趙翼有“昔日將軍之稱，或將弄假成真”之説，希望暮年的李調元投筆從戎；最後“翹首西瞻”，希望李氏成功，自己衹能“時時灑酒祝平安”。第七，介紹州牧劉君，既是內侄，又居官頗有循良之譽，因此希望故人鼎力支持，托人帶信之事也順帶説明了。末尾，聯繫開頭，再次感慨相見無日的難過，暗含各自珍重的祝願，具有很深的生命意識。趙翼不僅是史識明達、考證精核的歷史學家，是著名詩人與詩論家，而且是著名散文家，從這篇尺牘就可以看出他的散文敘事清楚，議論通達，情感真摯，語言樸素而又精練，藴意豐富複雜卻又層次井然，照應過度自然得體，可稱燕許大手筆。

這封書信最有意思的是在比較二人才華、成就、名聲及生活時，對有關詩學理論進行了探討。文中所謂“弟與足下出處大略相同，然足下動筆千言，如萬斛泉，不擇地湧出。而弟循行數墨，蚓竅蠅聲，其才固已萬不能及”，是説二人成長的時代、家庭、經歷與教育都差不多，但一者靈感來得快，筆頭也快，一者反之。趙翼的詩歌、詩論及散文不少，更有考證精嚴、行文雅潔恣肆的史學名著，因此所謂“循行數墨，蚓竅蠅聲，其才固已萬不能及”肯定是自謙之詞，但也證明了李調元確實文思如泉，而他自己則文思稍微遲緩一些。方之文學創作，趙翼强調性靈，所謂性靈，首先指性情，另外還包括靈氣、靈巧與靈感，四者合一纔是袁枚等人强調的性靈。四者之中性情是本，没有性情就無所謂性靈，袁枚的性靈説第一强調的是寫真性情。雖然性情説源自儒家，靈氣同樣重要，所謂靈氣就是作家所具有的創造才華，這種才華包括所謂天才，是以天才爲基礎而又經後天歷練而成的才能。趙翼强調天才，也重視天才與人巧的結合，他説：“少時學語苦難圓，衹道工夫半未全。到老始知非力取，三分人事七分天。”① 説文學創作不能力取，也就是不能全憑學力取勝，而是“三分人事七分天”，天才的重要性遠遠高於學力，缺乏應有的天分，無論怎樣苦學苦練也是“苦難圓”及“半未全”。靈巧是指作品的風格特點，靈感則指創作的構思及寫作中呈現出來的靈氣畢至的感覺或者狀態。劉勰説：“故寂然凝慮，思接千載；悄焉動容，視通萬里；吟詠之間，吐納珠玉之聲；眉睫之前，捲舒風雲之色。”② 這就是一種溝通想象聯想而文思顯現的構思或寫作狀態。靈感與靈氣有聯繫，靈氣主要是一種天生的才華，靈感則是在天才兼學力

① ［清］趙翼：《甌北集》，上海古籍出版社 1997 年版，第 630 頁。
② 范文瀾：《文心雕龍注》，人民文學出版社 1858 年版，第 493 頁。

基礎上的經過醞釀而突然產生的心理狀態，或者構思創作狀態。人人都有靈氣，但體現在不同方面，其表現也有足與不足之分。構思創作時人人都有靈感，但有遲速之分，持續長短之分，因而下筆也有遲速之分，正如短跑與長跑一樣。按理靈氣多者靈感必然多，但不一定快速，下筆也不一定迅速。趙翼所說的“循行數墨，蚓竅蠅聲”是指下筆寫作速度較慢，延伸開去，也包括靈感來得較慢，因此他所謂“才”並非指天才靈氣，而是指靈感來得較慢，下筆寫作的速度也較慢。不過許多靈感來得較慢的人，往往靈感持續時間較長，短時間內寫作速度雖然較慢，但持續寫作，其成果卻不一定少。比較性靈派大家，主帥袁枚作品很多，成就較大，影響更大，他號稱袁才子，自然才華超人，這種才華自然主要指天才靈氣，但袁枚作詩卻不太快，而且也不滿捷才。李調元説：“詩有捷才，殆天賦也。古有七步八叉，本朝自宮詹張南華鵬翀而外，指不多屈，目見者唯廣漢玉溪一人而已。乃袁子才最不喜人敏捷，曾有《箴作詩》句云：‘物須見少方爲貴，詩到能遲轉是才。’此余所不解也。”① 李調元此所謂“捷才”指的是構思下筆都快的敏捷之才，這自然是一種天賦。古代最出名的人是七步成詩的曹植與八叉手成詩的温庭筠，他們的成就固然不小，曹植被稱爲“建安之傑”，但卻不是成就最大作品也很多的詩人。李調元所說的清代的張鵬翀及張玉溪更是等而下之不足道也。袁枚是才子，肯定十分有靈氣，但卻構思行文偏於遲緩，而且“最不喜人敏捷”，這是一種個人好惡，不足爲訓。不過袁枚以“物須見少方爲貴”比附“詩到能遲轉是才”卻没有道理。按照常理，深思熟慮、精雕細刻而成的作品當然比率然下筆要好一些，但卻不成正比，而且靈感與下筆寫作的遲速是有變化的，常遲者可能突然快速，常速者可以突然遲緩，很多名作常常産生於客體主體化、主體客體化的稍縱即逝的瞬間。

（三）李調元《答趙雲崧觀察書》。李調元接到趙翼書信後即回信，回信首先敘述收信的時間、情境，接着寫道：

> 如獲至寶，遂忘其寒，持向風簷向南拜讀，惟恐其盡。而其詞或莊或諧，一種瀟灑之趣，則又似先生已到寒家，如聞其聲而聽其談也。噫，我二人，尚俱人間耶！以三十年前素相接恆之人，又以千古而後第一傾服之人，久絶音問，而忽得此消息，此何異喜從天降也。憶自辛壬之間，得附譜末，同居京師椿樹三條胡同，門僅斜對，過不數武，日與唱酬往返。每見先生玉堂著作，甫脱稿即傳播人口，竊以此才天授，為之執鞭，亦所忻慕。不意追隨未久，而內任外任，忽焉東西各方，雖踪迹或有時聞，而音容不可復接，以至於今。落落晨星，祇有我二老，所謂感慨繫之矣。自先生出守鎮安，愚亦不數年視學東粤，見有持《甌北集》來謁者，云令嗣君，整衣款之。今閱來書，始知假冒，實可發人一大噱，然因此而得君詩集，故《雨村詩話》中所選獨多，亦其力也。詩人皆稱袁蔣，而愚獨黜蔣崇趙，實公論也。余婿廣漢孝廉張懷溎，亦有四家選集之刻，謂子才、夢樓兩先生及君與愚也。濫及乃岳，可謂阿其所好。此書蜀中盛行，不知可曾

① 詹杭倫、沈時蓉：《雨村詩話校正》，巴蜀書社2006年版，第69頁。

見否？[1]

這段話首先寫閲讀書信與翻閲著作時的神態心情，贊揚評價對方的著作“或莊或諧，一種瀟灑之趣”，真個文如其人，“聞其聲而聽其談也”，“何異喜從天降也”。其次，回顧三十年前交往的往事，文中“每見先生玉堂著作，甫脱稿即傳播人口，竊以此才天授，爲之執鞭，亦所忻慕”既表對對方的仰慕之情，又對應回答趙翼書信中的自謙之詞，這種情感應該是真摯的。接着順次回憶之後的交往，並感歎人生易老。第三是敘述有人假冒趙翼兒子一事，並説明這也是《雨村詩話》中所選趙翼詩特别多的原因之一。第四是對比評價性靈派三大家，所謂“詩人皆稱袁蔣”，即當時多數人都袁蔣並稱，而他則“愚獨黜蔣崇趙”，且認爲這是公正的評價，後面又以女婿張懷溎的四家選集選趙翼而不選蔣士銓來證明自己“黜蔣崇趙”的正確性。當然也對選集選入自己的詩歌表示謙虚，所謂“濫及乃岳，可謂阿其所好”。

李調元書信的前半基本上對應趙翼的書信，主要敘述與趙翼的交往與友誼，對趙翼詩歌的評價，也順便説明了趙翼詩歌入選《雨村詩話》較多的原因。後面以大半篇幅詳述四川戰亂與土賊焚毁萬卷樓之事。趙翼的來信與李調元的復信相比較，趙翼的信含義複雜深厚而又精煉雅致，而李調元的復信對應回復了趙翼來信，篇幅較長，但行文顯得較爲隨意，顯示了二人文風的不同。

（四）李調元《劉慕陔州尊遣吏送趙雲崧前輩書，時萬卷樓焚，雲崧不知也。因作詩寄知，亦當爲我一哭也》。詩云：

> 不恨同心各一天，衹嗟書劄也茫然。粵東宦迹同鴻爪，川北民膏濺鵠拳。趙括父書偏不讀，劉宏吏紙屢郵傳。是災是火君休問，作答忙封附去船[2]。

這首詩歌《雨村詩話補遺》卷四最後一則有記載，説是“即日作詩寄甌北”，時間當在庚申九月初八日，而《童山詩集》卷四十一登載這首詩，用長題，繫於次年，即辛酉年。考李調元編定的《童山詩集》四十卷刊成於乙卯（1795），程晉芳的《童山詩集序》又寫於己丑年（1805），後七年的詩歌由後人編定，且增加二卷，是後人不查而致小誤。詩歌與回信同時，主要寫萬卷樓被焚毁後的悲傷與感慨。詩歌首聯寫與趙翼三十餘年雖爲老友卻天各一方的遺恨，“不恨”與“衹嗟”對舉，實際上是“已恨同心”卻“各一天”，“衹嗟”則是“更嗟”，表現了知心朋友天各一方，且連書劄相通也難以指望的痛苦和遺憾。頷聯上句追敘二人最後的聯繫在他爲官粵東時，且是有人冒充趙翼的兒子，這些早年的資訊如同雪泥鴻爪，衹留下依稀的痕迹；下句跳回現實之中：因爲白蓮教戰亂，川北民衆的鮮血，包括民脂民膏都四散飛濺。頸聯用典，寫朝廷官員昏庸，偏不讀“趙括父書”，以至鎮壓不力，而戰敗的消息卻屢屢傳來。中間兩聯間接寫到萬卷樓失火被焚之原因，尾聯纔真正接觸主

① 《童山文集》卷十，《叢書集成初編》本，中華書局1985年版。
② 《童山詩集》卷四十一，《叢書集成初編》本，中華書局1985年版。

題，説的是萬卷樓被毁是人禍還是火災朋友你不要問了，問了我也説不清楚，説清楚了也没有任何意思，我現今唯一可作的事是趕快寫好回信封好，讓剛到而又馬上離去的船捎帶給你，讓你放心。

詩歌的題目中有“時萬卷樓焚，雲崧不知也。因作詩寄知，亦當爲我一哭也”，詩歌卻先表現二人長期的交往與深厚的友誼，描敘戰亂而説明災難的原因，焚毁之災難有其必然性，我痛心而至無奈，寫信作詩告知你，你也不必悲傷。詩歌抒情敘事議論結合，情感真摯，語言樸素，不失爲一首較好的贈人抒情詩。

（五）趙翼《雨村詩（話）中謂督學廣東時余子以拙刻贄謁，厚贐而去。僕初未有子入粵也，蓋他人假名干謁耳，書以一笑》。詩云：

> 一紙書來事大奇，老夫被販不曾知。是誰甘謂他人父，顧我從無外舍兒。表丈不妨聊暫借，（自注：見《唐摭言》李播事。）故人且免去窮追。（自注：見葉石林《玉澗雜書》楊衡事。）祇慚畫餅名何用，未足供渠干謁資①。

李調元視學粵東，有人冒充趙翼之子送《甌北全集》干謁時任學政的李調元，李氏贈其三十金之事，李調元《雨村詩話》十六卷本卷五有記載（原文見前引），是一則令人捧腹的笑話，足見冒充高官親人以圖利者古已有之，不是今人的發明。不過此騙子祇騙取了三十金，並未要求學政李調元爲其弄個學位或官位。此事的好處是李調元得以閱讀欣賞《甌北全集》，且在其詩話中多有采録，三十金换取了一段詩壇佳話與趣話。趙翼得知真相後，不僅去信説明，而且在收到李氏回信之後又寫了本詩，目的在“書以一笑”。詩歌首聯“一紙書來”，説明是收到李氏回信之後，覺得“事大奇”，奇的是“老夫被販不曾知”。頷聯接着寫奇在何處：居然有人充當他人的兒子，甘心情願稱他人爲父，而他卻“從無外舍兒”，冒充者屬於無恥之尤，事情實在滑稽可笑。頸聯爲流水對，上聯用典，趙翼自注云：見《唐摭言》李播事。《唐摭言》載，又《唐詩紀事》云：“播以郎中典蘄州，有李生攜詩謁之。播曰：‘此吾未第時行卷也。’李曰：‘頃於京師書肆百錢得此，游江淮間，二十餘年矣。欲幸見惠。’播遂與之，因問何往。曰：‘江陵謁盧尚書。’播曰：‘公又錯也，盧是某親表。’李慚慄失次，進曰：‘誠若郎中之言，與荆南表丈，一時乞取。’再拜而出。”②

古人常常冒認他人爲表丈，因爲中國姑表、姨表、舅表甚多，加上遠房表親，可能連本人也弄不清楚，冒充極易，也無自低輩分與自辱的嫌疑，而今居然有冒充他人之子的人，真個是世風不古，人心日下。但趙翼勸李調元“且免去窮追”，因爲窮追既無意思，也追不着。此句趙翼自注云：“見葉石林《玉澗雜書》楊衡事。”葉石林《玉澗雜書》：楊衡有“一一鶴聲飛上天”之句，最自負。後因中表盜其文及第，衡自至京追之。既怒問：“一一鶴聲在否？”曰：“此句知兄最惜，不敢輒偷。”衡乃解③。尾聯聯繫冒名，感慨自己這類書

① 《童山詩集》卷四十一，《叢書集成初編》本，中華書局1985年版。

② ［宋］計有功：《唐詩紀事》卷四十七《李播》條，文淵閣《四庫全書》本。

③ 參見趙翼：《陔餘叢考》卷四十“竊人著述”條，商務印書館1957年版。

生衹能用於畫餅充饑的名聲没有什麽用處，以至“未足供渠干謁資”。這説明乾隆中後期貪腐成風，人們惟利是圖，惟權是争，正直清貧的文人學者在社會上的地位是很低的。詩歌寫一樁可笑之事，目的也在“書以一笑”，詼諧之中含有幾分激憤與無奈，善於用典，與趙翼亦莊亦諧的風格一致。

李調元讀詩之後有和詩，詩題爲《戊戌年余視學粵東，閽人以趙雲崧觀察子名帖求見，並以甌北集爲贄，余見之留飯，贈三十金而去。昨接雲崧書，言其時子尚幼，並未入粵，乃假名干謁也，不覺大笑，作詩見寄，余亦爲捧腹，依韻答之》。詩云：

人生萬事盡傳奇，尤是官場不易知。頭角居然高我子，言談殊不肖君兒。贈金小事原無惜，款飯殊恩悔莫追。未接手書終不解，怪無一字謝微資①。

聯繫趙翼的詩歌，可知李調元的和詩是在趙翼收到李氏回信之後的又一封書信，所謂“昨接雲崧書”，今不見原信。趙翼就此事“作詩見寄”，他則“依韻答之”，是二人第一次唱和。詩歌首聯感歎“人生萬事盡傳奇”，又認爲“尤是官場不易知”，這話不一定準確，其實官場的滑稽醃臢骯髒近乎傳奇的怪事是多於民間的，衹不過與民間的有所不同罷了。頷聯回憶當年與冒充者見面的情景，寫自己當時也有所懷疑：來人個子過高，言談與趙翼一點也不像。頸聯轉寫今日的感想，贈送三十金還是一件小事，但款待冒充者酒席，親自作陪，卻實在有些令人後悔莫及。尾聯寫没有接到趙翼的書信説明，他對此事始終不解，還“怪無一字謝微資”。李調元的這首和詩寫一樁詼諧滑稽之事，卻没有詼諧滑稽的味道，且缺乏深沉的思想與感慨，似不如趙翼的原作，但和詩本不易作，也可以理解。

（六）趙翼《感懷寄李調元》。詩云：

不見李生久，今朝接寸箋。來原經萬里，到已歷三年。想像鬚眉老，傳聞子弟賢。京華舊游迹，振觸一燈前。

天各一方遠，年皆七秩餘。料無重見日，但望再來書。豪氣應猶在，交情故未疏。采詩偏我厚，百首累抄胥。

此書前歲發，蜀土尚無虞。豈意魚鳧國，今成豺狼區。可能扶老杖，當作辟兵符。莫是將軍號，真叫展壯圖。

得信知君在，其如寇禍侵。遥知驚夜火，不敢響秋砧。契闊同年面，迢遥兩地心。憂時兼憶友，不覺淚沾襟②。

趙翼的詩歌載於《叢書集成》本《童山詩集》卷四十一附，成十六韻古體，當是編者失察所致。這組詩歌當是接到李調元回信與《劉慕陔州尊遣吏送趙雲崧前輩書，時萬卷樓焚，雲崧不知也。因作詩寄，知亦當爲我一哭也》之後，專門寫的一組感懷寄友詩，對李調元回信進行了回應，隨信還寄來了《陔餘叢考》、《廿二史劄記》。

---

① 《童山詩集》卷四十一，《叢書集成初編》本，中華書局1985年版。
② 《童山詩集》卷四十一，《叢書集成初編》本，中華書局1985年版。

詩歌第一首首聯首先引用杜甫的《不見》："不見李生久，佯狂真可哀。"[①] 接着的"今朝接寸箋"，敘事兼抒情，欣喜之情蘊含在不動聲色的敘事之中。頷聯接寫書信經萬里而來，歷三年纔到，運用誇張的手法極寫書信交流的不容易，真如李白的"蜀道之難，難於上青天"。頸聯轉寫他對故人的想象：故人鬢眉雖然偏老，但子弟多成賢才，也值得欣喜。尾聯轉而追述回憶"京華舊游迹"，尤其是"振觸一燈前"，那種一燈相照、吟詩對談的情景，真個值得回味。詩歌語言樸素雅潔，時空大幅度跳躍，但意脈連貫，蘊意深沉，不失爲五言律詩佳作。

第二首回應"不恨同心各一天，衹嗟書劄也茫然"。首聯感歎二人相隔遥遠，年齡老大。頷聯承上，因爲相隔遥遠，年齡老大，所以便"料無重見日"，於是就"但望再來書"，深情朋友耄耋老人的心願真實而又自然地表現出來了。頸聯一振，寫人亦寫己：豪氣應猶在，交情故未疏。意在勉勵相互都保持豪氣，繼續交往。尾聯回應《雨村詩話》采録自己的詩歌，表示感謝與謙虚。

第三首首聯回應戰亂與"小李將軍"事。首聯"此書前歲發"是説趙翼給李調元的第一封書信在庚申前一年，送到在庚申，於是便是"前歲"，當時"蜀土尚無虞"。頷聯接着敘述四川突然發生戰爭，所謂"豈意魚凫國，今成豺狼區"，意即：不料短短一年多，具有古老文明與深厚文化内蘊的經濟繁榮的巴蜀大地，轉眼間便成了豺狼虎豹縱横肆虐的地方，簡直是變生肘腋，一介書生處此危境，未來難以預料。頸聯轉而推想對方："可能扶老杖，當作辟兵符。"老年被迫從軍打仗，以拐杖做武器，做兵符，既贊揚對方的勇武，也揭示與諷刺朝廷與官員的無能與自己的無奈。尾聯呼應頸聯：莫非真應了三十年前"小李將軍"的綽號，臨老還要上戰場一展壯圖。

第四首首聯先寫"知君在"的欣喜，接着便爲友人擔心：其如寇禍侵。頷聯承上，寫故人面對"寇禍侵"的危險恐怖情形與警覺狀態：常常被夜火驚醒，以至不敢入睡，也不敢發出一點聲音。頸聯抒情：契闊同年面，迢遥兩地心。與同年久不見面，但雖然相隔很遠，其心卻是相通的，義近王勃的"海内存知己，天涯若比鄰"[②]。尾聯"憂時兼憶友，不覺淚沾襟"，憂思感慨分外深沉：回憶朋友，憂慮戰亂中朋友的安危，更憂慮時代，希望早日結束戰亂。這既是本首一個圓滿完美的結尾，也是整組詩歌一個圓滿完美的結尾，一個憂國憂民而又重友情的詩人形象躍然紙上。

整組詩歌的着意雖爲寄朋友，應答朋友的來信，但其情感内蘊卻不僅僅追敘友情，感喟人生，而且延伸到傷時感事，憂國憂民之情十分深沉濃烈，其中第一、第三、第四首都寫得很好，視野開闊，聯想廣遠，詩思深厚，有杜甫安史之亂前後感傷時事五律的風神與底蘊。聯繫趙翼的經歷，他從乾隆三十七年（1772）歸隱至本年（嘉慶六年，1801）已經近二十年了，早已遠離官場，國事非他所應該關心。他出身孤貧，爲官時間不長，在任十分清正，

① ［清］楊倫：《杜詩鏡銓》，上海古籍出版社 1980 年版，第 373 頁。
② ［唐］王勃：《杜少府之任蜀州》，《全唐詩》，中華書局 1960 年版，第 675 頁。

且執著於歷史研究，歸隱在家之後不久即患有風疾，生活肯定較爲艱難窘迫，誠如他自己所説的“終日掩關，一編度日，生計則僅支衣食，聲名則不出鄉間”，但他卻葆有一顆憂國憂民之心，這正是他與袁枚等人的不同處，也是他的高尚處。

李調元有《和趙雲崧觀察見寄感賦四律原韻》：

江南來遠使，甌北寄長箋。接到新詩日，逢回故里年。（自注：是年始從成都回綿。）室多薪木毀，家少肯堂賢。危坐方酬和，千愁集目前。

萬卷成灰滅，重樓亦燼餘。今生無力購，來世再儲書。聞火君當賀，遺金我自疏。乞師終不出，無路學包胥。（自注：屢向州尊乞追火賊，尚未弋獲。）

我已才甘退，君何譽不虞。自忘名赫赫，乃反羡區區。袁蔣同分鼎，（自注：謂子才心餘。）王朱若合符。（自注：指阮亭竹垞。）自慚非大國，獨霸亦良圖。

寄我名山業，（自注：君以新纂《陔餘叢考》、《廿二史劄記》見寄。）遥知歲月侵。封時付春舫，到日已秋砧。文字千秋事，才名一樣心。拙編容乞序，定不讓題襟①。

李調元的和詩第一首首聯寫接到趙翼的回信，頷聯承上寫接到書信的時間與地點，頸聯轉寫回家後所見的荒涼景象與不堪狀況，“家少肯堂賢”之“肯堂”指的是陸肯堂（1650—1696），字邃深，一字澹成，江蘇長洲人。康熙二十四年（1685）一甲一名進士，授翰林院修撰。累官至侍讀，朝廷大著作，多出其手。肯堂穎悟嗜學，朱彝尊、王鴻緒、徐乾學、汪琬皆推重之。工詩古文辭，滂沛閎闊，如萬斛泉不可抑止。著有《三禮辨真》、《懷鷗舫詩存》、《陸氏人物考》等。尾聯抒情，寫自己危坐而酬和趙翼的詩歌，一時萬千愁緒聚集目前。

第二首主要寫萬卷樓被焚毀之事。首聯寫萬卷樓被焚，連樓帶書都化爲灰燼。頷聯承上，寫損失巨大，因此“今生無力購”，衹好“來世再儲書”了。頸聯寫故人的安慰，“聞火君當賀”强自寬解，下句“遺金我自疏”，則趙翼曾經送禮資助與撫慰，當時趙翼的生活及經濟條件並不好，足見趙翼之重情與二人情誼之深厚。尾聯寫他屢次向州縣官員請求追捕縱火賊，但卻没有結果。這倒間接表現出乾嘉之交的時事：吏治腐敗，上下推諉，官吏不作爲，或者没有能力作爲，如此焉能不亂？

第三首主要回答趙翼書信中對他詩歌成就及名聲的贊揚。首聯寫自己不值得贊譽。頷聯承上，説自己已經忘記赫赫之名，而你卻仍羡慕我，言下之意是不必要與不值得。趙翼的書信説：“伏念弟與足下出處大略相同，然足下動筆千言，如萬斛泉，不擇地湧出。而弟循行數墨，蚓竅蠅聲，其才固已萬不能及。足下居有園亭聲伎之樂，出有江山登覽之勝，著書滿家，傳播四海，提倡風雅，所至逢迎。而弟終日掩關，一編度日，生計則僅支衣食，聲名則不出鄉間，以視足下之晞髮扶桑，濯足滄海，又豈特楹之與莛耶？”這段話中，趙翼一羡慕

① 《童山詩集》卷四十一，《叢書集成初編》本，中華書局 1985 年版。

李氏的捷才，二羡慕其園亭聲伎之樂與旅游之歡和廣，三羡慕其著書之多，四羡慕其名聲流傳之廣，所謂“所至逢迎”。而自己卻没有，或者反之。趙翼所言都是事實。其實，趙翼所贊揚羡慕者作爲普通人固然是好事樂事，但作爲詩人學者卻不盡然，比如聲伎之樂與“所至逢迎”，著述精而多固然好，粗淺而多則不好，名聲顯赫也未必是好事，尤其是虚名。所以李氏“自忘名赫赫”是正確的處理方法。頸聯轉而評價康乾時期的詩壇，列出王阮亭、朱竹垞、袁子才與蔣心餘，未列趙翼，言下之意是趙翼與袁、蔣鼎足而三，而自己則不能與之並列，意在表示謙虚。尾聯“自慚非大國”是謙虚，而“獨霸亦良圖”似應作“獨霸非良圖”，説自己的詩歌既然稱不上大國、大家，所以就不敢“獨霸”。全詩對自己的詩歌成就表示謙虚，兼評價康乾詩壇。

第四首主要對對方寄來的著述表示感謝。首聯寫對方寄來兩部大作，這肯定是夜以繼日、焚膏繼晷的結晶，是花費了不少時間與精力纔寫作成功的。頷聯承上寫書信從春到秋方纔寄到，十分不易，所以倍感珍惜。頸聯化用杜甫《偶題》：“文章千古事，得失寸心知。”① 所謂“文字千秋事，才名一樣心”，是説立言不朽是千秋之業，古今追求才名的心理是相同的，或者才子名士的心理是相同的，這對普通人而言確實如此，但更高的境界則是立言敘事抒情寓理而不求名利。尾聯接上，因爲“才名一樣心”，所以便請求趙翼爲他的著作作序，而且希望對方一定不要拒絶。題襟，唐温庭筠、段成式、余知古等常題詩唱和，有《漢上題襟集》十卷②，後指詩文唱和抒懷，所謂“定不讓題襟”，意即你給我寫序言，一定如唱和抒懷一樣成功。當時李調元的著作如詩集、文集及詩話都成集刻印，此“拙編”不知是專集還是全集，不過今存李調元著作中無趙翼的序言，趙翼文集中也没有。是趙翼没有作，還是作了而没有流傳，待考。

李調元的這組詩歌既和趙翼的原作，但意思結合並不緊密，倒是與趙翼的第一封來信關係緊密，也涉及趙翼寄來兩部書，自然與後一封來信有關。整組詩歌主要對對方的來信與寄來書籍表示感謝，敘述萬卷樓遭毁，對對方的稱頌表示謙虚，且請對方爲自己的著作作序，内容不離交往酬酢，與趙翼原詩“憂時兼憶友”有别。

（七）《得趙雲崧前輩書寄懷四首》。詩云：

見書十倍於見面，此語雖真奈老何。皇甫序文曾許矣，歐陽詩話已成麽。丹徒早抱西州慟，墨迹空傳北海多。莫歎眼昏精力憊，老天留我兩皤皤。

憶昔青雲附驥塵，君方及第户盈賓。（自注：時君初捷辛巳探花。）時晴齋每招游侍，（自注：齋為汪文端公太老師故居，其額尚存。）聽雨樓頭看劇頻。（自注：樓為畢秋帆前輩在京宴客之所。）椿樹醉歸三月巷，緑楊斜對兩家春。癸闈猶記房車過，親報余登第二人。（自注：癸未禮闈，適君分校，出闈尚未至家，即先過我，報余中第二，故得捷音尤早，至今尚感云。）

---

① ［清］楊倫：《杜詩鏡銓》卷八，上海古籍出版社 1980 年版，第 713 頁。

② 見《新唐書·藝文志·四》，百衲本二十四史。

寄來兩部大文章，劄記陔餘並挈綱。早歲腹原充四庫，老年胸更展三長。讀詩似倩麻姑癢，掩後偏愁沈約忘。我亦名山多著述，未知石室付誰藏。

趙袁媲唐白與劉，蔣於長慶僅元侔。（自注：時有程秀才創為拜袁揖趙哭蔣三圖。）一生此論常偏袒，萬口稱詩讓倚樓。天下傳人應手屈，世間壽算又頭籌。當年病熱君知否，伏枕呼瓜一息留。（自注：昔在京病熱，幾不起，有醫但令食瓜，竟以此愈。）①

這組詩歌也當是接到趙翼第二封書信後的寄懷之作，但與第一封書信的關係也很緊密。第一首首聯，大概趙翼的書信有“見書十倍於見面”之語，於是李氏感慨“此語雖真奈老何”，即年齡老大，見書的機會也不多了，何況見面，流露出濃厚的歎老悲老之情。頷聯化用典故來詢問對方，你已經許諾給我作序，言下之意是不知做好没有，你的《甌北詩話》已經寫成了嗎？我很想先睹爲快啊。頸聯繼續用典，同情並勸慰對方，寫趙翼早有西州之慟②，又空傳孔北海一樣多的墨迹，意即在這物欲横流的時代，我輩文人衹能墨迹空傳，徒然傷心國事。尾聯繼續勸慰對方“莫歎眼昏精力憊”，你我兩個皤皤老者能够活着就已經是上天的恩賜了。李調元六十九歲，已近生命的盡頭，趙翼當時更是已經七十六歲，且有風疾，所以“眼昏精力憊”是寫實。李氏意在勸慰對方，應該開朗樂觀，順應自然，走完生命的最後一程。全詩用典貼切，情感真摯而又不失曠達，藴含亦頗深，當是一首好詩。

第二首主要回憶與趙翼在京師的交往與友誼。首聯“憶昔青雲附驥塵，君方及第户盈賓”，回憶他與趙翼初交的情景：趙翼乾隆十四年（1749）入京即以文才受知於劉統勳、汪由敦，纂修《國朝宫史》，中舉後又先後考取禮部教習、內閣中書，再入直軍機，受尹文端公、傅文忠公的倚重，至辛巳（乾隆二十六年）成進士爲探花時已經在京十二年，稱得上學問淵博名滿京師了。所以李氏的描述應該是真實的，其書信中也説：“每見先生玉堂著作，甫脱稿即傳播人口，竊以此才天授，爲之執鞭，亦所忻慕。”頷聯承上，寫二人常常在一起飲酒看戲：游覽飲宴之所是時晴齋，是汪文端公太老師的故居；看戲之所是聽雨樓頭，是畢秋帆前輩在京宴客之所。“聽雨樓頭看劇頻”，説明是在達官住宅看堂會，這是李氏在京師看戲的最早追記，對他此後熱愛戲曲，研究、創作並導演戲劇肯定有很大影響。頸聯承上而寫椿樹胡同爲近鄰的生活，如《答趙雲崧觀察書》中所云：“同居京師椿樹三條胡同，門僅斜對，過不數武，日與唱酬往返。”尾聯回憶印象最深的癸未禮闈中進士傳報一事，李氏自注云：“癸未禮闈，適君分校，出闈尚未至家，即先過我，報余中第二，故得捷音尤早，至今尚感云。”此詩重在憶舊，感謝趙翼當年對自己的熱情提攜，對瞭解李氏初到京城的經歷與生活有幫助。

第三首根據趙翼寄來著作，贊揚趙翼的詩文成就。首聯説趙翼寄來的《廿二史劄記》

① 《童山詩集》卷四十二，《叢書集成初編》本，中華書局1985年版。

② ［唐］房玄齡等：《晉書》卷八十六《張軌傳》：張軌，永寧初出爲涼州刺史，有治績，“遂威著西州，化行河右”。張軌在州十三年，其臨終遺言仍要求文武將佐“弘盡忠規，務安百性，上思報國，下以寧家；素棺薄葬，無藏金玉，善相安遜，以聽朝旨”。朝野爲之大慟。中華書局1974年版，第2221—2226頁。

與《陔餘叢考》是兩部大文章，二書對歷史有提綱挈領之效。頷聯承上寫趙翼學識豐富，早年腹中即對經史子集四庫無所不通，晚年更是大展三才，留下了精妙的詩文。頸聯贊揚趙翼的詩歌如麻姑搔癢，切中肯綮，而且記憶超群如沈約。尾聯轉寫“我亦名山多著述”，但時事艱難，於是便平添“未知石室付誰藏”的感慨。

第四首主要評價贊揚趙翼的詩歌。首聯評價性靈派三大家，認爲“趙袁媲唐白與劉，蔣於長慶僅元侔”，以袁枚、趙翼比附中唐著名詩人白居易與劉禹錫，從趙翼特具史家的膽識而工於懷古，且詩歌有豪縱之風而言，比其爲詩豪劉禹錫是非常準確有識的。頷聯承上，繼續贊揚趙翼的詩歌，所謂“一生此論常偏袒”，即他在《雨村詩話》中所説“然視心餘，則（趙翼）殆過者而無不及矣”①，“詩人皆稱袁蔣，而愚獨黜蔣崇趙，實公論也”②。而當時人也多持這種觀點，所謂“萬口稱詩讓倚樓”，以同姓的唐代趙嘏號“趙倚樓”來比拟趙翼。頸聯轉而寫趙翼不僅讓“天下傳人應手屈”，而且有才又有壽，所謂“世間壽算又頭籌”。尾聯别開生面，轉而回憶記敘當年趙翼生熱病危急卻又突然痊癒之事：“當年病熱君知否，伏枕呼瓜一息留。”意思是當年熱病危急，以至昏迷而氣息微弱，在昏迷中卻又“伏枕呼瓜”，此事不知你病後記得否，今日還記得否？真個好懸，弄不好一代大才就糊裏糊塗命喪黄泉了。這個結尾看似游離於詩歌主題，其實卻很巧妙：你這“天下傳人應手屈，世間壽算又頭籌”的大才高壽者竟然有這等奇險的經歷，言下之意是大難不死，必有後福。“自注：昔在京病熱，幾不起，有醫但令食瓜，竟以此愈。”以瓜醫治危急的熱病，確乎太過弄險，但也不失爲一個值得研究的單方或秘方。這首詩寫法極爲别致，先比附評價性靈派三大家，接着專門評價贊揚趙翼，又進而謂其有才有名又有壽，使用層層推進的方法，但末尾卻突轉，寫早年險些死去的危險故事或趣事，成了前三聯議論評價，最後一聯描述的特别結構。

整組詩歌聯繫回應趙翼的兩封書信，與他給趙翼的回信内容近似，先感歎見面不易與生命易逝，進而追述交往與友誼，再評價贊揚對方的著述成就，最後主要評價對方的詩歌，整組詩歌層層推進，不離友誼與贊揚，情感真摯，評價準確到位，語言平易而又不失雅致，時有詼諧逸趣，二人多年交往情誼與對對方的評價盡在詩中，這在李調元的七律中應該是上乘之作，在古代同類作品中也不失爲上乘之作。

（八）趙翼《有感流賊》。詩云：

> 萑苻何意蔓難圖，初起潢池本易俘。賊不殺官猶畏法，兵無戰將孰捐軀。帥行共指軒中鶴，寇去方追幙上烏。歷歷前朝陳迹在，是誰專閫握軍符。
>
> 百年安堵享升平，誰肯輕生肇亂萌。死有餘辜貪吏害，鋌而走險小人情。彈丸黑子

---

① 詹杭倫、沈時蓉：《雨村詩話校正》，巴蜀書社2006年版，第33頁。

② 《答趙雲崧觀察書》，《童山文集》卷十，《叢書集成初編》本，中華書局1985年版。

皆紛起，繩伎紅娘亦横行。好片桑麻繁庶地，烽煙千里廢春耕[1]。

趙翼的詩歌當是與李調元的最後作品，大概是在李調元的書信中瞭解了一些情況，又在其他方面瞭解了有關情況之後，聯繫歷史，經過深思熟慮之後寫成的。第一首首聯的“萑苻”是澤名。《左傳·昭公二十年》：“鄭國多盜，取人於萑苻之澤。”杜預注：“萑苻，澤名，於澤中劫人。”[2] 後來便稱盜賊出没之處爲萑苻。“潢池”語出《漢書·龔遂傳》：“遂對曰：‘海瀕遐遠，不霑聖化，其民困於饑寒，而吏不恤，故使陛下赤子，盜弄陛下之兵於潢池中耳。’”[3] 潢池，即天潢，本是星名，後轉義爲天子之池，又借指皇室。後來以“弄兵潢池”爲造反。上句説我怎麽會想到出入於萑苻的小股盜賊竟然蔓延難以撲滅，其實盜賊初起時朝廷是極容易將其撲滅甚至俘獲的。其主要原因是什麽呢？頷聯分析敘述原因：造反者開初不殺官員而衹殺吏卒差人，説明他們僅僅是反抗直接施暴者，還畏懼朝廷的法律，没有反叛朝廷的打算。這個時候可以安撫，即便是派兵圍剿也不難，可惜的是士兵没有身先士卒的戰將統領指揮，於是也就不肯捐軀向前了。頸聯的“軒中鶴”語出《左傳·閔公二年》：“冬十二月，狄人伐衛。衛懿公好鶴，鶴有乘軒者。將戰，國人受甲者皆曰：‘使鶴，鶴實有禄位，余焉能戰！’”[4] 後以“軒中鶴”比喻無功無能而有禄位的人。上句説將帥行動，但大家卻指望着如“軒中鶴”一般無功無能而有禄位的人，相互推諉，畏葸不前，坐視戰亂擴大，直到賊寇離開纔去追趕“蟆上烏”，簡言之是吏治腐敗，官員無能，以至賊寇坐大，遺患無窮。尾聯總結前面所説的現象，與前朝陳迹一樣，都是朝廷“專閫握軍符”造成的，其實也是朝廷腐敗無能造成的。

這首詩結合歷史與現實，從歷史延續到現實，而現實也是歷史的延續，總結並論述戰亂之所以難以撲滅，反而成燎原之勢的直接原因是“專閫握軍符”的將帥都是“軒中鶴”，因爲他們的無能怕死，以致士兵不肯捐軀殺敵，因此任何小禍患、小動亂都可能變得不可收拾，最終導致天下大亂。

如果衹有第一首詩歌，趙翼就稱不上具有史識史膽的真正的歷史學家，也稱不上李調元所謂“工於懷古”的著名詩人，趙翼就不是趙翼了。他的第二首詩歌從更高更廣更深的層次分析戰亂産生與持續的原因，且描繪了戰亂連綿烽煙千里的恐怖圖畫。詩歌首聯“百年安堵享升平，誰肯輕生肇亂萌”從現實與歷史相結合的角度，更從人性的角度、人惜生的角度説明造反“輕生肇亂萌”不是一二不逞之徒的煽動，也不是造反者或者亂民天生愛好作亂造反。從現實的角度看，從康熙平定三藩之亂到乾隆末年，恰好百年，這段時期百姓安居，不受騷擾，享受升平治世，試問，誰在這種治世願意去“輕生肇亂萌”？换言之，愛好安定與清明，追求安居樂業，是普通百姓的願望與本性，惜生畏死更是人的本性，當然也是

---

① 《童山詩集》卷四十二附，《叢書集成初編》本，中華書局 1985 年版。《甌北集》三十九卷有《閲〈明史〉有感於流賊事》：“百年安堵享升平，誰肯輕生肇亂萌。死有餘辜貪吏害，鋌而走險小人情。”

② 《左傳·昭公二十年》正義，阮元十三經注疏本。

③ ［漢］班固：《漢書·龔遂傳》，百衲本二十四史。

④ 《左傳·閔公二年》正義，阮元十三經注疏本。

普通百姓的本性。但戰亂爲什麽産生？簡言之，不是百姓的本性改變了，而是安居升平不存在了，有壓迫就會有反抗，因此造反與戰亂自然就會産生。頷聯點明戰亂産生的兩種主要因素："死有餘辜貪吏害，鋌而走險小人情。"首先是貪吏（當然也包括貪官，也可延伸到産生養成貪官污吏的制度）之害，其次是小人鋌而走險而生之情。這兩種因素不是並列的，而是有主有次，"貪吏害"是主，"小人情"是次；有因有果，"貪吏害"是因，"小人情"是果，因爲有死有餘辜的貪官污吏在危害禍害百姓、社會、國家，纔有鋌而走險的"小人"萌生反抗造反之情。趙翼對這兩種人的態度也是有區別的，貪官污吏是死有餘辜，而小人，其實應該是百姓良民，他們因爲受到極度的壓迫，無以爲生，因而被迫造反，即所謂"鋌而走險"，因此貶義並不明顯。趙翼雖然將貪官污吏與所謂小人並列，但有主有次，有因有果，語氣有輕有重，其同情鋌而走險的百姓、痛恨死有餘辜的官吏的傾向是明顯的，也深刻地揭示了官逼民反，有壓迫就有反抗的真理，義同杜甫的"不過行德儉，盜賊本王臣"①。頸聯轉而描寫戰亂紛起。"彈丸黑子"，比喻極小，亦作"彈丸黑志"。語出北周庾信《哀江南賦》："地惟黑子，城猶彈丸。"② 上句説小規模的反抗與騷亂紛紛産生，最終匯成了聲勢浩大的農民造反，下句説連王聰兒（齊王氏）這種走江湖賣藝的雜耍繩伎也穿上紅裝造反，乃至成了白蓮教的領袖，帶領數萬數十萬百姓横行天下，多次打敗前去鎮壓的官軍，清廷傾全國之力，費十餘年纔勉强把起義鎮壓下去。乾嘉之交的川鄂豫陝甘五省農民大起義震動全國，使清朝由盛世迅速跌落下來，此後不過四十年，中國便進入了半殖民地半封建社會的境地，其後更是百年戰亂不已，且幾乎被外國列强瓜分或者滅亡。白蓮教起義有積累已久的民族矛盾，更有逐漸積累加深的階級矛盾，即趙翼所謂"死有餘辜貪吏害"，纔産生了"鋌而走險小人情"，加上臨機處置不當不力，腐敗的官吏，無能如"軒中鶴"的將領，惜死殘民的士兵，於是戰亂綿延，致使百姓死亡流離，地方殘破，如趙翼之類的有識之士也衹能徒呼奈何。尾聯"好片桑麻繁庶地，烽煙千里廢春耕"描寫戰亂在川東北綿延，乃至進入並禍害四川盆地的殘酷景象。

全詩先從人性、民心的高度説明戰亂之源，接着具體追溯戰亂是因爲"死有餘辜貪吏害"，所以纔産生"鋌而走險小人情"，再接着描述百姓紛紛揭竿而起縱横數省多次打敗官軍的景象，最後描寫戰亂中經濟凋弊，地方殘破的不幸景象。詩歌先議論，後描寫，思想深刻，傾向明顯，很好地體現了一個有識歷史學家兼詩人的情感與理智，且議論精煉警醒，描寫生動形象，不失爲古代表現與思考戰亂的好詩。這兩首詩歌前後相連，由淺入深，由具體的白蓮教戰亂到歷代戰亂，既表現現實，又追溯歷史，既描寫戰亂景象，又思考追溯其深層原因，表現了趙翼高超的詩才與非凡的史識，這在清代詩人中是罕見的。

對趙翼的兩首詩歌，李調元有《和趙雲崧有感流賊原韻》。詩云：

> 噬齊胡不急先圖，坐使朝廷緩受俘。總為官兵皆愛命，翻驚賊子慣輕軀。九重望斷

---

① ［唐］杜甫：《有感五首》，楊倫《杜詩鏡銓》卷八，上海古籍出版社 1980 年版，第 495 頁。

② ［北朝］庾信：《庾子山集》卷一，《四部叢刊》本。

粘毛馬，萬里飛看攫肉烏。名將豈真無上策，老夫還想學陰符。

蒿目時艱忿不平，剪除旋見孽芽萌。笑談頗負蕭曹略，詩賦空懷屈宋情。見説楚師常夜遁，頻聞秦棧尚難行。地荒莫道無人種，田在余心未廢耕①。

李調元的第一首詩首聯認爲前綫將帥後悔莫及者是没有“急先圖”，就是没有抓住平亂戰争的關鍵，占據戰略與戰役要點，集中優勢兵力而擒賊先擒王，因而使“朝廷緩受俘”。總之，戰事不利，首先是一個戰術問題。“噬齊”，《左傳·莊公六年》：“若不早圖，後君噬齊。”杜預注：“若噬腹齊，喻不可及。”② 後比喻後悔不及。頷聯承上，繼續追溯戰争不利的原因，認爲主要因爲官兵都愛命惜死，不肯力戰，官兵反而吃驚賊子一貫不怕死，還慣於輕裝急進，打得官兵疲於奔命，防不勝防。頸聯轉寫深居九重的皇帝渴望得到捷報，以至“望斷粘毛馬”，結果卻衹能“萬里飛看攫肉烏”：在萬里之遥的京師從飛奔的驛馬報來的消息得知，戰場上叛民擊敗並殺害官兵，其狀如烏攫肉。綜合前三聯可知，平叛不利或者是無名將，或者是名將無上策，所以便不能“急先圖”，弄得“官兵皆愛命”，但尾聯作者出以反問句：“名將豈真無上策”，意即不是無名將，或者是名將無上策，而是用人不當，所以末句説：“老夫還想學陰符”，説他即便如廉頗一樣年老，但也願意如蘇秦、張良一樣學習兵法，出謀劃策，甚至上陣殺敵。末句確乎以“小李將軍”自負，有烈士暮年、壯心不已之氣概，還有毛遂自薦之意。

全詩首先將平叛不利歸結爲“不急先圖”的戰術問題，接着繼續追溯戰敗的原因是“官兵皆愛命”，這與趙翼的“兵無戰將孰捐軀”意思相似，不過趙翼主要是譴責戰將，即前綫將領，而李調元則將官兵並列。再後則轉而描寫皇帝的失望與戰事的慘敗。最後認爲不是名將無上策，而是用人不當，他自己就“還想學陰符”而上陣。這首詩歌語言平易簡潔，風格爽朗豪放，中二聯對仗也很工穩漂亮。詩歌寫現實中平定白蓮教的戰事，與趙翼的第一首詩歌差不多，但趙翼的詩歌點明了禍患應該消滅於萌芽之中，這就不僅僅是戰術問題，又以“賊不殺官猶畏法”説明百姓並非一開始就與朝廷對立，是天生的亂民與暴徒，戰事不利主要是因爲吏治腐敗，將帥多是“軒中鶴”，對士兵則並未深加指責，最後還上升到歷史的高度，暗寓這種狀況與結果歷代如此，有歷史的必然性，其思想深度當是超過李調元的。

李調元的第二首詩歌首聯首先表示對“時艱忿不平”，具體而言，便是“剪除旋見孽芽萌”，即禍患旋滅旋起，未能鏟草除根，以至星星之火又呈燎原之勢。頷聯承上，抒發自己空懷屈原一樣的報國情，也有蕭何、曹參一樣的謀略，豪情壯志躍然紙上，高度自負也顯露無遺。但卻有大言炎炎，言過其實的味道，因爲屈原（屈宋，此爲偏義複詞）憂國又憂民，李氏這裏卻没有憂民的意思，且李氏雖然可稱幹員，且以“小李將軍”自許，但一生除任部、司郎官與學政外，衹在通永道任職一年，既没有全面主持地方獨當一面的經歷，也没有參與軍事，因此所謂“蕭曹略”也衹是一時心血來潮的豪言壯語而已，當不得真。不過這

① 《童山詩集》卷四十二，《叢書集成初編》本，中華書局 1985 年版。

② 《左傳·莊公六年》，阮元十三經注疏本。

話用在趙翼身上倒頗爲合適，因爲趙翼曾任邊地知府與兵備道，還曾成功地爲軍事與邊防出謀劃策。頸聯轉寫當時的戰局，朝廷在楚地的軍隊經常打敗仗而夜遁，川陝一帶的棧道還被阻絶而難行，簡言之官軍無能，戰亂不已。尾聯和趙翼的尾聯“好片桑麻繁庶地，烽煙千里廢春耕”。趙翼此聯描寫蜀地本是桑麻繁庶地，而今卻烽煙千里、耕作不行、經濟凋弊的景象。李調元的和詩“地荒莫道無人種，田在余心未廢耕”，“心田”語出南朝梁簡文帝《上大法頌表》：“澤雨無偏，心田受潤。”① 唐白居易《狂吟七言十四韻》：“性海澄渟平少浪，心田灑掃淨無塵。”② 詩歌似乎是説田地荒蕪關係不大，更重要的是百姓心田不淨，以致道德淪喪，喜歡犯上作亂，所謂破山中賊易，而破心中賊難，但是我這樣的士人退隱官員還保持着對朝廷的忠誠，維持着道德倫理，因爲“田在余心未廢耕”，所以破山中賊就不難，國家也不難恢復正常統治秩序。於是李氏的板子就打在亂民暴民，其實也就是被迫鋌而走險的百姓身上了。這與趙翼的“百年安堵享升平，誰肯輕生肇亂萌。死有餘辜貪吏害”的分析就有本質性的區别了。

這首詩歌寫作上應該不錯，但思想内藴與見識與趙翼之作則差别很大，其原因一是二人的經濟狀況不一樣，趙翼入仕爲官前家庭貧困，生計艱難，憤而隱居作學問時也很清貧，而李調元則入仕前與隱居後都比較富裕；二是李調元直接受到戰亂的影響，他的萬卷樓雖爲土賊所焚，但白蓮教造反入川也是間接影響；三是趙翼是識見高深的歷史學家，有很强的歷史意識，善於總結歷史經驗與規律，且對人性與民性有較深刻的認識，腐敗生亂並亡國是他的歷史著作的主綫，所以梁啓超以爲趙翼“用歸納法比較研究，以觀盛衰治亂之原”③，其《廿二史劄記》與王鳴盛《十七史商榷》、錢大昕《廿二史考異》合稱三大史學名著，而李調元則是才子加忠於王事的官員，對歷史經驗教訓、規律與人性民性認識較爲膚淺，所以衛道的正統思想較濃，於是表現同一題材的詩歌，其思想就有如是之差别。

結束語

李調元的十六卷本《雨村詩話》是典型的詩紀事，在諸多詩人中，采録最多者除了作者自己的作品，最多者爲當時流行的性靈派三大家，其中袁枚的詩歌最多，據筆者初步統計，計有五十餘處，一百二十多首或聯；其次是趙翼，約近三十處，八十多首或聯，包括長篇七古《李郎曲》；蔣士銓約十多則，采録詩詞十多首或聯，包括百韻長詩一首。三人的作品加起來占全書的三分之一以上，因此説李調元是性靈派詩人是有一定根據的，至少證明了李調元非常重視性靈派親近性靈派。除了十六卷本《雨村詩話》中有有關性靈派的大量記

① 《藝文類聚》卷七十七，《四部叢刊》本。
② 《全唐詩》卷四百六十，中華書局 1960 年版，第 5238 頁。
③ 梁啓超：《清代學術概論》，《飲冰室合集·專集之三十四》，中華書局 1954 年版，第 39 頁。

載及論述,《童山詩集》中有關性靈派的詩歌、《童山文集》中有關性靈派的文章都較當時其他詩派多。

但從前面三個方面的論述看來，李氏與趙氏交往密切，互相尊重，但無論在思想個性方面，還是詩歌詩學等方面，二人的差別都頗大，值得進一步研究，以期對李調元與趙翼及性靈派的關係有一個較爲全面客觀的結論。

作者單位：西華大學人文學院

李調元的詩學體系

孫文剛

李調元不但喜歡作詩，而且還善於從作詩的實踐中總結詩學理論。在他的詩學著作《雨村詩話》以及他的文集《童山文集》中有大量關於詩歌的研究，這些獨特的論述共同構成了他完整的詩學體系。這個體系主要包含以下幾方面的內容。

一　詩歌本質論

關於詩歌的本質，中國詩論家很早就開始探討了。先秦時期，中國人就提出了關於詩歌本質認識的開山的綱領——“詩言志”。後來，隨着詩歌創作的發展，詩歌的抒情性質開始受到關注，西晉時期著名詩論家陸機明確提出了“詩緣情”的命題。此後，“言志”論和“緣情”論猶如探討詩歌本質的兩條綫索，時而並行、時而交錯、時而更迭，共同構成了中國古代詩歌本質論。

李調元論詩，繼承了前人的“緣情”論，力主“詩道性情”。他在其詩學專著《雨村詩話》中開宗明義地提出：“詩道性情”①、“詩以道性情”②，同時在《童山文集》中也認爲：“詩也者，人之性情也”③。那麽，詩人的“情”是如何產生的呢？他認爲詩人情感之所以會萌發，原因主要有以下兩點：第一，“詩之生於情，亦由境之有以啟其情也。”④ 亦即詩人情感的噴發乃是由於所處語境的觸發，詩歌的意境來自情與境的統一；第二，“詩雖發於

① ［清］李調元著，詹杭倫、沈時蓉校正：《雨村詩話校正》，巴蜀書社 2006 年版，第 13 頁。
② ［清］李調元著，詹杭倫、沈時蓉校正：《雨村詩話校正》，巴蜀書社 2006 年版，第 18 頁。
③ ［清］李調元：《童山文集》卷五《雲谷詩草序》。
④ ［清］李調元：《童山文集》卷五《謝小樓吟稿序》。

情，而實本於性，性不篤者，情不真也”[①]。李調元進而又認爲詩歌所傳達出來的詩人之“情”與詩人的個性、性格、性情等密不可分，詩歌要靠詩人的真實情感來打動人，性情不篤，詩情不真，像那些出於虛情假意的矯揉之作就很難打動讀者，很難給讀者以心靈的觸動和共鳴。

李調元力主“詩道性情”，他還用“性情”作爲標準來衡量古今作品的成就。在他看來，“李白長於樂府歌行而五七律甚少，杜少陵長於五七律而樂府歌行亦多”，李白杜甫兩者詩歌作品雖形式有異，然其所作皆各有其長，且兩者詩作皆從其性情之中自然流出，所以李杜詩歌皆有其成功之處。綜觀古今的詩文創作，凡成功者，皆由於其是詩人真情實感的自然流露的結果。詩歌創作中，詩人“有性而自汩之，有情而自漓之，似乎智而其愚孰甚！毛嬙、麗姬雖粗服亂頭，無損其爲天質之美也。捧心效顰，人望而卻走矣”。那些樸素無華的詩歌由於具有情感的真摯性，所以這類詩歌仍不失其“天質之美”。相反，那些一味模仿，刻意形式創造而毫無自然率真情感的詩歌則令人生厭。詩歌創作決不能“以貌爲，少陵《發同谷》諸篇，昌黎、東野聯句，皆偶立一體。至昌谷之奇詭，義山之獺祭，各有寓意，不可以貌爲”[②]。前代詩人如杜甫、韓愈、孟郊、李賀、李商隱，他們的詩歌之所以能成爲後世詩人摹寫的範本，原因並不僅僅是由於其詩歌形式或風格的新奇，而是這些詩歌乃是形式和內容的完美結合。“近人襲取二李隱僻字句，以驚世炫目，叩其中絕無所謂，是皆無病呻吟，效顰而不自知其醜者。”[③] 古之詩歌，“自淵明而上溯《三百篇》，何嘗有不可解字句，使人眩惑，而其意之所托，或興或比，往往出人意表，千百載竟無能道破者”[④]。然今人詩歌卻專以形式誘人，“句奇而意平，可笑也”[⑤]。

詩歌固然是“緣情”之物，然而李調元對於詩歌本質的探討並沒有停留於此，而是進一步論述了詩歌創作中的情感控制問題。他說：

> 詩非出於情之難，出於情而不失其正之為難。三百篇多出於委巷與婦女之口，其人初未嘗學其辭。頗足為法何也？情之正也。漢魏以來作詩者，體裁不一，務為靡綺，而去古愈遠。唯晉之陶靖節和平淡遠，為千古學詩之宗。後之王、孟、韋、柳各得其一體，而終失其自然之音。香山之擬，東坡之和，蓋又遠矣。信乎作詩之難也，豈非不得夫情之正之故乎？吾獨於蕫山稿而竊歎靖節之去人未遠也。其為詩也，可樂可觀而無淫詞，可哀可歌而無怨詞，鋪錦列繡而不失於綺，長江大河而不失於濫。渢渢乎一出於情之正焉[⑥]。

詩歌要抒寫詩人之情感，然而詩人情感的表達又必須有所節制，必須局限在一定範圍

① ［清］李調元：《童山文集》卷五《張鶴林詩集序》。
② ［清］李調元著，詹杭倫、沈時蓉校正：《雨村詩話校正》，巴蜀書社 2006 年版，第 18 頁。
③ ［清］李調元著，詹杭倫、沈時蓉校正：《雨村詩話校正》，巴蜀書社 2006 年版，第 18 頁。
④ ［清］李調元著，詹杭倫、沈時蓉校正：《雨村詩話校正》，巴蜀書社 2006 年版，第 18—19 頁。
⑤ ［清］李調元著，詹杭倫、沈時蓉校正：《雨村詩話校正》，巴蜀書社 2006 年版，第 19 頁。
⑥ ［清］李調元：《童山文集》卷五《蕫山集序》。

內。如果詩歌變成詩人情感的一種單純宣洩，詩歌創作任憑詩人的情感氾濫而不加以理智的控制，這樣就會大大降低詩歌的審美效果。這種看法無疑具有極大的合理性。

不可否認，李調元“詩道性情”的詩歌本質論是對中國古代“緣情説”的繼承。然而，也必須看到，在清代乾嘉的特殊時代環境中，李調元關於“詩道性情”的論述也有其巨大的時代意義。乾嘉年間，所謂“海宇乂安，四夷賓服”，清王朝經過約百年的經營，其基本政權已經鞏固，人民生活相對安定，到處呈現出一片“乾嘉盛世”的繁榮景象。與相對穩定、和諧的社會相適應，文學的發展也出現了“諸派争鳴”的熱鬧局面。這時期，海內有影響的主要有“神韻派”（末流）、“格調派”、“肌理派”等。“神韻派”以清康熙年間的大詩人王士禎爲代表，其詩論主要繼承唐司空圖、宋嚴羽等人的主張，力主詩歌創作中的若即若離、鏡花水月的清遠意境，“神韻派”末流更是將詩歌創作導向超玄和虚空，使詩歌創作脱離現實世界，呈現出嚴重的形式主義傾向。“格調派”以乾隆時期的詩人沈德潛爲代表，其詩論主要繼承明末前後七子的觀點，認爲“詩貴性情”但“亦須論法”，詩歌創作應學古，即近體宗盛唐，古體學漢魏，難免使詩歌流於泥古摹仿而缺乏生氣。另有以翁方綱爲代表的“肌理派”。“肌理派”宣導以學問爲詩，力主將儒家經術考訂與金石文字爬梳攝於詩歌創作之中，從而使詩歌內容晦澀蒼白，味同嚼蠟。在這種詩風頹廢，各種形式主義詩論喧囂的情形下，李調元繼承“詩緣情”的傳統，力主詩歌表達詩人的真情和體驗，堅決與袁枚、趙翼、蔣士銓、王文治等人站在“性靈”的大纛下，以無畏的勇氣堅決抵制清代詩壇的形式主義和復古思潮，正是在這種層面，我們認爲李調元“詩緣情”詩歌本質論具有明顯的進步意義。

二　詩歌發展論

中國古代詩歌源遠流長，是中國古代文學中最富變化的文體之一，詩歌的變化發展也是歷代文學批評家經常議論的論題，如劉勰《文心雕龍》的《通變》、《時序》、《明詩》、鍾嶸《詩品》、葉燮《原詩》等。清代李調元在其《雨村詩話》中也談論了詩歌發展的問題，他的觀點主要集中以下兩個方面。

首先是關於詩歌發展動力的認識。詩歌的發展是比較複雜的一個問題，歷史上曾有很多人就詩歌發展的動力進行過探討和論述。有的認爲詩歌發展與社會政治風氣密切相關，如漢代《毛詩序》云：“治世之音安以樂，其政和；亂世之音怨以怒，其政乖；亡國之音哀以思，其民困。”又云：“至於王道衰，禮儀廢，政教失，國異政，家殊俗，而變風變雅作矣。”劉勰在《文心雕龍·時序》篇中也得出了相近的結論：“時運交移，質文代變”，“歌謡文理，與世推移"[①]，"文變染乎世情，興廢繫乎時序"[②]。明代胡翰《古樂府詩類編序》云："詩繫一代之政，婉而微章。辭義不同，由世而異。……隨其俗之所尚，政之所本，人情風氣之所感。"[③] 葉燮《原詩》云："其正變繫乎時，謂政治風俗之由得而失，由隆而汙，此以時言詩，時有變而詩因之。"[④] 薛雪《一瓢詩話》云："運會日移，詩亦隨時而變。"[⑤] 這些都説明詩歌發展要受時代政治風氣影響，異政不同時的詩歌發展狀況是不一樣的，即"代代有詩"。

也有人認爲詩歌發展與統治者的文學愛好分不開。如劉勰在《文心雕龍·時序》中説："自獻帝播遷，文學蓬轉，建安之末，區宇方輯。魏武以相王自尊，雅愛詩章；文帝以副君自重，妙善辭賦；陳思以公子之豪，下筆琳琅；並體貌英逸，故俊才雲蒸。"[⑥] 建安文學的繁榮與曹氏父子的詩文喜好是分不開的。南朝也有類似情況，如蕭綱、蕭繹、陳叔寶等喜好詩歌，並帶頭創作和大力提倡宮體詩，從而纔促進宮體這一頹廢詩體的發展。還有人認爲詩歌發展與後人的師承有關。如劉勰所論的"通"、鍾嶸所論的"溯流别"、杜甫所論的"轉益多師"等。還有認爲時代學術思想對詩歌發展具有一定的影響，如晉代的玄言詩、宋代"以理盛"的載道言理詩等無不受到當時時代學術思想的影響。

現代文學理論認爲，文學活動是一個系統，它由四個要素構成：世界、作者、作品、讀者。其實，影響詩歌産生和發展的因素也不外乎這四個。李調元主張"詩道性情"，詩之本質在於詩人的性情，所以他對詩歌作者的性情對詩歌發展的影響尤其關注。他在《雨村詩話·序》（十六卷本）中云："詩者，天之花也，花閲一春而益新，詩閲一代而益盛。"[⑦] 又在《雨村詩話補遺·序》中云："人以愈生而愈衆，詩亦愈出而愈工。"[⑧] 不同時代、不同時期、不同詩人由於各具情性，所以從縱向來看，詩歌的發展總是面貌殊異，越來越豐富。他還以後人學《詩》的例子來説明他的觀點：

> 《詩三百篇》有正有變，後人學焉而各得其性之所近。《楚騷》之幽怨，少陵之憂愁，太白之飄豔，昌谷、玉川之奇詭，東野、閬仙之寒儉，從乎變者也。陶靖節以下，至於王昌齡、王維、孟浩然、高適、岑參、韋應物、儲光羲、錢起輩，具發言和易，近乎正者也[⑨]。

《詩經》作爲中國古代詩歌的源頭，千百年來一直是後世詩家學習詩歌創作的最高範本。然就其内容而言，漢末鄭玄撰《詩譜》中就明確地將《詩經》分爲"詩之正經"和

---

① ［南朝］刘勰著，范文瀾注：《文心雕龍注》（卷九），人民文學出版社 1958 年版，第 671 頁。
② ［南朝］刘勰著，范文瀾注：《文心雕龍注》（卷九），人民文學出版社 1958 年版，第 675 頁。
③ ［明］胡翰：《胡仲子集》（卷四）。
④ ［清］葉燮：《原詩·内篇》上。
⑤ ［清］薛雪：《一瓢詩話》，人民文學出版社 1979 年版，第 106 頁。
⑥ ［南朝］刘勰著，范文瀾注：《文心雕龍注》（卷九），人民文學出版社 1958 年版，第 673 頁。
⑦ ［清］李調元著，詹杭倫、沈時蓉校正：《雨村詩話校正》，巴蜀書社 2006 年版，第 26 頁。
⑧ ［清］李調元著，詹杭倫、沈時蓉校正：《雨村詩話校正》，巴蜀書社 2006 年版，第 380 頁。
⑨ ［清］李調元著，詹杭倫、沈時蓉校正：《雨村詩話校正》，巴蜀書社 2006 年版，第 19 頁。

"變風變雅" 兩大部分。一般説來，"詩之正經" 包括《頌》詩全部、《大雅》大部分和《小雅》、《國風》小部分；"變風變雅" 包括《大雅》一部分和《小雅》、《國風》大部分。"風雅正變" 與時代政治密切相關，治世之音爲 "正"，亂世、衰世之音爲 "變"，體現在詩中，"正" 詩多頌美和易之聲，"變" 則 "怨刺相尋"①。李調元也同樣看到了這一點，然而他並没有局限於此，而是進一步考察了後世詩人在學習《詩》的基礎上對詩歌的發展情況。人生而稟性不同，所以在學習前代經典的時候，每個人總會按照自己的 "性之所近" 有所選擇地模仿、繼承，在這一點上，李調元對於詩歌發展的論述實際上和他的 "詩道性情" 的詩歌本質論取得了内在的一致性。由於詩歌是 "道性情" 的方式，所以後世詩歌和前代詩歌相比之所以能手眼自具，原因就在於後世詩人的詩歌均是從其 "性情而出"，均有其獨特的情感内藴，因而從這種意義上講，詩歌創作者的性情稟賦、情感思緒也就成了推動詩歌發展的一個重要力量。李調元對於詩歌發展動力的論述，突出强調了詩人在詩歌創作中的能動性、主體性，這和前代很多將詩歌發展歸結於社會政治等外部條件的推動相比，無疑具有極大的合理性。

其次是詩歌發展中的創新觀。創新是一切藝術創作所追求的目標，也是詩歌等藝術形式能够生生不息的主要原因之一。詩歌發展貴在創新。那麽，在李調元看來，詩人如何發揮自己的主體性和能動性去進行創新呢？他在《雨村詩話·序》中作了詳細論述：

> 夫花既以新為佳，則詩須陳言務去。大率詩有恒裁，思無定位，立言先知有我，命意不必猶人②。

李調元的詩歌創新觀，大致包括以下幾項内容：

第一，在詩歌語言形式方面，"詩須陳言務去"。唐代著名文學家韓愈曾提出 "惟陳言務去" 的詩論主張。認爲詩歌創作務必剔除陳言舊辭，這樣詩歌纔能出新和不斷發展。李調元繼承了這一觀點。在他看來，"詩者，天之花也"③，花以新爲佳，詩歌也應自創新詞，力避陳詞濫調和形式模仿。聯繫乾嘉詩壇創作，我們可以看到李調元這一詩論主張有着極爲深刻的歷史背景和現實意義。乾嘉時期，文學創作異常活躍，詩歌流派紛呈，各領風騷。沈德潛、翁方綱、厲鶚、袁枚等人，或主格調，或言肌理，或倡宋詩，或論性靈，詩壇開始出現了多元化的發展格局。乾隆時期，内閣學士兼禮部侍郎沈德潛繼王士禛而主盟詩壇。沈德潛論詩宣導 "格調"，詩歌創作宗唐、黜宋、尚古。他曾編選《唐詩别裁》一書，其中以李白、杜甫格調爲宗，力圖恢復詩歌創作的雄渾宏壯格調傳統，從而使清代詩壇呈現出唐詩般的恢宏氣象。沈德潛的 "格調説" 一時得到詩壇的廣泛回應，促成了清中期詩壇風氣的轉變。然而，也應看到，"格調説" 的詩論也給乾嘉詩歌的發展帶來了負面影響。正如沈德潛編選唐詩時主要着眼於杜甫所論的 "未掣鯨魚碧海中"（《戲爲六絶句》）和韓愈贊揚的李

---

① [汉] 鄭玄：《十三經注疏·毛詩正義·詩譜序》，《四部備要》本。
② [清] 李調元著，詹杭倫、沈時蓉校正：《雨村詩話校正》，巴蜀書社 2006 年版，第 26 頁。
③ [清] 李調元著，詹杭倫、沈時蓉校正：《雨村詩話校正》，巴蜀書社 2006 年版，第 26 頁。

杜“巨刃摩天揚”（《調張籍》）一類具有雄健獷放格調的作品一樣，乾嘉時人的詩歌創作也出現一味刻意襲取唐人奇詭語辭而流於形式主義的弊病。

與沈德潛“同在浙江志館，而詩派不合”（《隨園詩話補遺》卷十）的厲鶚，則繼承了清初朱彝尊、查慎行等人所標舉的宋詩派方向。他潛心研究宋詩，學習宋人，作詩好用宋代僻典、碎事，詩境幽寒清寂，著有《樊謝山房集》，編有《宋詩紀事》一書，從而擴大了宋詩的影響。“宋詩派成員分布較廣，浙西、浙東、吴中、揚州、金陵、北京等地皆有人從事於提倡學宋並付諸實踐，其中又以厲鶚等浙江詩人和批評家用力專勤而且持之以恒”[①]，所以一般宋詩派也被稱爲“浙詩派”或“浙派”。宋詩派以“黄庭堅”爲“宋詩家祖”，詩歌創作主要學習江西詩派，從而突出了宋詩的特色，也提高了以黄庭堅爲代表的宋詩的歷史地位。但也因其詩境多幽僻孤峭，題材狹窄，粗鄙者僅流於“廋詞謎語”等形式追求一途，故不乏非議者。

與李調元同時的另一位內閣學士翁方綱，其學識廣博，且深受乾嘉漢學考據思潮的影響，論詩力主“肌理”説。認爲“爲學必以考證爲準，爲詩必以肌理爲準”（《志言集序》）“義理之理，及文理之理，即肌理之理也”（同上）。肌理説重點强調“理”，即要求詩歌創作要接受義理指導，要多讀書，要突出詩歌中的學問含量等。其“詩宗江西派，出入山谷、誠齋”，因此，其旨歸和宋詩，尤其是江西詩派的志趣是一致的。持“肌理”説的詩人仍然走的是一條復古主義的道路。

李調元對上述的乾嘉詩風十分反感，他站在反傳統教條、反泥古、反形式主義等立場，和“性靈派”主將袁枚、副將趙翼等人不約而同地扛起“性靈”的大纛，爲清代詩歌的發展開闢出一片新天地。他嚴厲批評時人詩歌創作中的形式模仿陋習，認爲：“詩不可以貌爲，少陵《發同谷》諸篇，昌黎、東野聯句，皆偶立一體。至昌谷之奇詭，義山之獺祭，各有寓意，不可以貌爲。乃今人襲取二李隱僻字句，以驚世炫目，叩其中絶無所謂，是皆無病呻吟，效顰而不知其醜者。”[②] 同時還對“宋詩派”、“肌理派”等人所推崇和效法的江西詩派也提出了尖鋭的批評，他説：“西江詩派，余素不喜，以其空硬生湊，如貧人捉襟見肘，寒酸氣太重也。……後山詩，則味同嚼蠟，讀之令人氣短。如‘且然聊爾耳，得也自知之’二句，係集中五律起筆，竟成何語？真謂之不解詩可也。擁被呻吟，直是枯腸無處搜耳。”[③] 也對宋詩派等宋詩學人刻意引典、用事等提出警告：“詩不可用僻事，亦如醫家不可用僻藥。善醫者不得已而用藥，必擇其品之善、用之良，如參苓、耆术可以久服而無害者，必無不驗；善詩者不得已而用事，必擇其典之雅、詞之麗，如經史、諸子可以共知而無晦者，必無不精。”[④] 李調元正是從“詩須陳言務去”入手，對乾嘉詩壇的復古主義、形式主義，以及奇詭詩風的追求進行了猛烈抨擊。

---

① 王運熙、顧易生主編：《中國文學批評史新編》（下册），復旦大學出版社 2010 年版，第 272 頁。
② ［清］李調元著，詹杭倫、沈時蓉校正：《雨村詩話校正》，巴蜀書社 2006 年版，第 18 頁。
③ ［清］李調元著，詹杭倫、沈時蓉校正：《雨村詩話校正》，巴蜀書社 2006 年版，第 22 頁。
④ ［清］李調元著，詹杭倫、沈時蓉校正：《雨村詩話校正》，巴蜀書社 2006 年版，第 40 頁。

第二，在詩歌創作立意、内容方面，應“立言先知有我，命意不必猶人”。值得更加注意的是，李調元强調的詩歌創新，並没有停留在“陳言務去”的語言形式方面，而是進一步在命意、内容等方面爲詩歌的創新作出了可貴的探討。在詩歌創作過程中，李調元認爲應該堅持詩人的主體性原則，即詩歌立意要突出詩人的獨特情感，詩歌創作要體現詩人的個人特色，決不能因模仿或其他原因而喪失詩人創作的本來面貌。這一原則的宣導，實際上是與李調元“詩道性情”的詩歌本質論分不開的。由於他認爲詩歌是抒寫人的主觀情愫的形式，所以每個人的詩歌由於其所要抒發的情感不相同，其所采用的形式也就多種多樣，如果一味模仿他人的東西，勢必會導致“得筌忘魚”或“得言忘意”後果。所以從這個角度講，李調元提出的“立言先知有我，命意不必猶人”的詩歌創新觀，實際上是其詩歌本質論在創作中的一種具體反映。

在《雨村詩話》中，李調元還用這一原則來評價清代詩人的詩歌作品。如評論清代詩人金補山的詩歌説：“作詩須自成一家言，若徒東摹西仿，千百世後，又安知我爲誰乎？曾記康熙中新城最盛時，有戊辰編修金補山以成會稽進士，未第前以百韻長篇投新城王公，公曰：‘詩家上乘，全在妙悟。’取所訂《唐賢三昧集》貽之。忽悟曰：新城一生衹得到王孟境界，杜之《北征》、韓之《南山》，豈是一味妙悟者？蓋敏妙出自靈府，而沉酣資於學力。於是獨持一論，縱覽典籍，刻意闢新，遂成一家。至今浙西論詩，必首屈焉。有《出都作》云：‘四庫橫陳作老饕，南徐琪比北徐高？坐中客笑羊公鶴，帳底人窺魏武刀。到處啖名如畫餅，幾番檢韻失題糕。翠毛零落炎州冷，重爲山雞惜羽毛。’亦可謂能自樹立，不隨人俯仰者矣。”[①] 批評長洲沈德潛的詩歌“摹仿太過，反失性情”、“雅不喜讀其集，以其臺閣氣重也”[②]。漁洋、歸愚二人，一爲康熙詩壇泰斗，一爲乾隆詩壇盟主，然漁洋論詩主“神韻”，編選《唐賢三昧集》，“書中不選李、杜兩家，而是推崇王維、孟浩然、韋應物等人所謂‘山水清音’的一派”[③]。單就其詩學志趣而論，確能自具手眼，對於糾正清初詩人“專學盛唐膚廓、晚唐的縟麗和宋人以議論、學問爲詩的偏向起了一定的作用”[④]。歸愚之詩，主“格調”，且由於身居高位，飽受乾隆寵信，其創作多將政治與詩歌混爲一談，粉飾太平，歌功頌德，走的仍是千百年來“文以載道”、“文以明道”的舊途。因此，對於具有明確性靈詩學追求的李調元來説，清代前中期詩壇的“神韻”、“格調”兩派均流於泥古，均在詩人個性、情感的表達方面有着一定的缺陷。在他看來，“人有性而自汩之，有情而自遯之，似乎智而其愚孰甚”[⑤]。在詩歌創作中，詩人應該自然地表達自己的獨特情感，要能“人所到，我不必争到；人不到，我卻獨到”[⑥]，衹有始終堅持詩歌創作的主體性原則，其詩

① ［清］李調元著，詹杭倫、沈時蓉校正：《雨村詩話校正》，巴蜀書社 2006 年版，第 179 頁。

② ［清］李調元著，詹杭倫、沈時蓉校正：《雨村詩話校正》，巴蜀書社 2006 年版，第 362 頁。

③ 周勳初：《中國文學批評小史》，復旦大學出版社 2007 年版，第 120 頁。

④ 游國恩、王起、蕭滌非、季鎮淮、費振剛主編：《中國文學史》（修訂本），人民文學出版社 2002 年版，第 189 頁。

⑤ ［清］李調元著，詹杭倫、沈時蓉校正：《雨村詩話校正》，巴蜀書社 2006 年版，第 12 頁。

⑥ ［清］李調元著，詹杭倫、沈時蓉校正：《雨村詩話校正》，巴蜀書社 2006 年版，第 6 頁。

歌纔能創新，纔能歷經千百年而“與古人並驅也”。

三　詩歌審美論

李調元力主“詩道性情”，反對詩歌創作的形式主義弊端，然其並没否定詩歌的形式，反而在詩歌的藝術形式、風格技巧等方面有着較高的美學追求和較深入的探索。他的詩歌審美論主要體現在他對詩歌審美標準的認識上。在《雨村詩話》（十六卷本）卷一中，他提出：“詩有三字訣，曰：響、爽、朗。響者，音節鏗鏘，無沉悶堆塞之謂也；爽者，正大光明，無囁嚅不出之謂也；而要歸於朗，朗者，冰雪聰明，無瑕瑜互掩之謂也。言詩者不得此訣，吾未見其能詩也。”① 這既是其對詩歌創作審美標準的一種理解，也是其品評鑒賞他人詩歌的主要依據。怎樣的詩歌纔能給人以美感？李調元從三個方面給出了答案。

首先是“響”。《説文解字》：“響，聲也。”② 即指詩歌應鏗鏘有韻，要有一種節奏美、音樂美，衹有這樣它纔能給人以聽覺上的美感。比如越中俞文樵的《揭陽道中》，其詩云：“藍輿屈曲度危岑，石勢初驚筍出林。燒後草痕經雨活，春來花瘴滿山深。防身劍卧枯蛟影，失路詩多猛虎吟。不敢逢人矜七尺，頓令貧賤負初心。”③ 此詩對仗工整，音韻調諧，李調元稱之“作詩須響，即是此也”。又如蕭山陳山堂太史的五言詩《晤白處士》云：“千金輕季布，一諾死藏洪。”《長干里》云：“人歸桃葉渡，家近緑竹樓。”七言詩《古意》云：“盤中芍藥調新婦，山下蘼蕪問故夫。”《邊詞》云：“沙苑馬肥青苜蓿，凉州人醉緑葡萄。”《江村》云：“殘雨白遮雲外樹，落霞紅帶晚來潮。”《白丁香詩》云：“幾樹瑶花小院東，分明素女傍簾櫳。冷垂串串玲瓏雪，香送幽幽露簌風。穩稱輕盈勻粉後，細添薄鬢洗妝中。最憐千結朝來坼，十二闌干玉一叢。”④ 皆屬對雄整流麗，擲地金聲，被李調元稱爲詩中“最響亮者”。

其次是“爽”。《説文解字》：“爽，明也。”⑤ 以爽論詩，旨在要求詩歌表達的意思應該明白曉暢，切忌晦澀。因此，“詩不可用僻事，亦如醫家不可用僻藥。善醫者不得以而用藥，必擇其品之善、用之良，如參苓、耆术可以久服而無害者，必無不驗；善詩者不得已而用事，必擇其典之雅、詞之麗，如經史、諸子可以共知而無晦者，必無不精。”⑥

最後是“朗”。即强調詩歌語言要有錘煉，極力追求一種簡潔精煉之美。對此，他形象地做了説明：“詩尤貴潔。金在沙必揀其礫，米在箕必簸其秕，理也。若揀金而不去礫，簸

① ［清］李調元著，詹杭倫、沈時蓉校正：《雨村詩話校正》，巴蜀書社 2006 年版，第 27 頁。
② ［汉］許慎：《説文解字》，中華書局 1963 年版，第 58 頁。
③ ［清］李調元著，詹杭倫、沈時蓉校正：《雨村詩話校正》，巴蜀書社 2006 年版，第 180 頁。
④ ［清］李調元著，詹杭倫、沈時蓉校正：《雨村詩話校正》，巴蜀書社 2006 年版，第 180 頁。
⑤ ［汉］許慎：《説文解字》，中華書局 1963 年版，第 141 頁。
⑥ ［清］李調元著，詹杭倫、沈時蓉校正：《雨村詩話校正》，巴蜀書社 2006 年版，第 40 頁。

米而不去秕，則塵飯土羹，知味者必不食；以暇掩瑜，善鑒者必不觀矣。"[①] 詩歌語言衹有經過"披沙揀金"、"簸米去秕"般的錘煉，纔能去粗取精，具有一種玲瓏剔透、精煉簡潔之美。李調元十分重視詩歌的字句錘煉和篇章安排，他認爲："詩貴錘煉，所謂百煉成字，千煉成句也。"[②]"詩思無涯語要該，摘章琢句費安排。"[③]

四　詩歌方法論

李調元的"響"、"爽"、"朗"分別從聲音、含義和語言等三個方面爲詩歌創作和鑒賞提出了標準。那麽，如何纔能達到這樣的審美要求呢？對此，李調元給出了自己的回答。這些內容構成了他的詩歌方法論。

古之詩人多談及詩法。然歸納其大致，主要存在兩種，一種是有法，一種是無法。後者如張戒《歲寒堂詩話》云："詩人之工，特在一時情味，固不可預設法式。"[④] 蘇軾《答謝民師書》云："大略如行雲流水，初無定質，但常行於所當行，常止於所不可不止，文理自然，姿態橫生。"[⑤] 石濤《苦瓜和尚畫語録》云："無法而法，乃爲至法。"[⑥]"無法"多針對一些詩歌創作成熟的作家而言，他們多有着豐富的創作經驗和藝術體驗，其詩作也多爲抒寫內心一時之感動，任憑情感之流恣意流淌，故而爲"無法"，無法爲創作中的一種最高方法。前者又可分爲"死法"和"活法"兩種情況，對此清代的詩論家葉燮在《原詩》中作了非常經典的論述：

> 然法有死法，有活法。若以死法論，今譽一人之美，當問之曰："若眉在眼上乎？鼻口居中乎？若固手操作而足循履乎？"夫妍媸萬態，而此數者必不渝，是謂變化生心。變化生心之法，又何若乎？則死法為定位，活法為虛名。虛名不可以為有，定位不可以為無。不可為無者，初學能言之；不可為有者，作者之匠心變化，不可古也[⑦]。

李調元重視詩法。早在《雨村詩話》（二卷本）序中寫道："嘗以爲詩法不出諸大家，每於同人多諄諄論辯。今擇摘可以爲法者略舉一二以課兒，與俗殊酸鹹，在所不計也。"[⑧] 李調元所謂的諸大家，主要包括漢魏六朝之三曹、七子、嵇阮、三張二陸兩潘一左、劉琨、盧諶、王羲之、陶潛、鮑照、謝眺、江淹、何遜、陰鏗、庾信等，唐之王楊盧駱四傑、陳子

① ［清］李調元著，詹杭倫、沈時蓉校正：《雨村詩話校正》，巴蜀書社2006年版，第71頁。
② ［清］李調元著，詹杭倫、沈時蓉校正：《雨村詩話校正》，巴蜀書社2006年版，第191頁。
③ ［清］李調元：《童山詩集》卷三十四《高步雲親家問作詩法》。
④ ［宋］張戒：《歲寒堂詩話》卷上。
⑤ ［宋］蘇軾：《答謝民師書》。
⑥ ［清］石濤：《石濤畫語録·變化章第三》。
⑦ ［清］葉燮：《原詩·內篇》（下）。
⑧ ［清］李調元著，詹杭倫、沈時蓉校正：《雨村詩話校正》，巴蜀書社2006年版，第2頁。

昂、李白、杜甫、白居易、元稹、王建、張籍、韓愈、柳宗元、杜牧、李商隱、司空圖、羅隱等，宋之蘇軾、歐陽修、魏野、林逋、唐庚、蘇過、黃庭堅、陸游、楊萬里、范成大，元之元好問、楊維楨、虞集等，明之高楊張徐四傑、前後七子、李東陽、楊升庵等[①]。李調元認爲上述各家的詩法對於初學者具有指引作用，因而兩卷本的《雨村詩話》可以説爲孩童學習詩歌寫作的入門之作。但李調元並不拘泥古法，他在《雨村詩話》（十六卷本）中認爲："大率詩有恒裁，思無定位，立言先知有我，命意不必猶人"[②]，在《雨村詩話補遺》中認爲："非謂我用我法，不失古規矩，亦云予取予求，聊以自怡悦爾"[③]。結合李調元三種《詩話》的序言，我們發現李調元對於詩法的認識是不斷發展的，從早期的主張取法古人，到追求自我，再到隨心自取，李調元的詩歌方法論既與葉燮的"活法"説有一定的暗合，又體現了他最終的性靈詩學旨歸。具體來看，李調元所談論到的詩歌方法論主要包括字法、句法、章法等三個方面的內容。

（一）字法

從字法方面講，他認爲："作詩須用活字，使天地人物，一入筆下，俱活潑潑如蠕動方妙。杜詩'客睡何曾著，秋天不肯明'，'肯'字是也。即元方回《瀛奎律髓》之所謂'眼'也。"[④] 又"蕭山張邇可遠，五言如《送人入蜀》云：'朝雲迎劍氣'，'迎'字是也；《寒食》云：'山花暖杜鵑'，'暖'字是也"[⑤]。"肯"、"迎"、"暖"等字，分别將秋天、朝雲、山花等物人化，情感化，此類字的傳神運用使詩頓時"活潑潑如蠕動"，故其均爲"活字"。"活字"即"詩眼"，古人作詩，常因個别字用得精警而使整句或整首詩流傳千古，這種情況在古代詩歌史上不乏其例，如洪邁《容齋隨筆》中所載王安石的詩句"春風又緑江南岸"的"緑"字，歷經十數次改動，最終確定爲"緑"字；王國維《人間詞話》所舉宋祁詞句"紅杏枝頭春意鬧"的"鬧"字，"著一'鬧'字，而境界全出"。"詩眼"即爲詩之傳神之處，"詩眼"的錘煉是字法的一個重要方面。

另外，還可以從字音、字義方面去下工夫。就字音而言，由於古之詩歌創作與音樂有着天然的聯繫，所以古人作詩對於詩歌字音非常講究。詩中字不僅要符合詩歌平仄的聲、韻、調方面的基本要求，而且設調選韻也要"擲地金聲"，體現"響"。嚴羽《滄浪詩話》云："下字貴響。"[⑥] 吕本中《童蒙詩訓》云："予竊以爲字字當活，活則字字自響。"[⑦] 李調元繼承前人的觀點，認爲："古人作近體詩，必先選韻，一切晦澀者不用。如葩即花也，而葩字不亮；芳即香也，而芳字不響，諸如此類。"[⑧] "響"既是其詩歌創作和品評的審美標準之

① ［清］李調元著，詹杭倫、沈時蓉校正：《雨村詩話校正》，巴蜀書社 2006 年版，第 9—24 頁。
② ［清］李調元著，詹杭倫、沈時蓉校正：《雨村詩話校正》，巴蜀書社 2006 年版，第 26 頁。
③ ［清］李調元著，詹杭倫、沈時蓉校正：《雨村詩話校正》，巴蜀書社 2006 年版，第 380 頁。
④ ［清］李調元著，詹杭倫、沈時蓉校正：《雨村詩話校正》，巴蜀書社 2006 年版，第 16 頁。
⑤ ［清］李調元著，詹杭倫、沈時蓉校正：《雨村詩話校正》，巴蜀書社 2006 年版，第 191 頁。
⑥ ［宋］嚴羽：《滄浪詩話·詩法》，《歷代詩話》，中華書局 1981 年版，第 694 頁。
⑦ ［宋］吕本中：《童蒙詩訓》，《宋詩話輯佚》（下册），中華書局 1981 年版，第 587 頁。
⑧ ［清］李調元著，詹杭倫、沈時蓉校正：《雨村詩話校正》，巴蜀書社 2006 年版，第 150 頁。

一，也是其詩歌創作字法的一項重要内容。就字義而言，詩歌還可巧借諧音字來寓義。如廣東謡云："雨裹蜘蛛還結網，想晴惟有暗中絲。"以"晴"寓"情"，以"絲"寓"思"①。

（二）句法

從句法方面講，詩句是詩歌的重要組成部分，所以歷來詩人重視佳句的營造。杜甫曾云："爲人性癖耽佳句，語不驚人死不休。"詩句雖没有固定程式，但如果運思巧妙，詩句往往會給人以美的享受。在《雨村詩話》中，李調元提出的句法很多，有倒裝句法、借葉襯花法、化舊翻新法、意在空際法、加一倍法等，兹就其論句法的内容摘録和分析如下：

> 作詩須講句法，有句法，則著字皆活，所謂"文章切記參死句"也。如曲江句云："一水雲際飛。"若俗手，必作"一雲水際飛"也。放翁句云："山從飛鳥行邊出。"若俗手，必作"鳥從山邊出"矣。知此，方可與言詩②。

"一水雲際飛"句出唐張九齡《彭蠡湖上》"一水雲際飛，數峰湖心出"一聯，"山從飛鳥行邊出"句出陸游《游修覺寺》"山從飛鳥行邊出，天向平蕪近處低"一聯。兩句均係采用"倒裝法"，其句法與杜甫《秋興》之"紅稻啄殘鸚鵡粒，碧梧棲老鳳凰枝"一聯有異曲同工之妙。一是强調了水、山，給人以動感；一是爲了符合詩歌格律。

> 詩有借葉襯花之法，如杜詩"今夜鄜州月，閨中衹獨看"，自應説閨中之憶長安，卻接"遥憐小兒女，未解憶長安"，此借葉襯花也。總之古人善用反筆，善用傍筆，故有伏筆，有起筆，有淡筆，有濃筆，今人曾夢見否?③

安史之亂，杜甫身陷囹圄，中秋月夜思親之情尤切，然詩人並未明寫念親之情，而是寫家中妻子思念自己，接着設想家中孩子年幼尚不能體察其母懷人之情，以及陷於亂世中的父親之痛，這種句法即"借葉襯花法"。詩借孩子襯其母，孩子、妻子又襯托詩人，由明而暗逐層深入，極言詩人之孤寂和思親之苦。

> 詩學唐人，須要脱去唐人面目。乾隆丁丑人日，周海山先生在琉球，詩云："暖雲如絮雨如塵，不見長安卻見春。十二月中都作客，八千里外未歸人。蠻花匝地紅於錦，海浪兼天白似銀。誰説道衡離思苦，江南山色尚堪親。"末句翻用唐趙嘏句④。

詩有翻用古人句而更新者。宋樓攻媿《西湖競渡曲》云："二分煙水八分人。"厲太鴻云："竹風葵日共鮮新，向午湖亭扇障塵。試爲樓家參轉語，八分煙水二分人。"以今日西湖言之，自以煙水八分爲定論，是亦猶揚州月，自以二分爲定也⑤。

> 作詩須化舊翻新。余過高州熱水池，見前觀察福山王概題壁詩云："怪石聳山岡，

① ［清］李調元著，詹杭倫、沈時蓉校正：《雨村詩話校正》，巴蜀書社2006年版，第311頁。
② ［清］李調元著，詹杭倫、沈時蓉校正：《雨村詩話校正》，巴蜀書社2006年版，第38頁。
③ ［清］李調元著，詹杭倫、沈時蓉校正：《雨村詩話校正》，巴蜀書社2006年版，第15頁。
④ ［清］李調元著，詹杭倫、沈時蓉校正：《雨村詩話校正》，巴蜀書社2006年版，第110頁。
⑤ ［清］李調元著，詹杭倫、沈時蓉校正：《雨村詩話校正》，巴蜀書社2006年版，第199頁。

澗流熱水淥。炎蒸熏我心，肯向此中浴①。

上述三段引文皆談論的是“化舊翻新法”，亦即宋黄庭堅所論的“點鐵成金”或“脱胎换骨”法。一般是取古人詩句，加以點化和翻用，從而創造出新的詩歌以表達詩人自己的情意。由於李調元論詩主“自出新意”、“自具手眼”、“陳言須務去”等，所以其對此句法頗爲推崇。此外，李調元還提到“加一倍法”和“意在空際法”，如：

《悲歌行》，客子懷故鄉之作也。妙在起句“悲歌可以當涕”，人至傷心極處，不能涕而思以歌當之，較涕愈痛矣。此為加一倍法②。

少陵詩有不可解之句，如《詠懷宋玉》一首曰：“悵望千秋一灑淚，蕭條異代不同時。”夫“異代”即“不同時”，乃作此語何耶？蓋身雖異代，摇落之悲，卻似同時人耳，此為深知宋玉也。《秋興》之“瞿塘峽口曲江頭”，摘出一句不可解，下云“萬里風煙接素秋”，乃知劉繼莊所謂“兩句合而一句之義始成”，真妙論也。又如“晚節漸於詩律細，誰家數去酒杯寬”，偶對不測，自稱“律細”，何耶？蓋雨中遣悶，戲呈路十九曹長耳。雨中悶極，唯有作詩飲酒，故想路十九也。此皆意在空際之法③。

“加一倍法”，指詩歌創作中通過詞語的反復渲染從而使詩句的意思層層遞進，加重詩歌的情感分量；“意在空際法”，則指詩歌創作中通過想象、聯想等手段溝通古今、穿越時空，以之創造宏闊的詩歌意境。

（三）章法

章法，又稱“篇法”。王世貞云：“首尾開合，繁簡奇正，各極其度，篇法也。”④ 簡言之，章法主要指詩歌的謀篇布局和結構方法。古人十分重視章法，甚至認爲“有好句而無局，亦不成詩”⑤。李調元也很注重從章法方面評價古人詩歌，如在《雨村詩話》中他稱贊杜甫的“《秋興八首》章法聯絡之妙，諸家評祥矣。余獨愛‘蓬萊宫闕對南山’一首，思玄宗，因後日西禁，而追憶其當陽臨御時也。通首皆虚，衹第七句‘一卧滄江驚歲晚’，點出‘秋’字。末句‘幾回青瑣點朝班’，又挽足全首之意。若‘驚歲晚’下再作淒涼語，便於上下文不稱。今人詩全不講收束，以此爲金丹可也”⑥；又評價杜甫的《何將軍山林十首》“章法細密，爲杜詩五律之冠不待言”⑦。在章法方面，古人談論得最多的是“起承轉合”法。李調元在《雨村詩話》中也對此多有論述：

文章亦如造化也。四序雖定而萬物之生成不然，穀生於夏而收於秋，麥生於冬而成於夏，有一定之時，無一定之物也。文之起承轉合亦然。徐文長曰：“冷水澆背，陡然

① ［清］李調元著，詹杭倫、沈時蓉校正：《雨村詩話校正》，巴蜀書社2006年版，第240頁。
② ［清］李調元著，詹杭倫、沈時蓉校正：《雨村詩話校正》，巴蜀書社2006年版，第7頁。
③ ［清］李調元著，詹杭倫、沈時蓉校正：《雨村詩話校正》，巴蜀書社2006年版，第17—18頁。
④ ［明］王世貞：《藝苑卮言》卷一。
⑤ ［清］吴喬：《圍爐詩話》卷四。
⑥ ［清］李調元著，詹杭倫、沈時蓉校正：《雨村詩話校正》，巴蜀書社2006年版，第17頁。
⑦ ［清］李調元著，詹杭倫、沈時蓉校正：《雨村詩話校正》，巴蜀書社2006年版，第14頁。

一驚。便是興、觀、群、怨之副本。”惟能於虚空中卒然而起，是為妙起。本承也，而反特起，是謂妙承。至於轉，尤難言，且先將上文撇開，如杜詩云：“江雪飄素練，石壁斷空青。”此殆是轉之神境。所以古樂府偏於本題所無者，忽然排宕而出，妙在有意無意之間，如白雲捲空，雖屬無情，卻有天然位次。衹是心放活，手筆放鬆，忽如救火捕賊，刻不容遲；忽如蛇游鼠伏，徐行慢衍，是皆轉筆之變化也。至於合處，或有轉而合者，有合而開者，有一往情深去而不返者。人所到，我不必争到；人不到，我卻獨到，要在人神而明之。果能久於其道，定與古人並驅也①。

李調元總體講究詩歌的“起承轉合”要靈活多變，要體現個體特色，要不拘一格。對於起句，他尤爲重視。如：

詩先要起句得手。杜詩云：“客睡曾何著”，又云“亦知戍不返”，如此起法，何人有此？②

凡作古詩必有其氣，起句首要。偶見徐芬若《松山》起云：“一峰飛入雲，雲故推之出；一峰飛出雲，雲故攫之人。”如此奇警，得未曾有③。

他認爲“文章妙處，俱在虚空”④，而在“虚空”中突然而起的纔爲妙起。這種由詩人“十方八面，憑空結撰”的詩歌，不僅使詩歌開頭非常吸引人，而且也使詩歌一開始就具有某種“或奇峰插天，或千流萬壑，或喧湍激瀨，或煙波浩渺”⑤ 的萬千氣象。

綜上所述，我們發現其中有一個內在的綫索，即詩人的個性、主體性和情感。李調元認爲詩歌爲道“性情”之物，而“性”爲情之本。不同時代之人各從其個性和特定情感出發，從而創作出富於自己特色的作品，從而推動文學的不斷發展。詩歌要達到“響、爽、朗”的審美標準，以及在方法上有所突破，這些都與詩人的“主體性”是分不開的。因此，我們認爲，李調元的詩學中有着明確的自我意識，上述四論並不是各自獨立的，它們共同構成了李調元的詩學體系。

作者單位：四川大學文學與新聞學院

① ［清］李調元著，詹杭倫、沈時蓉校正：《雨村詩話校正》，巴蜀書社2006年版，第6頁。
② ［清］李調元著，詹杭倫、沈時蓉校正：《雨村詩話校正》，巴蜀書社2006年版，第16頁。
③ ［清］李調元著，詹杭倫、沈時蓉校正：《雨村詩話校正》，巴蜀書社2006年版，第208頁。
④ ［清］李調元著，詹杭倫、沈時蓉校正：《雨村詩話校正》，巴蜀書社2006年版，第6頁。
⑤ ［清］李調元著，詹杭倫、沈時蓉校正：《雨村詩話校正》，巴蜀書社2006年版，第6頁。

踏破煙雲又出山

——從《近代巴蜀詩鈔》所録席夔詩看席氏行踪

高光俊　趙仁春

公元1644年甲申之變前後，蜀中生産和文化受到毁滅性打擊。田園荒蕪，人口鋭減，生産力受到極大破壞。“湖廣填四川”後多年，蜀中文化纔逐步恢復和發展，彭州也是如此。

至清光緒年間，彭州著名學人有吕調陽、席夔、楊鈞、楊宗典等。吕調陽、楊宗典諸公事迹，知者甚多，《彭縣志》等也有記載。唯席夔爲蜀中名詩人、書畫家，因史料不多，其詩集《風雨吟草》也流傳未廣，今人知而不詳，良可惜也。近讀《近代巴蜀詩鈔》，甚喜其詩，現據手邊資料，作一試探。

一　三个席夔

席姓不算大姓，中國歷史上名爲席夔而傳諸載籍者，就余所見，共有三人。先是唐代席夔，行八，襄州襄陽人，貞元十年進士及第，十二年博學宏詞及第。《全唐詩》卷三六八存詩二首。據《全唐詩》看來，他與韓愈、陸暢、白居易有交情。（韓愈詩《和席八十二韻，元和十一年，夔與愈同掌制誥》，見《全唐詩》卷三四四；陸暢詩《成都贈别席夔》見《全唐詩》卷四七八；白居易詩《東南行一百韻寄通州元九侍御澧州李十一舍人…竇七校書》見《全唐詩》卷四三九，有句云“去夏微之瘧，今春席八殂”。）

二是清代書法家席夔。此席夔號梧川，自題曰洞庭人。《皇清書史》卷十五引《七十二峰足徵集》：“張士枋字魯望，原名熙，東山人。松郡學廪貢生，工八分書，以孝正金先生爲宗。晚年傳其筆法於門生席夔。”現在流傳有席夔寫的隸書千字文字帖刻本，筆法頗似《曹全碑》之秀潤而嚴整過之。此帖結尾落款書：“乾隆丙寅春三月洞庭席夔書於澄懷草堂。”後有二印，一“席夔之章”，一“□廷剛號梧川”（第一字看不清）。

三爲清末彭縣（今彭州市）席夔。此席夔字子研，工詩，善畫，著有詩集《風雨吟草》傳世。《益州書畫録續編》云："席夔，字子研，四川彭縣人。官廣西知州。工畫花卉竹石，極生動有法度。"《近代巴蜀詩鈔》據《風雨吟草》選入詩四十三首，見於巴蜀書社 2005 年版《近代巴蜀詩鈔》第 375—388 頁。此席夔爲今須討論者，詳於後。

余之所以不厭其煩地羅列三位席夔，原因是常見今人將三人事迹混淆，故不得不辨正如上。席夔子研，雖爲彭邑先賢，然其行迹，我所知甚少，《風雨吟草》也没能見到，故就以四十三首存詩論之，聊勝於無耳。

二　席子研其人

光緒《彭縣志》卷六《搢紳門》之《選舉志》有云："席夔，附貢生，分發廣西儘先補用知縣。"《近代巴蜀詩鈔》第 375 頁："席夔（1849？—？）字子研，四川彭縣（今彭州市）人。工詩善畫，不得志於科舉，遂橐筆走滇黔，歷吴越，游燕趙，繼乃服官桂林。有詩集《風雨吟草》，刊於光緒二十九年（1903），其時尚在人世，而有關中之行。"由《近代巴蜀詩鈔》的簡介可以看出，寫此簡介者，别無其他材料可引用，幾乎全據席氏《風雨吟草》收録的詩推測出來的。我試着做一些大膽的假設：《風雨吟草》詩集是由作者自費刻印，大體是按編年排列。

彭州莊巨川先生在《金彭風采》第 28 頁記《李、藍起義軍戰鬥在彭州》一文曾引用席夔《濛陽沿革記》："辛酉冬，藍逆竄濛，制府駱文忠公命師進勦，火其墟屋，殲敵二萬餘人，遂成焦土，此余所目見也。"由此文可見，席夔有可能是彭縣濛陽（今彭州市濛陽鎮）人，曾經歷李永和、藍朝鼎之亂。聽彭州耆老説，席家從湖廣入川，先住濛陽鎮竹瓦鄉，後有遷居彭縣城關，有遷居彭縣思文場者。也有傳聞，席夔家在彭縣北街里仁街席家院子。

《近代巴蜀詩鈔》共收席夔詩二十一題四十三首，其中不涉及時間地點的共八題十一首，其餘十三題三十二首或多所少都能爲我們提供一點席夔行踪的蛛絲馬迹。

三　出川行踪

書中選席夔計四十三首詩，第二題共兩首七律，名《下水船》。既云是"下水船"，必是出川無疑。詩中有"頃刻巴陵千里路，全憑把舵手中牢"、"猿鳥長啼悲蜀道，蛟龍作意阻江艘"。從此看來，乃是乘船順長江而下出四川。後面《畫石雜詠》"怪石嵯峨似虎蹲，巫山十二鎖夔門。幾回載棹江中過，仰視青天一綫痕"，也寫到曾在長江裏乘舟的經歷。

席夔出川曾經過重慶綦江縣。《綦江題壁》"朝盤幾處薦朱櫻，滿地桐花雨後晴"，寫的是春天景象。綦江，縣名，亦是河流名。綦江發源於烏蒙山西北麓貴州桐梓縣，屬長江上游南岸的支流。綦江縣即在重慶綦江與長江合流處，元末明玉珍據蜀稱帝時置縣。"人海茫茫增客感，夜來偏聽子規聲"，像是路過綦江縣。

復有《白水店》七律云"南游半載飽看山，眼界橫空出宇寰"，又云"野店風情更荒寂，市無酤酌可温顔"。雖尚不知白水店屬何地，但據"南游半載"一語推測，不外是四川、雲南、貴州三省。既云"野店"，當不是此行的目的地。

下一首《宿平彝》。平彝縣，在雲南東南部。原名平夷縣，滿人歷來忌諱"胡、虜、夷"等帶有歧視的字眼，此地於康熙三十四年改稱平彝縣。平彝縣已於新中國成立後改成"富源縣"。"滯迹鴻遵渚，争名鹿在隍。年來徵畝急，比户盡逃糧。"前聯寫盡平彝縣當時的偏遠荒凉，後聯寫當地人貧賦税重。

大觀樓是雲南名勝，經過雲南昆明者，不免要去大觀樓看看，席夔也不能免俗，況且這是詩人作詩的好材料。《登大觀樓賦》七律二首，寫的是古人登高懷古的常見題旨。第一首寫个人的蒼茫感："大風盡落梧桐葉，細雨新添枕席秋。蘆荻蒼茫無限意，長歌難遣仲宣愁。"第二首寫歷史的興亡感："六詔興亡銅狄淚，五方禋祀碧雞鳴。椎酋入貢猶驅象，何用書生再請纓。"此詩多半作於法越之戰前。"椎酋入貢猶驅象"一句很值得注意，好像是當時尚有越南緬甸等國入貢朝廷，作者甚或親眼見到入貢的隊伍。後面《邊事感懷》的末首自注有云："戊寅越南入貢，猶及見之。"戊寅是光緒四年（1878）。這一年也是席夔的家鄉彭縣編寫《重修彭縣志》那年，就是這本縣志稱他"分發廣西儘先補用知縣"，説明他入廣西有些年頭了。由上可推測，席夔游大觀樓，當在光緒初年，甚至是同治末年。

四　馬嘉里事件

從現在看來，席夔的詩記録了兩件他近距離接觸的歷史大事件。這兩件大事都改變了中國歷史的進程。其一是馬嘉里事件，《即事》三首是專爲此而發。詩有序云："法人馬嘉里由緬入滇游歷，經野人界，被匪戕斃，截其首，梟於騰越關外。法人争訟，謂陰有嗾之者。朝廷簡派兩廣總督李翰章、前工部右侍郎薛焕會同法公使於滇垣察辦，時乙亥冬也。"

其實，席夔有誤記，馬嘉里當是英國人，不是法國人。還有，主持辦此案的李翰章當作"李瀚章"，爲李鴻章之兄。據《清史編年》2000年版第11册第2頁，馬嘉里死於光緒元年正月十六或十七日。李瀚章於當年十月十六日，薛焕於當年十月二十三日到雲南奉命辦案。然而這三首詩没有提到李鴻章與英國公使威妥瑪因此事簽訂的《煙臺條約》，似乎詩是李瀚章和薛焕到雲南辦案後即寫成。《清史編年》裏有的記録可以和席夔的相關詩句對應，故稍稍援引以當注解。

"重瀛猾夏欲窺邊，匹馬西來未入滇。驟捲星沙摧黑獺，疇抛脂骨葬朱鳶。"《清史編年》第11册第2頁云："上年六月間，英駐華公使威妥瑪以英印政府欲派探路隊由緬甸來我雲南境内考察，向總理衙門提出擬派使館翻譯官馬嘉里前往迎接。經總署同意並發給護照，馬嘉里於同年十二月由雲南地方官派人護送出境，抵緬甸八莫，與柏郎上校帶領之探路隊會合。既而馬嘉里自緬甸先行返回中國境內，是日（一説十七日），被人殺死於永昌府轄盞達副宣撫司屬蠻允地方。”

“羌獠舊是窮奇族，榛莽都成盗跖天。”《清史編年》第11册第17頁：“……至午後忽有野人數十闖入緬佛寺，將該洋人之鋪蓋、食物搶擄而去。又聽説野人正同洋兵開戰，後數日聞户宋河邊血迹甚多，前往查看，不見屍身，料係野人殺害，棄屍河中……”同書第26頁：“署雲貴總督岑毓英奏，馬嘉里确係野人所殺，已獲人犯並物證。”

馬嘉里案以光緒二年七月二十六日簽訂《煙臺條約》作結，英國人獲得通商優待。因馬嘉里案過程很長，本文不擬詳細探討，不過略書一二以見意。大約因席夔寫此詩較早，故没有言及後來官方查出候補參將李珍國參與殺馬嘉里的事。席夔能將馬嘉里案寫得十分詳細，可見當時他就在雲南也未可知。

五　在羅城縣

席夔有關羅城縣的詩共有四題九首。此九首應當是在同一段時間所寫。《羅城雜詠》有云：“種秫田多彭澤傲，放衙身比謝安閑”。以陶淵明作比，好像是在任羅城知縣。又《乙酉冬赴三防鳥爪村感賦》云：“人言顯者至，民在古之天。”這詩所云“顯者”，好似説作者自己，類似蘇軾《浣溪沙》“旋抹紅妝看使君”。一縣的顯者，是縣令無疑。再有，《瘞骨行》詩序有云“乃捐資屬武陽司巫韶石少尹，偕紳耆察檢收殮，以罈盛之，計二百八十一具，其零落者另貯一罈，分男女列左右，共瘞於武陽岡之陽，立石紀事”。捐錢命下屬收骨殖，並作文字紀其事，也像知縣的作爲。故大膽推論，席夔這時任羅城縣知縣。

至於席夔在羅城的時間，翻閲民國《羅城縣志》，裹面没有咸豐、同治、光緒、宣統四朝的職官記録，衹在人物傳裹記載了一位汪姓知縣於光緒十二年任事。民國《羅城縣志》之前所修者，僅道光《羅城縣志》，故於此事無用。幸席夔有《乙酉冬赴三防鳥爪村感賦》三首。乙酉年爲光緒十一年（1885）。加上《羅城雜詠》第二首云“三春情緒傷遲暮”，《跳歌行》序云：“羅城苗俗，每歲仲春，男女上山跳歌。”還有，後邊《邊事感懷》第一首有自注：“壬午予丁内艱旋蜀，甲申春往湖南，適潘公新承簡命，謁見，命予入署襄辦文案，同至桂林。後以他事婉辭，未同出關。”壬午爲光緒九年，甲戌爲光緒十年。此幾處綜合參之，若席夔能在羅城縣任知縣的時間，必在光緒十一年自春至冬，甚至到光緒十二年初。“後以他事婉辭”一語，可能就是受命往羅城任職。

上文可見，席夔於光緒九年“丁内艱”回四川家鄉。丁内艱是辭職回鄉給妻子奔喪，也可能是辭職送妻子的靈柩回鄉安葬。第二年，也就是光緒十年（1884），又往湖南謀差事，結果當了新任廣西巡撫潘鼎新的幕僚，一起又回到廣西桂林。

今就席夔提到有關羅城的詩與道光《羅城縣志》互勘，或於我等瞭解席夔略有助益，簡述於後。

《羅城雜詠》："新建鳳樓高百仞，也思科第比鄰梁。"自注："羅城向無科甲，邑人請建奎閣，以培文教。"道光《羅城縣志》卷一："（建議）於巽位建催官樓祠魁星，哆囉嶺爲文筆嶺，於其上戌位上祠祀文昌。"同卷又云："文昌魁星閣，道光二十三年邑人移建儒學署旁。"看來，大約光緒十一年之前，羅城又重修魁星閣了。大約羅城因偏僻，很少出人才，地方上很着急。

"乙酉冬赴三防鳥爪村"。據道光《羅城縣志》，三防司在羅城東北。道光《羅城縣志》卷一："三防塘至縣治一百七十里。"同卷又云："三防塘，乾隆五十二年奉裁通道鎮後始設三防塘主簿。"又云："三防墟，在通道鎮，有三防司署。""墟"爲當地人的稱呼，爲市場集鎮之意。閲民國及道光兩《羅城縣志》，未見有"鳥爪村"一名，不知是否席夔誤記。

《瘞骨行》詩序有云："羅城武陽墟，昔稱繁富。咸豐初，迭遭兵燹，屋宇蕩然，死亡遍野。迄今居人於墻根爨側，時見枯骸，郊外荒冢，殘毀尤甚。乃捐資屬武陽司巫韶石少尹，偕紳耆察檢收殮，以罈盛之，計二百八十一具，其零落者另貯一罈，分男女列左右，共瘞於武陽岡之陽，立石紀事。以餘金權息，歲時設祭焉。"武陽司在羅城北。《羅城縣志》卷一有云："武陽司至羅城縣治三十五里。"又云："黄金墟，在平西下里，有武陽司署。"席夔所稱"武陽墟"，當即是武陽司署所在地黄金墟。咸豐初的兵火，當即是太平天國之事。咸豐初的戰亂，距光緒十一年，已經過去二三十年了，此時，尚遺骸曝於荒野，可見當時羅城之凋零。席夔"捐資屬武陽司巫韶石少尹偕紳耆察檢收殮"之舉，或是觸景生情，因年少時親歷家鄉濛陽受戰亂之慘有關。莊巨川引席夔《濛陽沿革記》："火其墟屋，殲敵二萬餘人，遂成焦土，此余所目見也。"

六　記録中法戰事

席夔有《邊事感懷》八首，記録中法戰争。詩後附録大量注解。其中許多細節，非親歷者不能知道如此詳細。兩處注釋與席夔本人的行踪相關，前文已經引用。

然其中多處不無批評朝廷和方面大員者。第一首："從征僚佐賦桑中"，自注："隨員幕友皆攜眷而行"，批評此次出征隊伍不像軍隊。"謝安先着游山屐"，自注："二月杪潘公抵粤，次日策馬遍覽風洞山、獨秀峰諸勝景，越日啓節"，直指新任廣西巡撫潘鼎新輕敵。"李廣誰傳射虎弓"，自注："巡檢李某上書，能造擋牌，可禦洋炮，法用縠縐絲綿頭髮等件裝入，外以生牛皮施漆。一牌費數十金。演試，洋槍應手洞然。"嘲笑李姓巡檢爲妄人，可見當時軍人對法國人槍炮威力的無知。"河上逍遥驚虜至，可憐回馬太匆匆"，自注："乙酉春，法人知其無備，驟然攻擊，北寧諒山失守，南關告警。提督楊玉科殿後，陣亡。副將董履高傷折左股。朝電桂撫，着按察李秉衡護理督師如故，時李鑑帥在後路督糧也。"意在譴責潘鼎新諸人輕敵玩寇，招致失敗。觀衮衮諸公行徑，似非偶然也。席氏云："安危國計真兒戲，直筆應存稗史家”；“我本儒生無勇略，天書讀罷也心酸”。悲憤之意，溢於言表。然席夔獨對當時和馮子材奪回諒山的按察使李秉衡尊敬有加，如其自注有：“朝電桂撫，着按察李秉衡護理督師如故，時李鑑帥在後路督糧也。”又有：“李鑑帥升授藩司，改護理爲署理，駐關三載，邊情安帖，內政肅然，竟不獲即眞，乞假歸里。”潘鼎新與李秉衡在中法戰争中的得失成敗不是本文主題，故僅略道及。

席夔也有得諸傳聞致失誤處。“未奪崑侖殄智高”，自注：“觀音橋之戰，法人大敗，其兵頭孤拔，素稱驍勇，同時殄亡，故急於求和，我軍不知也。”孤拔爲法軍統帥，當時並未死於越南，後來，法軍在澎湖與北洋海軍激戰中，病亡。此事，《清史編年》第 11 册有記載。

席氏頗不認同朝廷的邊打邊談的戰略。“是誰持算倡和議，垂手前功恥敘勞！”“朝中郵比金牌速，陣上簫吹鐵甲閑。”他還提到彭玉麟力主以戰止戰：“時彭宫保駐軍粵東防禦，上章請戰，有三不要之説。三不要者：不要官、不要錢、不要命也。”

其他如“劉琨獨灑幽州血，宗澤難收汴北功”，悼提督楊玉科；“縱寇馬賢無鬥志，按兵處仲想偷安”，指將士不能打仗；“亦憐墮淚來秦陛，何忍牽牲負越王”，喻朝廷不能保護藩國；“紛争剖界歷春秋，莽莽河山尺寸求”，言邊界談判之艱難；“下國有旗都拔趙，邊氓舉室欲依劉”，自注“邊民聞將劃界，皆紛紛遷入内地”，皆可當詩史讀。

七　雒容、靈川、賀縣

席夔一生輾轉南北，四方奔走。《近代巴蜀詩鈔》稱其：“遂橐筆走滇黔、歷吴楚、游燕趙。”故旅途紀事的詩占很大篇幅，前文已略有述及。《雒容道中過渡》：“遠客停輿路問津，此行我作過來人。”説明不止一次往來於雒容縣境了，上次是從對邊過來。或許之前席夔從桂林出發往羅城任職，即是取道雒容。雒容縣在羅城縣偏南，順柳江而下，屬柳州府。此行或是從羅城卸任後，又往别處任職，説不定是往下一站靈川縣。“騰空白馬浪無際，直到黄牛風有神”，言這次旅途之險惡和還算順遂。“征途遲速殊難定，遑計緇衫又染塵”，用《古詩十九首》“京洛多風塵，素衣化爲緇”的典故，更進一層，説黑衣又染風塵，不僅指連番旅途勞頓，恐怕也指奔赴下一處官場。

席夔的下一首詩爲《陡河謡》。陡河在靈川縣北，即靈渠，大約靈川縣也由此得名。如果席夔從雒容縣向東北，過了桂林，就是靈川縣了。但據民國《靈川縣志》卷八職官：“席夔，四川人，拔貢，（光緒）十四年任（知縣）。”從後一任謝珩於光緒十五年任靈川知縣看，席夔是光緒十四至十五年在靈川任上。又據《清實録》光緒朝：“光緒十六年……壬戌，諭内閣。馬丕瑶奏考察屬員，分别舉劾一摺。廣西署梧州府平樂府知府志彭、柳州府知府玉祥、候補知府石承霖、夏敬頤、曾毓璠、龍州同知任玉森、臨桂縣知縣顧國誥、著平樂縣知縣吴徵鰲、署博白縣靈川知縣席夔、象州知州郭步瀛等十員，據馬丕瑶奏，才猷政績，均堪備循良之選。即着傳旨嘉奬。仍飭令該員等益加奮勉，毋得始終異轍。”可見，到光緒十六年，“署博白縣靈川知縣席夔”受到朝廷嘉奬。這一年，席夔還“署博白縣”，就是暫時代任博白縣知縣。不知這一年之後，席夔受到何種嘉奬。據《益州書畫録續編》，席夔官廣西梧州知州。不過，因爲没找到其他證據證實任梧州知府的事，暫時不采信。

《陡河謡》寫陡河之行不易，“舟楫銜尾進，序雁不並偶。九曲一里中，辰發或至酉”，還拿來跟長江相比，“蜀江險而速，陡河滯而狃”。

《賀縣道中》：“客路鶯聲裏，崖邊春草長。”“郊原勤力作，風景似吾鄉。”用語輕鬆，似乎心情愉快，好像是回鄉的途中之作。因爲前面多首旅途所寫，都不免有身世之感，飄零之嘆，而那些都是離鄉遠行。要回到故鄉了，故看到種莊稼的農人，就不自覺有“風景似吾鄉”的欣喜。賀縣在靈川縣以東，梧州以北。假設席夔曾在梧州任職的話，其卸任回鄉，賀縣是其必經之路。

八　將有關中之行

《癸卯秋，將有關中之行，畫石贈羅雲塢太守》：“八載偕游日往還，尋幽拾趣幾人閑。黄金甘换輪蹄鐵，踏破煙雲又出山。”“檢點琴書欲遠游，無心出岫片雲浮。此行聊作看山計，不到邯鄲借枕頭。”

此詩應該是席夔自編詩集《風雨吟草》的最後詩作。癸卯是光緒二十九年（1903）。自云將有關中之行，不是受邀入幕，就是出山爲官。看“不到邯鄲借枕頭”一語，好像是入關中爲官之意。假如《近代巴蜀詩鈔》的編者的推斷靠譜的話，這一年，席夔已經五十四歲左右了。

羅雲塢，名緗，字雲五，晚號雲塢。華陽（今雙流）縣人。咸豐十一年（1861）拔貢。從鮑超軍起家，初任湖北崇陽知縣，後擢署荆門直隸州。繼母卒，回籍服喪，遂告歸不復出。嘗著《蘄春紀略》，後卒於家。緗又善書法，工行草。《華陽縣志》、《益州書畫録》有傳。席夔云“八載偕游”，從光緒二十九年倒推八年，則至少光緒二十二年，席夔與羅雲塢均在四川。羅雲塢最後的官職是荆門直隸州知州，故席氏稱之爲太守。之前各人任職之所相隔很遠，不會偕游，故必是都回四川後纔常往還。

羅雲塢著述《蘄春紀略》，爲光緒二十五年成都吕德生刻本，見《益州書畫録》。刻書時必定羅氏已在川優游林下了。再有，錦江書院山長伍肇齡有詩題目爲《光緒戊戌十月二日，馬紹相司馬同羅雲塢太守……江樓宴集，即事成五言二韻》，也可以概見羅雲塢的行迹，説不定望江樓宴集，席夔也在座。近日見某書畫集收録席夔畫牡丹水仙扇面，上屬“甲辰仲春”，不知畫於何處了。

由於見識淺陋，余對席夔所知僅此，尚有待於訪席氏後裔和尋找《風雨吟草》等其他資料。今以席夔好友魏魯詩《寄席明府夔》[1] 作結：

持鞭終愧祖生先，尼我風塵又幾年。
蜀嶺雲歸心逐雁，灘江春盡瘴迷天。
四愁詩寄漢平子，三絶才高老鄭虔。
若問天涯張儉事，一囊書劍自相憐。

作者單位：彭州市磁峰鎮花塔村　郫縣唐場鎮

① 見於《近代巴蜀詩鈔》，第419頁。

成都尊經書院山長考

魏紅翎

自從文翁化蜀，蜀學比肩齊魯，四川由此融入了中原文化體系，曾産生過非常璀璨的歷史文化。但是進入清朝以後，由於種種原因，卻出現了蜀地人才凋敝的情况。江藩《國朝漢學師承記》記載了清初至乾嘉時期的漢學家，竟然没有一個四川人。阮元主編的《皇清經解》是對清朝學術發展狀况的大總結，收録的作品中也無川人踪迹。又據《清代四川進士徵略》統計：從順治三年（1646）至光緒三十年（1904）共計二百五十八年舉行的科舉考試中，鴉片戰争前約兩百年的時間，四川考取進士的僅爲四百餘人，僅占全清進士的1.6%①。這種局面一直到清末纔發生了變化，其功勞主要應歸功於此期建成的成都尊經書院。

該書院成立於光緒元年（1875）春，地址位於成都府城南門文廟街西側石犀寺附近，是四川總督吴棠、學政張之洞應省内衆多鄉紳的請求興辦的，爲當時省内最高官辦學府。在其存在的二十七年間，造就人才無數，培養了諸如楊鋭、宋育仁、廖平、吴之英、駱成驤、吴玉章、吴虞、張瀾、蒲殿俊、尹昌衡等衆多在國内極具影響的人物，其中載入《四川省志·人物志》的就有26位。在它的引領下，蜀學走出了低谷，開始復興，重新獲得了自己的地位。本文將對尊經書院的山長情况略作梳理。

山長爲整個書院的靈魂人物，由誰擔當，關係重大。何一民先生曾論及選聘山長對於尊經書院的意義：“書院的山長於書院的聲望和發展關係極大，故選聘山長十分重要。尊經書院之所以能聲名大噪，與歷任山長有很大關係。”② 然而尊經書院在山長的聘任一事上，曾經頗費周折。按照當時慣例，“省有省書院，督撫聘請名師爲山長，其資格爲大儒或本省還

① 李朝正：《清代四川進士徵略》，四川大學出版社1986年版，第3—6頁。

② 何一民：《試論尊經書院與四川士林風氣的變化》，《四川師範大學學報》（社會科學版）1991年第1期。

籍一、二、三品之巨官”[①]。山長需由督撫親自延聘，以示鄭重。初，總督吴棠延聘江蘇南匯張文虎主持尊經書院，張文虎的《舒藝室詩存》記載了此事，詩題爲《蜀省新建尊經書院，制軍吴公（棠）奏開書局，以張香濤學使（之洞）言，介李制軍（宗羲）書來欲屬予此席，辭之而副以詩》：“昔歲書招游晉塞，自慚蒲柳已先秋。（同治八年，李公撫晉，以書見招，制軍馬端敏公鼓閣久之，乃以見，語虎曰：“柰老何!”端敏曰：“然已屬幕中，爲君辭之矣。”）而今蜀道青天上，歷井捫參柰遠游。少慕儒林學未成，誤蒙卿相采虛聲。頭顱七十經荒久，孤負文翁化蜀情。”[②] 張以路途險遠、年歲已老推辭。聘浙江德清俞樾，也被拒。壬寅年（1902 年，光緒二十八年）俞樾之孫陛雲蒙任四川副考官後，他賦詩慶賀，自注中有：“同治季年蜀中設尊經書院，延余主講，謝不赴，聞蜀士頗似失望。”[③] 後來又有樊增祥托繆荃孫推薦浙江會稽李慈銘，也未成行[④]。在這種情形下，最後由薛焕充任書院第一任山長。

一　薛焕

薛焕，據《誥授光禄大夫薛公墓誌銘》：“公諱焕，字觀堂，姓薛氏，敘州興文縣人。……甲辰科舉人。……奉使雲南，而公亦遂病，病三年卒，光緒六年庚辰（1880）二月初三日也，實生於嘉慶二十年乙亥（1815）十一月二十一日，享年六十有六。”[⑤]《興文縣志》也記薛焕爲：“道光二十四年（1844）甲辰科舉人。”[⑥] 早年鎮壓小刀會、太平軍有功得以迅速提升，同治元年（1863）授禮部左侍郎、工部右侍郎，同治二年（1864），署都察院左副都御使、通政司通政使。不久，任内閣侍讀學士。任職期間積極參與洋務運動。因厭倦官場傾軋，同治五年（1867）奏准回鄉終養。薛焕任尊經書院山長正是其歸鄉之後，他的學問並不精深，他是以二品大員的身份出任的。

薛焕上任後不久，雲南發生“馬嘉理事件”[⑦]，清廷又急調他前往辦理。據《清實録·德宗景皇帝實録》卷十四“光緒元年七月”：“李瀚章奏請調鳳陽府知府丁士彬赴滇差遣。”卷十五“光緒元年八月”：“李鴻章另片奏請飭薛焕赴滇幫辦等語。着吴棠傳知該前侍郎薛焕迅速赴滇，幫同李瀚章辦理一切。”[⑧] 此事一直持續到第二年，光緒二年（1876）二月二

① ［清］劉成禺：《世載堂雜憶》，中華書局 1960 年版，第 14 頁。

② ［清］張文虎：《舒藝室詩存》七，清光緒刻本，第 119 頁。

③ 俞樾：《春在堂詩編》，見《續修四庫全書》第 1551 册，上海古籍出版社 2002 年版，第 588 頁。

④ 繆荃孫：《藝風堂友朋書劄》下册，上海古籍出版社 1980 年版，第 109 頁。

⑤ ［清］郭嵩燾：《養知書屋集》文集卷十九，清光緒十八年刻本，第 405 頁。又據鄧沛：《晚清宜賓籍重臣薛焕其人其事》，記薛焕爲今宜賓市翠屏區趙場鎮薛家橋人，見《巴蜀文化研究通訊》2014 年第 6 期。

⑥ 龍晦：《薛焕與王闓運——尊經書院研究之二》，《蜀學》第 2 輯，巴蜀書社 2007 年版，第 34 頁。

⑦ 馬嘉理事件：光緒元年（1875），英國派副將柏郎率兵 200 人欲從緬甸侵入雲南，英國駐華公使館領事馬嘉理奉命前往接應，被憤怒的民衆打死。據鄧沛《晚清宜賓籍重臣薛焕其人其事》，見《巴蜀文化研究通訊》2014 年第 6 期。

⑧ 雲南省歷史研究所編：《〈清實録〉有關雲南史料彙編》卷四，雲南人民出版社 1986 年版，第 838、839 頁。

十六日李瀚章、薛煥上《查明英員馬嘉理在滇被戕情形折》①，對查辦情況進行了匯報，薛煥“既定讞，仍乞病歸”② 應是上奏之後的事。因而薛煥在尊經書院的時間並不長，其從雲南回來後不久即生病，病三年後於 1880 年去世，由此推算其任山長不會超過光緒三年(1877)。另據王闓運《湘綺樓詩文集·箋啟卷第二·致張尚書》：“闓運於乙亥（1875）即得薛興文致聘，恐懼慚惶，雖極思一奉光儀，猶慮自書黄紙。旋知兩錢主講，五經斯立。”③ 由此可知，薛煥上任伊始便向王闓運投去橄欖枝，但依然遭到了拒絶。在這種尷尬的情形下，薛煥推薦浙江海寧錢保塘、嘉興錢寶宣爲主講。

二　錢保塘

張舜徽在《清人文集别録》“錢保塘”的《清風室文鈔》（十二卷）一條中記其生平：“海寧錢保塘撰。保塘字鐵江，咸豐九年（1859）舉人，困於禮部試者十餘年。遂留京授徒，且教且學，益究心於形聲、訓詁、輿地之學。同治末，以知縣分發四川。初參大府幕，屬以文字之役。與繆荃孫共事稍久，以學問相切劘。其後歷宰劇邑，由定遠而大足，而什邠(應爲“邡”)，所至有循聲。然以吏事分其日力，其所學稍荒。保塘爲學，上紹其族曾祖馥之遺緒，兼承其外舅曹金籀之教，於文字、聲韻、金石、校勘，皆涉其藩。觀是集所載群書序跋之文，知其瞭然於治學門徑，通知考證方法，雖所造未深，不逮前人之精，然亦具體而微矣。是集乃其子國在上海所校刻，卷首有繆荃孫序，稱保塘在蜀三十年，五次分校，傳經弟子，不乏英俊云云。然保塘於經學無成書，今惟是集卷十二載有成都尊經書院策問諸題，略可考見其根柢耳。”④ 錢保塘有家學淵源，入蜀後候補知縣期間，曾短期在尊經書院主講，其講學内容以通經爲主，反對八股時文。沃丘仲子的《近代名人小傳》將其列入“儒林”，並記載其在尊經書院講學的情況：“錢葆塘字鐵江，嘉興人。以拔貢舉人官什方（邡）縣知縣，卒於官。當吴棠、張之洞初置尊經書院於成都，聘俞樾弗至，即延之攝教習。以注疏課蜀士，蜀人乃知有經學。葆塘淹博，初法王應麟，頗編補舊籍或搜定佚訓。已而嗜煙，以博稽爲苦，乃專治《周官》經，爲補注。補疏正義刊誤各若干條，簡而得要。……輒有精義名言，足正先儒之失。由其穎悟絶人，故思之所至，蔑弗通者。工儷體，疏秀若庾肩吾。時蜀士制舉文，庸濫惡俗，而每鄉試，葆塘必爲同考，榜首恒出其門，所取文皆古博，不類制藝。余笑之，葆塘曰：‘士無不習八比文者，今以古博爲鵠，則習八股者亦漸親典籍，使十科内吾皆預試，蜀學必丕變。’⑤ 錢保塘反對八股制藝的態度還是非常堅決的，這也足以證

① 龍晦：《薛煥與王闓運——尊經書院研究之二》，《蜀學》第 2 輯，巴蜀書社 2007 年版，第 36 頁。

② ［清］郭嵩燾：《養知書屋集》文集卷十九，清光緒十八年刻本，第 404 頁。

③ 王闓運著、、馬積高主編：《湘綺樓詩文集》“箋啟卷第二”，嶽麓書社 1996 年版，第 845 頁。

④ 張舜徽：《清人文集别録》卷十九，中華書局 1963 年版，第 537 頁。

⑤ 沃丘仲子：《近代名人小傳》，中國書店 1988 年版，第 18—19 頁。

明尊經書院建立之初，由官府到主講便達成了共識——不課時文。張舜徽稱“保塘於經學無成書”也還不確，他曾補注《周官》，又爲《春秋疑年録》一卷。其著述還有：《清風室文鈔》十二卷、《詩鈔》五卷、《帝王世紀續補》一卷、《帝王世紀考異》一卷、《吴越雜事詩録》三卷、《辨名小記》一卷、《錢氏考古録》十二卷《補遺》一卷、《歷代名人生卒録》八卷、《女英傳》四卷、《光緒輿地韻編》一卷、《涪州石魚題名記》一卷、《乾道臨安志劄記》一卷；輯有《字林考逸》八卷、《婦學》一卷。此外，還有一本與姚覲元合撰的《涪州石魚文字所見録》二卷。其著述雖然不能與一流學者相抗衡，但確實還是比較豐富的。尊經初創之時，無人擔當主講之季，錢保塘能够擔此重任，以較爲開明的理念教育蜀士，爲書院奠定了良好的開局。他的名字及籍貫有不同記載，《清人文集别録》是“海甯錢保塘”；《近代名人小傳》是“錢葆塘字鐵江，嘉興人”；《廖季平年譜》記“錢塘錢保塘及其弟保（誤，應爲“寶”）宣權主其事”①；《蕉廊脞録》説“海昌錢鐵江大令保塘”②；繆荃孫《續碑傳集》記“錢保塘字鐵江，號蘭陂，浙江海寧州人”③。目前暫無他證，存疑。

三　錢寶宣

錢寶宣似乎也曾擔任山長，姑且將其情況録於此。錢寶宣，字徐山，浙江嘉興人，錢儀吉之子。生平事迹不詳。《湘綺樓日記》有零星記載：“（光緒五年五月二日）錢徐山繼至，……前閲書院二課卷，人亦俗雅，浙派之潦倒者。”④ 與王闓運似不睦，緊承上條記載後有：“三日，張生祥齡來，多爲錢徐山言，似疑我不能容之。”⑤ 光緒九年去世，此時已不在書院，當年“（八月十二日）雲南巡撫遵義唐炯來書，言錢徐山死，天下從此又少一讀書人”⑥。譚宗浚任四川學政時，錢寶宣正在尊經書院，譚曾做詩《錢徐山大令（寶宣）》：

> 錢侯胡輦姿，磊落德門裔。伊昔尚書公，文藻鬱辨麗。遭遇乾隆朝，雲龍托真契。是時海宇康，士女笙歌沸。六飛數南巡，珥筆出入侍。時邀丹露題，燦爛銀鉤字。南樓工寫生，花鳥妙精緻。亦復膺御褒，翟茀傳盛事。文孫得黄門，經學迥深邃。詩傳鄭氏箋，書撰王粲記。至今大櫟門，多士精講肄。君也産渥窪，千里期遠至。胡為困風塵，僕僕隨小吏。自言喪亂來，吴越滿兵騎。承平人物凋，故舊文獻墜。藏書三萬簽，褾褫委烽燧。又言家運屯，鶺原横涕泗。八口寄錦城，行歌日憔悴。往歲主皋比，巢林暫棲憩。英才萃薛裴，實學得回賜。羞隨野鶩（應為“鶩”）争，翩作冥鴻避。嗚呼發撝

① 廖幼平编：《廖季平年譜》，巴蜀書社1985年版，第16—17頁。
② ［清］吴慶坻：《蕉廊脞録》，中華書局1990年版，第169頁。
③ 繆荃孫纂録：《續碑傳集》（一），見周俊富輯：《清代傳記叢刊》“綜録類”（4），明文書局印行，第56頁。
④ 王闓運：《湘綺樓日記》，嶽麓書社1997年版，第792頁。
⑤ 王闓運：《湘綺樓日記》，嶽麓書社1997年版，第792—793頁。
⑥ 王闓運：《湘綺樓日記》，嶽麓書社1997年版，第1245頁。

狂，儒冠業遭廢。大帥出戎旃，愛才亦虚僞。豈宜瓦礫尊，周鼎反憎棄。諒同中散愁，堪下步兵淚。君昨江油行，揖别意彌摯。白日照衣裳，迴飆動旌旆。未知行路難，何自重把袂。永懷零雨章，出郊載酸鼻。更憶舜舉翁，（兼謂鐵江大令）負才並瓌異。各抱經濟能，俱鬱蹭蹬志。吾聞古達人，憂患垂彖系。著書如已成，幸寄黄車使[①]。

詩中稱錢寶宣爲尚書之後，推測可能是指刑部尚書錢陳群。錢寶宣全家八口因爲躲避太平天國之亂入蜀，生活相當艱難。

光緒四年（1878）冬，學政譚宗浚曾“集尊經諸生三年以來課藝及下車觀風超等卷，刊爲《蜀秀集》八卷。所刊皆二錢之教，識者稱爲江浙派”[②]。譚宗浚，字叔裕，廣東南海人，甲戌年（1874）進士，授編修職。丙子年（1876）督學四川。前任學使張之洞聞其繼任，大喜曰：“譚君來，蜀士有福矣。”譚在任上，剔弊竇癸，借英才選刊《蜀秀集》，士林翕然，仰爲儒宗[③]。

四　王闓運

二錢之後，王闓運終於在光緒四年（1878）十二月應聘來川執掌尊經書院，直到光緒十二年（1886）春離開，任山長七年多。他是尊經書院任期較長、影響最大的一位山長。

王闓運（1832—1916）[④]，湖南湘潭人，晚清著名的經學家、文學家。受四川總督丁寶楨邀請於光緒四年（1878）十二月至光緒十二年（1886）春入蜀任山長，主持尊經書院。他的到來意味着書院一個新時代的開啟，尊經終於擁有了一位屬於自己的重量級的學術領軍人物。

不過，初到書院，王闓運卻遭遇了意想不到的阻力，司道紛紛施壓，令其萌生退意。在丁寶楨的調解挽留下，他纔繼續留了下來，並且開始大刀闊斧地實施一系列整頓院務的工作。針對書院較爲涣散的風氣，他組織制定了更加明確具體的規章制度，讓書院各方面的工作有章可循。他不徇私情，即便監院、齋長工作有疏漏，也敢於批評，甚至處罰。在其管理之下，書院秩序井然。

王闓運對書院最重要的影響是在學術方面，主要體現在其學術思想與教育理念對尊經書院的改造上，其核心便是以“湖湘派”的經世之學代替了主講錢保塘、錢寶宣推行的“江浙派”考據之學，使尊經書院的學術發生了一次重大轉變。王闓運以堅定的決心，積極推行自己的主張。首先，他頂住壓力，堅定地反對以科舉時文課士。這爲其後的舉措提供了前

① 譚宗浚：《荔村草堂詩鈔》，見《續修四庫全書》第1564册，上海古籍出版社2002年版，第264頁。

② 廖幼平編：《廖季平年譜》，巴蜀書社1985年版，第19頁。

③ 閔爾昌：《碑傳集補》卷十九，民國十二年刊本，第379—380頁。

④ 據王代功所編《湘綺府君年譜》王闓運出生於道光十二年十一月二十九日，西曆應爲1832年。前人論述多誤作1833年，如楊布生：《王闓運掌教尊經、船山兩書院考》，王向清：《王闓運的經世思想及其特徵》等，特此説明。

提和保障。接着，他大力宣講《公羊春秋》，這實際是爲經世致用思想提供理論支援。然後，又鼓勵學生博覽群書，關注社會，心懷天下，尤其要注重學以致用，這是其教育理念的真正關鍵所在。同時他又讓院生習禮，約束規範其言行。張之洞之前雖然力倡經世致用，但無暇將其具體全面落實，這個任務是由王闓運來最終完成的。

在其教導下，"院生喜於得師，勇於改轍，宵昕不輟，蒸蒸向上"[①]。書院學生從整個社會都還普遍熱衷的科舉考試的桎梏中走了出來，逐漸擺脱封閉狹隘的盆地意識，開始放眼看世界，關注時事，潛心治學，努力進取，爲晚清四川書院教育注入了生機與活力，湧現出楊鋭、廖平、宋育仁、吴之英、岳森、胡從簡、劉子雄、張祥齡、戴光等一大批傑出人物。在他們的影響帶動下，整個四川學界面貌也焕然一新，沉寂多年的蜀學終於復興了。雖然這時的尊經書院學習内容依然不出傳統經史子集範圍，但我們本不應過於苛求古人超越他所處的時代歷史的限制，客觀地説王闓運在尊經書院的舉措是具有相當的進步性和價值的。蜀學能够重新爲學界所矚目，王闓運的引領之功應當不可置疑。

王闓運還講究教學方法。他采用分經會講之法授課，鼓勵院生抄書，都還行之有效。他還非常注意培養師生之間的感情。書院教育的獨特之處在於師生共同生活，朝夕相處，使師生的關係非常密切。王闓運在書院營造了一種彼此敬愛、其樂融融的學習生活氛圍。他還喜歡帶學生出游，參加自己的朋友聚會，真正實現了與學生共同生活。王闓運自己每天也要看書、抄書，還每每與客人縱論時事，言傳身教間都潛移默化地影響着學生。他教學又很勤勉，誨人不倦，常與院生談話至深夜。

總之，王闓運的學識、人品，都赢得了學生的敬服，其對學生的關愛也獲得了學生發自内心的尊敬、愛戴，在其領導下，書院儼然成爲精英薈萃、思想交流的樂園。可以説，尊經書院此時已當之無愧地成爲了國内極有影響力的一座標杆式書院。

王闓運任職期間，曾於光緒七年（1881）十一月二十五日返回湘潭，直到光緒九年（1883）五月返回，期間"由監院薛華墀（丹庭）主持，並仍由錢徐山代講席"[②]。華墀爲薛焕侄兒。

五　伍肇齡

王闓運離蜀後，山長由錦江書院山長伍肇齡兼任，任期最長，由光緒十三年（1887）至光緒二十一年（1895）共八年。

伍肇齡（1829－1915），字崧生，四川邛州人。天資聰慧，他十二歲中秀才，十四歲中舉人，道光二十七年（1847）十八歲中進士，選爲翰林院庶吉士，散館後授編修，可謂少

① 王闓運編：《尊經書院初集》序，光緒十一年成都尊經書局刻本，第5頁。
② 廖幼平編：《廖季平年譜》，巴蜀書社1985年版，第24頁。

年得志。但一場宫廷政變徹底改變了他的命運。咸豐十一年（1861）七月，皇帝在熱河駕崩。之後，慈禧太后等人發動辛酉政變控制了政權，並處死顧命大臣肅順等人。因伍肇齡在翰林院任職時曾是肅順的座上客，受到牽連，被免官。他返回四川後，先被聘爲瀘縣川南書院山長。同治十三年（1874），又任錦江書院山長。在王闓運離蜀後，他成爲了錦江、尊經這兩大書院的掌門人①。

王闓運在蜀時，伍肇齡與之交游頗多，還曾幫助王闓運操練學生習禮，不過他與王闓運的學術主張完全不同，他以宋學爲宗。民國年間的《邛崍縣志》記："（伍肇齡）嘗言述而不作。所著《石堂藏書》《石堂詩鈔》。"他自己的作品是不多的，但喜好刻書，"所刻行版籍經史外，以身心性命之學爲宗"。他"集鈔《近思録》而刻之；衍陳廣敷《正蒙軌物日義》而刻之；采陳廣敷《性修論》而刻之；采《盱江叢稿》而刻之；又采陳廣敷《食事積微篇》而刻之"，因而稱他"尤專意於宋儒之學……凡皆爲世道人心計也"。再觀其所刻經史書籍，"經類刻《古文尚書》，用新城陳溥本。刻郭注《爾雅附校勘記》、刻《詩説》二卷。史類刻司馬温公《通鑒》；刻陳廣敷《史記輯要》……刻陳廣敷《輯通鑒趙充國事詞章》……刻陳廣敷《書牘》"②。陳廣敷（1805—1858）名溥，江西新城鍾賢（今江西省黎川縣中田鄉）人，清代文學家、理學家。同代人言陳廣敷"工醫，兼工相人之術"，曾編輯《陽明百四十條》，自命爲"八子之學"，八子者，五子之外增堯夫、象山、陽明也③。其文章多理學及講學之作，詩多道學氣。此人在清代學者中也不算高明，而伍肇齡似乎獨偏好之。就伍氏所刻書目總體來看，不能不説其視野還是比較狹隘的。

伍肇齡來到尊經書院後，意欲將錦江書院的學術路徑移植過來，提倡宋學。但這引發了院生的不滿，某年四月，伍氏倉猝至督署辭館，曰："諸生不服教，欲驅我走，我已年老，欲讓賢者也。"④ 時任川督劉秉璋支持伍肇齡，至院斥責諸生。雖然之後伍氏繼續留任，但矛盾並未化解，廖平等學生與伍肇齡的關係依然緊張。光緒十三年（1887）二月二十九日，堂課又欲出宋學題，廖平和劉子雄據理力争，終於阻止。第二日，同學聚在一起討論此事。廖平説伍肇齡最佩服江西陳溥，"陳乃襖人，著書多妄誕，托於宋學而雜以左道"⑤。更有同學稱陳溥曾謀反，而伍氏刻其所批書甚多云云。另外，他們又通過自己的學術活動來分庭抗禮。光緒十二年（1886）廖平作《十八經注疏》凡例，謂："予創爲今古二派，以復西京之舊，欲集同人之力，統著《十八經注疏》，以成蜀學。"⑥ 顯然他認爲蜀學還是應建立在漢學的基礎上。同年又刻印《春秋左傳古義凡例》，還約集尊經同學共撰《王制義證》，稱"今

① 據劉平中：《錦江書院山長考》，四川大學2007年碩士學位論文，第143—144頁。另據《吴之英先生年譜》：錦江書院山長伍肇齡（1826—1915）兼尊經書院山長。而其他材料均記武氏出生於1829年，暫無他證，姑録於此。見吴洪武、吴洪澤、彭静中校注：《吴之英詩文集》附録一《吴之英先生年譜》，四川大學出版社2008年版，第524頁。

② 張位元：《邛崍縣志》卷二《文學志·後賢》，中華民國十一年刊，第7—8頁。

③ 歐陽兆雄：《水窗春囈》卷上，中華書局1984年版，第1頁。

④ ［清］劉聲木：《萇楚齋隨筆 續筆 三筆 四筆 五筆》卷二，中華書局1998年版，第39頁。

⑤ 廖幼平編：《廖季平年譜》，巴蜀書社1985年版，第41頁。

⑥ 廖幼平編：《廖季平年譜》，巴蜀書社1985年版，第34頁。

學各經舊注，並及兩漢經學先師舊説，務使詳備”[①]，並撰寫《經學初程》一卷，談治學之法。其中説：“近來學者頗有陵躐之習，輕詆何、鄭。豈知治經如修屋，何、鄭作室已成，可避風雨。其中苟有不合，是必將其廊廳窗檽門户，下至一瓦一石，皆悉周覽，知其命意所在，其有未妥處，或未經意處，仍用其法補之，必深知其甘苦，歷其淺深，乃可以言改作。今之駁者，直如初至一人家，見其大門曰：‘此門不善，宜拆使更營。’至二門如此，至廳堂如此，至宫室亦如此。……破瓦殘磚，雜然滿目，甚至隨拆隨修，向背左右莫不迷亂。以其胸無成室，無所摹仿，材料不具，基址難定。吾見有拆室一生，直無片椽可以避風雨者。毀瓦畫墁者，尚不得食，何況治經？”又説：“經學須耐煩苦思，方能有得。若資性華而不實，脆而不堅，則但能略窺門户，不能深入妙境。”[②] 語言之犀利，猶如一篇檄文，其意所指，不言而喻。

不過，廖平等人的訴求並没有得到來自官方的認可，新任學政高賡恩也喜宋學，自然對廖的説法不以爲然。伍肇齡新刻《近思録》，高爲其作序，痛詆漢學：“寖樹藩籬，操末忘本，世儒之蠹。”[③] 言指廖平。書院的氛圍不再是王闓運所在之時的和睦融洽，廖平也遭遇很大的壓力。光緒十四年（1888），廖平應德陽知縣之聘，離開了尊經。當光緒十八年（1892），他再回尊經時，書院已經今非昔比，竟有“聚賭内室，放馬講堂”者[④]。此時學政已是瞿鴻禨，聽廖平的報告後，他對書院加以整頓，可見該學政的態度不似其前任那樣强硬。

另外，查閲光緒十七年（1891）伍肇齡所編《尊經書院二集》，也會發現其中仍然收録有言説洋務、談論國事的文章，如劉子雄的《防海議》，論述海防問題；戴光的《鐵路論》，鼓吹興修鐵路，還有不少考證文章。出現這種結果的原因大致有二：一是社會潮流難以阻擋。這段時期國内外矛盾更加尖鋭：英國入侵西藏；葡萄牙與清政府簽訂《北京條約》；各地紛紛爆發教案事件……與之同時洋務運動也正方興未艾：中國鐵路公司成立，北洋水師正式成軍等等。受到王闓運啟蒙的學子面對這一切，自然不可能置身事外。其次，伍肇齡應當也有所妥協。宣統元年，張之洞去世後，伍肇齡率衆鄉紳聯名上書請求將張氏在川興學事迹宣付史館，對力主通經致用之學的張之洞的評價是非常積極的，從中也不難看出伍氏思想的變化。

任職期間，伍肇齡最值得肯定的一件事情是組織編寫刊印了《蜀學編》，該題目原本是學使爲尊經書院所出的考題，然而這次考試實際上演變成了書院師生對蜀學學術傳統進行收集、清理、總結的大規模的學術研究活動，意義非常重大。

---

① 廖幼平編：《廖季平年譜》，巴蜀書社 1985 年版，第 35 頁。
② 廖幼平編：《廖季平年譜》，巴蜀書社 1985 年版，第 36—37 頁。
③ 廖幼平編：《廖季平年譜》，巴蜀書社 1985 年版，第 42 頁。
④ 廖幼平編：《廖季平年譜》，巴蜀書社 1985 年版，第 48 頁。

六　劉嶽雲

之後，劉嶽雲於光緒二十二年（1896）任山長。劉嶽雲（1849－1917），字佛卿，揚州寶應人。劉繼美之後，劉典學的六世孫，揚州學派代表人物劉臺拱、劉寶楠、劉恭冕均爲其族人，光緒十二年（1886）進士，歷任户部主事、郎中、紹興縣知府，博學多才，著述多達五十餘部，二百餘卷[①]。擅長算術，著有《算學叢話》四卷、《喻利演算法》一卷、《光緒會計録》四卷、《五經算術疏義》二卷。其他著述還有：《農曹案匯》一册、《格物中法》二十四卷、《食舊德齋雜著》二卷、《礦政輯略》十二卷、《食舊德齋賦抄》五卷。未刊印的有：《測地演算法》不分卷，二册；《食舊德齋雜記》不分卷，一册；《食舊德齋詩抄》兩册；《食舊德齋隨筆》一册；《寶應縣城圖》，這五種爲稿本[②]。此時維新思想在國内傳播，西學受到前所未有的重視，由劉嶽雲的著述可見其與傳統文人著述已有明顯不同，他更多關注的是近代自然科學領域的相關問題。其中《格物中法》是國人自己系統研究“中國17世紀工藝百科全書”《天工開物》的最早一部著作，與法國巴黎漢學家儒蓮和化學家商畢昂幾乎是不約而同同時開展了這項研究，因而，劉嶽雲也被譽爲是中國用近代科學眼光研究《天工開物》的第一人。另外，《光緒會計表》是中國20世紀第一部著名的會計學專著，是研究晚清財政狀況的重要參考資料。所以曾任上海交通大學校長的唐文治總結劉嶽雲的學術成就時說：“富哉，先生之學兼賅中西也。”他又編印講義，成《四川省城尊經書院講義》，這是尊經書院目前保留下來的唯一講義，是書院講學情況的真實記録，該書光緒二十二年刻本現在國家圖書館、西南大學圖書館及揚州市圖書館均有收藏。據講義記載，劉嶽雲主要講解清朝皇帝的“聖諭”以及四書五經，在《序》中他稱：“於經師家法、學之大要，諸生尤願聞焉。院中舊規，每十日升講堂，輒爲解說。”[③] 劉嶽雲又選定學生優秀課卷，編成《尊經書院課藝三集》，共八卷，這是書院所編印的最後一套院生課藝集。劉嶽雲任尊經書院山長的時間較短，僅約一年。離開的具體原因不詳，但據費行簡《近代名人小傳》記：

---

① 參照王澄、劉文麟、周慶雲：《揚州文化志》第十二篇“人物”，江蘇文藝出版社1996年版，第732頁。又劉建臻：《清代寶應劉氏家學述略》，《揚州大學學報》（人文社會科學版）2007年第4期。關於其字，章梫所撰《清故資政大夫浙江紹興府知府劉公墓誌銘》記劉嶽雲字佛青（見閔爾昌：《碑傳集補》；沈雲龍：《近代中國史料叢刊》第100輯，臺北文海出版社1973年版，第2985頁）。但光緒二十三年劉嶽雲所編《尊經書院課藝三集》首頁仍題爲院長劉佛卿先生選。

② 據劉建臻：《清代寶應劉氏家學述略》，《揚州大學學報》（人文社會科學版）2007年第4期。“以上5種（《五經算術疏義》、《測地演算法》、《食舊德齋雜記》、《食舊德齋賦抄》、《食舊德齋詩抄》），既不載於《清史稿》，亦未見之《善目》、《拾遺》，《蘇志》述及《測地演算法》、《賦抄》和《詩抄》，亦衹言及見録於民國《寶應縣志》卷二十三之中，實則均藏揚州市圖書館，保存完好。”“《寶應縣城圖》，此前未見載，南京圖書館藏有稿本。”“《食舊德齋隨筆》，揚州市圖書館典藏。察其内容，則爲《食舊德齋雜記》之清抄本，且衹抄寫前半部分之關涉銀行、期票等經濟之文，對後半部分未加抄録。”

③ 劉嶽雲：《四川尊經書院講義》，光緒二十二年成都尊經書局刻本。

“鹿傳霖聘其（劉嶽雲）主尊經書院，皆以争禮數不合去，蓋亦矜重不屈人也。”[①] 另外，在《四川書院史》“尊經書院歷任山長表”中記劉嶽雲原爲錦江書院山長[②]，但查“錦江書院歷任山長表”，並無劉嶽雲，應爲疏漏。《四川近代史稿》記劉嶽雲爲“劉岳雲”，亦誤[③]。

七　宋育仁

光緒二十三年（1897），尊經書院培養的學生宋育仁出任山長，“是年宋育仁奉旨治四川商礦，兼任尊經書院山長，引先生（廖平）與吴之英爲都講，設蜀學會於院，並發刊蜀學報”[④]。此後，尊經書院成爲了四川宣傳維新思想的一個重要陣地，書院學術活動迎來了一個新高潮。

宋育仁是書院早期的學生，光緒二年（1876），他與楊鋭、廖平、張祥齡、吴之英等十二人作爲各州縣的高才生入選尊經書院學習，深得王闓運器重。王闓運强調學以致用、關注社會現實的治學理念對宋育仁影響極深。

宋育仁從書院畢業後，曾以英法等國參贊的身份常駐歐洲，這是其思想的又一個飛躍時期。他將在歐洲的考察見聞寫成巨著《泰西采風記》，與之前的著述《時務論》一並出版，向國人介紹西方國家的政治法律、經濟文化、風土人情等情況，並闡述其維新變法的主張，一時洛陽紙貴，宋育仁也由此被視作“新學鉅子”。

光緒二十二年（1896）春，宋育仁被舉薦回川興辦商務、礦務。他先在重慶開設四川商務局，大力推動民族工商業的發展。光緒二十四年（1898）春，宋育仁被聘爲尊經書院山長重回母校。

任山長期間，宋育仁將尊經書院建成了四川維新變法運動的大本營，他發起成立了蜀學會，又創辦《蜀學報》，宣傳維新思想，基地就設在書院。書院已經不再僅僅衹是學生讀書的場所，而是向社會敞開了大門。教師也不再衹是埋頭教書，而是走出書院，積極向民衆宣講新思想新觀念。這時的尊經書院已然成爲了維新思想的發源地，維新人才的培養地。一批有爲之士被團結在尊經書院周圍，逐漸形成了四川近代進步知識份子階層，蜀學也由此走向復興，獲得世人矚目。

當年張之洞爲院生撰寫《四川省城尊經書院記》，列於第一條的“本義”云：“（學子）學成而歸，各以宣導其鄉里後進，輾轉流衍再傳而後，全蜀皆通博之士、致用之材也。”

① 沃丘仲子：《近代名人小傳》，中國書店 1988 年版，第 25 頁。
② 胡昭曦：《四川書院史》，四川大學出版社 2006 年版，第 249 頁。
③ 隗瀛濤主編：《四川近代史稿》，四川人民出版社 1990 年版，第 268 頁。
④ 廖幼平編：《廖季平年譜》，巴蜀書社 1985 年版，第 56 頁。

"欲諸生紹先哲、起蜀學。"[①] 這些期望儼然成爲了現實。

由於戊戌變法的失敗，尊經書院受到沉重打擊，蜀學會、《蜀學報》被焚，宋育仁也被解職，返回北京。光緒二十四年（1898），清政府爲形勢所迫，下令各省興辦學堂。光緒二十八年（1902），杜嗣蘭任尊經書院最後一任山長，此時清政府已處於風雨飄摇之中。同年，四川總督奎俊奏準將尊經書院、錦江書院、四川中西學堂合併，在尊經書院原址設立四川通省大學堂，當年12月改爲四川省城高等學堂。[②] 尊經書院的歷史結束了。1905年，科舉制度被廢除，一段漫長的時代也由此宣告結束，中國教育從此進入了全新的時期。

成都尊經書院歷屆山長[③]

姓　名	籍　貫	出 身	任職年代	備　注	四川總督	四川學政
薛焕	四川興文	舉人	光緒元年（1875）		吴棠	張之洞
錢保塘	浙江	舉人	光緒三年（1877）	候補知縣期間代理山長	丁寶楨	譚宗浚
王闓運	湖南湘潭	舉人	光緒四年（1878） 光緒十年（1884）		丁寶楨	譚宗浚 邵積誠
薛華墀			光緒八年（1882）	監院，代理山長，薛焕之侄，曾任成都府學訓導	丁寶楨	朱逌然
伍肇齡	四川邛崍	進士	光緒十三年（1887）	曾任翰林，本爲錦江書院山長兼任	劉秉璋	高賡恩
劉嶽雲	江蘇寶應	進士	光緒二十二年（1896）		劉秉璋	吴樹棻
宋育仁	四川富順	進士	光緒二十三年（1897）		奎俊	吴慶坻
杜嗣蘭			光緒二十八年（1902）	曾任温江教諭	奎俊	吴郁生

作者單位：成都大學文學與新聞傳播學院

① ［清］張之洞：《四川省城尊經書院記》，《叢書集成續編》本，臺北新文豐出版公司1988年版，第443頁。

② 四川大學校史編寫組：《四川大學史略》，四川大學出版社1985年版，第6頁。

③ 據隗瀛濤主編：《四川近代史稿》，第268頁；胡昭曦：《四川書院史》，第249頁。表中任職年代衹列起始時間。

蜀學大儒　維新前驅

——記晚清國學碩儒吴之英

李　鏡

在晚清四川一度璀璨耀眼的國學天穹上，吴之英是其中最明亮的幾顆大星之一。他既是中國蜀學的集大成者，又是近代蜀學强勁的開拓者。在有關吴之英學術地位的評價中，他的師尊王闓運説："諸人欲測古，須交吴伯朅。之英通《公羊》，精《三禮》，群經子史，下逮方書，無不賅貫。"其亦友亦徒的謝无量撰聯稱："自王伍以還，爲人範，爲人師，試問天下幾大老？後揚馬而起，有文章，有道德，算來今日一名山。"兩段評語甚爲精確。

一　經學大師，奇峰突兀

吴之英字伯朅，號西蒙愚者，老愚。1857 年出生於四川省名山縣車嶺鎮吴溝。祖父吴文哲、父親吴銘鍾都是飽學未仕的處士，在他們的悉心培養下，吴之英自幼受到嚴格的儒家思想文化教育。祖父和父親爲這個後繼者賜名伯朅，取《詩經·衛風·伯兮》"伯兮，朅兮，邦之傑兮。伯也執殳，爲王前驅"之意，希望他成爲大智大勇、報效國家的英傑之士。

1871 年初，15 歲的吴之英參加縣試。同年 4 月帶着縣試最好成績的資格參加雅州府試，榜示名列第一。這正是西方列强入侵，清王朝内憂外患日趨没落的時代，紛起的各種政治文化力量中挽瀾與鼓浪並陳。1874 年四川學政張之洞主持新建的尊經書院，旨在以通今學古培育蜀士，學生先由省内各府縣在有功名的秀才中選拔，最終選擇 100 名優生入院。吴之英與綿竹的楊鋭等人首批入選，開始在更高的蜀學層面上深造。在張之洞、王闓運相繼主持下的尊經書院裏，他悉心受教，博覽群書，慎思明辨，切磋砥礪，治學上日益精進，在廣博的基礎上深析五經之學，尤重三禮的研究。他成爲諸生中的佼佼者，與楊鋭、宋育仁、廖平同被稱爲"尊經四傑"。

巴蜀之地的國學傳統源遠流長，人文蔚起。在漢代和唐宋期間，以司馬相如、揚雄、王褒和“三蘇”爲代表的蜀士，相繼掀起蜀學高潮，在中華傳統文化的締造弘揚方面做出了歷史性的貢獻。但是南宋以降，四川境内戰事頻繁，經受蒙古鐵蹄的蹂躪和長期匪患的摧殘，社會經濟文化深受重創，至清康熙四十三年（1704），四川按察使劉德芳在石室故址上重建錦江書院，巴蜀文化開展復蘇。由於積弱既久，國學仍顯疲憊，或空談講學，或溺志詞章，志趣卑陋，崇虚避實，至晚清時代，文化教育一度落後於中原及沿海地區。尊經書院的建立，意在“石室重開”，爲振興蜀學培養棟樑之材。

吴之英從 1874 至 1893 年一直在尊經書院求學與任教，以後輾轉西川諸地任訓導之職；戊戌變法失敗後，爲形勢所迫回歸故里名山車嶺，繼續潛心治學。他的天資聰慧，基礎雄厚，且又勤奮多思，得到名師指引，一生中筆耕不輟，撰著甚豐。晚年他把歷年的著作一一披陳，取名爲《壽櫟廬叢書》，用楷書寫就，刻於木板上；過世後他的友人、弟子編其遺著刊行於世，沿用《壽櫟廬叢書》名。“壽櫟”典出《莊子・人間世》，意含櫟樹正因爲不屬可用之材，免遭刀砍斧斫，得以保身長壽。吴之英歸鄉後將老宅更名爲“壽櫟廬”，自有深意存焉，透露出文人常有的憤懣與心底的悲涼。

梳理吴之英在經學和史、子、集方面的著作，不難看出這位大師在深度和廣度兩方面的學術造詣。由於篇幅所限，現僅從編目及要略分列於後：

《周易寡過録》　吴之英行年五十之際，“追思先師學《易》之義，時有冥會”，考證舊注，出以己見之作。

《尚書信取録》　敘述古今《尚書》師傳及歷代考論情況，結論是“古文（篆書版）僞”。末云：“（吴之）英據文以決其僞。”還以孟子語自歎：“盡信書，不如無書。”

《詩以意録》　考證詩篇内容及師傳注疏情況，不乏獨到見解，以意逆志，探索孔子删《詩》本意。

《漢師傳經表》　據《史記》、《漢書》、《後漢書》等書，考述漢代五經師傳關係，分列出簡明易覽的兩漢傳經表，使之一目瞭然，並糾正了史書記載的一些錯誤，充分體現了作者治學馭繁於簡、舉重若輕的大師風範，對後來學者研究漢代儒學發展史大有裨益。

《儀禮奭固》十七卷　吴之英本着通經致用的主旨，以鄭《注》爲主，擇善而從，斷以己意，語言簡潔，剔除枝蔓，在《儀禮》注疏中堪稱上乘，具有注釋精簡、通經適用，不株守前人之説、自成一家之言，看重體例與文獻傳承等特點。

《儀禮奭固禮器圖》十七卷　是爲輔助閲讀《儀禮奭固》，將繁雜難明的名物禮制變得形象和直觀。在吴之前，爲禮器作圖最有價值者有宋代楊復《儀禮房通圖》一卷，清代張惠言《儀禮圖》六卷中也有兩卷言及禮器，與楊、張相比，吴之英的《禮器圖》更專業，圖形豐富，考釋詳明。

《儀禮奭固禮事圖》十七卷　吴之英創作《禮事圖》，是爲《禮器圖》輔證，即輔助閲讀《儀禮》之用。圖形更豐富完善，方位明析，實用性强，簡注明白，還糾謬訂誤。

從上述列舉中可以看出，吴之英本着“禮可爲用”、“天理人情，今猶古也”、“禮義廉恥，國之四維”、通經致用的目的研究《儀禮》，從 1881 至 1911 年，歷時三十載寫成《儀禮奭固》、《儀禮器圖》、《儀禮事圖》三書，《禮器圖》以輔《奭固》之用，《禮事圖》以明《禮器圖》之用，三位一體。其學術成就，超邁前人，把《儀禮》的研究推到一個嶄新的水準。

經學內容的《儀禮》研究之外，吴之英還撰有《公羊釋例》、《春秋書日食釋義》、《盟會地邑所屬國境考》等，並與廖季平合著《經學初程》。

吴之英在史學方面曾著《中國通史》二十册，惜已散佚。尚有《八總都箴》存世。光緒十六至十八年，他還參撰《名山縣志》，擔任采訪，多有獻益。其子部著作中，撰有《諸子通倅》、《經脈分圖》等。

如此衆多精深的研究成果，足使吴之英成爲承前啟後的經學大儒。對他的評價除上文提到的王闓運、謝无量精闢之語，劉師培稱："近吴伯朅撰《儀禮注》，簡明雅潔，《圖》亦較張爲優。"受業尊經書院的吴之英弟子吴虞，對其師是終生敬慕，尤多贊譽。先生歸鄉時他作《寄吴伯朅先生》，稱："蜀才誰復繼周秦，曠祀蒙山異人出。"又在《懷人絶句》中稱："魏然誰是魯靈光，滄海横流實可傷。不見延陵吴季子，肯言天下有文章。"伯朅先生歸道際，吴虞挽聯云："品節在鄭嚴之間，白首孤行，自有千秋型蜀士；文學繼卿雲而後，玄亭重過，空悲一國失人師。"而對吴之英國學成就最權威的認定，乃是清修《四庫全書》，阮元、王先謙兩部《經解》，四川作者竟無一家；及至《續修四庫全書》，吴之英著作即有數種收録其中。這是吴之英等蜀學前輩實力的表現，揚波鼓浪掀起歷史上第三次蜀學研究高潮，直令中原、沿海學者對蜀學儒林刮目相看。《四川通史》敘及吴之英和他的《壽櫟廬叢書》時，稱"吴之英不愧是四川近代史上在振興蜀學和傳統文化研究上有傑出貢獻的愛國學者"。

二　縱横捭闔，光芒四射

在中國的歷史上，有影響的學者們多爲精通諸藝的縱横之材，吴之英就是其中的一個範例。他不僅是一位著作等身的經學研究大家，同時還是著名的教育家、書法家、詩人、報人，在天文、星象、醫學方面也有所涉獵，其成就和影響是多方面的，屬於百科全書派的學者。

吴之英除早年和晚年在故鄉名山度過，大多數的歲月沉浸在書院和講所之內。他輕視功名，不受禮部顧問官聘請，而熱心人才的培養，興學育人，終生不渝，先後在資州藝風書院、簡州通材書院、成都尊經書院、錦江書院、存古學堂、國學院，或執教，或長校，訓迪學子，德行兼修。主講資州時，致力於改變沉溺八股的積習，使藝風書院文風大振，日後成爲清代蜀中唯一狀元的駱成驤其時在該書院受業，與吴結下亦師亦友之誼。出任簡州通材書院山長（院長）期內，仍以尊經書院方式施教，教學多術，督學甚嚴，圖書供應豐富，不僅使簡州文風一變，而且吸引成都、華陽、內江等地學子前來入讀。吴之英還在灌縣擔任訓導，同時兼任錦江、尊經書院襄校（副院長），在灌縣前後 10 年，帶去尊經書院崇實去浮、學以致用的良好學風，訓迪學子，文行兼備，獲益者多，使文風丕振，蜀學粹然，對灌縣學術發展産生了積極影響。清末全國普遍改書院爲學堂，學習西方科學，張之洞又擔心國學淪亡，乃奏請各大省設存古學堂一所，培養專材，以川、蘇、鄂三省爲試點。四川存古學堂以謝无量爲監督（校長），首聘吴之英爲教授。吴有感於變法失敗，人亡國碎，清王朝腐敗無能，遂把興學育才視作救世良藥。時年僅 26 歲的謝无量對年過半百的吴之英推崇備至，以亦師亦友待之。伯朅先生在學堂内主講詞章科目，還建議促成尊經、錦江兩書院百萬卷圖書由存古學堂接手，使“舊業復興於禮堂，重貺乃逾於刀帛”。辛亥革命勝利後，四川都督府於民國元年創建國學院，吴之英被延聘爲院長，謝无量、劉師培爲副院長。稍後存古學堂合併其中，遷校址於成都今國學巷，吴之英親書“國學院”三字懸諸校門門楣，並撰聯：“斯道已將亡，留此四壁圖書尚譚周孔；後生誠可貴，何惜兩行芹茆不借淵雲。”國學院爲四川大學前身，開四川現代高等教育先河，今四川大學國際儒學研究院大門上仍鐫刻此聯以爲標榜。從尊經書院到存古學堂，從國學院到四川大學，均以弘揚國學，出思想、出人才著稱全國，吴之英長期作爲諸院校核心人物，嘔心瀝血，居功至偉。此外，伯朅先生還關心桑梓，爲國育才，主持鄉校教事，《名山縣志》稱他“長鄉校逾十年，裁成甚夥，至今邑人知重古學，其遺教也”。

吴之英又是著名的書法大家。其墨寶最知聞於世的，爲至今矗立於成都人民公園内高碑上的“辛亥秋保路死事紀念碑”赫然大字。在這座歷史豐碑上，東面用篆隸體書寫的即是伯朅先生手迹，其南面、北面分别爲吴之英的受業弟子顔楷、張學潮書寫。吴之英的書法藝術精湛獨特，“質樸不可裁，魁而出陶甄。運會不爲逆，變化挾鬼神”，“務到精審處，孤立求真諦”。這是他論書法的詩句，可見他崇尚、追求的是質樸、變化和個性。他博采衆家，遍涉周秦金石之文，漢魏碑碣之字，晉唐之法帖，宋四家之書迹，《書譜》之論述，《雙楫》之評論，於魏碑漢隸中求筆法，於漢籀中得筆勢，於章草中取筆姿，於帖學中尋筆意，形成自己直樸雄奇的書法風格。雄體現在：色彩上注墨辣，以濃重、樸素見長；動勢上鼓宕勁健，縱斂互用，節奏明快；結構上開合大度，對比强烈和諧；空間上有構築之美，寥廓之感，給人以大氣沉雄的審美享受。奇體現在：奇特的運筆，他創造的反筆筆法充滿抗俗韻味，又輔以奇姿的筆畫，將真行草篆隸魏碑諸筆法融合一起，進行巧妙的取捨和再創造，結構上將各體造型爲己所用，創造出象形與抒情相結合的字體。吴之英的書法歷程分爲“必先尊體制”、“奇辟初可驚”、“晚成將堅碩”三個階段，其書法的成就源於他有淵博的知識，有“自貴自强是吾宗”的理想，有反帝愛國的拳拳赤心，不捨不懈，終生勤奮。《中國書法鑒賞大辭典》評論吴之英的書法藝術“名播遐邇，享譽盛隆”。

吴之英還是著名的詩人。他不僅在經學、子史方面卓有建樹，而且在文學特别是詩歌創作上也能獨標一幟。著名文學家、他的受業弟子吴虞評論説：“吴伯朅先生把《蒙山詩録》最工。吴詩沉博鬱厚，獨立絶代，而又非常入古，並世未見其匹也。”吴之英爲詩，承其師王闓運衣缽，繼承《詩經》、《楚辭》以來的傳統，以漢唐爲宗，延續從漢魏樂府直至李、杜、元、白一脈，衍化爲自己的風格，因此關注現實，關心國計民生，其詩多憂國憂民之作，而不爲無病呻吟之章。吴之英的詩詞歌賦尚存兩百餘首，擅長七古，成就也最高，代表作如《關山月》、《改鋋煙生行》、《上海行》等。内容和寄寓方面，有反對帝國主義侵略、抨擊清廷腐敗賣國的，如《頤和園歌》、《東湖》、《邛海謠》等；有揭露社會潛伏危機、反映人民群衆生活疾苦的，如《題巫峽歸舟圖》、《上海行》等；有歌頌愛國志士、鞭笞邪惡勢力的，如《哭楊鋭》、《關山月》等；有贊美祖國河山、謳歌勞動人民智慧的，如《蒙茶歌》、《都江塹》、《青城張陵祠》等；有表達報效祖國志向、探討益世救國真諦的，如《火炮》、《寄廖平》等；還有仰慕先賢、借景抒發胸懷的，如《桂湖》、《留侯歌》等。他的詩有鴻篇巨制，也有抒情小詩，或直抒胸臆，或精雕細刻。語言瑰麗、樸實，用典精當，含意深邃，但也有一些古奥生僻的詞句。詩詞之外，伯朅先生善駢文，集中有辭賦 10 篇，《蒙山賦》、《螢火賦》、《尺賦》等皆爲上乘之作。《近代巴蜀詩鈔》選吴之英詩詞作品 20 首。

翻檢吴之英的豐富著作，還會發現和驚歎，伯朅先生是一位精通諸藝的全才。他在開創蜀地現代報業，在星象、醫學、圖畫研究等許多領域都卓有建樹，本文受篇幅所限，不一一而足。

三　投身潮流，高風亮節

吴之英不同於歷史上那些兩耳不聞窗外事、一心衹讀聖賢書的封閉型學者，更不是知行相悖、品格缺失的逐利型學者。他在治學的同時，堅持自身的人品修煉，自始至終保持中國知識份子傳統的美德，重視氣節，崇尚正義，恪守仁愛，不向惡勢力低頭。

在祖父、父親的嚴格約束引導下，吴之英幼承庭訓，遵守“德成而上，藝成而下，行成而先，事成而後”的聖人之教，逐步培養起良好的道德思想品質。及至進入尊經書院，受到良師王闓運的悉心栽培，於維新變法的政治氣候中成爲先驅人物。尊經書院前後存在 28 年，培養的學生中，不少人有經世之志，爲了變法圖强，奔走呼號，甚至不惜拋頭顱灑熱血。吴之英與楊鋭、宋育仁、廖平被時人稱爲“尊經四傑”，他在這場啟蒙運動中，以蜀學會主講身份出現，以《蜀學報》主筆文章向清廷宣戰，與在北京的楊鋭、劉光第等的蜀學會相呼應，筆鋒直刺以慈禧爲代表的頑固保守勢力。《蜀學報》圍繞廣見聞、開風氣，積極宣傳變法維新，載有上諭、奏摺、變法圖强的論文、專論、評報、國内外和蜀地的重要新聞等，是戊戌變法時期四川地區維新派的宣傳陣地。吴之英在主持《蜀學報》編務的同時，執筆親撰《蜀學報初開述議》、《學會講義》、《政要論》、《賦役篇》、《救弱當用法家論》、《法家善復古説》等文論，比較系統地闡述他的變法維新理念，反映了作者痛恨當政的昏庸、腐敗，關心人民、關心國家命運的政治目光，表現了一個生於亂世的志士仁人的憂患情懷。《蜀學報》的影響所及，對風氣閉塞的四川來説無異於石破天驚，在社會上産生强烈震動，吴之英的思想風采和先驅形象也隨之得以彰顯。

戊戌變法夭折，六君子血噴西市、康梁遁身海外時，吴之英不屈於慈禧的淫威，在蜀學會、《蜀學報》遭到查禁的高壓下，憤筆寫下千餘字的長詩《哭楊鋭》，詩中熱情謳歌六君子變法圖强的愛國精神和大無畏的高風亮節，激昂慷慨、繁弦疾管的詩句中，所揭露的是慈禧專權禍國的罪行，所鞭笞的是猾賊宵小的兩面派伎倆，所傾訴的是對同窗好友楊鋭的由衷贊美，讀起來酣暢淋漓，對慈禧的痛斥和嘲諷毫不掩飾，一顆正直、光明、磊落之心躍然紙上。在備受考驗的情勢下，吴之英的愛恨如此鮮明，堪爲士子們的典範。

維新變法在四川的流波之一便是保路風潮，潮流人物中尊經學院、存古學堂、國學院的學子甚衆，不少是吴之英的受業弟子，如顔楷便是四川保路同志會的幹事長。四川的保路運動直接導致辛亥革命的爆發。成都人在修建辛亥秋保路死事紀念碑時，決議在能够代表四川東南西北四路保路同志會的人中，請出資歷、學養和威望都是川人乃至國人中公認的書法家來書寫碑名，結果公推出吴之英、顔楷、趙熙和張學潮四人。吴之英欣然領命，所書蒼勁有力，神溢韻流，體現了作者剛正不阿的人格和氣節。

吴之英對鄉土的眷戀之情及對桑梓的奉獻之心也很感人。他在擔任尊經書院副院長的同時，出任名山縣立高等小學校長，又被名山縣人推爲教育會會長，爲名山縣的現代教育事業多有奉獻。他又參與編撰《名山縣志》，擔任采訪，使這部邊陲小縣的地方志成爲楷模之書。

吴之英於1908年去世。名山縣爲他舉辦了隆重的葬禮。他的受業弟子、國學大師吴虞挽聯稱："品節在嚴鄭之間，白首孤行，自有千秋型蜀士；文學繼卿雲而後，玄亭重過，空悲一國失人師。"

作者單位：四川廣播電視報

《清代蜀人著述總目》之彭縣著述目録補正

高光俊

《清代蜀人著述總目》，王曉波主編，四川大學出版社 2009 年版。這是一部全面反映清代蜀人著述狀況的工具書，也是同類工具書中目前最全的一部。該書的編成，給研究清代文學、蜀學提供了不少方便。作爲四川彭州人，我十分高興此書給我尋找彭州史料提供了不少綫索和方便，但同時也注意到此書在彭縣著述方面的白璧微瑕，故不揣淺陋，試作一些補充。

《清代蜀人著述總目》編輯彭縣（今彭州市）部分著述書目時，參考了嘉慶《彭縣志》及光緒《彭縣志》、《全蜀詩鈔》、《蜀詩續鈔》、光緒《遂寧縣志》。由於彭縣在民國時期没有編纂縣志，故此書缺失晚清時代的彭縣著述。本人參考其他材料略作初步補充，不完整處尚待同好補正。

一　清代彭縣著述目録考訂

1. 趙弼，字子巨，一作子�，號芙溪，明末建昌道兵備僉事司鉉子。中順治十四年舉人，官直隸平鄉縣知縣，遷南康同知。見嘉慶《彭縣志》卷二十七，光緒《彭縣志》卷七、卷一〇。

半山草堂集，見光緒《彭縣志》卷九。

【補正】此云趙弼字“子巨”恐是“子匡”因形近而誤。嘉慶《彭縣志》卷四十二《藝文》陸廷掄《趙芙溪小傳》：“趙弼字子匡，號芙溪，彭縣人。中順治丁酉鄉試。”順治丁酉即順治十四年（1657）。《趙芙溪小傳》又説“初任直隸平鄉令”，“官止南康同知”，“公生於崇正（禎）五年歲次壬申（1632）十二月三日，卒於康熙二十年歲次辛酉（1681）四月十五日”。《趙芙溪小傳》還説：“平生所著詩文，隨手散逸，無專稿。有詩十首，載劍閣芳華集。”但嘉慶《彭縣志》卷四十二和光緒《彭縣志》卷九均著録趙弼《半山草堂集》，或是趙弼去世後其後人所集。光緒《彭縣志》補遺收趙弼詩《出棧》一首。

2. 趙司鉉，字退公。弱冠中舉人，以才識受知於總制李國英。見光緒《彭縣志》卷七。

讀史日鈔，見光緒《彭縣志》卷九。

【補正】此條有誤。將趙司鉉和趙司鉉混淆了。按《讀史日鈔》爲趙弼之父趙司鉉著。見嘉慶《彭縣志》卷四十二及光緒《彭縣志》卷九。又據光緒《彭縣志》卷六《選舉志》：“趙司鉉，崇禎庚午舉人，入本朝仕至雲南洱海道建昌兵備僉事。”光緒《彭縣志》卷七《鄉賢志》：“趙司鉉，（見）《劍閣芳華集》。字翼黄，（趙）之庠子，負經濟術，蜀亂以智自全，大學士王應熊督師以爲軍政官，監西川兵討賊，授越西撫夷同知。兵部尚書李乾德經略六省，特奏補建昌道兵備僉事，卒於重慶。詩有王孟遺意。晚歲以俚調作警世語，名《淡淡篇》。”陸廷掄《趙芙溪小傳》有云：“（趙弼）公大父之庠破流賊有功，屢官寧武道，至列名薦巡撫卒。公父司鉉，上書訟父功，詔贈太僕寺少卿，諭祭。司鉉負經濟才，官至建昌兵備僉事。制兵討賊，撫恤番夷，功最著。”可以旁證前説。趙司鉉大約是趙司鉉兄弟行，不見有著述著録。

光緒《彭縣志》補遺收趙司鉉詩二首：《越西寒食感懷》及《拜將壇和費此度韻》。

嘉慶《彭縣志》卷三十五《隱逸》云：“趙司鉉，字退公，彭縣人。弱冠舉於鄉，制府李國英敬其品學，多與商議政事，勸之仕，弗應。及歿，國英嘆曰：趙司鉉可不愧静正之士。”光緒《彭縣志》卷七《隱逸》稱其“超然自足，老於蓬蓽”。嘉慶《彭縣志》卷二十七《祠廟》記趙司鉉入祀鄉賢祠。趙司鉉妻官氏入祀節孝祠。

3. 趙守誠，康熙五十年舉人，歷任江蘇江南、金壇縣知縣。見嘉慶《彭縣志》卷二十七、三十二，光緒《彭縣志》卷六、卷七。文一篇，存，收入嘉慶《彭縣志》卷四二。

【補正】此處有小誤。清初有江南省，後從江南省分出江蘇省和安徽省。故趙守誠爲江南省金壇縣知縣，不曾“歷任江蘇江南、金壇縣知縣”。

嘉慶《彭縣志》卷二十七《選舉》：“康熙辛酉科（舉人），趙守誠，歷江南金壇縣知縣。”嘉慶《彭縣志》卷三十二《孝友》：“趙守誠，邑舉人。立身砥行，家庭敦睦。初設教於家，游其門者如雙流葛荃，成都趙洪殷，皆知名士。後爲金壇令，作養人才，王罕皆太史，亦游其門墻。以老告歸，卒。”

嘉慶《彭縣志》卷四十二《藝文》收録趙守誠文《爲邑侯朱公建九峰書院記》一篇。落款爲“原任江蘇鎮江府知金壇縣事加三級記録十次趙守誠拜撰”。

4. 陳會，文一篇，存，收入嘉慶《彭縣志》卷四二。

【補正】此條誤。陳會，在唐代武宗滅佛後曾任彭州刺史。嘉慶《彭縣志》卷四十二《藝文》收入陳會之文爲《彭州九隴縣再建龍興寺碑》。此文又見《全唐文》卷七百八十八。

5. 陳谿，文一篇，存。收入嘉慶《彭縣志》卷四二。

【補正】此條也屬誤收。嘉慶《彭縣志》卷四十二《藝文》收録陳谿《彭州新置唐昌縣建德草市歇馬亭鎮并天王院等記》一文。此爲亦見《文苑英華》第八百八卷，又見《全唐文》第八百四卷。落款爲“咸通十年五月十五日記”。

以上兩條都是誤收唐代文章入清代，而且陳會和陳谿都非彭州人。

6. 岳鍾璜，詩一首，存。收入嘉慶《彭縣志》卷四二，光緒《彭縣志》卷一〇。

【補正】嘉慶《彭縣志》卷四十二收岳鍾璜詩七律《題北塔》。所謂北塔，指龍興寺殘塔。岳鍾璜，有云是成都人，或云是臨洮人，岳鍾琪之堂弟，清乾隆中任四川提督。

7. 陳維謙，諸生。見《全蜀詩鈔》卷四六。

詩四首，存。收入嘉慶《彭縣志》卷四二，《全蜀詩鈔》卷四六。

【補正】嘉慶《彭縣志》除了收録陳維謙《和友人蓼花原韻四首》，並無其他記録。嘉慶《彭縣志》卷二十八《封蔭》有記：“陳師謣，以户部七品小京官，乾隆四十五年恭遇覃恩，延贈父陳惟履承德郎，母毛氏安人，本生父陳惟謙承德郎，嫡親母楊氏安人。”此二名，“惟”、“維”字不同，或許不是同一人。

《國朝全蜀詩鈔》卷四十六也録《和友人蓼花原韻》四首，與嘉慶《彭縣志》同。不過稱陳維謙爲“彭縣人，諸生”，不知何所據。另外，光緒《彭縣志》卷六《外籍》下云：“陳維謙，順治戊子漢州舉人，湖北均州知州，襄陽府同知。”所謂外籍，大概是指祖籍在他處而常住本地的人，不然就没有録入縣志之必要。此“陳維謙”尚不能定與蓼花詩作者是否爲同一人，待考。《清代蜀人著述總目》第189頁“漢州”條下，也有一“陳惟謙”，是這樣記載的：“陳惟謙，字硯北，康熙四十五年舉人，歷官江南六安州州同、湖北均州知州、襄陽府同知。見嘉慶《漢州志》卷二二。詩四首，存。收入嘉慶《漢州志》卷三四。”此“陳惟謙”與嘉慶《彭縣志》卷二十八的“陳維謙”除了中舉的履歷小有不同外，其他雷同，應該就是一人。但嘉慶《漢州志》卷三十四所録陳惟謙四首詩，無一相同，是否爲蓼花詩作者，衹有存疑了。

8. 戴師程，道光二年優貢生，任屏山縣訓導。見光緒《彭縣志》卷六。

文一篇，存。收入光緒《彭縣志》卷一〇。

【補正】光緒《彭縣志》卷十收録戴師程《彭邑團局同志約言》，是一篇太平天國時期約束民團的訓話。

9. 彭維植，字矯堂。道光二年舉人，任平武縣教諭。見光緒《彭縣志》卷六、卷七。

矯堂集，見光緒《彭縣志》卷九。詩二首，存，收入光緒《彭縣志》卷一〇。

【補正】彭維植，爲曾任敦煌知縣彭以懋之孫。彭以懋自甘肅歸來後，即卜居今彭州市通濟鎮黄村壩。他的後嗣都成了彭縣人。光緒《彭縣志》卷六《選舉》：“彭維植，壬午（舉人），任平武縣教諭。”壬午爲道光二年（1822）。光緒《彭縣志》卷七《文苑》：“彭維植，字矯堂，道光壬午舉人，少受學乃祖曉村先生，宏才博識，詩筆雅健，任平武教諭有能聲，大吏恒以機要委之。著有《矯堂詩文集》。女順姑、寶姑俱工吟詠。”光緒《彭縣志》卷六《封典》記：“彭士浚，以子維植平武縣教諭，誥封修職郎，配段氏封孺人。”

光緒《彭縣志》卷十《藝文》收録長詩《節婦行》和《芝龕記題詞》絶句十一首。本書記作二首，大概是將《芝龕記題詞》看成一首長詩。又據1982年印《彭縣文化志》第八章，彭維植還著《掃雲齋詩草》十四卷，待詳考。

又，光緒《彭縣志》卷十《文章志》録彭維植之女彭順姑詩四首和彭寶姑詩三首。

10. 黄大昕，字東白。嘉慶間廩生，道光五年拔貢生，任甘肅秦州州判，署兩當、康阜等縣知縣，西固州同，加鹽運司提舉銜。見嘉慶《彭縣志》卷首，光緒《彭縣志》卷六、卷七。

宏謨堂自娱集二卷，見光緒《彭縣志》卷九。詩三十八首，存，收入光緒《彭縣志》卷一〇。

【補正】嘉慶《彭縣志》卷首“采訪”下云：“廩膳生黄大昕。”光緒《彭縣志》卷六《選舉志》：“黄大昕，道光乙酉（拔貢），任甘肅秦州州判，署兩當、康阜等縣知縣，西固州州同，加鹽運司提舉銜。”光緒《彭縣志》卷六《鄉賢志》：“黄大昕，字東白。性孝，詩才俊逸，登乙酉拔萃科，官秦州，權兩當、秦安等縣，晚歲自三岔鎮州判告歸，家計日窘，悒悒卒。”

光緒《彭縣志》卷十《文章志》收録黄大昕詩自《邀同人游丹景山》至《秦安縣迎春即事》共十題十四首，並非前文所説三十八首。

11. 吴好山（1798—1877），字雲峰。少壯遨游，後歸耕，以著述自娱。光緒三年卒，年八十。見光緒《彭縣志》卷七。

《書序逸亡考》一卷、《書通古》一卷、《自娱集》十二卷、《聱牙句釋》二卷、《錦繡斷句》二卷、《吴子》三卷、《野人集》十卷、《休咎徵》一卷、《搜鳩》一卷、《十子古奥斷句》二卷、《園菊紀名》一卷、《種菊事宜》二篇、《歘斆詩集》五卷，見光緒《彭縣志》卷九。

【補正】光緒《彭縣志》卷七《鄉賢志》：“吴好山，字雲峰。縣東鄉人。性倜儻剛果，喜推解，少壯遨游梁益雲楚間，足迹幾遍。年四十遂絶意時事，歸耕養親教子弟，築避俗、毓奇二軒，朝夕寢饋其中，以著述自娱。年八十以光緒丁丑九月無疾卒。自題墓碑云：清彭東吴好山鄉人也，以老死。聯云：誰知畢世唯耽菊，自信終身不戀錢。著書甚富。”

《總目》漏紀其詩作。光緒《彭縣志》卷十録其詩《南樓夜月》五律、《雲水環居》五絶十八首及《溪上》七律三首，共計二十二首。

12. 蔡崑，舉人。見光緒《遂寧縣志》卷四。文一篇，存，收入光緒《遂寧縣志》卷四。

【補正】此處誤“蔡崐”爲“蔡崑”。光緒《遂寧縣志》卷四《藝文》收彭縣舉人蔡崐一文《張母吕太孺人八十壽序》。光緒《彭縣志》卷六《選舉志》有云：“蔡崐，道光辛巳（道光元年，1821）恩科（舉人）。原名文裕，任營山教諭。”光緒《彭縣志》卷六《職官題名志》：“張知雄，遂寧人，恩貢生，光緒二年九月署（彭縣儒學訓導），三年五月卸事”。《張母吕太孺人八十壽序》是蔡崐爲張知雄母親寫的壽序，當即作於光緒二、三年間。光緒三年，張知雄修《遂寧縣志》，將此文録入。

13. 楊嘉衆，布衣。見光緒《彭縣志》卷首。

《四書經注箋微》十二卷，見光緒《彭縣志》卷九。

【補正】楊嘉衆，見嘉慶《彭縣志》卷首編纂人員名單“采訪”下有云：“布衣楊嘉衆”。此名單，光緒《彭縣志》卷首照録。光緒《彭縣志》卷七《鄉賢志》：“楊嘉衆，字貫一，東安令楊琯之長子，學邃養純，於四子書、孝經、周易、宋五子並有發明。所著《四書經注箋微》即聖賢語意，細心體會，絶無支離浮濫之説。敝衣疏食，有以自樂。道貌嚴嚴，雖盛暑不解冠履，可謂古學者矣。”

14. 席夔，號子研，任貴州知縣。見《蜀詩續鈔》卷二。

《研雲山館詩鈔》，見《蜀詩續鈔》卷二。詩十七首，存，收入《蜀詩續鈔》卷二。

【補正】席夔，字子研，曾任廣西羅城、靈川、博白等縣知縣。還著有《風雨吟草》。光緒《彭縣志》卷六《選舉志》有云：“席夔，附貢生，分發廣西儘先補用知縣。”《近代巴蜀詩鈔》：“席子研《風雨吟草》（四川省圖書館）。”[①]同書有席夔小傳：“席夔（1849？—?）字子研，四川彭縣（今彭州市）人。工詩善畫，不得志於科舉，遂橐筆走滇黔，歷吴越，游燕趙，繼乃服官桂林。有詩集《風雨吟草》，刊於光緒二十九年（1903），其時尚在人世，而有關中之行。”[②]

《近代巴蜀詩鈔》選其詩四十三首。

15. 楊琮典，號紫琳。進士，官廣文。

見《蜀詩續鈔》卷三。詩二首，存。收入《蜀詩續鈔》卷三。

【補正】“號紫琳”當作“字紫琳”。光緒《彭縣志》卷首“修纂姓氏”下有云：“清書，楊琮典紫琳，己卯舉人。”己卯爲光緒五年（1879）。光緒《彭縣志》卷六《選舉志》下也有：“楊琮典，己卯（舉人）。”1989年版《彭縣志》云：“楊宗典（字紫琳），縣城南街人，光緒丙戌科（1886）二甲第39名進士，曾任彭縣經緯學堂堂長。”[③]

16. 劉家驥，號雲齋。見《蜀詩續鈔》卷三。

詩一首，存，收入《蜀詩續鈔》卷三。

席時熙，字春漁，官貴州知縣。見《蜀詩續鈔》卷五。

詩四首，存，收入《蜀詩續鈔》卷五。

【補正】光緒《彭縣志》卷六《選舉志》：席時熙，附貢生，署貴州普定縣知縣，候補知府，賞加博卿額巴圖魯勇號。

17. 毛錫齡，號定山。副貢生。見《蜀詩續鈔》卷六。

詩五首，存，收入《蜀詩續鈔》卷六。

林秀英，詩一首，存。收入《蜀詩續鈔》卷八。

二　清代彭縣著述目録補充

1. 楊岱、楊崑、楊岐、楊嶠

① 巴蜀書社2005年版，第1709頁。

② 巴蜀書社2005年版，第375頁。

③ 四川人民出版社1989年版，第701頁。

此四人，《清代蜀人著述總目》歸入新繁縣下，見該書第54頁。嘉慶《彭縣志》認爲是彭縣人，而同時《新繁縣志》認爲是新繁人。新繁縣和彭縣在很早時就有淵源。漢代繁縣在三國後期分出新繁，北邊的成了後來的九隴縣，九隴縣成了後來的彭縣。清初，彭縣因地廣人稀併入新繁，雍正六年纔恢復。故清初的人物，有的可以既是彭縣人也是新繁人。但不知何故，《丹棱縣志》也記載了楊岱、楊崑、楊岐三兄弟，待詳考。

2. 吕調陽（1832—1892）。字晴笠，號竹廬，彭州西郊鄉檀木村人。清同治三年（1864）中舉。其作品大多輯入《觀象廬叢書》。此外還有《海録》二卷，《懼謀篇》一卷，《足財書》一卷，《蜀語》一卷等。光緒四年（1878），重修《彭縣志》時，吕調陽任協纂，並親撰《山川》、《田功》等志。見1989年版《彭縣志》第885頁。

《重修彭縣志》十三卷首一卷末一卷附補遺，光緒六年刊本，文廟藏版。

《觀象廬叢書》書目（見《續四庫全書總目》稿本）：《觀象廬叢書》二十七種八十七卷，清光緒年間刊本。

《易一貫》六卷、《六書十二聲傳　附古律吕考》、《釋銘》、《解字贅言》。

《志學編》八種：《大學節訓》、《中庸節訓》、《洪範原數》、《釋天》、《談天正議》、《三代紀年考》、《周官司徒類考》、《考工記考（附圖）》。

釋地三種：《群經釋地》、《古史釋地》、《諸子釋地》。

《五藏山經傳》、《越南圖説》、《穆天子傳》、《漢地理志詳釋》、《曰若編》、《史表號名通釋》、《齊民要術》、《詩序議逸經》、《論孟疑義》、《海內經》。

觀象廬叢書之外，還有《西藏方輿》，《東南洋針路》，《海録》二卷，《懼謀篇》一卷，《足財書》一卷，《蜀語》一卷等。《越南圖説》、《穆天子傳》、《齊民要術》三書爲吕調陽校注前人著述收入叢書。

按，1989年版《彭縣志》第959頁所收《觀象廬叢書》書目比《續四庫全書總目提要》多出四種，頗可疑：

《孤角拾遺》一卷，清徐有壬撰。

《下學庵勾股六術》一卷，清項明達撰，清賈步緯注。

《中外大事記》一卷。

《輿地今古圖考》二十二卷。

3. 唐宗海（1846—1897），字容川，彭縣三邑鄉人。十六歲爲秀才，二十三歲開始鑽研醫學，二十四歲著成《醫柄》一書，後又著成《醫學一見能》。同治十二年，因父患血證多方求治無效後，開始潛心探索血證，經過十一年時間寫成《血證論》，集血證診治之大成。光緒十一年中舉，其後游學江南，醫術揚名於滬。光緒十四年，中三甲進士，授禮部主事，奉母赴京後醫名大噪。後寓滬上，力主滙通中西，釐正醫道，撰成《中西滙通醫經精義》二卷，光緒十八年（1892）刊印出版。游學廣東時，《本草問答》和《金匱要略淺注補正》二書相繼問世。光緒二十年，《傷寒論淺注補正》刊行。以上四書，加上《血證論》，輯成叢書《中西滙通醫書五種》刊出。光緒二十二年，清廷授其廣西來賓知縣職。翌年，扶母柩返川，遇川東疫病流行，染病回家，不幸辭世，終年五十一歲。《清史稿》有傳。見 1989 年版《彭縣志》第 886 頁。

《醫柄》、《醫學一見能》、《血證論》、《本草問答》、《金匱要略淺注補正》、《中西滙通醫經精義》、《醫易通説》、《傷寒論淺注補正》、《痢證三字訣》、《六經方證中西通解》，以上並見 1989 年版《彭縣志》第 886 頁及中國中醫藥出版社 1999 年版《唐容川醫學全書》。

4. 唐守潛，字鏡明，唐宗海之子，彭縣人。民國時期曾任梓潼縣、蒼溪縣、儀隴縣知事，回鄉後任教多年。見 1989 年版《彭縣志》唐宗海傳附。

《老子臆説》一卷、《莊子抉微十五卷》，見 1989 年版《彭縣志》第 888 頁及《彭縣文化志》第八章。

5. 羅時憲，彭縣人。文字學學者。見《販書偶記》及《彭縣文化志》。

孫殿起《販書偶記》卷四："《中文古籀篆隸通》六卷，附一卷，彭縣羅時憲撰。民國八年求是軒刊。"《彭縣文化志》第八章《藝文志》載："求是齋叢書，羅時憲著。《小學達古録》十卷、《説文質疑廣詁録》四卷、《説文部首確詁録》四卷、《爾雅確詁録》四卷、《中文古籀篆隸通》六卷。"

按，二書所引，或作"求是齋"，或作"求是軒"，不知孰是，待考。

6. 尹昌衡（1884—1953），原名昌儀，字碩權，號太昭，别號止園，彭縣升平鄉人。清光緒二十八年（1902），尹昌衡考入四川速成武備學堂，並於三年後被川督岑春煊保送日本留學。宣統元年（1909），尹從日本士官學校學成回國，任廣西督練公所編譯科長兼小學堂教習。宣統二年返蓉，被委爲四川督練公所軍事編譯科長。宣統三年武昌起義，四川成立大漢軍政府，尹爲軍政部長。軍政府改組，尹昌衡被舉爲四川大漢軍政府都督。1912 年 4 月 17 日，成、渝兩軍政府合併，成立"四川都督府"，尹昌衡任都督。1912 年 6 月，袁世凱任尹昌衡爲西征總司令，督師西進平息藏軍侵擾。後來，尹昌衡被袁世凱逮捕入獄。袁死後尹昌衡退出政壇，撰有《止園文集》、《止園詩抄》、《經述訐時》、《止園通書》等。1953 年，尹病故於重慶。見 1989 年版《彭縣志》第 895 頁。按，《清代蜀人著述總目》將尹昌衡歸入華陽縣（見該書第 29 頁），誤。按此書編輯體例，"原則上按習慣方式認定，即視其祖居和本人的出生地"。尹昌衡祖居彭縣出生於彭縣，當視爲彭縣人。《總目》收入尹昌衡著述書目缺失太多，有補正必要。另外，尹昌衡的著述大都撰成於民國紀元以後。

《聖私篇》、《武德論》、《兵事綱要止園詩鈔》、《止心篇》、《止園易壐》、《止園原性論》、《聖學淵源論》、《王道法言》、《止園經術訐時》、《止園自記》、《止園通書》、《西征紀略》、《止園昭詮》、《止園寓言》、《宇宙真理論》、《成功論英雄修養論》、《道德經詳解》、《陰符經詳解》、《消劫新書》、《理海初集》、《生民常識》、《止園唯白論》，以上大都收入《止園叢書》，參見社會科學文獻出版社 2011 年版《尹昌衡集》。

按，《尹昌衡集（套裝共 5 册）》爲迄今搜集到的尹昌衡著作的彙集（个别篇章因故未收），大多是辛亥革命前後和民國初年的，包括論文、專著、信札、講話、會議記録、詩歌、尹昌衡本人及與他人聯名的電稿，以及就任四川軍政府大都督期間的有關公牘，等等。

依其文體形式，按以下三大類分别編輯：一爲“文電”，二爲“詩歌”，三爲“著述”。爲便於讀者瞭解有關史實，還同時收録了部分與尹昌衡有關的公牘、往來電稿、信札、媒體記述和私人呈文等作爲附録，置於相關問題之後，以供研究參考。

7. 賀維翰（1876—1948），字儒楷，彭州市利安鄉三合村人。十六歲入學，二十六歲中舉，光緒甲辰（1904）中第十名進士。殿試後授翰林院庶吉士，不久升翰林院編修加侍講銜。1922 年至 1924 年，任彭州中學堂校長。以後受聘赴四川萬源總纂《萬源縣志》。

著有《菊花百詠》、《庚辛詩集》、《百花山館詩集》、《文字碎錦》、《音韻彙迴》等書籍。見 1989 年版《彭縣志》第 892 頁。

8. 楊宗乾，字子剛，彭縣人。曾任教於彭縣中學。見 2005 年版《近代巴蜀詩鈔》第 1358 頁及《彭州中學志》。著有《近仁堂詩草》（存於四川省圖書館）及編纂《彭縣文徵》（見《彭縣志編纂文集》第 226 頁）。

另外，《彭縣文化志》第八章著録者還有：《唾壺吟草》四卷，楊宗蔚著；《耕雲堂詩稿》，劉湘帆著；《夢草堂詩鈔》，楊士俊著；《紅藤山館詩鈔》，彭乃釗著；《梓白詩鈔》，廖循南著。此數種著述，因尚無更多的資料參考，故存之以待將來。

三　附　録

此處所補非彭縣人，但與彭縣關係密切的學人之著作且《清代蜀人著述總目》不全者，以補其闕。

1. 彭以懋，華陽人。著述已見《清代蜀人著述總目》“華陽縣”條下。然據嘉慶《彭縣志》及光緒《彭縣志》，彭以懋晚年隱居彭縣通濟鎮，編纂有嘉慶《彭縣志》。光緒《彭縣志・藝文》收其詩四首。

2. 許儒龍，乾隆、嘉慶、民國《郫縣志》均稱其爲郫縣人，《清代蜀人著述總目》也將之收入郫縣條下。光緒《彭縣志》卷七“隱逸”稱許儒龍“故彭縣人，有白鹿山莊在白鹿河。康熙末徙郫”，待考。嘉慶《彭縣志》卷四十二録其《游大隋山記》及詩六首；光緒《彭縣志》卷十收其詩六首，或來自嘉慶《彭縣志》和同治《郫縣志》。又，光緒《彭縣志》“補遺”收許儒龍《白鹿寺夜歸山莊》及《攜山中人往游白鹿寺》二詩。嘉慶《崇寧縣志》卷三收《過君平墓》詩，民國《崇寧縣志》卷六收《游劉敬躋園詠紅蓮》詩。

作者單位：彭州市磁峰鎮花塔村

論郭沫若的三本早期詩集①

彭建華　譯

一　論詩集《女神》

拉爾斯·厄爾斯托姆②

《女神》上海泰東書局，1921 年，238 頁。

本文的研究未能采用詩集《女神》的最初版本。比較往後的一些版本，可發現它們都對原初版本作出了某些修改。由於缺乏原初版本，研究建立某個可信賴的版本是一個問題。本文的研究采用了《郭沫若全集·文學編》第一卷③所收録的版本。理由是該版本包含了對比原初版本的評論性注釋。

這是郭沫若的第一個詩集，它在歷史的角度上具有兩方面的意義。它出版於 1921 年，它代表了白話自由詩的最初嘗試的成功，表達了五四運動時期進入現代政治和文化舞臺的年輕一代知識分子對人生和社會的新觀念。

進而，《女神》的出版意味着一個新的年輕作家群體——創造社，進入了現代中國的文學舞臺。後來，他們對現代文學和政治發揮了重要的影響，並以不同的方式激起了一些争論。特別是，郭沫若和別的馬克思主義/共産主義者的領導人協作宣導，並致力於現代中國

① 譯自馬悦然（Göran Malmqvist）、哈夫特（Lloyd Haft）主編：《中國文學手册 1900—1949》（*A selective guide to Chinese literature*, 1900 - 1949 : The Poem），詩歌卷（*Modern Chinese Poetry Collection* 1900 - 1949），Leiden：Brill Academic Pub，1990：108 - 119. 原題爲 Guo Moruo.

② 拉爾斯·厄爾斯托姆（Lars Ellström），1970 年代留學中國，1979—1982 年曾任瑞士駐華大使，是“論詩集《女神》”一節的作者。

③ 人民文學出版社，1982 年版。

知識分子和政治發展的主流運動。

1.《女神》包含62首詩作，分爲1首《序詩》和3個部分。幾乎《女神》中的所有詩作都創作於日本，當時郭沫若在日本學醫。依據詩集中詩作的日期可知，大部分作品創作於1918—1921年間。然而，據郭沫若稍後的評述可知，某些詩作最早創作於1916年。

詩集的第一部分最初認爲是一個獨立的部分。它包含3個短小的戲劇場景：《女神之再生》、《湘累》和《棠棣之花》，它們使得第一部分與後兩個部分有較大的（詩歌）形式差異。

詩集《女神》第二部分與第三部分的劃分依據卻並不十分明顯，這兩個部分中的詩作並不具有形式上顯著不同的特徵。儘管第三部分包含詩集中最早創作的一些詩作，一些詩作比後來創作的詩作表現出更多的文言詩情調。

細緻考察《女神》中的詩作，則可發現三個部分的劃分更多是基於主題和標題上的考慮，這有利於詩集所表明的立場和觀點。在第一部分的3個戲劇性場景已經介紹了某些中心主題，它們更充分地表現在第二部分。前兩個部分的詩作還有共同的情感色彩——一種强烈的主觀熱情（例如《女神之再生》和《湘累》）和愛國熱情（例如《棠棣之花》）。與此相對比，第三部分的詩作主要是别的主題和情緒，例如愛情、自然之美、必然存在的現象——死亡、失望與孤獨的體驗。第三部分的一些詩作，正如以上所指出的，創作早於前兩個部分中創作於1919—1920年間的詩作。而且，第三部分最末的一些詩作較好地記録了1921年4月郭沫若回國時期的種種印象，而後數月，詩集《女神》便出版了。

總而言之，把詩集《女神》劃分爲3部分可以看做是一種策略，這有利於在前兩部分中引出和表現一些重要的詩歌主題和觀念。在第三部分向讀者展現了那些記録着個人體驗和（思想）發展的深層材料，正是它們構成了前兩個部分的基礎。

2. 詩集《女神》第一部分的一個主題是希望，或者急切地渴望改變墮落腐敗的世界。在第一個戲劇性場景《女神之再生》中，這一主題通過中國神話寓言式地表現了世界的起源和遠古時代。這首詩作有利於理解世紀的整體性，詩集的題名即來自該詩題。在這個短小的獨幕劇中，其場景來源於不同的傳説。女神女媧（Lars Ellstrom 誤寫爲“女娃”），用煉五彩石（補天），立四極支撑天空，於是重建了世界。她還發明了笙和瑟，與天極的不周山神龕中的衆女神一樣，表現出超自然的創造才能。傳説這個時期有共工與顓頊之争，他們争奪帝位的戰争造成了混亂和災難，衆女神一致認爲這是一場浩劫。她們在數世紀前創造的太陽失去了維護宇宙間和諧的力量，“倦了的太陽衹在空中睡眠/全也不吐放些兒熾烈的光波”。迫近的浩劫的威脅和舊太陽的微弱使得衆女神走下神龕。爲了拯救這個世界，她們將降世，投身於世界的創造。在和唱歌裏，她們唱道：

我們要去創造個新鮮的太陽，	We will create a new sun,
不能再在這壁龕之中做甚神像！	No longer will we remain mere statues in niches.

接着，共工與顓頊之争：誰有權統治世界，結果發生了一場嚴酷的戰争。當戰争的喧囂

在（舞臺）後臺升起時，一農叟入場，表達了他的悲哀與恐懼：

我心血都已熬乾，	My heart's blood is quite dried up,
麥田中又見有人宣戰。	Battle has been joined again over my field of corn.
黄河之水幾時清？	When will the Yellow River run clear,
人的生命幾時完？	When will man's life come to end?

共工的軍隊被打敗了，共工的黨徒以瘋狂的絕望行爲撞裂不周山的巖壁。天柱折斷，天頂轟然倒下。在閃電雷鳴之後最終陷於黑暗和寂静①。

而後，從黑暗中傳來降世的女神的聲音。她們“唱起歌來歡迎新造的太陽”：

太陽雖還在遠方，	Sun, although you are still far away,
太陽雖還在遠方，	Sun, although you are still far away,
海水中早聽着晨鐘在響：	Now the morning bell can be heard pealing un the sea:

自然，該場景的象徵意味對於當時中國讀者是十分明確的。人們在共工與顓頊的兇狠暴虐和狂妄瘋狂中看出軍閥所發動的無數戰爭及其自私的政治，正是軍閥把中國推向混亂與專制。渴望改變（世界）的人們期望更好的新中國，正如大海上新生的太陽。然而在真實的世界上没有女神來完成復興的任務，人們衹能自己來實現（希望）。爲了强調這一點，郭沫若在該戲劇性的場景中以舞臺監督對觀衆的話來結束：

> 諸君！你們在烏煙瘴氣的黑暗世界當中怕已經坐倦了吧！怕在渴慕着光明了吧！作這幕詩劇的詩人做到這兒便停了筆，他真正逃往海外去造新的光明和新的熱力去了。諸君，你們要望新生的太陽出現嗎？還是請去自行創造來！我們待太陽出現時再會！

第一部分的後兩個戲劇性場景也與此相似，采用了别的中國傳説，表達了對分崩離析的、腐朽的社會的沮喪情緒。在《湘累》中，采用了古代詩人屈原的傳説，由此創造出一個面對欺詐和國家墮落而感到絶望的高貴形象，該形象展現了耿直正義的思想。在《棠棣之花》中，采用了戰國時期（前475—前221）的（聶政）傳説，來表達一個滿懷理想的青年（聶政）致力於拯救陷入危機的國家，幫助貧困而失望的民衆。

概言之，對分崩離析的、腐朽的社會所感到的沮喪，和對恢復美好秩序的新社會的期盼，是詩集《女神》的重要主題，它以不同的方式反復出現在該詩集的許多詩作中，並得到詳細的闡述。

3. 在詩集的第二部分，這一主題還完美地體現在著名的長詩《鳳凰涅槃》中。確實，

---

① 《列子·湯問》寫道：“天地亦物也。物有不足，故昔者女媧氏煉五色石以補其闕，斷鼇之足以立四極。其後共工氏與顓頊争爲帝，怒而觸不周之山，折天柱，絶地維，故天傾西北，日月辰星就焉；地不滿東南，故百川水潦歸焉。”［戰國］列子著，楊伯峻釋：《列子集釋》，中華書局2012年版，第143頁。

該詩運用神話形式表現了主題，它融合了阿拉伯的鳳凰（Phoenix）傳説與鳳與凰的中國神話。然而，荒蕪而貧瘠世界中的鳳凰是悲傷的，這使得它們走向儀式化的自焚，顯然這指向或者被理解爲，描述了對中國普遍的社會和政治狀況的沮喪心情。這一解釋是合適的，考慮到中國傳統文化中的鳳凰（鳥）是善良的正義的社會秩序的預言者——鳳凰衹是在天下太平的世界出現。鳳凰從自焚的灰燼中歡樂地再生，象徵了中國社會的復興。

另一個引入《女神的再生》的主題是對超自然力量的信仰，它是從毀滅與混亂中重造世界的積極要素。女神的再生表明超自然的力量、太陽是詩集《女神》中（特别是前兩部分）反復出現的另一主題，正是它們（包括陽光）創造了新生的世界，並使之繁榮。鳳凰儀式化的自焚和再生自然也表達了這一觀念。另一個例子是《立在地球邊上放號》中所描寫的太平洋風暴形象：

無數的白雲正在空中怒湧，	Endless tumult of angry white clouds;
啊啊！好幅壯麗的北冰洋的晴景喲！	Sublime arctic landscape.
無限的太平洋提起他全身的力量來要把地球推倒。	The mighty Pacific gathers her strength to engulf the earth,
啊啊！我眼前來了的滚滚的洪濤喲！	The surging flood wells up before me:
啊啊！不斷的毁壞，不斷的創造，不斷的努力喲！	Unending destruction, unending creation, unending effort.
啊啊！力喲！力喲！	Ah, power, power!
力的繪畫，力的舞蹈，力的音樂，力的詩歌，力的 Rhythm 喲！	Picture of power, dance of power, music of power, poetry of power, gamut of power!

這種對力的狂喜體驗還常常被描寫爲感受到自然與創造力的和諧一致，例如，在《雪朝》一詩中的情感是，自我並不是獨立存在的，而是融入到自然中：

雪的波濤！	Waves all if snow.
一個銀白的宇宙！	A world all of silver.
我全身心好像要化爲了光明流去，	My whole being is ready to resolve into light and flow forth,
Open－secret 喲！	an open secret.
樓頭的簷霤……	Water dripping from the eaves…
那可不是我全身的血液？	Surely it is my life's blood?
我全身的血液點滴出律吕的幽音，	My life's blood drips with muted cadence,
同那海濤相和，松濤相和，雪濤相和。	In harmony with the waves of the sea, of the pines, of the snow.
哦哦！大自然的雄渾喲！	Nature, how bold your sweep.
大自然的 symphony 喲！	The symphony that is Nature.
Her－Poet 喲！	Hero－Poet!
Proletarian poet 喲！	Proletarian poet!

該詩的副標題是“讀 Carlyle: The Hero as Poet 的時候”[①]。在這本書中，卡萊爾（Thomas Carlyle）對歌德的論述作了如下評論：

> 確實在根本上，他們（詩人和預言者）是相同的，特别是在最重要的方面，他們都洞察宇宙神聖的秘密，歌德稱之為“公開的秘密”。有人問“偉大的秘密是什麼?”——那是公開的秘密，對所有人公開，幾乎所有人都能看清!

郭沫若描述了與自然融合的體驗，卡萊爾認爲詩人可以“洞察宇宙的神聖秘密”而擁有的榮耀，有助於弄清《女神的再生》所指示的意義：詩人像女神一樣具有“創造新的光和熱”的能力。和諧地融入自然，詩人具有改變（世界）和創造的力量。

4. 這就是英雄崇拜的一個重要方面，它也是詩集《女神》另一個重要的主題。戲劇性場景的《湘累》即可發現其例證，該詩把中國的傳奇詩人屈原尊崇爲具有想象力的、英雄式的詩人，由此可回想到卡萊爾所描述的情形。《鳳凰涅槃》一詩中的意象鳳與凰也具有寓言式的英雄觀。另一些例子可在《勝利的死》一詩中發現，該詩歌頌了愛爾蘭獨立戰鬥者湯瑪斯·馬克司威尼；在《三個泛神論者》一詩中，哲人莊子、斯賓諾莎和詩人加皮爾（Kabīr）被贊美爲泛神論者；在《匪徒頌》一詩中，郭沫若贊頌了不同時期不同國家的、聞名的“匪徒”[②]。顯然，郭沫若的英雄崇拜與卡萊爾所表達觀念不同，其基本邏輯是，那些能够洞察、表達宇宙秩序最隱秘的創造性元素的天才即是卓越的英雄，他可能是詩人，革命者，或者科學家。這些英雄是值得崇拜與贊美的，因爲他們的想象力使其成爲變革和發展所憑藉的手段。

《女神》即建立在清晰而一貫的世界觀（Weltanschauung）之上。在這一世界觀的中心是現存的世界可以分爲兩個層面。一方面是具體可感知的事物與現象，在通俗意義上，它是真實的。同時，另有一個真實的層面，它卻是不能直接感觸的。在後一個層面是超自然的和普遍的原則，其顯現爲通過創造力揭示出來的世界的可感知的層面。而且，可感知的真實可能是混亂的，腐朽的，惡的，它卻能通過超自然的創造力的介入活動而發生轉變。某些具有特殊想象力的人們可以擁有這一普遍的力量，於是他們成爲普遍行爲的載體，由此其行爲便成爲世界轉變和再造的手段。他們即是革命變化及其發展的英雄與先知。

這一世界觀常常被描述爲郭沫若早期的泛神論立場，甚至郭沫若自己也如是説。他受到了西方人士的影響，像歌德和斯賓諾莎，也受到了中國古代思想家、哲學家的影響，特别是莊子、王陽明。當然，也可以把這種玄學的立場看作是解決迫切的社會和政治問題的理想化的簡便方法，它們衹是五四運動的議題，《女神》中的大部分詩作就是在這一時期寫作的。該詩集所提供的現存秩序和社會狀況的解釋更可能與衆多的青年讀者有關，並堅信通過普遍

---

① 本篇最初發表於1920年1月10日上海《時事新報·學燈》。發表時原題即今副題。1921年收入《女神》時另標今題。

② 郭沫若在《詩序》中寫道：“他們實在是軍神武聖的標本。……衹好將古今中外的真正的匪徒們來贊美一番吧。”

的創造力重建善良正義的社會秩序，這也可能更多地吸引那些積極的年輕的活動家去追求社會活動的理想主義願景。從這個角度能更好地理解《女神》反映了五四運動精神這一論斷。

進而，從《女神》原初的理想主義態度看來，這也不難理解郭沫若後來發展到馬克思主義立場。把現在社會基本上看作是墮落的、惡的而加以抗拒，這與馬克思主義對資本主義社會和帝國主義的批評相一致。衹有通過革命摧毀舊體系，纔能創造一個更好的新體系，這種使得（社會）變好的觀念顯然與馬克思主義的革命論相似；相信某些具有非凡的洞察世界秩序能力的人們可以推動社會劇變，與馬克思主義歷史觀中的黑格爾式觀念有極其相似之處，也與列寧主義關於革命必須由基於馬克思主義歷史觀而深刻理解社會形式的先驅者來組織和領導的觀點有極其相似之處。至此，未來的（革命）種子已經播種在《女神》中。

二　論詩集《瓶》

耶日·謝－格拉博夫斯基[①]

《瓶》，創造社叢書，上海創造社出版部，1927 年 4 月，84 頁。

郭沫若創作的第三個詩集，包含了《獻詩》和 42 首短小的愛情詩，詩集的題名是《瓶》。確乎，這一組詩作構成了一個詩意的故事，講述作者在 1925 年春季經歷的短暫的愛情故事。這些詩在初版中並未標注時間，卻在《沫若文集》第一卷（北京，1959 年，227—272 頁）全都標注了日期。所有的詩作僅有編號，而無詩題，除開第十六首有詩題《春鶯曲》。組詩的末尾有郁達夫寫作的“附記”，時間爲 1926 年 4 月 10 日。

該詩集表現爲幾組獻給某個女性的愛情詩——這是中國詩歌史上不同尋常的現象。愛情，在最習常的意義上，構成了中國古典詩歌中較爲常見的主題，特別是在樂府詩詞中。然而，由於特殊的中國傳統和境況，女性往往衹是男性詩人創作的愛情詩的對象，而不是主體。然而，在嚴格意義上的愛情，人們可能發現在這些詩歌中有對女性的同情，卻多是令人生厭的。女性不是，也不可能是中國愛情詩中的女神（muse）。中國愛情詩中的女神（Beatrice）是 1920 年代初出現的。1922 年，湖畔詩人發表了爲數不少的情欲詩，包括詩社的核心人物汪静之的一些詩作。1924 年夏，徐志摩熱戀陸小曼，爲她寫作了多首愛情詩。1925 年，戴望舒發表了一首著名的情調憂鬱的愛情詩。正是在該時期的這些詩作和別的詩作中，首次出現了男女愛情的新形式。正是愛情，不必追溯其此前道德倫理的淵源，它有時源於對傳統局限的突破，源於對異性的自由聯想。郭沫若正是被時代風潮所感染，創作了詩集《瓶》，這一組愛情詩完全不同於他早前的作品，無論在風格上，還是在主題上。

郭沫若熟悉泰戈爾、雪萊、海涅、希勒，特別是歌德，郭沫若翻譯了他們的部分作品，

① 耶日·謝－格拉博夫斯基（Jerzy Sie－Grabowski），瓦騷大學中國學系（the Sinology Department of the University of the Warsaw）教授，是“論詩集《瓶》”一節的作者。

並明顯影響了詩集《瓶》的最終形態。例如，第三十二首詩，郭沫若把自己與《浮士德》的作者歌德作比較，杭州西湖像塞森海姆（Sesenheim），青年歌德在此曾向他的第一個戀人弗里德里卡·布里翁表白愛情。這衹是詩人在杭州與一位崇拜其詩歌的少女的相遇，它激發了詩集中43首詩的即時靈感和創作的直接衝動——在此情景中，似乎是熱切的——最初，詩人没有遇上這位姑娘（他在散文《孤山的梅花》中陳述了這個事實，《沫若文集》第七卷，第414—426頁）。然而，最終他們相遇了，此後他們的友誼因長時間的通信而得以延續。《瓶》作爲詩集的題名似乎包含這樣的象徵意味：作者把姑娘寄來的梅花插在這個象徵的容器裏，由此，它代表了春天和青春。於是，傳統的道家的愛情（價值）觀在郭沫若的詩作中被賦予了浮士德式的意義。與少女的關係使詩人恢復了青春；青年人有權保持這種關係，它也是青年人的特性。由此，詩人表達了關於老年與死的想象性觀念：

十八	Poem XVIII P37
啊，我可愛的呀，我的生命，	Ah, my love, my life,
我謝你未把我當作老人！	Thanks for not treating me as an old man!

二十五	Poem XXV P52
啊，我這點無憑的生命喲，	Ah, the remains of my unreliable life,
怕也捱不到今年的初秋。	I do not think I shall live to see the beginning of this autumn.

人們發現詩人的矛盾心情，確是有些奇怪，當時詩人衹有33歲！

像瓶中的梅花一樣短暫，這個愛情故事也没有持續太久。因而，這組詩寫到了空瓶，意味着没有結果的愛情。在中國社會，對於一個充滿愛和被熱愛的丈夫，而且他的妻子正懷着他們的第四個孩子，幾乎絶少宣稱自己有熱戀的第三者！詩人如此合理地解釋他熱戀的理由是可信的：

獻詩	Prologue　P2
我愛蘭也愛薔薇，	I love orchids and I love roses,
我愛詩也愛圖畫，	I love poetry and I love painting,
我如今又愛了梅花，	Now I have also fallen in love with plum blossoms,
我於心有何懼怕？	What fears should I harbor in my heart?

在創造社的同仁郁達夫請求下，郭沫若最終同意結集出版這些詩作。

郭沫若是最初把自由詩引入現代中國詩歌的詩人之一。然而，在詩集《瓶》中，絶大部分詩作是格律詩，而且每個詩節中各詩行是整一的；韻律的運用並不十分嚴格，也不固執堅持使用韻律。幾乎詩集中的所有詩作都劃分爲若干詩節，大多是三或四個詩行。偶爾詩集中也有雙行詩節（例如第五首），因此，這一詩行形態看似有匠心運作的特徵。第十四首詩是最短的一首，僅有三行，詩集中最長的詩（第十六首）卻有七十二行，分爲十九個詩節，各詩節的詩行數不等。

郭沫若詩作具有音樂性（musicality）和旋律節奏明晰的特徵。人們衹要回想一下他的詩作《鳳凰涅槃》。在《瓶》的系列詩作中，一般的音樂性要素，例如押韻、和諧和詩歌的特殊旋律等都是顯著的特徵。這特別運用到第十六行詩，作者自己對此詩有極高的評價，因爲他把該詩選入到後來的多種詩選中。爲了加强這些詩作的樂感强度，郭沫若往往傾向於過度使用感歎詞。在《瓶》中也是如此，他並不總是避免這一技巧運用過度的危險（例如第二十一首詩）。進而可以説，在此詩集中，他對感歎詞的使用遠未恪守必要的謹慎，在一些詩作中，感歎詞極大地豐富了詩作的音響效果（例如第一首詩的最末二節）。有趣的是，可以觀察到郭沫若巧妙地利用了詞語的聲音特質：

第二首詩	Poem II P8
一空，二空，三空，	Once empty, twice empty, thrice empty
……	…
一冬，二冬，三冬。	First winter, second winter, third winter

第十首詩	Poem X P18
你真冷，真冷，真冷，比這寒天的深夜還冷！	You are really cold, really cold, really cold, colder than this cold night!

中國古典詩歌的影響也顯現在詩集《瓶》中。第三首詩與《詩經》（The Book of Odes）中的詩歌相似，其中，三個詩節僅僅第二詩行稍有不同；而且第三十三首詩如此寫道：

第三十三首詩	Poem XXXIII P65
她的手，我的手，	Her hand, my hand
已經接觸久，	Have touched for a long time;
她的口，我的口，	Her lips, my lips,
幾時纔能够?	When shall we have enough?

在主題和形式上都讓讀者想起“詞”。

因爲其主題，《瓶》中的組詩在郭沫若極其豐富的文學作品裏占有特殊的地位。很奇怪的是，批評家常常衹是漫不經心地評述這個詩集，那些崇尚郭沫若是革命詩人的批評家甚至根本就不提及它。衹有許芥昱（Kai－yu Hsu）教授敢於承認：“《瓶》……在精緻（的技巧與形態）上比《女神》更高。”（見《20 世紀中國詩歌》第 31—32 頁）這是一個大膽的評價，但也完全基於事實。人們可以肯定地説，郭沫若以詩集《女神》征服了中國詩界，而以詩集《瓶》增色了中國詩界。無論如何，衹要人們認爲郭沫若是一個抒情詩人，那麽人們就必然想起他的詩集《瓶》，並贊賞它。

三　論詩集《前茅》

孔慧怡①

《前茅》，創造社叢書，上海創造社出版部，1928 年 2 月，55 頁。

這是郭沫若的第四個詩集。包括“序詩”，共有 15 首詩，全都創作於 1921－1928 年間。它往往被認爲是郭沫若從泛神論轉向馬克思－列寧主義的標誌。影響這一轉變的是郭沫若對河上肇（Kawakami Hajime）《社會組織與社會革命》（*Social Organization and social Revolution*）的翻譯，該翻譯完成於 1924 年 5 月。然而，郭沫若更早即已接觸到馬克思主義觀念，創作於 1923 年的八首詩已經表明郭沫若在觀點上大不同於浪漫主義的抒情詩集《星空》。對這一詩集的總體印象集中地體現在“序詩”中：

序詩	Prefatory Poem
這幾首詩或許未免粗暴，	These poems may be crude,
這可是革命時代的前茅。	But they are the vanguard of this revolutionary age.

這一詩集中的絕大部分詩作，包括兩首用傳統詩體寫作的作品（舊體詩），號召人們反抗壓迫。

帶有這樣的使命感，郭沫若認識到必然改變他自身的詩歌風格，並尋求不同的靈感源泉。在《力的追求者》（1923 年 6 月）一詩中，他在詩作中致力於拋棄不確定性和虛無主義的感受，而在《愴惱的葡萄》一詩中的努力就是基於人類的苦難，而不是人類天性的安慰。確實，在《歌笑在富兒們的園裏》一詩中，他指責人的本性（自然）是厚顏無恥的，並下決心：

歌笑在富兒們的園裏	Song and laughter in the gardens of the rich
我從前對於你的贊美，	The praises I have sung you in the past,
我如今要一筆勾銷。	I hereby wipe out with a stroke of the pen.

並非是否定人類本性，郭沫若確實爲貧富懸殊而感到爲難，當然人性也追求開拓者所獨有的快樂。《朋友們愴聚在囚牢裏》形象地描述了另一個方面，

朋友們愴聚在囚牢裏	Friends herded together in prison
我們看不見一株青影，	We cannot see a shade of green,
我們聽不見一句鳥聲，	We cannot hear a single bird twitter,

① 孔慧怡（Eva Hung），倫敦大學哲學博士，1987 年任香港中文大學翻譯研究中心主任，1997 年 5 月受聘爲北京大學客座教授，是“論詩集《前茅》”一節的作者。

四圍的監牆	The prison walls around us
把清風鎖在天上，	Have locked the breeze in the sky,
祇剩有井大的天影笑人。	Only a trace of sky small as a well is left to mock us.

正是在這首詩裏，他發出了那著名的號召，號召人們行動，

朋友們愴聚在囚牢裏	Friends herded together in prison
我們到兵間去吧！	Let us go among the soldiers!
我們到民間去吧！	Let us go among the people!

這還迴響在《前進曲》一詩中，詩人號召“世上一切的工農”起來反抗壓迫。在《留別日本》一詩的修改版中，則暗示了工農的潛力。在刊發在《孤軍》第八卷第九期（1923年5月）上的原初的《留別日本》一詩的第五詩節①，更接近泛神論，而不是馬克思主義。郭沫若撰輯《前鋒》時，對該詩做出了修改②。早在1922年創作的那些詩作郭沫若明確表示他的同情所在：他在感情上親近男女工人們（《上海的清晨》），並同情失業工人（《勵失業的友人》）和排字工人（《黑魆魆的文字窟中》）。他忠實於他的信仰，他的同情不是表現爲悲憐，而更多是激勵人們反抗。他並没有完全放棄早期對淳樸生活的嚮往，由此人可與自然和諧相處。《勵失業的友人》一詩引用首陽山的典故從而把它表現出來了。

儘管該詩集中的大部分詩作的語言並不十分出色/精煉，郭沫若同樣也借用了傳統的詩學辭彙。由於與新的意象相聯繫，有時這（舊詞）被賦予了新的意義，例如，在《我們在赤光之中相見》一詩中：

我們在赤光之中相見	We shall meet in the red light
焦灼的群星之眼喲，	Oh anxious eyes of the stars,
你們不會望穿。	You will not be strained in your gaze.

然而，另一方面，一些古典的辭彙如“玉兔”、“杜鵑”（見《太陽没了》），對於這一詩集中强勁粗曠的風格，則顯得矛盾和缺乏一致。

詩集《前茅》引起讀者的較多注意，不是因爲某一創作技巧或者風格化的創新，而是因爲它記載了郭沫若的信仰轉變。郭沫若是最早宣導無産階級革命文學的人之一，詩集《前茅》中處處可見“紅旗”、“紅燈”、“赤縣”等富有寓意的辭彙。

作者單位：福建師範大學文學院

① 詩爲：“可憐呀，邪馬臺的兄弟！／我的故山雖然是荆棘滿途，／可是那兒有清潔的山茶可煎，／那兒有任鳥飛的青空，／那兒有任魚游的江湖，／那兒的牢獄是雖有如無。”

② 陳永志：《郭沫若前期思想大戰研究中的幾個問題》，見《郭沫若研究論集》，四川人民出版社1980年版，第53—71頁。

對王叔岷抗戰期間所作《民風》詩的初步解讀

胡開全

王叔岷先生（1914－2008）名邦濬、字叔岷、號慕廬，以字行，出生於成都東郊龍泉驛區洛帶鎮下街。其1939年於四川大學中文系本科畢業，1943年於北京大學文科研究所碩士畢業，師從傅斯年、湯用彤，主要供職於“中央”研究院歷史語言研究所與臺灣大學中文系，期間曾到新、馬一帶教學十餘年。其著述甚豐富，主要成就在文籍校訂方面。其《諸子校證》、《左傳考校》、《莊子校詮》與《史記斠證》最能體現其校勘古籍的成就，而其《斠讎學》則在總結校勘工作的經驗上形成系統的理論，具有切實的指導意義。他是華文世界公認的莊學泰斗、校讎名家。2014年在“王叔岷先生百年誕辰學術研討會”上，陳祖武學部委員會同北大、清華，及臺灣大學、“中央”研究院的諸學者共同認定其爲“中國當代學界學術的大家、學人的楷模”。因與先生同鄉的緣故，筆者在研究本區史地時，將先生視爲與本地客家文化、楚山紹琦禪系並列的三大世界級文化現象之一，各方收集並閱讀其著作，準備爲其修年譜。雖然學人當以學術見長，但要生動反應學人的面貌，日記是個很好的載體，但王叔岷先生没有日記，可能是因爲他交際不多，事務不繁之故，又或者是他太專注於學術，無暇寫日記，也不想留下供人研究的“真實”材料。先生在讀四川大學時是屬於文學派的，但後來從事學術研究，因此稱“奈何一世深情者，博得無情一世名”。先生一生勤於學術，稍有閑暇，則發揮文學性靈來吟詩以寄懷。因此，其詩集也是筆者重要的研究物件，在全國紀念抗戰的背景下，筆者以其《民風》長詩爲中心，結合其他撰述，來談談王叔岷先生筆下的抗戰歲月。

一 《民風》長詩全文①

民風②

1. 七月七日念六秋，狂風暴雨襲盧溝。南北菁華悉蕩洗，從此生靈失自由。
2. 借問蒼天何太薄，獨將憂患迫神州。百孔千瘡費彌補，賴有大柱砥中流。
3. 締造艱難廿餘載，鞠躬盡瘁已白頭。萬民方慶鬩牆息，無端狂寇破金甌。
4. 自古多難以興邦，嗟我黎庶莫倉皇。帷幄運籌自有人，狟狟將士上疆場。
5. 我師奮迅如霹靂，日衝夜襲氣堂堂。那知機炮威可畏，要存正義震萬方。
6. 叱吒直變風雲色，血肉同爭日月光。大局撐持向三載，笑他倭寇失主張。
7. 攻南攻北復攻中，此挫彼折計日窮。得城得地不償失，速戰速決夢已空。
8. 侵華勝利渺無期，國内時掀倒閣風。夕日自謂無限好，黄昏轉瞬夜濛濛。
9. 卻思武士道何存，錯把櫻花比國魂。夭姿自是輕薄種，一經風雨落紛紛。
10. 何如天漢有紅梅，鐵骨萬古傲乾坤。霜雪愈嚴色愈麗，麗色爭回大地春。
11. 梅花質堅櫻花薄，漢倭成敗不須卜。況是兵家有常言，壯因師直老因曲。
12. 我師既直氣自壯，氣壯仍防蜂蠆毒。人窮則詐獸窮噬，狂寇存心不可度。
13. 須當自强益不息，所幸斯民日以覺。交通四達須公路，萬民修築忘朝暮。
14. 抗戰久持須公債，萬民捐輸盡慷慨。士卒充補須壯丁，萬民踴躍續從軍。
15. 誰謂斯民愚且魯，殺敵斬首孰與伍。誰謂斯民不知國，直棄身家如糞土。
16. 可憐智勇辯力輩，多少愛國空言語。不到陣前拼死力，處處陰謀樹黨羽。
17. 不爲弱小惜餘生，個個膏血恣剥取。禮義廉耻口頭禪，巧黠偷竊如狗鼠。
18. 眼見光明已到頭，恨煞陰風布陰雨。陰雨綿綿可奈何，嗷嗷載道怨聲多。
19. 怕聽農村一夕話，咸畏貪僚不畏倭。對下敲剥苦重重，對上頌德且歌功。
20. 下情隔閡上難知，欲得真情察民風。小民易與不須驚，幾番書告即清平。
21. 最憐黌舍失綱紀，紛紛學子費叮嚀。浮誇成性耻讀書，日日高呼救國聲。
22. 盡如春花欲亂發，盡如春鳥欲亂鳴。衹道興亡匹夫責，那識心餘力甚輕。
23. 益言救國益狂蕩，益言愛國益猙獰。不惜數典忘其祖，甘因邪説作犧牲。
24. 吁嗟乎悠悠蒼天，茫茫來日反大難。老年持重如花謝，少年好變如浪翻。
25. 故國空存周典禮，流俗漸棄漢衣冠。方知外患不足慮，内憂成疾實可歎。
26. 徒自歎息徒自餒，去者已如東逝水。堂堂華夏五千年，豈有松柏愁凋毁。
27. 試看中興第一人，大力能挽狂瀾起。安内攘外如一轍，策畫從容隨指使。

---

① 正文1008字，加上題目及後記95字，全篇共1103字。爲便於後面的論述，筆者在每行前加了數字。
② 王叔岷：《慕廬餘詠》，大安出版社2001年版，第83—90頁。

28. 要使生靈四萬萬，昂然獨立天地裏。建國偉業正須材，莘莘學子莫徘徊。
29. 須知創始實艱難，紛紛異説莫相猜。天不助人人自助，敵不摧我我自摧。
30. 不偏不倚徹始終，正氣直掃陰雲開。蜀西野人有王生，生長民間識民情。
31. 自信芻蕘有可采，敢將篇什寫愚誠。非誇非諱非强詞，長短優劣隨所知。
32. 顧托大廈扶梁棟，夙夜辛勤念在兹。已於太學竟所業，常從國故探几賾。
33. 筆頭欲湧若耶溪，氣象還吞雲夢澤。著書盈篋不自足，要與往賢争軒輊。
34. 更喜老莊妙於用，操持萬變在玄默。有時執鐸大聲呼，喚起群英入軌途。
35. 應成堅質如松柏，莫學浮姿比柳蒲。愛國須從修身起，抗戰不由信口噓。
36. 黄帝子孫非凡種，精誠早已懾倭奴。上下協心完偉績，萬古勳名耀簡書。

抗戰以來，業將三載，雖必勝之心，上下所同，而時局離奇，不無小礙。復興之本，在得民情，民情所在，考乎民風。謹賦《民風》千言，竭其管見之忱，不揣昧愚，上呈當道，若使片善可采，則農歌轅議，亦有助於風教也。

一九三九年暮冬於潼南雙江鎮

二　王叔岷先生寫作《民風》的背景

王叔岷先生在1937年抗戰全面爆發時，還在四川大學中文系讀本科。那時的先生，很有才子氣，愛弄琴吟詩："我在四川大學中文系讀書時，同學間分兩派，即考據派與文學派，互相輕視。考據派譏諷文學派空疏，不踏實。文學派譏諷考據派呆板，無才情。我是屬於文學派的。"① 一次川大舉辦演講比賽，先生用英語演講《怎樣救中國》，得張紹尹先生指導，獲得第一②。同時張先生很佩服王先生的古文水準，雙方遂引爲好友。

對於日本侵略的惡行，先生是有切身感受的。1938年先生與重慶潼南雙江鎮的楊尚淑結婚。1939年初，其兒子王國簡"剛滿四十天，就抱着他逃避空襲警報。爲避日機轟炸，父親抱回家鄉撫養"③。後來日機對成都進行更大規模的轟炸，先生當時在成都爲張紹尹先生女兒補習國文，留下這樣的記録：

> 一日午後四時許，警報之聲大作，皆以為日機不會來，逃避者甚少。岷與張先生家人仍逃至郊外。傍晚日本一百零八架重轟炸機排空而至，臨城上空時稍停，無數黑壓壓炸彈波浪式重疊而下，爆炸之聲大起，火焰衝天。眼看日機即直飛我們逃避的郊區而來，有些人嚇得頭鑽墳墓，惟恐不入。我想，這下完了！幸而日機忽轉向飛去。時天已大黑，頓成死城，斷瓦殘垣，屍首遍地，或掛於倒斜之電杆上。慘傷者尚哀號不已！日

① 王叔岷：《斠讎學 斠讎别録》，中華書局2007年版，第2頁。
② 此條來自筆者采訪王先生之子王國簡時口述。
③ 王叔岷：《慕廬憶往》，中華書局2007年版，第39頁。

機爛炸平民，惡毒至此！[①]

1939年先生從川大畢業後，受徐中舒先生指點，報考北大文科研究所。但受戰事拖累，"北大文科所筆試久無消息，張紹尹先生出任重慶聯合高級中學校長，邀岷前往教國文"[②]。先生答應前往，許多友好紛紛前來送行，其中之一是邵澤民，此會曾作詩留念。

答贈澤民同窗並序

七月十三日，余將離蓉，赴長壽講學，同窗邵君為余餞別，並賦七絕見贈，感其意氣之高、情誼之篤，作此章答之。

杯酒論交興自豪，感君意氣秋雲高。英雄自古傾知己，眼中餘子何寥寥。未見騰空起鴻鵠，徒聞長夜叫鴟梟。何時得勢如秋霜，斬盡惡竹不用刀。何時得勢如春雨，濟盡蒼生不用橋。古輴字，今肩輿也，此句暗用子產以乘輿濟人，惠而不知為政意。傾談愈久情愈密，不覺柳梢上秋月。秋月皎潔如君心，秋月孤高如君節。人生聚散亦何常，此日言歡明日別。別情萬縷理還亂，別愁萬縷剪不絕。相期殊途同一歸，要使勳名光簡策[③]。

赴長壽教中學國文，是教書生涯的開始，從此奠定一生教學之基。"該校因避重慶轟炸，已遷至長江下游之長壽縣。長壽乃山城，形似鳳，故又名鳳城。聯中遷在河街，岷病初愈，隻身隨張校長赴校。"[④] 這就是先生在《民風》詩裏所稱的自己"已於太學竟所業，常從國故探几賾"（第32行）。

在臨寫作本詩時，"大局撐持向三載"（第6行），整個抗戰局面已經由"亡國滅種"的危機，轉爲相持階段。日本威逼利誘，即對抗戰後方的成都、重慶、昆明進行轟炸的同時，誘導中國政府投降，但中國軍民團結一心，讓其"速戰速決夢已空"（第7行）。這不僅穩定了抗戰局面，爲知識分子樹立抗戰必勝的信心，同時也爲世界法西斯戰綫作出了卓越貢獻。在知識分子認清這種形勢後，如何進行簡單有效宣傳並使之成爲普通民衆的共識，就成了王叔岷先生這樣人的一種使命。

在這個過程中，先生從成都到東郊洛帶鎮（當時屬於簡陽縣），又陪新婚妻子回過潼南省親，因教學又到重慶下游的長壽縣，有一定的人生閱歷和對成都、重慶這兩座抗戰後方大都市及其周邊情況的瞭解；另外，寫作是"一九三九年暮冬"，即任教半年後放寒假的時候，地點是"潼南雙江鎮"，即其岳丈家，此時的先生對高中學生的思想動態也有所把握，旅途也讓其瞭解社會現實，因此說"生長民間識民情"（第30行），是有根據的。

① 王叔岷：《慕廬憶往》，中華書局2007年版，第43頁。
② 王叔岷：《慕廬憶往》，中華書局2007年版，第43頁。
③ 王叔岷：《慕廬餘詠》，大安出版社2001年版，第79—80頁。
④ 王叔岷：《慕廬憶往》，中華書局2007年版，第44頁。

三 《民風》詩的解讀

王叔岷先生在潛心教學的同時，不忘民族大義，收集身邊的民風撰寫成長詩，一則分析形勢、開啟民智，二則鼓勵鬥志、直陳時弊，三則下情上達，希望爲當局決策和施政提供有益資訊。

第一部分，即上文1—9行，描述日寇入侵，我軍民奮起反抗，導致日本“速戰速決夢已空”（第7行），並且清醒地看到衹要持續抗戰下去，結果必然是“夭姿自是輕薄種，一經風雨落紛紛”（第9行）。這種宏觀大氣的思考，在今天想來，仍然感覺到一種睿智和理性。

第二部分，即上文的10—15行，描述在相持階段初期我方積極抗戰的情況，隨着民衆意識的覺醒，即“須當自强益不息，所幸斯民日以覺”（第13行），紛紛參與到修公路、捐輸公債、踴躍從軍等抗戰活動當中。

第三部分，即上文的16—25行，講相持一段時間後，我方出現的問題，這是其想表達的關鍵。典型的是“多少愛國空言語”（第16行），剥奪、偷竊導致民怨沸騰，民間出現嚴重的“咸畏貪僚不畏倭”（第19行），學生當中出現“浮誇成性恥讀書”（第21行）的現象，即先生當時的切身感受，“彼時尚無重慶大學，聯中學生多年長，頗自大，好左傾，見岷年少，有病態，遂出壁報，譏爲‘文弱書生’”[①]，“內憂成疾實可歎”（第25行）的局面讓其深爲憂慮。

第四部分，即上文的26—29行，針對以上的情況，社會應該有切實改進的行動，特别是作爲教育工作者，深刻明白“建國偉業正須材，莘莘學子莫徘徊”（第28行）的道理，但當時學生熱衷於空喊口號，不潛心學習，這樣下去很可能出現“敵不摧我我自摧”（第29行）的結果。

第五部分，即30—36行，講其自身所作的努力，一方面努力學習和著述，“著書盈篋不自足，要與往賢争軒輊”（第33行），另一方面是努力教育學生，“有時執鐸大聲呼，唤起群英入軌途”（第34行）。終極解決辦法，也就是提出自己的設想，“愛國須從修身起，抗戰不由信口嘘”（第35行），展現自己憂國憂民的本性。“數度聽岷講課後，認爲有系統，意見新鮮，從未聽過，對岷忽然改觀。及岷病體恢復，與學生同賽籃球，技術不錯，學生尤爲佩服。聯中本重理科，岷教國文，詩文並重，一學期後，學風爲之一變，轉向文科，甚且全校多數學生皆學作詩矣。”[②] 讓學生回歸到學習中文知識本身上來，這是先生執教的最大特點，一生一以貫之。

① 王叔岷：《慕廬憶往》，中華書局2007年版，第44頁。

② 王叔岷：《慕廬憶往》，中華書局2007年版，第44頁。

當然説這麽多，是想以詩歌的形式，通過對抗戰局面科學理性的立體構建，講明“復興之本，在得民情，民情所在，考乎民風”的道理，爲避免“下情隔閡上難知”（第34行）的情況出現，於是作詩以“上呈當道，若使片善可采，則農歌轅議，亦有助於風教也”，就是想讓決策者掌握民間的真實情況，以便制定正確的措施，有功於抗戰的局面。

此詩寫成後，似乎並没有公開發表，更没有獲得政府的重視，祇有其父王耀卿（前清秀才）寫的一則評論，同時收録在先生的詩集裏，原文是這樣的：

> 本忠直愛國之忱，發為警心怵目之歌。洋洋千餘言，雲湧波翻，一筆寫出。按諸李杜韓蘇七古中，得未曾有，而其布局之宏、節奏之妙、氣韻之雄、煉句煉字之工，無不渾誠入化。所謂黄鐘大吕之音，雜以金簫玉笛，令人閲之，時而魄動心驚、時而顔開色喜，詩辭之感人若此，而以之鼓吹於貪詐浮誇之世，暴戾狂蕩之時，似表龍章於裸國，奏鳳琯於聾鄉。即不若是之甚，亦似抛珠警雀，一驚而遂不復顧也。古詩云：不惜歌者苦，但傷知音稀，正為此詩詠。雖然，抗戰必順民情，愛國必自修身。操縱萬變，都在玄默，有豪傑起，必以此旨為圭臬。今雖不采，抑又何傷①。

其父這個評價似乎過高，而且是從長輩欣賞晚輩文采飛揚之勢，有意回避其經世致用的實效仍嫌不足的問題，“雖然，抗戰必順民情，愛國必自修身”，但將抗戰勝利落腳於“玄默”與單純的讀書，未免過於理想化。

對於這些，先生自己後來也有所認識。先生寫《民風》時僅25歲，到60歲出版自己第一本詩集時，並未收録此詩。直到87歲出版第八本，同時也是最後一本詩集時，方纔收録。先生在收録時記録了一則《少時情懷》：

> 少時吟詠，難免癡狂。一九七四年十月《四餘齋詩草》出版，多棄而不録。近重閲舊稿，不忍棄置，保存若干首，附於《慕廬餘詠》之後，亦少時情懷之所寄也②。

先生在閲盡人世滄桑後，看着少時吟詠，頓覺“癡狂”，帶有年輕文人通常有的作詩作文講究韻律，獨立表達，以文采動人而不求實效，企圖以文字轉變世風的理想主義色彩。同時這又是人生的一段必然的經歷，那種少時情懷自有動人之處，因此“不忍棄置”，這種認識又更深層與凝重了。

四　總　結

透過這首《民風》詩，讓我們瞭解到當時知識分子對抗戰局面的認識及國内民間的情況，有助於我們對那段抗戰歲月的多角度認識。關於抗戰的詩歌，字句如此優美流暢，建構

① 王叔岷：《慕廬餘詠》，大安出版社2001年版，第90頁。
② 王叔岷：《慕廬餘詠》，大安出版社2001年版，第77頁。

如此立體科學，思考如此冷静客觀，在全國並不多見。這是與寫作者從小獲得的良好家庭教育分不開的，是我國傳統知識分子在不沾染政治的前提下，單純地展示自己“先天下之憂而憂，後天下之樂而樂”的胸懷。雖未發揮多大作用，仍代表抗戰時期年輕知識分子的一種思考。

附：王叔岷先生在抗戰期間對民情民風的瞭解，還有兩首詩：

買柴①

家中須買柴，隨父入柴市。柴市柴何多，累累雜無次。榿枝價較廉，一斤一千四。自從抗戰來，百物日已貴。相差何太速，賤者亦十倍。榿枝買三挑，挑挑乾且脆。柴夫荷轉家，便作炊釜劑。如何捆方鬆，其中多濕氣。入炊炊不然，内外迥相異。可恨愚柴夫，今也學詐偽。售價亦已高，何必貪虚利。前日去買米，米中多稗子。前日去買肉，肉上多贅骨。前日去買菜，菜中多敗壞。前日去買酒，酒中味不厚。歷歷眼前事，效尤已成例。小民本不偽，不偽無生計。生計日已艱，民力悉凋弊。無怪貪詐風，滔滔天下是。誰為挽狂瀾，感此一流涕。

雇工塗壁②

嬌妻厭頹屋，出言常憤懑。促促新年至，四壁一何黯。昂藏二泥工，雇來事塗染。塗染日復日，蠕蠕何遲緩。工資日三元每人三元，一飯十大碗。香煙口中吸，旨酒尊中滿。不供煙酒，則不作工。誰謂勞工勞，躊躇飽且暖。我有一至戚，曹部位頗顯。捉襟幾見肘，兒女繞膝慘。我有數好朋，講學名頗遠。菜色而鳩形，唇焦兼舌爛。智者勞欲死，愚者無憂患。此情世上多，低頭獨長歎。

作者單位：四川師範大學中國近現代區域經濟社會研究中心

---

① 王叔岷：《慕廬餘詠》，大安出版社 2001 年版，第 97 頁。

② 王叔岷：《慕廬餘詠》，大安出版社 2001 年版，第 102 頁。

略論王叔岷的陶淵明研究

——讀《陶淵明詩箋證稿》

王定璋

蜀中學者王叔岷於 1914 年出生於四川省成都市龍泉區洛帶鎮下街的書香人家。父親王增榮號槐齋，清季秀才，曾出任四川高等法院書證官長。王叔岷自幼既受其父影響酷好詩書禮儀，稍長涉獵漸廣，《莊子》、《史記》及《陶淵明詩集》更是其所愛。1935 年就讀於四川大學中文系，後入北京大學文科研究所。新中國成立前夕隨歷史語言研究所遷往臺灣。後任教於臺灣大學中文系，此後又任教於新加坡大學、臺灣大學、馬來西亞大學。2006 年歸返桑梓，回故鄉龍泉驛養老，2008 年辭世。

王叔岷學殖深厚，著作宏富。2007 年北京中華書局出版其著作計有《莊子斠証》、《莊子校詮》、《莊子管窺》、《左傳考校》、《先秦道法思想講稿》、《史記斠證》、《列仙傳校箋》、《陶淵集箋證稿》、《鍾嶸詩品箋證稿》、《劉子集證》、《斠讎學》、《古集虛字廣義》、《慕廬論學集》等十餘種，是爲《王叔岷著作集》。綜觀上述著作，不難發現其擅長之領域在於古籍整理、校勘箋證及古代文化、文學的研究諸方面。本文不是對王先生研究成果的綜合考察與探析，擬僅就其自幼喜愛並傾注了不少心血的陶淵明研究作些剖析，不妥之處，尚祈有識者匡正。

一

王叔岷的陶淵明研究成果主要集中體現在他的《陶淵明詩集箋證稿》之中，而此書將現今留存於世的陶淵明的詩歌（未涉及文章）120 餘首逐首予以箋證與疏解，當然主要側重於箋證，是一部傾注了作者心血與真知灼見的傳世之作，值得認真探析與研究。

對於陶淵明的集子整理，自其作品輯集以來即已開始。梁昭明太子蕭統首輯《陶淵明文集》，在其序中稱："余愛嗜其文，不能釋手，尚想其德，恨不同時。故更加搜求，粗爲區目……”應是陶淵明作品最早的結集了。據北齊陽休之云：“余覽陶潛之文，辭采雖未優，而往往有奇絶異語，放逸之致，棲托仍高。其集先有兩本行於世，一本八卷無序；一本六卷並序目，排比顛亂，兼復闕少。蕭統所撰八卷，合序目傳誄，而少《五孝傳》及《四八目》。然編録有體，次第可尋。余頗賞潛文，以爲三本不同，恐致忘失。今録統所闕並序目等合爲一帙十卷，以遺好事君子焉。”據此可知，與蕭統所編次的八卷本並行於世的尚有六卷，惟其“排比顛亂，兼復闕少”而不爲時人所重，漸歸湮滅。陽休之增益而成的一帙十卷本是蕭統之後的重要集子。

然則，隨着時光流逝和人世滄桑，蕭本、陽休之本已無人覓得。今存於世的宋刻遞修本《陶淵明集》十卷（汲古閣藏）已極珍貴。後來宋代吴仁傑、湯漢，元代李公焕，明代何孟春、黄文焕、張自烈、蔣薰，清代吴瞻泰、馬璞、邱嘉穗、温汝能、陶澍、鄭文焯、古直、丁福保等人都對陶潛的詩文進行過整理與研究。他們按照各自的不同興趣與喜好，或對其詩歌予以注解（湯漢、吴瞻泰），或爲其集子輯箋（李公焕、古直、丁福保），或爲之析義（馬璞、黄文焕），或爲之彙評（温汝能、鄭文焯）……對陶淵明作品的整理、箋釋與研究作出了可喜的貢獻。吴仁傑還就其掌握的資料與研究所得爲陶淵明撰寫了年譜，前賢的成就是一分極其寶貴的文化遺産，值得我們珍惜重視。

新中國成立以來，對陶淵明的研究成果累累，學術論文不必多説，現今流行於世的則有王瑶的《陶淵明集》（作家出版社 1956 年版）、逯欽立校注的《陶淵明集》（中華書局 1979 年版）以及於 2003 年出版的袁行霈撰《陶淵明集箋注》中華書局）等幾種。王叔岷《陶淵明詩箋證稿》則爲中華書局於 2007 年徵得作者同意之後在國内出版發行，其實該書早在 1975 年由臺北藝文印書館出版，衹是在大陸罕覓其踪而已。

王叔岷的《陶淵明詩箋證稿》給人的突出印象是資料翔實，徵引宏富，箋釋允當。

陶淵明的開篇詩歌即爲四言詩《停雲》，王叔岷箋證首引古直箋云：“陶公四言，篇題及序，其體皆仿毛詩。”王叔岷的箋證皆以“案”的方式入題，云：“案陶公四言，温厚自然，神似三百篇，然偶有晦澀難解之句。”指陶淵明的四言詩雖然受《詩經》四言詩之影響，卻出以自然，而温厚樸實，有時也難免晦澀，不够流暢。品味“停雲藹藹，時雨濛濛。八表同昏，平陸成江。有酒有酒，閑飲東窗。願言懷人，舟車靡從”四言的形式，疊字的運用，感情直白式的傾吐，確有詩三百之遺韻。温厚的情愫洋溢於字裏行間，自然流暢。

而在箋證“良朋悠邈，搔首延佇”時，王叔岷在案語中説：“晉人詩中，喜用‘良朋’一詞，摯虞《贈李叔龍以尚書郎遷太平守》：‘我有良朋。’傅玄答程曉：‘矧我良朋，如王之嘉。’張載《贈顯度》：‘俾我失良朋。’張華《答何劭》：‘良朋貽新詩。’棗嵩《贈杜方叔》：‘嗟我良朋，敬承清風。’皆其證。晉棗據《雜詩》‘千里既悠邈’，‘悠邈’猶‘悠遠’，‘延佇’猶‘久立’。”即爲對陶淵注中所引何（孟春）注：“上虞文劉履曰：‘此蓋元熙禪革之後，靖節親友，或有仕於宋者，故特思而賦之，以寓規諷之意。’”的説法不太贊同，所引晉人詩歌足可爲證

《答龐參軍一首》：“衡門之下，有琴有書。……乃陳好言，乃著新詩。”在案語中云：

“《移居》之二：‘登高賦新詩。’魏、晉詩人，多喜用‘新詩’一詞。劉楨《贈五官中郎將》四首之三：‘貽爾新詩文。’阮籍《詠懷》：‘高子詠新詩。’阮侃《答嵇康二首》之一：‘新詩何篤穆。’潘尼《答陸士衡》：‘口詠新詩。’傅玄《歷九秋篇董逃行》：‘奏新詩兮夫君。’張華《答何劭三首》之三：‘援翰屬新詩。’袁宏《詠史》二首之二：‘秦聲歌新詩。’孫綽《答許詢》：‘貽我新詩。’湛方生《還都帆》：‘寤言賦新詩。’皆其證。至如《北堂書抄》一〇四、一四四，《御覽》三五三、四九〇、五五六、八三四皆引應璩新詩，則又以‘新詩’一詞名篇矣。”確實體現了資料翔實，引證宏富的特徵。

至於“競用新好，以招餘情”（《停雲》）中，徵引陶澍注：“湯（漢）注：‘謂相招以事新朝。’各本如此。焦（竑）本作：‘競朋親好，以貽餘情。’云：‘宋本一作“競用新好”，非。怡，一作“招”，非。’以及丁（福保）箋注本作‘競朋親好，以怡餘情’，云：此言‘争親朋好’也。朋，或作用。親，或作新，非是。怡，一作招，非。”王叔岷作出了自己的判斷，指出：“文章正宗作‘競用新好，注云：一作‘競朋親好，以招餘情。’二句蓋假想之辭。競猶急也，用猶與也。（孟子《公孫丑篇》：‘王猶足用爲善。’用亦與也。）‘新好’與上‘良朋’對言。下‘豈無他人’，指‘新好’而言；‘念子實多，’指‘良朋’而言。招猶引也。首句一作‘競朋親好’語意不明。”這樣，不僅對幾種異文進行考訂，而且結合全篇所作出的判斷，也令人信從。

陶詩《勸農》詩云：“悠悠上古，厥民初生。傲然自足，抱朴含真。”古直箋：“老子：‘見素抱朴。’河上公注：‘見素者，當抱素守真，不尚文飾。’直按：‘傲然’爲魏、晉間人常語，《晉書·阮籍傳》‘傲然獨得’，《嵇康傳》‘傲然發嘯’。石崇《思歸引》：‘傲然有淩雲之志。’”可是，並未對傲然作出合理的解釋。王叔岷在案語中說：“‘傲然’，自足貌。性自足者乃以言傲。《飲酒》之七：‘嘯傲東軒下，聊復得此生。’亦‘傲然自足’之意。《晏子春秋·諫下》：‘南面而立傲然。’木華《海賦》：‘傲自足於一嘔。’”這是其校讎箋疏允當的體現。而《命子》詩“邈焉虞賓，歷世重光”中指出：“焉，一作爲。焉乃爲之形誤。”就較合理。《歸鳥》：“矰繳奚施？已券安勞。”古直箋“已券”作“券已”，云：“《史記·留侯世家》：‘雖有矰繳，尚安所施？’《論語》：‘不可則券而懷之。’《經傳釋詞》曰：‘已，語終辭也。與矣同義。’”顯然未協其義。王叔岷則云：“案‘已券’猶‘已藏’。謂鳥已深藏，何勞矰繳之施用也。《庚戌歲九月中於西田獲早稻》：‘四體誠乃疲，庶無異患干！’蓋即此意邪？又《論語·衛靈公》：‘邦無道，則可券而懷之。’古氏所引誤。”極是。

《答龐參軍一首》並序云：“三復來貽，欲罷不能。……吾抱疾多年，不復爲文。本既不豐，復老病繼之。仍周孔往復之義，且爲別後相思之資。……”陶集注本“周孔”作“周禮”，云：“各本作孔，湯本云‘一作禮’。何較宣和本作禮，今從之。”而古箋本亦作“周禮”，云：“《曲禮》：‘禮尚往來。往而不來，非禮也；來而不往，非禮也。’”直案：“往復，猶往來也。”王叔岷謂：“案禮，古作礼。孔乃礼之誤。‘往復’，疑本作‘往來’。”良是，倘作“孔”，語義難道。

《連雨獨飲》：“運生會歸盡，終古謂之然……自我抱兹獨，僶俛四十年。”古箋：“曾星笠曰：《管子·形勢篇》：抱蜀不言，而廟堂既修。《老子》：聖人抱一，爲天下式。案‘抱蜀’即‘抱一’也。《廣雅釋詁》：‘蜀，弌也。’蜀、獨，聲同義近。《爾雅·釋山》：‘獨者，蜀。’郭注：‘蜀亦孤獨。’”丁箋注（略）。王叔岷云：“案蜀、獨，聲同義通，非僅義近也。惟此‘抱兹獨’與《管子》‘抱蜀’、《老子》‘抱一’異義。丁氏釋‘我抱兹獨’爲‘我所獨得者’尤爲穿鑿！《戊申歲六月中遇火》：‘總髮抱孤介，奄出四十年。’‘抱兹獨’，猶言‘抱此孤介’爾。”從陶淵明詩中求取内證，自然更具説服力。此類例證實多，限於篇幅，不再臚列。

其次是王叔岷在箋證陶詩、考訂異文、疏解詩歌内涵、訓釋詞義等方面，儘量從先秦兩漢典籍中勾稽搜羅，在此基礎上聯繫陶淵明的出處行藏，爲人行事，兼及其思想旨趣與審美好尚，從而作出切合陶淵明實際情況的闡釋，是此書的另一特徵。

箋證古籍必須有的放矢，持之有故，言之成理，並且緊扣注箋的對象，否則極易流於空洞，不着邊際。而所徵引的材料證據從語源學上來講，愈原始的其可靠度則愈高。陶詩《時運》據其序：“時運，游暮春也。春服既成，景物斯和，偶景獨游，欣慨交心。”自然是詩人於暮春時節，身着輕便春裝，隻身徜徉於濃鬱蒼翠的山光水色之中的欣悦感受。因而詩人纔在全詩的結尾之處吟道：“清琴横膝，濁酒半壺。”發出的感慨即有：“黄唐莫逮，慨獨在余。”爲此，王叔岷云：“梁陶公《贈羊長史》：‘余生三季後，慨然念黄唐。’《讀史述九章》之一《夷齊章》：‘采薇高歌，慨想黄虞。’《史記·伯夷列傳》：‘神農、虞、夏忽焉没兮，我安適歸矣！’陶公所慨，與夷、齊正同也。”王叔岷不僅將陶淵明追慕上古淳厚風俗的思想理趣把握得異常準確，而且還將其相關詩句聯繫起來，是其卓識。其實，陶淵明在《五柳先生傳》中即有“銜觴賦詩，以樂其志。無懷氏之民歟，葛天氏之民歟”的抒懷文章，就是很好的例證。

陶淵明《榮木》詩序云：“榮木，念將老也。日月推遷，已復九夏。”詩云：“總角聞道，白首無成！”古箋僅云：“《衛風·氓》：‘總角之宴。’毛傳：‘總角，結髮也。’”顯然過於簡單。王叔岷則云：“案《詩·齊風·甫田》：‘總角丱兮。’（唐石經丱作卝，束髮兩角貌。作丱，俗。）陶公《戊申歲六月中遇火》：‘總角抱孤介。’《怨詩楚調示龐主簿》：‘結髮念善事。’‘總角’、‘結髮’其義一也。《老子》四十一章：‘上士聞道，勤而行之。’《莊子·庚桑楚》篇：‘（南榮）趎晚聞道達耳矣。’《飲酒》之十六：‘行行向不惑，淹留自無成！’《祭從弟敬遠文》：‘余嘗學仕，纏綿人事，流浪無成，懼負素心。’《自祭文》：‘懼彼無成，愒日惜時。’陶公自歎無成之時多矣！又《九日閑居》：‘棲遲固多娱，淹留豈無成！’以棲遲多娱爲有成，蓋亦無成之成爾。”

餘如王叔岷注《歸鳥》詩指出，應當將之與《歸園田居》詩、《歸去來兮辭》並讀。“《歸園田居》第一首‘羈鳥戀舊林’，《歸去來兮辭》所謂‘鳥倦飛而知還’，皆以自喻爾。又《飲酒》之七：‘歸鳥趣林鳴。’《榮木》：‘貞脆由人，禍福無門’也。”“貞字陶詩數見，《和郭主簿二首》之一：‘懷此貞秀姿，卓爲霜下傑。’《戊申歲六月中遇火》：‘貞剛自有質，玉石乃非堅。’並其證。陶公之節操，正在一貞字。顔延之《陶徵士誄》稱其‘淑貞’。

蕭統陶集序稱其‘貞志不休’是矣。脆，一作慎，非。晉殷仲文《南州恒公九井作》詩：‘何以標貞脆？薄言寄松菊。’《淮南子》人間篇：‘禍之來也，人自生之；福之來也，人自成之。’正所謂‘禍福無門’也。”不僅將陶淵明的詩文聯繫起來審視其文品人德，更是將蕭統、顏延之對其評價予以對照，顯示其開闊的視野，值得肯定。

至於《形影神三首》並序，其序文“故極陳形影之苦言神辨自然以釋之”。車（柱環）補箋：“近人注本有言字短句，‘苦言’連讀者，非。此言字，乃淵明之言也。《荀子·富國》篇楊倞注：‘辨，明察也。’‘神辨自然’，謂神明察自然之理也。”王叔岷在案語中說：“言字當屬下讀，車説是。‘神辨自然以釋之’，謂‘神辨别自然之理以解釋之’也。陶公生性，及一生歸宿，皆不離自然二字。《歸去來兮辭》序：‘質性自然，非矯厲所得。’《歸園田居》五首之一：‘久在樊籠裏，復得返自然。’並其驗也。”也就是説，此句正確的斷句當爲：“故極陳形影之苦，言神辨自然以釋之。”車、王二人的意見是正確的。

此外，王叔岷箋釋陶詩時注意到陶淵明的遣詞用語的好尚和語言結構方面的特徵，從而歸納其詩歌語言的樸茂與真切。在《影答形》箋注“身没名亦盡，念之五情熱”時云：“《和劉柴桑》：‘去去百年外，身名同翳如。’《游斜川》：‘念之動中杯。’《己酉歲九月九日》：‘念之心中焦。’”而在評點《游斜川》：“迴澤散游目，緬然睇曾丘’時云：“案迴猶廣也。散字及佳。陶公喜用散字，《諸人共游周家墓栢下》：‘清歌散新聲。’《庚戌歲九月中於西田獲早稻》：‘斗酒散襟顔。’並其證。”在此基礎上，注者還從語源學上廣事徵引：“古人五言詩，第三字用散字之例甚多，如魏文帝《猛虎行》：‘雲雨散洪池。’曹植《白馬篇》：‘俯身散馬蹄。’劉楨《贈五官中郎將》四首之四：‘華燈散炎輝。’……”一共舉了劉伶、殷仲文、曹毗、蘇彦、謝靈運、鮑照、謝朓、沈約等人用散字之詩句，以證陶淵明詩歌用語習尚仍受傳統影響，並且也影響了不少後來的優秀詩人。

此外，王叔岷還從陶淵明的詩歌中導出他喜用“良字”（“未知明日事，余襟良可歎”、“慰情良勝無”、“謍已良有極”、“人間良可辭”）、“抱”字（“夏日長抱饑”、“自我抱兹獨”、“總髪抱孤介”、“竟抱固窮節”等）、“佳”字（“春秋多佳日”、“山氣日夕佳”、“一條有佳花”）。注者認爲陶淵明善用“佳”字體現了樸實之美。而“相與”也是其出現頻率頗高的辭彙：“提壺相與至”、“疑義相與析”、“日入相與歸”、“相與還北邙”、“衆鳥相與飛”。爲此，箋證者還補《左傳》襄公二十六年“班荆相與食”爲其詞之原典出處。餘如“遥遥”疊字也是陶詩中所司見詞語：“遥遥望白雲，懷古一何深”、“遥遥萬里輝，蕩蕩空中景”、“遥遥春夜長”、“遥遥望白雲”等，“忽”字（“壯節忽失時”、“重觴忽忘天”、“忽值山河改”），“千載”（“道喪向千載”、“千載不相逢”、“忘彼千載憂”），“在昔”（“在昔曾遠游”，“在昔無酒飲”），以及《止酒》連用二十個止字等等。

透過對陶淵明喜用或多用及常用詞語的研究和概括，體現了箋證者用力之勤、之精、之細。考察這些喜用字有助於我們對陶詩的研讀、理解和美學趣味的啟發。稍嫌不足的是，箋證者並未在此基礎上深入挖掘和科學總結，從而將其躍升至美學特徵的剖析與學術歸納，是令人遺憾的。

二

王叔岷的陶淵明研究成果除了《箋證稿》之外，還有其書附録中的兩篇學術論文及一首懷五柳先生的詩歌，也是本文所感興趣的内容。其中《論鍾嶸評陶淵明的詩》頗爲重要，值得認真探析。

此文破題即云：

> 古今論陶詩者多矣。能深入者，往往有所偏蔽；能周詳者，往往流於浮淺。余獨喜鍾仲偉之評陶詩，雖僅七十三字，既周詳又能深入也。

爲此，王叔岷全録鍾嶸評陶文字，並對之進行深入闡釋與剖析。首先接觸的問題是陶詩在上、中、下三品量裁中的位置問題。陶詩被列爲中品，在學術界就引起了不小的争議，明人王世貞、胡應麟，清人王士禎、沈德潛，近人陳廷傑都爲之鳴不平，認爲鍾嶸持論偏頗，貽誤後人。沈德潛認爲陶淵明是六朝第一流人物，其詩獨步千載，豈可列爲中品。尤其鍾嶸評陶争議最大的是説陶詩“其源出於應璩”，更令人難以接受。

而王叔岷則認爲：“兹但論其品第，陶詩應列上品，固無疑義。惟齊、梁時代之文學界及文學批評界，偏重辭采之美。陶詩之特點，乃意境之美。辭采之美，易受賞識；意境之美，難以領會。”言簡意賅地概括出六朝時代偏重藻飾而漠視意境的時代藝術趣味，頗中肯綮。爲此，王叔岷指出：“與鍾氏同時之劉勰，所著《文心雕龍》爲文學批判之寶典。其《明詩》自詩之定義、起源，評述到劉宋時代之詩，標舉列代之代表作家，曾無一字語及陶公，此誠一大疏漏！反觀鍾氏《詩品》，能列陶詩於中品，就齊、梁時代而言，已具特識矣。”陽休之那樣喜愛陶詩，不也稱其辭采未優麽！可謂知人論世，其評價歷史，聯繫作家所處之時代特徵和文化條件，作出客觀而公允（就那個時代而言）的結論是應當充分肯定的。

陶淵明所處的時代正是社會動蕩，朝代更迭頻繁，門閥之風盛行，門第觀念特盛的年代，其文壇則是詞采華靡的詩歌最受青睞。鍾嶸《詩品序》中説：“永嘉時貴黄、老，稍尚虚談，於時篇什，理過其辭，淡乎寡味。爰及江表，微波尚傳。……逮義熙中，謝益壽斐然繼作。元嘉中，有謝靈運，才高詞盛，富豔難踪。……”審視六朝文學發展脈絡，文風遞變軌迹，列舉衆多作家、詩人也没有提及陶淵明。可見在那個時代，陶淵明的文學成就及美學價值没有獲得客觀、公正的評價，是時代使然。我曾在《爲什麽〈詩品〉衹把陶淵明列爲中品》文中有詳細論述，兹不贅言。

至於清人鮑崇城翻刻《太平御覽》竟將陶淵明列爲上品，衹是一種美好的願望而已，古直竟然以此爲據，並謂：“靖節本在上品，《御覽》可證。”更是不足爲訓之舉。

《詩品》謂陶詩“其源出於應璩”，頗爲論者非議。葉夢得《石林詩話》頗不以爲然：

“《詩品》論淵明，以爲出於應璩。此語不知所據。”應璩存詩僅《百一詩》一首，實在難以尋求影響陶詩的痕迹，就是丁福保《全三國詩》也衹有三首，又雜詩三首，三叟詩一首，據此而論，則葉夢得訕譏鍾嶸“蓋嶸之陋也”，似乎有些道理。而王叔岷則引《文心雕龍》：“若乃應璩百一，獨立不懼。辭譎義貞，亦魏之遺直也。”同時，王叔岷還從《詩品》評應詩謂“祖襲魏文，善爲古語，指事殷勤，雅意深篤，得詩人之激刺也。至於‘濟濟今日所’，華靡可諷味焉”印證陶詩受應的影響，進而從詩歌體裁、詞句、命題等方面進行論述。雖然有些綫索可尋，卻仍覺牽强。

王叔岷還逐一對鍾嶸評陶之論予以闡釋，如“協左思風力”和陶詩“質直”“風力”“風華清靡”三類爲之剖析尋繹，認爲鍾嶸評陶詩最爲中肯，具有“既周詳又能深入”的優長，不無道理。值得注意的是王叔岷研究陶詩，尤其關注其詩品與人德，並謂：“蓋讀陶公之詩，即知其所以爲人。”並指出：“陶公之爲人，即如其詩。……余讀陶公《詠貧士》詩，於陶公之人德，尤所欽慕焉。”論陶淵明將人品與詩品結合起來審視是完全應該的。參合“先師有遺訓，憂道不憂貧。瞻望邈難逮，轉欲志長勤”以及“歷覽千載書，時時見遺烈。高操非所攀，謬得固窮節”，認爲陶公“人德之高，人咸知之。余尤愛陶公之高而能謙也”。這些見解並非鑿空之論，令人信服。

王叔岷《陶淵明及其詩》則從陶淵明的生平、仕履、家事等方面入手，兼及其爲人行事、妻室子女、習性好尚等內容，對陶詩的歸納是“真率”“仁愛”“高尚”“謙和”“恬澹”，將其詩歌分類成“質直”“風力”“華靡”“温厚”四種；同時還探尋陶詩對後世的沾溉與浸潤，基本上屬於直覺判斷式陶詩讀後感。而《湖柳初緑懷五柳先生》（七古）頗堪玩味。詩云：

> 五柳先生有五子，五柳柔弱五子愚。乃知先生思弱女，慰情良可勝於無。弱女本以喻薄酒，酒薄且得潤腸枯。先生嗜酒能止酒，忘懷得失奚所須。羲農已邈世失真，先生淳樸一何孤？短褐簞瓢苦不足，嘗著文章以自娱。文章文德兩超絶，謙謙未覺與俗殊。入俗超俗俗不累，行賢去賢賢有餘。湖畔春回柳正緑，想見先生久躊躇。

王叔岷以七古的形式檃括了陶淵明一生追求和理想志趣，以及他對陶的頂禮膜拜，是極有意義的。

三

王叔岷《陶淵明詩箋證稿》集中展現了他在陶淵明研究上所傾注的心血和取得的成就。從整體上着眼，此書精彩之處是他對陶詩的箋證和校訂以及簡要的疏解。而箋證顯然是此書的用力之處，其優長之處已在前文中作了評述，但仍然具有一些可待商榷的地方。

首先是此書引證太多，徵引過繁。陶詩自問世以來即有不少研究者對之予以關注，前所舉湯漢諸人不必重複。在此基礎上的箋證，在資料的運用采擷上最見功夫，不能兼收並取，一概闌入。去取之間，切合詮釋對象最爲關鍵。比如《歸園田居》其一："少無適俗韻，性本愛丘山。"丁箋注："《吴志·虞翻傳》：'性不協俗。'《淮南子·兵略篇》：'止如丘山。'"已够明瞭。殊不知王叔岷的案語長得驚人："案陶公《飲酒》第九首：'凛氣寡所諧。'《與子儼等疏》：'性剛才拙，與物多忤。'正見陶公無適俗之韻也。劉子《隨時篇》：'庖丁解牛，適俗所須。'韻，一作願，蓋韻之形誤，或淺人所改。《答龐參軍》：'談諧無俗調。'韻與調同義。《文選》顔延年《秋胡》詩：'聲急由調起。'李善注：'調猶韻也。'陶詩兩用本字，《擬古》九首之九：'本不植高原，今日復何悔！'與此本字同義。陶公富於愛心，喜用愛字，同用於五言第三字者，如《神釋》：'彭祖愛永年。'《九日閑居》：'舉俗愛其名。'《答龐參軍》：'君其愛體素。'《丙辰歲八月中於下潠田舍獲》：'悲風愛静夜。'《述酒》：'王子愛清吹。'《責子》：'阿宣行志學，而不愛文術。'《詠貧士》七首之六：'仲蔚愛窮居。'《讀山海經十三首》之一：'吾亦愛吾廬。'諸愛字皆極自然。餘如《時運》：'我愛其静。'《歸鳥》：'性愛無遺。'《示周祖謝》：'老夫有所愛。'《和胡西曹示顧賊曹》：'於今甚可愛。'又如《九日閑居詩序》：'余閑居，愛重九之名。'《游斜川詩序》：'遥想靈山，有愛嘉名。'令人讀之，彌覺親切！左思《嬌女詩》：'執書愛綈素。'桓温《八陣圖》：'臨源愛往迹。'鮑照《蕭史曲》：'蕭史愛長年，三愛字亦佳。'《荀子·修身篇》：'累土而不輟，丘山崇成。'沈約《早發定山》：'夙齡愛遠壑。'化陶公二句爲一句。"

僅僅爲了解釋兩句詩，竟連篇累牘地扯了一大堆没有什麽直接關聯的箋證，實在啰嗦得令人生厭！更何況"少無適俗韻"兩句，近於白話和口語，用得着如此不加選擇地羅列許多冗語嗎？例證的選擇與精練做得不够。

如此的箋證並非個别現象，如同詩中"羈鳥戀舊林，池魚思故淵"，竟用了六百多個字予以箋證，實在令人生厭，不再徵引。而同詩"野外罕人事，窮巷寡輪鞅"所引之箋證也繁複到極點，實在没有必要。《歸園田居》五首本非艱深難讀的詩歌，每首都被箋證者繁複的徵引弄得頭昏腦脹，反將清新疏蕩的詩句，箋證得意趣蕭索，令人不免有支離破碎之感！

陶淵明的詩歌，清新樸茂，流暢自然，十分惹人喜愛。如果箋證不加選擇地堆砌例證，反倒影響讀者對陶詩的理解和審美享受。陶詩中除《飲酒》《擬古》《雜詩》《述酒》《讀山海經》等因其特殊背景而較難理解之外，一般都遣詞清新自然，意趣易明而景物鮮活，用不着繁瑣箋證。現今通行的王瑶《陶淵明集》簡明扼要、釋義清楚，衹要對陶詩有興趣的人都能讀懂。而且此書打破陶集以文體編次的體例，而按照詩歌寫作年代爲序編排，對讀者很有幫助。衹是有的作品編年尚嫌依據不足。而逯欽立《陶淵明集》校勘精良，他以李公焕《箋注陶淵明集》爲底本，而參校五個本子，注釋精當，但極簡略。袁行霈《陶淵明集箋注》則最爲詳盡完善，但諸家和陶詩的編入占去全書篇幅五分之一還多，不免顯得部頭略大一些。

另外王叔岷箋證陶詩，聯繫其人和全部詩歌是其優長，然而他以陶詩喜用某字的方式詮釋陶詩，有時顯得多餘。如《飲酒》之十："在昔曾遠游。"王叔岷認爲陶詩喜用"在昔"

而引了許多例證，“豈不在一生”中的“豈不”，也不煩詞費地引了九個例證。“道喪向千載”中的“千載”也有九例之多。這能説明什麽呢？是詩人遣詞的必須罷了，還有什麽别的意義麽？而一些應當注的卻未及留意而被忽略或遺漏。如《停雲》中的“停雲”，應釋之爲“停滯不散之雲，喻下雨”。《勸農》中“冀缺攜儷，沮溺結耦”，書中提到卻未注冀缺事。而“顧余儔列，能不懷愧”，王叔岷釋顧爲乃字，誤。顧者，回顧、顧盼，釋爲看、視方恰詩意。《詩·檜風·匪風》：“顧瞻周道，中心怛兮”可證。意即“看我們這些人，能不感到慚愧麽”。《時運》：“山滌餘靄，宇暖微霄。”王叔岷釋宇爲“棟宇，宇屋之宇”，似未協詩意。應釋爲宇宙，大自然，纔與“山”對言成文。《淮南子·齊俗訓》：“四方上下謂之宇”可證。《丙辰歲八月中於下潠田舍獲一首》之“下潠”即“下濕田”，劣質田也，也就是排水不好的下濕田，非地名。據《皋蒼》曰：“潠，含水噴也。”《歸園田居》：“相見無雜言”，結合下句“但話桑麻長”，此“雜言”非《説苑》《申鑒》之《雜言》，而是指與桑麻長無關的話。雜言，廢話。

要之，《陶淵明詩箋證稿》是一部具有一定學術價值的名著，是王叔岷的陶淵明研究的重要收穫。由於王先生長於校勘和古籍整理，他的陶淵明研究較多直覺感悟而理論歸納和學術提升似有所欠缺，理性思辨和邏輯推演也嫌不足。惜乎王先生已作古，無法向其討教，令人遺憾。書名《陶淵明詩箋證稿》，足見先生虚懷若谷，有待搜集意見再定稿之意。

作者單位：四川省人民政府文史館

試評王叔岷先生的《斠讎學》

王懷成

王叔岷先生號慕廬，祖籍四川簡陽（今成都龍泉驛），是備受海内外尊崇和推重的校讎名家。他在斠讎學領域的貢獻，集中於他的代表性著作《斠讎學 斠讎别録》。此著作經歷了一個漫長的過程纔最終形成。王先生從1951年撰《論校古書之方法及態度》發表在《“國立”臺灣大學文史哲學報》開始，1952年撰《校讎通例》發表在《“中央”研究院歷史語言研究所集刊》（23）下。後於1959年發表專著《斠讎學》，列“中央”研究院歷史語言研究所專刊之三十七。1972年臺北臺聯國風出版社再版。先生根據自己的校勘經驗不斷修訂，最終在1995年更名爲《斠讎學（補訂本）》，2007年北京中華書局印行大陸版時，將此書與先生關於校勘的論文合併爲《斠讎學 斠讎别録》。

一　辨章源流，爲校讎學争取獨立之學術地位

王叔岷先生的校讎學概念與現今的絶大多數校讎學著作相比是與衆不同的，他試圖將其與傳統的目録學分開，建立獨立的學科。爲此，他不僅選用“斠”字以示與傳統“校”的區别，而且還力圖形成一整套自己的治學範式。他在《我與斠讎學》一文中談到：“因‘校讎’的本字應該作‘斠’，《説文》：‘斠，平斗斛量也。’‘平’有‘正’義，《國語·鄭語》：‘平八索以成人。’韋昭《注》：‘平，正也。’校讎古書，即是訂正古書，因此，我將《校讎學》定名爲《斠讎學》。内容計分釋名、探原、示要、申難、方法、態度、通例，共七章。”① 因此，在他想要確定的“斠讎學”範疇内，王先生的治學規範是系統的。

王叔岷先生想要建立獨立、系統的斠讎學的努力，是從對前人成説的檢討開始的，具體

① 王叔岷：《斠讎學 斠讎學别録》，中華書局2007年版，“序”第6頁。

而言，主要是針對章學誠的校讎學概念和校讎學實踐開始的。1992 年，王叔岷在《我與斠讎學》一文中針對清人章學誠《校讎通義序》説："鄭樵《通志序》：'學術之苟且，由源流之不分；書籍之散亡，由編次之無紀'，校讎略重在學術源流，書籍編次……章氏謂'劉向父子部次條別，將以辨章學術，考鏡源流'，是也；惟以此爲'校讎之義'，則恐未安矣。"① 王叔岷先生强調章學誠繼承了鄭樵的觀點，即校讎學等同於辨章學術、考鏡源流。王叔岷先生解釋部次條別，云："部，分類。次，分時。條，編目。別，旨意。分類、分時、旨意，屬於録。編目，屬於目。是'部次條別'，當爲目録之學。目録學與校讎學有關，但不當以目録學爲校讎學。"② 王先生的意思甚明，認爲鄭樵、章學誠之流所謂的校讎學實際上是目録學，而校讎學與目録學是有區別的。他説章氏言校讎而對校訂字句略而不論，是當重加定論的。他再引《章氏遺書·信摭篇》校讎學之説，辨析道："夫囿於行墨字句之間，往往不知淵源流別，此誠有見。惟淵源流別究非校讎之事。此所謂'淵源流別'，即前《序》所謂'辨章學術，考鏡源流'之意；此所謂'校訂字句，則其小焉者也'。與前《序》所稱鄭樵之'略其魚魯、亥豸之細'，則微有別。蓋'校訂字句'，其事雖小，究未可略而不論也。章氏發揚鄭氏之旨，校讎之學，重在淵源流別，而輕視校訂字句，或可稱之爲廣義校讎學，然終非切實之見也。"③ 王先生稱章學誠重版本源流而輕字句校訂，可稱廣義校讎學而非真正意義上的校讎學。

王叔岷再評朱一新《無邪堂答問·拙盦叢稿》云："朱氏所謂'商榷學術，洞徹源流'，亦即章氏所謂'辨章學術，考鏡源流'。惟朱氏以此爲'目録、校讎之學'，與章氏概言'校讎之學'者有別；朱氏所謂'非專以審定文字異同爲校讎'，與章氏所謂'校訂字句，則其小焉者也'亦大有徑庭。浸見'校訂字句'，乃校讎之所重；'淵源流別'，當別爲目録之學，理不容相混也。且劉向校書、撰録，亦本不相混。此意班固知之。……是校（校讎）爲一事，録（目録）爲一事。章氏僅留意到劉向所謂録而忽略劉向所謂之校。校讎之學，有助於目録之學。'校訂字句'，有助於討論學術之'淵源流別'。捨校讎而言目録，其弊將流於華而不實。以校讎爲目録，其失在疏於名義。"④ 王叔岷認爲章學誠在校訂字句和考鏡源流的問題上有所偏失，是重目録而輕校讎的，説到底是章學誠把目録學與校讎學混爲一談。朱一清雖知有目録、校讎二學，亦未從本質上認爲這是兩種學科。故王叔岷認爲目録學有助於校讎學，但目録學不等於校讎學，如果把目録學與校讎學的概念相混，則是校讎學之定義未名，失之千里。

不僅如此，王叔岷進一步辨析，引劉向《別録》"校讎者，一人持本，一人析讀，若怨家相對，故曰讎也"之語，批評道："據此，則校讎之義，正在'校訂字句'。而章氏所斥'世之論校讎者，惟争辯於行墨字句之間'。爲疏於名義之論矣。然校讎名義之泛用，蓋自鄭樵

① 王叔岷：《斠讎學 斠讎學別録》，中華書局 2007 年版，第 1 頁。
② 王叔岷：《斠讎學 斠讎學別録》，中華書局 2007 年版，第 2 頁。
③ 王叔岷：《斠讎學 斠讎學別録》，中華書局 2007 年版，第 2 頁。
④ 王叔岷：《斠讎學 斠讎學別録》，中華書局 2007 年版，第 3 頁。

《校讎略》始，章氏《校讎通義》繼之，變本加厲，此不可不辨證者也。時人張舜徽《廣校讎略》，仍承鄭、章之餘緒，僅方法一章涉及校讎之本質。”① 王叔岷所批評的宋鄭樵以後校讎家，都没有明白校讎學的本質和内涵，他認爲校讎，就是要將重心放在校訂字句上。

以上可見，王叔岷先生在對章學誠等學者的廣義校讎學進行反思和批評的同時，已經形成了建立獨立的斠讎學的見解。前文提到，他不僅在概念上要與前人約定俗成的校讎學形成區别，還努力地解釋自己系統的治學範式。在另一地方，王叔岷對此論證得更加詳細：

> 校讎字蓋當作斠，《説文》：“斠，平斗斛量也。”段《注》：“《月令》：‘角斗甬，正權概。’鄭《注》：“角、正皆謂平之也。”角者斠之叚借字。今俗謂之校，音如教。因有書校讎字作此者，音義雖近，亦大好奇也。”《史記·商君列傳》：“平斗桶。”可證《月令》角字與平同義。校、搉、較諸字，與校讎之義無涉，雖皆可用，實叚借字也。斠字音義既近，則校讎字自可作斠，似不必謂之好奇矣。清錢培《説文斠詮》、《新斠注地理志》即用斠字，本書名斠讎學，亦即此故②。

我們注意到，“校”與“斠”，除了王叔岷先生所考證的細微差别之外，其實，“校”字之所以被更多的人使用，還有約定俗成的原因在裏面。王先生爲了突出其獨立形成斠讎學的目的，故選了“斠”字。同樣的原因，他在本段中寧可選擇“叚借”這樣的生僻字，也不使用約定俗成的“假借”。

不過，需要説明的是，雖然王先生的獨立斠讎學立場鮮明，可是他能否完全做到獨立，還需時間的檢驗。他在《我與斠讎學》一文中對“斠讎學”定義時説：“所謂‘斠讎學’，簡單地説，就是訂正古書字句之學。概括地説，是恢復古書本來面目之學。本來面目，包括作者（是否）、書名（異同）、版本（早晚）、篇目（先後）、篇數（多少）、篇名（原貌）、字句（變異）、章節（竄亂）、篇第（分合）、散佚（包括殘缺）、真僞等。古書的本來面目能否完全恢復，恐怕很難。……從前文史系一般都是開《校讎目録學》，我以爲專開《斠讎學》從我開始，其實陳垣先生在輔仁大學早已開《校勘學》了。”③ 如此的“斠讎學”定義，實際上是把書名、版本、篇目等屬於版本學、目録學範疇的問題又納入了他的斠讎學之中，故而一定意義上，還是傳統文獻學中的廣義校讎學範疇，並未能分開做到把目録學與校讎學獨立開來。

二　建立全面而系統的校讎學學科

王先生既然追求成立一個獨立的斠讎學學科，他亦努力地形成一套獨立斠讎學的治學規

---

① 王叔岷：《斠讎學 斠讎學别録》，中華書局2007年版，第4頁。

② 王叔岷：《斠讎學 斠讎學别録》，中華書局2007年版，第5頁。

③ 王叔岷：《斠讎學 斠讎學别録》，中華書局2007年版，“序”第11頁。

範和治學方法。他在《校書的甘苦》一文中説："到了一九五九年三月五日，我寫成《斠讎學》這本書，内容分釋名、探原、示要、申難、方法、態度及通例，共七章，二十多萬字。我寫這本書時，非常苦！因爲大學過去衹有開《校讎目録學》這門課的，而對校讎和目録的觀念含混不清。或是把校讎學當作目録學的附庸，甚至於把校讎學就當做目録學。我希望把校讎學跟目録學分開，稱爲一門獨立的學問。憑我自己的心血每天苦思，建立系統，經過八個月的時間，完成斠讎學這本書。"① 他的意思是，要把校讎學從傳統文獻學中的版本學、目録學中分離出來，以成立較爲純粹的獨立的學問門類，那麽就必須要有一套成熟而可實踐的治學門徑。

關於王叔岷現在建立系統的斠讎學，即包括釋名、探原、示要、申難、方法、態度、通例在内的治學範式的具體内容，本文由於前面對"釋名"部分介紹頗多，故以下對"探原"等部分略作介紹。

王叔岷先生所謂探原，主要是探討"斠讎之法與斠讎之始"。王叔岷説："有文字即有校讎，中研院歷史語言研究所在安陽發掘之甲骨片，偶有剜改複刻之痕迹，亦可謂之校讎。但吾人所謂之校讎，乃校訂古書。斠定書籍，其原甚早。"② 他繼承了俞樾、孫詒讓、段玉裁等人的説法，認爲孔子、子夏關於三足爲己亥之誤的故事，即已略啟校讎之法。而孔子删詩書、訂禮樂已合於校讎，衹是此乃爲廣泛之説。而據《左傳·公羊傳》之何休推知孔子知"伯於陽"爲"公子陽生"之誤的故事，乃切實之斠讎之例。不過他認爲"斠讎之始，考之載籍，則當推原於孔子之先正考父"③。因爲《國語·魯語》中有關正考父校《商》之名《頌》十二篇於周太師之事，在他看來"正與斠讎之義合"④。

關於"示要"，王叔岷先生主要是簡略衍説斠讎之概要及斠讎的重要性。他説："治學固當以大義爲重，然大義之弊，流於疏略。"他認爲斠讎關乎文獻本旨意義的探討："後人之於古籍，往往隨意增、删、改、乙，致失其真；或以鈔、刊流傳，輾轉致誤。非經斠讎，何由探其本旨?"⑤ 爲此，他從以下幾個方面分别論證了古籍在流傳過程中造成失誤的大概情況：（一）增、删、改、乙之失真；（二）古文、籀文、篆文、隸書、草書、俗書、楷書之相亂；（三）六朝、隋、唐寫本之不同；（四）宋、元、明、清刻本之各殊。不難看出，這些分類的標準是不統一的，然他似乎更加重視實踐經驗的總結，故以上各類都示以典型的校勘實例，這些校勘實例主要取材於先秦兩晉期間，既有他本人的創獲，也有繼承前人成果的，因此顯得言不虚發，非常充實。對於第三、四類，更是不避繁瑣，再分若干細目，如第三類又分：1. 時代不同，來源相同之寫本，内容不盡同；2. 時代相同，來源不同之寫本，内容亦不同；3. 時代相同，來源亦相近，内容亦不盡同；4. 同爲一人之寫本，内容亦不同

---

① 王叔岷：《斠讎學 斠讎學别録》，中華書局 2007 年版，第 541 頁。
② 王叔岷：《斠讎學 斠讎學别録》，中華書局 2007 年版，第 7 頁。
③ 王叔岷：《斠讎學 斠讎學别録》，中華書局 2007 年版，第 11 頁。
④ 王叔岷：《斠讎學 斠讎學别録》，中華書局 2007 年版，第 12 頁。
⑤ 王叔岷：《斠讎學 斠讎學别録》，中華書局 2007 年版，第 17 頁。

等。第四類又分爲：1. 時代不同之刻本，其内容自不同；2. 時代不同之刻本，其來源相同者，内容亦多不同；3. 同一時代之刻本，内容亦多不同；4. 同是一人之刻本，内容亦有不同等。各類細目，均一一舉例證之，確乎是甘苦自得。王叔岷先生特别推崇孫詒讓及王念孫、王引之父子校讎學成果的吸收和對新出土敦煌抄本、新發現海外版本的利用。在“示要”中，他感慨道：“研讀古籍，必復其舊觀。欲求復其舊觀，必先從斠讎入手……已失其本來面目之書，經斠讎而復其舊觀，豈非使書受其益哉!”① 他非常認同戴震、俞樾、錢大昕等人的治學態度，認爲：“行墨字句之細，往往爲學者所輕，避堅實而蹈浮虚，捨沉潛以求高明，則鹵莽之失必多矣!”② 故其“示要”所展現的那些個斠讎案例，的確也堪稱“堅實”和“沉潛”。

關於“申難”，王叔岷先生主要申述了斠讎之難。他列舉了五點：不僞不漏之難、資料不備之難、資料太多之難、無資料可憑之難、資料是否可信之難。他説“精於斠讎者，欲求‘不僞不漏’，亦幾不可能。岷嘗謂斠書之人，須具三事：（一）博學廣覽；（二）深究本源；（三）明辨是非。三事兼備，庶乎所見如盛水不漏，白璧無瑕，此境至難，以乾、嘉大師王念孫、引之父子之精博，而所見尚多未備。即就其精斠數載之《淮南雜志》已可證之。”③ 雖然如此，學者們在求索中仍然應該勤勉於此。他慨歎：“凡一書，多斠，則多發現新問題；多得新材料，亦多發現新問題。新問題引出新材料，新材料復引出新問題，輾轉尋繹，創獲益多。”在此章中，王先生不僅枚舉王氏父子校讎之誤，亦列出若干畢沅、孫詒讓、劉師培、于省吾等校讎《墨子》之誤，其案例多能成立。他説：“斠書須得直接材料及間接材料以資印證，直接材料尤重於間接材料。材料不足，則是非難定；然，材料過多，是非亦難定。”④ 他枚舉日人秋山儀及清代畢沅、孫詒讓、王引之、劉師培、于省吾、吴毓江諸人之校勘以證之，感慨頗深，不無警示後學之意。

關於“方法”，王先生認爲：“治學方法，則無頭緒可尋；治學拘於方法，則阻礙進步。故治學當重方法，而不爲方法所限，經驗愈多，方法愈改進。斠書甚難，何從着手？欲明此道，須重方法。方法之要，厥有數端。”⑤ 在本章中，他主要列舉了七點：選擇底本、廣求輔本、参覆本書注和疏、檢驗古注和類書、佐證關係書、熟悉文例、通達訓詁等。各點又分細目，均出斠讎案例説明。如“参覆本書注和疏”條又分爲明引正文、明用正文、渾釋正文、不釋正文、不釋異文、保存或本等，“檢驗古注和類書”條又分爲可多得佐證、斠而難當者、無從斠定者、收輯逸文等。在這些“方法”中，他顯然融入了大量的版本學和輯佚、訓詁學方面的經驗，並形成了自己的一些理念。如他認爲：“底本當選較古而完整且少僞誤者，即古、全、善三者兼備。”“輔本包括早、晚、全、殘諸本。夫精於斠讎者，舉誼塙鑿，

① 王叔岷：《斠讎學 斠讎學别録》，中華書局 2007 年版，第 78 頁。
② 王叔岷：《斠讎學 斠讎學别録》，中華書局 2007 年版，第 79 頁。
③ 王叔岷：《斠讎學 斠讎學别録》，中華書局 2007 年版，第 83 頁。
④ 王叔岷：《斠讎學 斠讎學别録》，中華書局 2007 年版，第 102 頁。
⑤ 王叔岷：《斠讎學 斠讎學别録》，中華書局 2007 年版，第 105 頁。

輔本固不必多。如高郵王氏父子，立説多與未見之本合；段玉裁《説文注》校正處，往往與唐寫殘本合。此其所以令人嘆服也。”① 他又總結道：“輔本多，非僅有助於校訂字句；且可理出版本演變之系統，有直接系統、間接系統，此亦當留意者也。”②這些理念均輔以其治學所得之案例，對於初學者深具啟發性。他又説：“凡古籍有注、疏者，其正文之失，尋繹注、疏，往往可以訂正；甚或篇第之先後、分合問題，亦可推知。”③ “傳、解、説、故、訓、詁、間詁，皆可統稱爲注。類事之書或隨類相從之書，謂之類書。古注、類書爲收輯資料兩大寶庫。”④ 這些又將其斠讎學與傳統目録學、輯佚學之意義闡發了出來。爲此他稱贊王應麟《困學紀聞》“注意取材於古注、類書，以校補正文及收輯佚文，最爲有識”；以爲元吴師道《戰國策校注》多據古注、類書；至清乾嘉諸儒，斠讎群籍，於古注、類書之檢驗甚勤，尤以高郵王氏父子，喜據古注、類書以助判斷，往往十中其九。而俞樾由於著書太多，或由無暇檢驗古注、類書，立説多憑臆斷，其中者十之三四而已。至於近人鹽城陶鴻慶之《讀諸子劄記》，幾全爲臆説，其中者十之一二亦難⑤。除此之外，他還指出其斠讎之法與訓詁學的密不可分的關係，提出：“研究校讎學，須有訓詁學基礎。研究訓詁學，須有文字學基礎。定正古書字句之學，謂之校讎學。解釋古書字句之學，謂之訓詁學。不通訓詁，有時古書字句無誤，亦以爲有誤。不通校讎，有時古書字句有誤，亦以爲可通。”⑥ 王叔岷先生的這些論斷，似乎使得斠讎學無法與目録學、輯佚學、訓詁學等傳統校讎之法鮮明獨立開來。此外，王叔岷先生非常重視新領域、新資料對斠讎學的補充意義。他説：“古注、類書之外，凡一書引用某書，或因襲某書，則二書謂之關係書。凡一書無論其思想内容是否與某書相關，而有引用某書或因襲某書之文，謂之直接關係書。凡一書與某書有偶然相合之文(既非引用，亦非因襲)，謂之間接關係書。一書所引用或因襲及偶合某書之文或多或少，故關係書之範圍甚寬。關係書之範圍愈寬，可據以資佐證之材料愈多，則其創獲亦愈多。”⑦ 他是從新材料和新問題的角度上來看待“關係書”的：“初學當先從思想内容接近之書取材，然後旁及他書，由所引出之新問題，逐步擴充新材料，亦不難多所創獲也。”⑧ 與此相應的，他還對時人在借鑒西洋文法研究古文文法時的經驗給予充分的肯定：“古書用字，往往有古義，不同於今義，古書詞、句，往往有古例，不用於今例。故俞説如此，惟自馬建忠於一八九九年取《四書》、《史記》、《漢書》之文，依西洋文法寫成《馬氏文通》，此後研究古書文法語法者甚多。”⑨

① 王叔岷：《斠讎學 斠讎學别録》，中華書局2007年版，第113頁。
② 王叔岷：《斠讎學 斠讎學别録》，中華書局2007年版，第122頁。
③ 王叔岷：《斠讎學 斠讎學别録》，中華書局2007年版，第122頁。
④ 王叔岷：《斠讎學 斠讎學别録》，中華書局2007年版，第134頁。
⑤ 王叔岷：《斠讎學 斠讎學别録》，中華書局2007年版，第136頁。
⑥ 王叔岷：《斠讎學 斠讎學别録》，中華書局2007年版，第180頁。
⑦ 王叔岷：《斠讎學 斠讎學别録》，中華書局2007年版，第151頁。
⑧ 王叔岷：《斠讎學 斠讎學别録》，中華書局2007年版，第165頁。
⑨ 王叔岷：《斠讎學 斠讎學别録》，中華書局2007年版，第166頁。

王叔岷先生認爲搞好斠讎學，“態度”也非常重要。在“態度”這一章裏，他説：“斠書須重方法，其要義已如上述；然，方法雖名，而所持態度不塙，亦難免疏失。斠書態度，可以‘謹言’二字括之，亦即虛心謹慎之意。”① 他詳舉了如下數種應備之“態度”：（一）不輕下斷語（或涉獵未周；或證據不塙；或文義未明；或取捨未審）。他認爲：“一慮偶疏，失之千里，輕下雌黄，紕繆必多。”②（二）不穿鑿附會（或求深反晦；或曲説强通）。他説：“古書多古字古義，斠讎古書而不通訓詁，則臆説必多。然，通訓詁者，往往不求材料之質證，而侈言通假。”③（三）不迷信古本（古本或由僞誤；或有改竄；或有删略；或古、今並是）。他説：“藏書家，重在古，即有失誤之古本，亦可貴。研究古書，重在真，有失誤之古本，則不可貴。大體言之，既曰古本，應接近其本來面目，仍是可貴。古本不易得，斠書而得古本，固有助於斠正，以復原書之舊。然，迷信古本，則又斠書之所戒也。蓋古本或由僞誤；或有改竄；或有删略；或古、今並是，不可偏信一隅。”④（四）不迷信本書注、疏（注、疏或有脱誤；或有改竄；或誤解正文；或所據正文已誤）。他贊同朱一新、章太炎等不信類書的謹慎做法：“岷謂類書，多存古籍之舊觀，不可不信；惟不可迷信，古注亦然。”⑤（五）不迷信古注、類書（或有脱誤；或有删略；或有改竄；誤引古書；雷同抄襲；據注文改竄正文；或誤引注文爲正文）。（六）不迷信關係書（或有僞誤；或有改竄；或兩書同誤；或引大意；或誤引注文爲正文）。此條他在“方法”章中敘述頗詳。他説：“蓋一書引用或因襲某書，往往亦有僞誤；或有改竄；甚或兩書同誤，此不可不留意也。”⑥ 以上各條，王先生仍能一一配之以斠讎實例，使人對文義豁然開朗，透徹明瞭。惟行文至此，不難發現，此章所反復申述的内容，其實和前五章有不少交叉甚至重複的成分。不過，横看成嶺側成峰，從不同角度觀照考察物件，亦未嘗不可。

王先生“斠讎學”的最後一章“通例”，也是最能反映其斠讎學成就的部分。其中積累了他畢生最重要、最得意的斠讎理論124條，各條又枚舉其最有心得的例證若干種。這些例證，其實是對前面六章各例證匯總、豐富、補充，所以本文將其放在下文單獨討論。

總之，王先生從年輕的時候，即努力探求形成一套獨立斠讎學的治學規範和治學方法。他希望把校讎學跟目録學分開，建立系統，成爲一門獨立的學問。我們從上述他列出的這一系列的治學門徑來看，這種精神是可圈可點的，非常細緻而且辛苦。可是，從具體的效果來看，能否實現他把斠讎學與目録學、版本學等學科相獨立的初衷，可能還需要經學術界更加長期的檢驗，不過，無論如何，這種學術創新與獨立探索精神，還是非常值得欽佩的。

自1941年的秋天開始，王叔岷先生正式校勘古書，“所校的古書到現在已經有二十多

① 王叔岷：《斠讎學 斠讎學别録》，中華書局2007年版，第209頁。
② 王叔岷：《斠讎學 斠讎學别録》，中華書局2007年版，第209頁。
③ 王叔岷：《斠讎學 斠讎學别録》，中華書局2007年版，第221頁。
④ 王叔岷：《斠讎學 斠讎學别録》，中華書局2007年版，第226頁。
⑤ 王叔岷：《斠讎學 斠讎學别録》，中華書局2007年版，第244頁。
⑥ 王叔岷：《斠讎學 斠讎學别録》，中華書局2007年版，第261頁。

種"[①]。截止2001年，中華書局統計了王先生的學術專著共19種，三十册，分别是《諸子斠證》、《斠讎學》、《劉子集證》、《陶淵明詩箋證稿》、《世説新語補正》、《文心雕龍綴補》、《顔氏家訓斠注》、《莊學管窺》、《慕廬演講稿》、《史記斠證》、《斠讎學别録》、《莊子校詮》、《慕廬雜著》、《古籍虚字廣義》、《先秦道法思想講稿》、《鍾嶸詩品箋證稿》、《列仙傳校箋》、《左傳考校》、《慕廬雜考》等。計這些成果及其《斠讎學》中的"通例"部分，綜觀其學術成就、特色和影響，玆試分成以下四點一一述之。

（一）旁徵博引，重點繼承清代以來的樸學成果和樸學風範。王叔岷先生在回顧自己的學術經歷時，稱自1939年"開始看樸學方面的書，如清乾隆、嘉慶時代王念孫、引之父子的《讀書雜志》、《經義述聞》，清末俞樾的《群經平議》、《諸子平議》，孫詒讓的《劄迻》等，得到一點校勘和訓釋古書的常識"[②]。從王先生的《斠讎學》所探討的數百條實例中，也足見他對清代樸學的接受和繼承。王先生在《斠讎學·通例》中徵引過的古代尤其是清乾嘉以來的樸學大家校釋的先秦兩漢古書成就並進行了卓有成就的辨析的，就有宋人王元澤以及清人俞樾、孫詒讓、奚桐、陳碧虚、郭嵩燾、褚伯秀諸家校《莊子》，段玉裁、錢穆校《論語》，陶鴻慶、朱師轍校《商君書》，俞樾、孫詒讓、王景羲等校《墨子》，顧炎武、俞樾、趙岐、孫奭等校《孟子》，孫詒讓、張湛、殷敬順、王重民等校《列子》，顧觀光、徐靈府等校《文子》，俞樾、王念孫、陶鴻慶、莊逵吉、陳昌齊、劉家立、劉文典等名家校《淮南子》，盧文弨、孫星衍、黄以周、蘇輿、劉師培諸家校《晏子春秋》，顧廣圻、王先慎、陶鴻慶諸家校《韓非子》，畢沅、孫志祖、梁玉繩、陳昌齊諸家校《吕氏春秋》，王念孫、張文虎等人校《史記》，孫楷第校《劉子》，王念孫校《漢書》等。從以上枚舉的校讎名家來看，顯然，王先生最重清代以及近代以來樸學成果的繼承，而繼承的目的，是爲了更加精密地形成新的校勘學和訓詁學。他説："清乾隆、嘉慶時代，如王念孫、引之父子、段玉裁、盧文弨等，都是最傑出的校勘、訓詁人才。他們在校勘、訓詁方面的成就，可以説前無古人。我們吸取他們一點一滴所積累成的寶貴經驗，應該更邁進一步，應該發揚新的校勘學和新的訓詁學。校勘學的内容應擴大，訂正字句之外，應該包括訂正章節、篇第，及輯佚、辨僞等。訓詁學的内容，應該更精密。我們承襲先賢的舊義外，更應該提出許多新義。"[③]

（二）勇於解決學術難點和學術熱點問題，推陳出新，以小見大，顯示出其許多"精密"的"新義"。這些成果幾乎都集中在先秦諸子和兩漢史著上面。

如其在"篆文形近之誤"條中，舉《莊子·讓王篇》"孔子削然反琴而弦歌"例，引奚桐《莊子補注》的意見："削當作列，字形相同而誤。列借作厲。"肯定了奚桐的校正，"奚説是也"[④]。再引《論語》黄侃疏、《禮祭法》鄭玄注、《左傳》、《魯語》、《吕覽》、《册府

① 王叔岷：《斠讎學 斠讎學别録》，中華書局2007年版，第535頁。
② 王叔岷：《斠讎學 斠讎學别録》，中華書局2007年版，第538頁。
③ 王叔岷：《斠讎學 斠讎學别録》，中華書局2007年版，第558頁。
④ 王叔岷：《斠讎學 斠讎學别録》，中華書局2007年版，第278頁。

元龜》卷八九五等諸例以佐證之；再舉“削”、“留”二字之高度相似的篆文形式以證形近致誤之緣由；再補引《韓非子·説林篇》、《韓册》、《鶡冠子·度萬篇》、《鶡冠子·王鈇篇》陸佃注等諸例，説明“削”乃“列”字之誤。又如其在“因並稱人名不習見而改”條中，舉《莊子·齊物論篇》之“毛嬙、麗姬，人之所美也。魚見之深入，鳥見之高飛”例。他首引唐成玄英的《莊子疏》，證“毛嬙”與“麗姬”並舉是對的，“麗姬”爲晉國美女；再引唐陸德明《經典釋文》一方面稱西晉司馬彪亦將“毛嬙”、“麗姬”並舉之例，以爲“麗姬”是晉獻公之寵姬；而另一方面亦注明東晉崔譔本中，則以“麗姬”爲“西施”。王先生認爲成玄英和陸德明所謂“毛嬙”與“麗姬”並舉是正確的。他認爲唐徐堅《初學記》、孔傳、白居易《白孔六帖》、宋李昉等《太平御覽》等類書均把“麗姬”改作“西施”，應該是受到崔譔本的影響。而晉葛洪的《抱朴子》中所謂“飛鳥睹西施而驚逝”應該也是“麗姬”被誤作“西施”的原因之一。故王先生認爲：“竊疑《莊子》本作‘麗姬’，其作‘西施’者，蓋由後人習見‘毛嬙、西施’並稱，不習見‘毛嬙、麗姬’並稱而改之也。晉人所見已有改異之本矣。”① 同樣的情況，王先生又舉《淮南子》之“待西施、毛嬙而爲配，則終身不家矣”例，認同王念孫《讀書雜志》根據《群書治要》和《太平御覽》、《廣韻》、《元和姓纂》等，以爲當作“西施”與“絡慕”並舉。他認爲，由於後人不知“絡慕”所出，而古書多言“毛嬙、西施”，故改。他還認爲陶方琦《淮南許注異同詁》雖然亦意識到了現本《淮南子》之“西施、毛嬙”本當作“西施、絡慕”，“落纂”即“絡慕”，“落”和“絡”均是姓氏，但卻没有指出“纂”爲“慕”之誤。以上實例，可見王叔岷先生校勘之細緻。

除了對前代校勘學家的接受和發展，王叔岷還對清代校勘家如顧廣圻、王先慎等在處理具體問題上提出質疑，推陳出新。如其“既壞且誤”條，王叔岷舉《韓非子·守道篇》“人主離法失人，則危於伯夷不妄取，而不免於田成、盜蹠之耳可也”例，引顧廣圻《韓非子識誤》認爲“耳”當作“身”，“可”作“何”爲誤。又引王先慎《韓非子集解》認爲顧廣圻之説有誤，而認可明人趙用賢重刊《韓非子》所認爲的“耳”當作“禍”、“可”當作“何”之説。王叔岷揚棄上説，自立新意，認爲“危當作免，字之誤也。免與‘不免’對言；耳乃取之壞字，取與‘不妄取’對言”②。故而《韓非子·守道篇》的這段話應該作：“人主離法失人，則免於伯夷不妄取，而不免於田成、盜蹠之取可也。”他説，趙用賢所改是不正確的，顧廣圻的辨析也没有作精細的考辨，王先慎取趙用賢的結論，自然也就顯得“極迂曲”。此處，的確可以見出王叔岷先生的結論，“文義粲然明白”。

（三）博聞廣識、全備細膩，對先秦諸子的樸學成果具有集成的意義。

王叔岷先生於斠讎學之貢獻，最爲突出者，還在於他能發現前人之未能發現，注意到前人未能注意到的極爲重要的學術問題，與他的博聞廣識密不可分。如其《斠讎學》之“誤

① 王叔岷：《斠讎學 斠讎學别録》，中華書局2007年版，第362頁。
② 王叔岷：《斠讎學 斠讎學别録》，中華書局2007年版，第328頁。

脱數十字”條，舉《莊子・天運篇》：“孔子曰：吾乃今於是乎見龍。”王叔岷發現：

《藝文類聚》卷九十引曰下有“人如飛鴻者，吾必矰繳而射之”二十字；九十六引有“人用意如飛鴻者，為弓弩而射之；如游鹿者，走狗而逐之；若游魚者，鉤繳以投之”三十字。

《御覽》六一七引有“吾與汝處於魯之時，人用意如飛鴻者，吾走狗而逐之；用意如井魚者，吾為鉤繳以投之”三十四字。

《天中記》五六引有“吾與汝處於魯之時，人用意如飛鴻者，吾為弓弩射之；如游鹿者，吾走狗而逐之；用意如井魚者，吾鉤繳以投之”四十三字。

據諸書所引，今本“孔子曰”下，蓋脱“吾與汝處於魯之時，人用意如飛鴻者，吾為弓弩而射之；用意如游鹿者，吾為走狗而逐之；用意如井魚者，吾為鉤繳以投之”四十八字①。

王叔岷先生對《莊子・天運篇》的這段文字的斠讎上，除了能從類書中發現前人所未發現的重要材料，作爲今本《莊子》存在誤脱的直接證據之外，還廣搜其他文獻資料作旁證。如他列舉葛洪《神仙傳》、《淮南子・兵略訓》、《史記・老子列傳》、《論衡・龍虚》、《知實》等衆家之説以爲旁證，不但體現了其在斠讎學上求精求細的嚴謹態度，也是他在知識積累上博聞廣識、求全責備的表現。

又如《莊子・大宗師》云：“俄而子輿有病，子祀往問之，曰：‘偉哉！夫造物者，將以予爲此拘拘也?’”成玄英疏以爲“偉哉”以下是子輿自歎之辭。王叔岷先生認爲成疏不妥。他説“偉哉”以下應當是子祀之問，非子輿之自歎，而問語中“將以予”當是第二人稱的“將以子”。故他十分肯定韓國學者車柱環“予當作子”的想法。他認爲下文中的“曰：嗟乎！夫造物者，又將以予爲此拘拘也?”纔應當是“子輿因子祀之問而自歎之辭也”②。王叔岷先生的這一校正是合乎情理的，它很好地體現了莊子多用問答和寓言體的文風。王先生治學，尤其注重細節，此條即是具體表現。再如《莊子・知北游》云：“妸荷甘與神農同學於老龍吉。神農隱几闔户晝瞑，妸荷甘日中奓户而入，曰：‘老龍死矣！’神農隱几擁杖而起，曝然放杖而笑。”郭象注、成玄英疏均對“放杖而笑”的“笑”字無疑義，以爲是道家超越生死的從容態度。而錢穆《莊子纂箋》引馬敘倫新説，謂“笑疑苦之誤”。王叔岷列舉以上注疏的成果，然後提出了自己的質疑。他認爲：“神農聞老龍吉死，不當‘放杖而笑’。且下文神農所言：‘天知予僻陋慢訑，故棄予而死已矣！夫子無所發予之狂言而死矣夫！’明是歎辭，實非笑語。竊疑笑乃歎之誤，郭《注》云云，成《疏》本之，蓋不知笑是誤字，而强爲之説耳。”③ 王先生從義理上推校，認爲“笑”乃“歎”之誤。之後，他從字形上旁證“笑”和“歎”之俗寫極近易淆，並舉前人校勘中的《吕氏春秋・愛士

① 王叔岷：《斠讎學 斠讎學别録》，中華書局2007年版，第310頁。
② 王叔岷：《斠讎學 斠讎學别録》，中華書局2007年版，第241—242頁。
③ 王叔岷：《斠讎學 斠讎學别録》，中華書局2007年版，第243頁。

篇》之“繆公笑曰”、《淮南子·泰族訓》之“則怏然而笑之”、《吕氏春秋·觀世篇》“列子笑而謂之曰”、《史記·魯仲連列傳》“仲連笑曰”等爲例。至於馬敘倫先生的“笑疑苦之誤”之説，王先生以爲，從義理上講，是不知“道家齊生死，死不哀可也，既不致於笑，亦不致於苦”。這種解説，亦不無道理。王先生對《莊子·知北游》中的神農“嚗然放杖而笑”這個令人生疑的問題，至少提出了頗具情理的又一新説，這不得不歸功於他在博聞和細膩上所下的功夫。

綜上，就王先生的斠讎學實踐來説，無疑是近代校讎家中最傑出者之一。誠如謝桃坊先生所評價的那樣：“我們縱觀王叔岷的學術成就，以在古籍校勘方面的成就最高……傅斯年在歷史語言所提倡用自然科學方法——實證主義方法於社會科學研究，王叔岷在此環境中受到嚴格的鍛煉與影響，因此其校勘古書的態度嚴謹，成就特出。他校勘每種古籍均對它有全面深入的學術探究，采用善本及新發現的珍本爲底本，廣泛參證類書及相關典籍，兼用訓詁方法及傳統考據學方法，從而形成學術個性。”① 謝桃坊先生給予的定位是很高的，也是恰如其分的。

從上個世紀以來表現在中國整個斠讎學的實際情形來看，似乎絶大部分的校讎學家們還是寧願把斠讎學置於中國古典文獻學之中把校讎學當作文獻學中的一個分類旁支，而不是一門學科。程千帆在《校讎廣義》中辨析了“校勘”、“校讎”與“校讎學”的含義及這幾個概念之間的聯繫，他在梳理歷代文獻學家在校讎方面的論證之後稱：“簡而言之，所謂校勘就是改正書面材料上由於種種原因而形成的字句篇章上的錯誤，使之恢復或接近本來面目。”“校讎的原始意義就是校勘。但校讎事業並不限於校正文字，它逐步發展成爲一種系統全面的治書之學，即校讎學。因此校讎自來就有廣狹兩種界限。狹義的僅指改正書面材料上的文字錯誤，廣義的則兼指研究書籍的版本、校勘、目録、典藏等方面的問題。”② 的確，我們考察宋人鄭樵在校讎學方面的著述，以《校讎略》和《藝文略》爲主，實際上是繼承了劉向、劉歆父子校讎的六個步驟，也就是收集版本、校勘文字、審定篇次、確立書名、釐定部居、敘述源流、彙集成書，是對這些步驟的大體繼承。其後，因爲章學誠《校讎通義》的發展，尤其是他總結的“辨章學術，考鏡源流”一變而爲一門學問，但這門學問仍然屬於廣義上的校讎學。其後，胡樸安胡道静叔侄、蔣元卿、劉咸炘、蔣伯潛、陳垣、姚名達、張舜徽等人大體延續了廣義校讎學的概念。清代中葉以後，由於樸學的高度發展，一種狹義的校讎學逐漸出現了，這種狹義校讎學一般是指選擇版本、校訂文字、釐定篇卷、撰述序録、輯録佚文，但是這種做法的初衷是分離目録學與校勘學，但是完全分裂又做不到。如其釐定篇卷、輯録佚文部分，仍然與目録學有交叉，故而近代學者如陳垣、向宗魯、王欣夫等校勘學家和以《四庫全書總目》爲代表的序録解題學家們以及以清人嚴可均、逯欽立等爲代表的輯佚學家們，實際上都無意於把校勘學與目録學完全相獨立。正因爲如此，現當代以

① 謝桃坊：《王叔岷與中國歷史語言學派》，《蜀學》第八輯，巴蜀書社 2014 年版，第 198 頁。
② 程千帆：《校讎學廣義》第二卷《校勘編》，河北教育出版社 2000 年版，第 3 頁。

來的大陸學者大體如程千帆先生一樣把校讎學置於文獻學的大範疇之内，實事求是地把校讎學與目録學、版本學、訓詁學、輯佚學、辨僞學等並列起來，承認其交叉性與互補性，而未主張建立一門獨立的校讎學學科。從這個意義上講，王叔岷先生在臺灣的治學環境中所努力追求的一種獨立斠讎學學科的建設，無論如何也堪稱校勘學史上的一朵奇葩。即使我們在前文考察王先生的斠讎學概念和規範的時候，也發現這種截然分離事實上也難以做到，但他對大陸長久以來的校讎學傳統必然具備啟發和互補的意義。

不過，誠如王先生自己在多個地方談到的那樣，校書是一件非常辛苦的事情，風險和挑戰也是很大的，我們從中也讀到了其中的不容易。他的校勘實例中，不乏邏輯較牽强的、結論尚值得商榷的地方。比如其第六章"態度"中"不迷信古本"條，談到"古本有删略"問題時，舉《史記·伯夷列傳》及《莊子·天下篇》，以各種注疏來説明其間的個别字句"必淺人所删略者"、"並可證古本有删略"①，但實際上，這些情況也有可能是諸版本在流傳過程中的漏、誤所致，未必就是有人故意删略。

又如第七章"通例"二十八"互誤（隔字或隔詞、隔句交互之誤，謂之互誤）"條，王先生舉《莊子·人間世》"無聽之以耳，而聽之以心……聽止於耳，心止於符"條，引俞樾《平議》，認爲"聽止於耳"當作"耳止於聽"，乃是傳寫誤倒。王先生贊同俞樾之説，並歸結爲"今本互易，非誤倒也"②。事實上，王先生對此句的校勘僅停留在文字表面，而且是在比較孤立的兩句話中追求對仗。就從表面文字看，結合上文："仲尼曰：'若一志，無聽之以耳而聽之以心，無聽之以心而聽之以氣。'"孔子的意思是要聽懂事物，靠耳是最初級和最低級的，靠心是較爲深入的，但衹有靠氣纔能真正聽懂。這段話的客體是"聽"這個東西，主體依次是"耳"、"心"、"氣"，所以後文依次將主客體的關係作了論證。從文義上講，郭象之注、成玄英之疏，皆能明其内涵，未有含糊。王先生稱此例爲"互誤"，似顯牽强。第七章"通例"三十五"既壞且脱"條，《莊子·山木篇》中"逆旅人與妾二人"，王先生引陳碧虚《闕誤》的觀點，認爲"逆旅人"應作"逆旅之"，但又感"文義不通"，於是懷疑不僅"人"當作"之"，而且"之人"應是"之父"。王先生是根據《韓非子·説林》中有"逆旅之父"而得出這樣的猜測的，故引以爲旁證，得出結論爲"人乃父之壞字，上又脱之字也"③。這種校勘存在牽强之嫌，似乎也没有多大意義。再如第七章"通例"四十三"正文誤入注文"條所舉《莊子·徐無鬼篇》中，關於郭象所注"瞑目恣手"四字，他轉引陳碧虚所引江南李氏本意見，以爲該四字應是正文，但他自己又説這四字似乎是申述正文中的匠石"聽而斫之"的意思，故"疑非正文誤入注文"④，這完全是思維不够清晰而自相矛盾之語。

又，他在校勘過程中，對版本的選擇和使用，也會出現一定的混亂，這就必然影響其結

① 王叔岷：《斠讎學 斠讎學别録》，中華書局2007年版，第230—231頁。
② 王叔岷：《斠讎學 斠讎學别録》，中華書局2007年版，第321頁。
③ 王叔岷：《斠讎學 斠讎學别録》，中華書局2007年版，第329頁。
④ 王叔岷：《斠讎學 斠讎學别録》，中華書局2007年版，第338頁。

論的科學性。如第七章“通例”四十六“注或疏誤入正文”條，他辨析《莊子·天運篇》，以爲“夫至樂者，先應之以人事，順之以天理，行之以五德，應之以自然；然後調理四時，太和萬物。”這三十五字屬於成玄英《疏》誤入《莊子》正文的部分，可是他所舉證中："案唐寫本、趙《諫議本》、《道藏》白文本、成玄英《疏本》、王元澤《新傳本》、林希逸《口義本》”以及《書鈔》一〇五卷、《玉海》一〇三卷皆無此段。又《道藏》成《疏本》此三十五字爲疏文[①]。本文案，此三十五字最早的郭象本及早期成玄英《疏》本，皆入正文，且均對此段有專門的注、疏，又較早的西夏黑水城本和金刻本吕惠卿《莊子義》同郭象《注》、成玄英《疏》本，而王先生所提的“唐寫本”指焉不明，不便核對。其所指“王元澤《新傳本》”，經核對《四庫全書》本，此三十五字亦入正文。可見先生在選擇版本上容易輕易放棄較早的通行本，又對所列版本描述欠準確，加之其所收集版本仍然未全，故而其在治學方法上不甚科學，則其結論也尚可商榷。

由於王先生在“通例”中追求全備，他在《我與斠讎學》一文中，曾經談到“陳垣先生據《元典章》所歸納的誤例不過是十二條，而清代王念孫的《淮南雜志》歸納《淮南子》一書的誤例就有六十二條”[②]。顯然，在誤例的數量上，他是很在乎的，所以他更崇拜王念孫。他在《原序》中説，俞樾《古書疑義舉例》有三十六例，所見又較王氏爲少。而他自己增廣先秦諸子輯佚及兩晉諸書的案例，更有一百二十二條，“視前作自較精密，然尚未能盡其遍也”[③]。此言語中雖含謙虚，亦更多自豪。不過，由於先生過於追求全備，所以他在這 122 條當中，難免有標準不一、繁瑣重複之處。比如其第 20 條爲“既錯且脱”，第 21 條又爲“既誤且脱”，第 24 條又列“既錯且誤復有脱文”；第 26 條列“既倒且脱”，第 27 條又列“既倒且誤”，這些分類實在繁瑣。又如第 37 條爲“一字誤分爲兩字”，第 38 條爲“兩字誤合爲一字”，這種分類實未必要，衹不過是一類中的兩種現象而已。似這類現象，如果僅從數量而論，的確可見其用心之精細。但從近現代學術慣例而言，還存在標準統一、分類科學的問題，這也爲我們這些後學提供了一些反思。

雖然我們從王先生的校勘成果中看到了一些遺憾和值得商榷的地方，但是瑕不掩瑜，王先生鮮明的學術個性、獨立的探索精神、窮年不捨的執著，以及他留給我們豐碩的校勘成果，連同他治學的嚴謹與勤奮，無疑是上個世紀校勘學界中的翹楚。作爲蜀中前輩，他永遠值得我們後學者敬仰和追隨。

作者單位：四川省社會科學院歷史研究所

① 王叔岷：《斠讎學 斠讎學别録》，中華書局 2007 年版，第 342—343 頁。
② 王叔岷：《斠讎學 斠讎學别録》，中華書局 2007 年版，第 12 頁。
③ 王叔岷：《斠讎學 斠讎學别録》，中華書局 2007 年版，第 21 頁。

王叔岷莊學研究方法管窺

黄金燦

王叔岷是當代學術史上一位成果豐碩的傑出學者。對他的治學之道進行總結，可以爲我們研究文化遺産提供可貴的借鑒，有助於學術研究的進步。在王叔岷的學術生涯中，莊學研究是一條貫徹始終的綫索。在這個領域裏他取得的成就是舉世矚目的。因此，通過管窺王先生的莊學研究方法來蠡測他博大精深的學術思想，不失爲一條可行的路徑。如欲見王先生莊學研究的獨特面目，那麼他在《莊子》文獻校勘方面的經驗是必須予以特别關注的。然而，本文不願過多重複王先生《斠讎學》一書的内容，而是試圖以研討王先生有關莊學的論述爲基礎，着重把自己閱讀時所領受的學術教益展示出來。本文擬從三個方面探索王先生的莊學研究方法，希冀以此一窺門徑。由於筆者尚處學術訓練階段，眼界狹隘、學識淺薄，所論如或失當，又或存在重大缺漏，懇望方家批評指正，容後更定補充。

一　校勘漸入義理，義理反哺校勘

章學誠在《文史通義·博約》篇裏將學術研究分爲“求知之功力”與“成家之學術”兩個階段，並進而指出:“學與功力，實相似而不同。學不可以驟幾，人當致攻乎功力則可耳。指功力以謂學，是猶指秫黍以謂酒也。”① 從“秫黍”到“酒”，所需的是一個“釀造”的中間環節。也就是説，學者在夯實了基礎以後，還要通過獨特的“釀造法”，使自己的學問進益至功力、性情渾融一體的境界。這種學術觀是相當科學的。王叔岷在治莊學時注重校勘與義理的雙向建構，善於發揮“校勘”與“義理”的相互促進作用，正是章學誠這種治學思路的極好體現。

① 葉瑛:《文史通義校注》，中華書局1985年版，第161頁。

王叔岷治莊是先從校勘入手的。一九四一年，王先生一考進北京大學文科研究所，就開始了校勘《莊子》的工作。他謹遵恩師傅斯年先生“洗浄才子氣，下苦工校勘《莊子》，三年内不許發表文章”① 的教誨，在二十八歲那一年就完成了二十多萬字的《莊子校釋》一書。書中許多充滿卓識的論斷都得到學術界的認可。很多莊學研究名著，如錢穆先生的《莊子纂箋》、陳鼓應先生的《莊子今注今譯》，都曾廣泛參考引用王先生此書的成果。可見，王先生從治學之路的第一站起就“跨進實事求是的正路”②。對於校勘工作的必要性王先生是有很深刻的認識的。在一次講座中，王先生將“爲什麼要校勘古書”的原因歸納得很全面。他認爲：“古書流傳的時代愈久，研讀的人愈多，内容變動就愈大。”③ 的確，古籍裏古意的更動、古字體的變更、古寫本傳鈔的疏失、隋唐以來各種刻本的異文等原因都會使古書失去其本來面目。王先生治莊而必先從校勘入手，也正是爲了儘量還已經面目全非的《莊子》以本來面目。

王叔岷的校勘方法既有繼承又有創新。梁啓超曾言：“想研究子書，非先有人做一番注釋工夫不可。……要想得正確的注釋，非先行（或連帶着）做一番校勘工夫不可。”④ 衹有這樣纔能實現研究的最後目的，即“知道這一家學説的全部真相，再下嚴正的批評”⑤。梁啓超在提到清儒之校勘成就時還强調：“他們注釋工夫所以能加精密者，大半因爲先求基礎於校勘。”⑥ 這是十分正確的看法。這也正如張舜徽先生所言：“古書流傳日久，訛舛滋多，或誤奪一字而事實全乖，或偶衍一文而意誼盡失，苟非善讀書者，據他書訂正之，則無以復古人之舊，此校勘之役所以不可緩也。”⑦ 讀書必先擇精善之版本，此乃蒙學之常識。然而如果不嫻於校勘，精善的讀本就無從獲取。同時，校勘工作與文字、音韻、訓詁之學也有密切的關係。這些都是“專門之學”，如果不善於從前賢那裏學習經驗，是很難無師自通的。好在我國歷來都不乏此學之擅長者，上至劉向、揚雄、班固、鄭玄，都以小學名家，下逮唐朝陸德明、顔師古等人，也是淹通經典。他們最長於稽核文字版本的異同，發現其中隱滯之疑點。到了清代，許多學者更以校經訂史爲畢生的事業，他們對前人留下的文化遺産悉加勘正，力求恢復古本之真，最終取得了陵軼漢唐的成就。關於他們治學的方法，孫詒讓在《札迻序》中總結得很準確：“綜舉厥善，大抵以舊刊精校爲依據，而究其微旨，通其大例，精思博考，不參成見，其諟正文字訛舛，或求之於本書，或旁證之他籍，及援引之類書，而以聲類通轉爲之鈐鍵，故能發疑正讀，奄若合符。”⑧ 前人這些寶貴經驗對陳垣、張舜徽等校讎名家都産生過重要影響，王叔岷當然也不能例外。但王先生也有自己的新開拓。關於這

① 王叔岷：《校書的甘苦》，《慕廬論學集》（一），中華書局 2007 年版，第 52 頁。
② 王叔岷：《校書的甘苦》，《慕廬論學集》（一），中華書局 2007 年版，第 52 頁。
③ 王叔岷：《校書的甘苦》，《慕廬論學集》（一），中華書局 2007 年版，第 49 頁。
④ 梁啓超：《中國近三百年學術史》，湖南人民出版社 2010 年版，第 220 頁。
⑤ 梁啓超：《中國近三百年學術史》，湖南人民出版社 2010 年版，第 220 頁。
⑥ 梁啓超：《中國近三百年學術史》，湖南人民出版社 2010 年版，第 221 頁。
⑦ 張舜徽：《廣校讎略》，中華書局 1963 年版，第 79 頁。
⑧ 張舜徽：《廣校讎略》，中華書局 1963 年版，第 86 頁。

點，王先生自己有詳述："清乾隆、嘉慶時代，如戴東原、段玉裁、王念孫、引之父子等，都是最傑出的校勘、訓詁人才。他們在校勘、訓詁方面的成就，可以説前無古人。我們吸取他們一點一滴所積成的寶貴經驗，應該更邁進一步，應該發揚新的校勘學和新的訓詁學。校勘學的内容應擴大，訂正字句之外，應該包括訂正章節、篇第，及輯佚、辨僞等。"① 王先生早在1959年，就由臺北中研院負責出版了《斠讎學》一書。該書指明了校勘學前進的一些新方向。但王先生並没有止步於此。他覺得"訓詁學的内容，應該更精密。承襲先賢的舊義外，應該提出許多新義"②。因此，1965年王先生又發表了一篇《古書虚字新義》，在這篇論文裹王先生提出四十二個字的新訓釋，並以此爲基礎著成《古籍虚字廣義》一書，爲校勘、訓詁這兩門關係密切的學問開闢了新的境界。

王叔岷重視校勘，但他並不滿足於爲校勘而校勘，而是要藉助校勘的成果來闡發義理。王先生曾自述治學之法曰："岷生性魯愚，研讀古籍，必自字句之校勘、詮釋始，未敢輕言微言大義。夫自細視大者不盡，自大視細者不明。視小者弊在破碎，破碎故不能盡大；視大者弊在疏略，疏略故不能明細。何况小未必能盡，大亦未必能明邪!"③ 雖自謙"未敢輕言微言大義"，但實際上王先生一生都在朝着這個目標努力，並收穫了豐碩的成果。他在《莊子》文本之校勘訓釋、思想系統之提挈發明方面，都頗有撰述。但這是一個循序漸進的過程。王先生從早年起就有闡發《莊子》義理之作。對於早年的撰述，後來王先生曾自評："就闡發莊子義理而言，近年所撰《莊學管窺》，實較《莊子通論》充實。"④ 可見，隨着知識的不斷積累，王先生對義理的闡發也越來越精深。上文提到，1944年王先生完成《莊子校釋》一書的著述。該書從出版之日起，就引起了莊學研究界的重視，參考引用者，至今不衰。然而王先生卻對這本書抱有不滿，他説："《莊子校釋》乃岷少年之作，用力雖勤，不過校釋古書之初步嘗試"；又説："惟内容偏重校勘、訓詁，於義理極少發明。亦所謂糟粕之學而已"⑤。1949年春，王先生首次在高校開講《莊子》，他自定的講學原則就是"以校勘、訓詁爲基礎，以義理爲終極"⑥。可見，王先生雖然在《莊子》一書的校勘上做了大量的工作，但他並不滿足於此，他最終的目標是通過確定一個最接近《莊子》原貌的文本，來探討莊子的精神和莊學的精髓。王叔岷對《莊子》義理的闡發，主要匯集在《莊學管窺》、《先秦道法思想講稿》、《莊子校詮》諸專著中。此外，《慕廬論學集》中所收的莊學專論數量也相當可觀。至於散見於其他研究論著中的關於莊學義理的片金碎玉式的精闢見解更是俯拾即是。這些都是他藉助校勘闡發莊學義理的實績。

王叔岷在《莊子》義理的研究上取得成果後，又善於用這些義理來"反哺"校勘。例

① 王叔岷：《古書中的校勘訓詁問題》，《慕廬論學集》（一），中華書局2007年版，第67頁。
② 王叔岷：《古書中的校勘訓詁問題》，《慕廬論學集》（一），中華書局2007年版，第68頁。
③ 王叔岷：《莊子校詮·序論》，中華書局2007年版，第23頁。
④ 王叔岷：《莊學管窺·序》，中華書局2007年版，第1頁。
⑤ 詳見王叔岷：《莊子校詮·序論》，中華書局2007年版，第2—10頁。
⑥ 王叔岷：《莊學管窺》，中華書局2007年版，第2頁。

如王先生根據《莊子》義理爲《莊》書三十三篇所立的新系統，就能很好地説明這一點。王先生認爲："《莊子》全書内容，不外養生、處世、齊物、全德、内聖、外王六大系統，又可通而爲一。得其環中，以應無窮，在學者之善於體會耳。"① 根據這一指導思想，再結合"郭本《莊子》内、外、雜三十三篇之區劃分合，既非莊書舊觀，而定於郭氏之私意"② 的歷史實際，王先生把《莊子》三十三篇重新組建成了下面這個新系統：（1）全書的序言：《寓言》；（2）講無待：《逍遥游》；（3）講養生：《養生主》、《達生》、《至樂》、《刻意》、《繕性》、《讓王》、《盗跖》；（4）講處世：《人間世》、《山木》、《外物》；（5）論齊物：《齊物論》、《秋水》；（6）論全德：《德充符》、《田子方》；（7）論内聖之道：《大宗師》、《知北游》、《漁父》；（8）論外王之道：《應帝王》、《駢拇》、《馬蹄》、《胠篋》、《在宥》、《天地》、《天道》、《天運》；（9）雜陳養生、處世、齊物、内聖、外王之旨：《庚桑楚》、《徐無鬼》、《則陽》；（10）《説劍》，專記莊子對趙惠文王説劍事，頗似戰國策士之雄談；（11）《列御寇》，兼述處世、養生及齊物、内聖之義，篇末記莊子死；（12）全書總論：《天下篇》，綜述道術淵源及諸子與莊子之流派異同，末附論惠施。王先生此舉真可謂藝高人膽大。新系統一立，原本雜亂之莊書各篇，立刻變爲一部系統的"哲學著作"。從對義理的體會入手，進而推導出一個符合邏輯的"新版本"，這不得不説是校勘與義理的完美結合。以上説的是宏觀方面，在解決具體問題時，王先生同樣善於以義理爲指導來進行探究。例如對《養生主》篇中"爲善無近名，爲惡無近刑"一句的解讀，也可以很好地體現這一研究思路。在莊學史上，對這句話的理解一直是衆説紛紜。郭象的理解是："忘善惡而居中，任萬物之自爲，悶然以至當爲一。故刑名遠己，而全理在身也。"③ 郭象此説哲理深邃，但是他把莊子的"爲善"、"爲惡"解釋爲"忘善惡"顯然是與實際不符的。司馬彪注云："勿修名也。被褐懷玉，穢惡其身，以無陋於形也。"④ 他把"爲善"、"爲惡"都理解爲修飾名譽之舉，顯然是把"善"、"惡"都看成了美詞。實際上，《莊子》原文中明顯是把"善"、"惡"對舉而言的。郭沫若先生也曾就這一問題談過自己的見解，他認爲"爲"乃"象"的誤字。他説："象善象惡兩個象字，書上都誤成'爲'字去了，古文'爲'從爪象，故容易訛變。外象美不要貪名聲，外象醜不要拘形迹，守中以爲常，那便可以安全壽考了。"⑤ 郭先生從文字學角度得出的結論頗令人信服。而王先生的解讀如是："所謂善、惡，乃就養生言之。'爲善'謂'善養生'，'爲惡'謂'不善養生'。'爲善無近名'謂'善養生無近於浮虚'。益生、長壽之類，所謂浮虚也。'爲惡無近刑'謂'不善養生無近於傷殘'。勞形、虧精之類，所謂傷殘也。"⑥ 王先生直接從莊學義理出發推理出了與郭先生類似

① 王叔岷：《莊學管窺》，中華書局 2007 年版，第 27 頁。

② 王叔岷：《莊學管窺》，中華書局 2007 年版，第 25 頁。

③ ［清］郭慶藩撰、王孝魚點校：《莊子集釋》，中華書局 2012 年版，第 116 頁。

④ ［清］郭慶藩撰、王孝魚點校：《莊子集釋》，中華書局 2012 年版，第 116 頁。

⑤ 胡道静主编：《十家論莊》，上海人民出版社 2004 年版，第 118 頁。

⑥ 王叔岷：《莊子"爲善無近名爲惡無近刑"新解》，《莊學管窺》，中華書局 2007 年版，第 109 頁。

的結論，可謂殊途同歸。可見，一旦抓住莊學之精髓，校勘訓詁中遇到的細部問題往往就能够迎刃而解。

二　立論崇尚圓通，求證力争篤實

劉勰《文心雕龍·論説篇》在談到論説文之寫作要訣時認爲："原夫論之爲體，所以辨正然否。窮於有數，追於無形，迹堅求通，鉤深取極；乃百慮之筌蹄，萬事之權衡也。故其義貴圓通，辭忌枝碎，必使心與理合，彌縫莫見其隙；辭共心密，敵人不知所乘。斯其要也。"① 此言雖是單就論説文而發，然而其中關於立論與求證的方法卻是能够適用於所有學術論著的。所謂"義貴圓通"、"心與理合"是就立論而言，所謂"窮於有數，追於無形，迹堅求通，鉤深取極"是就求證而言，衹有這兩個方面相資爲用纔能得出令人信服的科學結論。

王叔岷的莊學研究也是自覺遵循這一法則的。1942 年，王叔岷撰成《莊子通論》一文，此文以一"游"字貫通全篇，受到時賢的好評，然而他自己卻並不十分滿意。他認爲此文"立論雖尚圓通，殊欠篤實耳"②。由此可見，王先生對自己的莊學論著的要求是"圓通"與"篤實"必須兼備。例如他對司馬遷理解《莊子》之程度問題的探究就很好地體現了這一方法。王先生認爲"史公於莊子之理解，尚隔一層"。然而歷來的莊學研究者不僅取信《史記·莊子列傳》的史料，對其所闡發的莊學義理也多奉爲鵠的。王先生此説雖頗爲驚人，他的論證卻言之有據，並不會讓人産生似是而非之感。他首先輯存了《莊子》佚文一百六十條，通過參校比對，確認司馬遷可能見及的衹有十六條左右。接着對這十六條材料和司馬遷涉及莊子的其他言論細加剖析，最後王先生認定："史公謂莊子之言'自恣以適己'，不知莊子更能由'適己'而'忘己'。史公於老、莊、申、韓四人，獨謂'老子深遠'。不知莊子之空靈超脱，實較老子深遠。史公謂莊子'滑稽亂俗'，不知滑稽多智，乃莊子所鄙棄。"如此看來，説司馬遷對莊子的理解略有隔膜似無不可。王先生雖發此議，但並没有無視司馬遷的真知灼見。他認爲司馬遷謂"莊子散道德放論，要亦歸之自然"的看法是"深切瞭解莊子之言"，是"非後世空談莊子之自然者可比也"③。再如王先生對郭象"爲人行薄，竊向秀注"這一公案的評斷，也很好地體現了他善於用辯證的眼光來研究問題，藉助細緻的材料來進行論證，從而由篤實而達圓通的學術理路。王先生首先根據《晉書》和《世説新語》的記載推斷"少有才理"、"有儁才"的郭象"當能自爲義解，何致出以剽襲"；接着對《莊子釋文》、《列子注》及其他典籍所引向、郭之注詳加纂輯，得到"向有

① 范文瀾：《文心雕龍注》，人民文學出版社 1958 年版，第 328 頁。
② 王叔岷：《莊學管窺》，中華書局 2007 年版，第 2 頁。
③ 詳見王叔岷：《司馬遷與莊子》，《莊學管窺》，中華書局 2007 年版，第 85—103 頁。

注郭無注者四十八條”、“向郭注全異者三十條”、“向郭注相近者三十二條”、“向郭注相同者二十八條”。由此王先生得出結論：“郭注之於向注，異者多而同者少，蓋郭雖有所采於向，實能推而廣之，以自成其説者也。……向秀之注，雖亡於宋，但就余所考得者，已足證《世説·文學篇》、《晉書·郭象傳》所言之不足據信也。”① 王先生通過這種“兩相舉證”的方法，使一個聚訟紛紛的疑案“磔然已解，如土委地”（《莊子·養生主》）。既不使郭象含冤，又不埋没向秀的功績。可見王先生的求證方法是篤實的，所得的結論則是圓通的、令人信服的。

王叔岷校莊、詮莊並不滿足於僅將自己的思考結果呈現出來，而是儘量發露思考軌迹，指明去取過程。唯其發露自己的思考軌迹，我們方能見出他求證的篤實；唯其指明自己的去取過程，我們更能見出他立論的圓通。例如《莊子校詮》對《逍遥游》篇中“鯤”字的解釋就很好地體現了這一特點。書中首先直接引《釋文》的訓釋：“鯤，大魚名也。”以此來表明自己認同鯤是一種大魚的觀點。接着説明歷來注家有兩種看法。一種看法認爲鯤是小魚之名，如方以智曰：“鯤，本小魚名，莊子用爲大魚名。”《爾雅·釋魚》也認爲：“‘鯤，魚子。’凡魚之子名鯤，《魯語》：‘魚禁鯤鮞’，韋昭注：‘鯤，魚子也’。”段玉裁也指出：“魚子未生者鯤。鯤即卵字，許慎作卝，古音讀如關，亦讀如昆。”馬其昶《莊子故》引楊慎的觀點來進一步發揮此説曰：“《國語》：‘魚禁鯤鮞’，乃魚子。莊子以至小爲至大，便是滑稽之開端。”與此相反的一種觀點認爲鯤是大魚之名。如錢穆《莊子纂箋》引王念孫曰：“昆聲字多有大義，故大魚謂之鯤，大鷄謂之鵾，音昆。”《玉篇》亦云：“鯤，大魚也。”擺出兩種觀點之後，王先生進一步强調，鯤應該是一種大魚，例如《文選》注宋玉《對楚王問》就有“鳥有鳳而魚有鯤”之説，鳳是鳥中大者，鯤是魚中大者。莊子衹是把它進一步誇張爲幾千里之大而已。王先生最後總結道：“鯤有大魚、小魚兩説，《莊子》此文，蓋取大魚之義。鯤化爲鵬，衹是大物變化爲大物耳。非以小魚爲大魚之名；或以至小之鯤爲至大之鯤，如方、楊説也。莊子以性足爲大。此齊物之義，非以絶小之鯤爲絶大之鯤便是齊物，如郭説也。”② 至此，王先生將他的思考軌迹和去取過程全部發露在讀者面前，讀者順着這個思路一路走下來，收穫到的不僅是一個點狀的知識，更是一條綫狀的思維路徑。

王叔岷研究莊學時極少使用“某某主義”這樣的哲學術語和“某某階級”這樣的分析方法。這樣做的好處是，不至於執著於某一家某一學派之觀點，而陷入偏激。他最關注的是《莊子》一書對人心性的影響及莊學思想在人們日常生活中的積極作用。這些恰恰是莊子一書最具現實意義的地方。正如錢穆先生在《莊老通辨》一書中所言：“莊子之修養論，而循至於極，可以使人達至於一無上之藝術境界。莊生之所謂無用之用，此惟當於藝術境界中求之，乃有以見其真實之意義也。”③ 學界對莊子人生觀、修養論的關注並不充分，專門討論

① 詳見王叔岷：《莊子向郭注異同考》，《莊學管窺》，中華書局 2007 年版，第 113—130 頁。
② 詳見王叔岷：《莊子校詮》，中華書局 2007 年版，第 4—6 頁。
③ 錢穆：《莊老通辨》，三聯書店 2002 年版，第 287 頁。

這一問題的研究著作更不多見。正如張采民先生所言："即便有人涉及，也多持全盤否定的態度。如有人説莊子的人生觀'是最庸俗、最低級的思想行爲'，甚至有人把莊子的人生觀説成是'没落的、悲觀絶望的奴隸主階級意識的反映'，並給他扣上虛無主義、阿Q精神、滑頭主義、悲觀主義等種種大帽子。這些看法雖然包含某些正確的因素，但未免以偏概全"；張先生呼籲"應從立體的角度，從各個不同的側面剖析莊子的人生觀，以求作出客觀公允的評價"[①]。其實，王叔岷一直在進行這方面的努力。例如《先秦道法思想講稿》在討論"莊子思想概論"時，分爲"内聖修養"、"養生問題"、"齊物觀"、"處世態度"四個方面來展開，這些方面都是與人格形成、人生修養有直接關係的。坐忘境界是内聖修養必臻之佳境。王先生認爲："當儒家大談禮樂仁義之戰亂時代，莊子獨能更上一層樓，遣去流於形式化之禮樂仁義，而達到坐忘之最高修養。借孔子、顔回之問答，以表達其一己之修養層次。"[②] 在解釋《大宗師》篇"已外天下矣，吾又守之"之句中的"守"字時，王先生認爲："所謂'守'，正是修養之功夫，非無故也。此謂内心修養，漸進而得道之境。"[③] 關注點也在内心修養之道。談到莊子關於養生問題的意見時，王先生舉《讓王》篇之語："帝王之功，聖人之餘事也，非所以完身養生也。今世俗之君子，多危身棄生以殉物，豈不悲哉！"王先生對這段話的理解是："莊子則以修身爲極致，即是以内聖爲極致。老子亦偏重外王，與莊子偏重内聖亦有别。外王即君人南面之術，亦即平天下之道。莊子偏重内聖，故重養生。"[④] 事實上，莊子此言是有爲而發的，其中包含着對社會深刻的批判，其"完身養生"的主張也是在提倡一種救世的方式。王先生的論斷之所以没有涉及這個方面，是因爲他覺得莊子雖亦欲救世，但從個人的修養做起是比較切實、操作性比較强的方式。

王叔岷立論尚圓通，求證尚篤實，與他的教師身份和教學理念也有關係。唯有立論圓通，纔能培養初學宏觀的視野和辯證的眼光；唯有求證篤實，纔能示初學以可入之門徑。這就説明了爲什麽他在詮莊過程中，時時不忘對初學循循善誘。正如他在闡發《莊子校詮》撰寫宗旨時所言："岷之《校詮》爲便於初學，引用舊説，郭注、成疏之外，力求其詳。前人引舊説未備，大都全録之，意在便讀者知舊説之所以然。"[⑤] 王先生十分推崇兩部莊學著作。一部是錢穆先生的《莊子纂箋》，這本書共采摭一百五十八家前修及時賢的學説，最稱完善。然而卻有與王先生詮莊理念抵觸之處，即"惟所引衆説，爲求簡潔，僅録結論。研習《莊子》，須有數年之功苦者，始能知錢書之佳勝"[⑥]。如何纔能讓初學尋到門徑呢？王先生從前人那裏汲取了經驗："如清儒高郵王念孫、引之父子下及孫詒讓校釋古書，旁徵博引，詳録其説，則所啓示於初學者多矣。"[⑦] 錢書最大特色就是能顯自家辨擇諸説的毒辣眼

---

① 張采民：《莊子研究》，中華書局 2011 年版，第 143 頁。
② 王叔岷：《先秦道法思想講稿》，中華書局 2007 年版，第 93 頁。
③ 王叔岷：《先秦道法思想講稿》，中華書局 2007 年版，第 94 頁。
④ 王叔岷：《先秦道法思想講稿》，中華書局 2007 年版，第 95 頁。
⑤ 詳見王叔岷：《莊子校詮 · 序論》，中華書局 2007 年版，第 13—14 頁。
⑥ 王叔岷：《莊學管窺》，中華書局 2007 年版，第 29 頁。
⑦ 王叔岷：《莊子校詮 · 序論》，中華書局 2007 年版，第 4 頁。

光，而王書的鮮明特點則在於發露思考軌迹、指明去取過程，最終達到便於初學研習的目的。王先生推崇的另外一部莊學著作爲王孝魚點校之《莊子集釋》。這部書以清末郭慶藩《莊子集釋》爲基礎，補充了九種資料，“於各家之説，爲求詳明，皆録全文。此頗便於初學”①。不僅如此，王孝魚校補之《莊子集釋》，還“詳引諸家之説，正文在前，注釋在後，既不隔斷文義，又可備悉諸説之詳細内容”②。這種行文模式和内容處理方式同樣頗便於初學研習。王先生評斷上述兩部書的編撰方式之利弊，其重要標準之一就是是否便於初學，這樣親切的見解與他的教師身份和“實事求是”的教學理念是密切相關的。王先生曾説過：“教師們要使學生的品德、學識都好，在平時須得培養一種良好的學風，即是實事求是的學風。……大學是研究學問的最高學府，用‘實事求是’這句話來談我們應該培養的學風，我認爲是相當恰當的。”③ 堅持一種立論尚圓通、求證尚篤實的治學態度在這裏即體現爲對初學的時刻掛念和對良好學風的不懈追求。

三　重視融會貫通，强調體驗同情

讀書治學重視融會貫通，强調體驗、同情，前賢言之甚備。朱熹談讀書：“凡看文字，諸家説有異合處最可觀，如甲説如此，且扯住甲窮盡其詞；乙説如此，且扯住乙窮盡其詞。兩家之説既盡，又參考而窮究之，必有一真是者出矣。”（《朱子語類》卷十一）所謂“參考而窮究之”，即是指一種貫通“甲説”、“乙説”之方法④。程端禮《讀書分年日程》也認爲：“凡玩索一字一句一章，分看合看，要析之極其精，合之無不貫。去了本子，信口分説得出，於身心上體認得出，方爲爛熟。”⑤ 此説不僅重視融會貫通，更强調了“體認”的重要性，比朱子之言還要深入一層。從宏闊處着眼，要求融會貫通；從細密處着眼，則要求善體驗、能同情。例如朱子有“少看熟讀，反復體驗”之教，即是强調了體驗功夫的重要，衹有如此“纔是學窮精微法”⑥。關於“同情”，陳寅恪先生曾旗幟鮮明地强調此一態度的必要性，他説：“凡著中國古代哲學史者，其對於中國古人之學説，應具瞭解之同情，方可下筆。……表一種之同情，始能批評其學説之是非得失，而無隔閡膚廓之論。”⑦ 學有本源的王叔岷對上述治學法門都進行了很好的繼承。這些治學的方法態度在他的莊學論著中體現得尤爲明顯。

王叔岷治莊重視融會貫通，首先體現在他能够打通先秦諸子，考鏡莊學源流。例如關於

① 王叔岷：《莊學管窺》，中華書局 2007 年版，第 29 頁。
② 王叔岷：《莊子校詮·序論》，中華書局 2007 年版，第 4 頁。
③ 王叔岷：《培養實事求是的學風》，《慕廬論學集》（一），中華書局 2007 年版，第 97 頁。
④ 杜松柏：《國學治學方法》，中國人民大學出版社 2011 年版，第 91 頁。
⑤ 杜松柏：《國學治學方法》，中國人民大學出版社 2011 年版，第 92 頁。
⑥ 錢穆：《朱子讀書法》，《學籥》，九州出版社 2011 年版，第 18 頁。
⑦ 陳寅恪：《審查報告》，見馮友蘭《中國哲學史》，中華書局 1961 年版，附録部分第 1 頁。

莊子與老子的區别與聯繫，王先生指出："老莊立論重點亦不同，老子偏重人事，莊子偏重天道；老子偏重外王，莊子偏重内聖；又老子重生，故言'長生久視之道'。莊子則外生死，亦較老子超脱。惟莊書中於老子最爲尊崇，莊子固是宗老者。特莊子之學不爲老子所限耳。"[①] 又如王先生詳辨楊朱之學與莊子之學的區别，同樣讓人大開眼界。他論證道："岷謂楊朱取爲我，莊子重忘我，其學迥異。常人迷我（不知我爲何），智者爲我，大智忘我。楊朱，智者也。楊朱之學是爲我之學。莊子，大智人也。莊子之學乃忘我之學，不容相混者也。"[②] 再如針對"韓非集法家術、勢、法三派之大成……其於莊子之學亦頗有關，惜尚乏人論述"的學術現狀，王先生提出"韓非、莊子之學，大本異其趣，韓非甚輕莊子，然又頗有取於莊子"的重要論斷。他接着論證道："莊子達道家之極致，韓非極法家之大成，二人並尊崇老子，其學亦必有相關者矣。……韓非於思想、故實、文辭，皆有所取於莊子。不過取之以助己説，固未有尊崇莊子之意也。"[③] 王先生的論證層層深入，使我們明白了原來所謂韓非與莊子有關係，並不是指二家之精神内核相同，僅是指韓非常取莊子之思想以助其説而已。由上面這些例子可見，王先生很重視辨析莊學與其他諸子之學的區别，其"辨章學術，考鏡源流"之意深矣。王先生之所以要辨明莊子學派與其他諸子學派之間的關係，是因爲他對莊學有一種深刻而獨到的理解。他認爲："所謂家，爲一學派。既爲學派，則有限度，有範圍。而莊子之學，'其理不竭，其來不蜕，芒乎昧乎，未之盡者'，實不宜以一學派限之。莊子之學乃超學派之學。"[④] 莊子之學爲超學派之學，故莊學之研究亦須有超學派之視野。莊子之學，無有範圍，無有限度，故研莊者亦應有不爲一家一派所限的宏闊視野，結合社會歷史的發展規律研究《莊子》。衹有如此，纔能揭示莊學的本原、開掘莊學的精藴。

王叔岷治莊重視融會貫通，還體現在他能打破學問界限。這主要體現在他能把莊學研究的成果運用到其他學術研究中去，使其他研究成果也打上了"莊學專家"的烙印。這樣一來，他對莊學的理解自然也會更加深刻。例如他的《陶淵明詩箋證稿》就能體現這一特點。因爲有深厚的莊學底藴，王先生的箋釋往往能更準確、更深刻抓住要領。例如對"晨耀其華，夕已喪之"之句的箋釋，王先生深入地指出了它與《莊子·逍遥游》篇"朝菌不知晦朔"的時間觀之間的關係，並得出結論："疑陶公所咏榮木，本莊子'朝菌'而來。"[⑤] 同樣的例子還有不少，如在釋"應盡便須盡，無復獨多慮"時，王先生指出"此首言委運，亦即順化。與莊子外生死之旨合。"並進一步結合其中所體現的"上與造化者游，而下與外生死無終始者爲友"（《莊子·天下》）的人生哲學，推斷出"陶公晚年之思想，已達此境

① 王叔岷：《莊學管窺》，中華書局2007年版，第6頁。
② 王叔岷：《莊學管窺》，中華書局2007年版，第11頁。
③ 詳見王叔岷：《韓非子與莊子》，《莊學管窺》，中華書局2007年版，第49—63頁。
④ 王叔岷：《莊學管窺》，中華書局2007年版，第27頁。
⑤ 王叔岷：《陶淵明詩箋證稿》，中華書局2007年版，第19頁。

矣”的深刻見解①。此外，王先生對《形影神》三詩的闡釋也體現了他在莊學上的造詣，他指出這三首詩“爲探討陶公思想進益之迹，極重要之依據。陶公富於詩人之情趣，兼有儒者之抱負，而歸宿於道家之超脱。三詩分陳行樂、立善、順化之旨，爲陶公人生觀三種境界。順化之境，與莊子思想冥合，此最難達至者也。”② 將陶公道家思想之淵源開掘得如此精闢深入，非有得於莊學者不能爲此。同時，我們也有理由相信，對陶淵明這些莊學色彩極爲濃鬱的詩句的涵咏和玩味，必定也能反過來加深王先生對《莊子》的體會。

王叔岷治莊重視融會貫通，還體現在他對“以詩證莊”方法的運用上。首先，王先生通過“以詩證莊”的方式來輔助文字之校勘、文句之訓詁。例如王先生在解釋“瓠落”一詞時指出，“瓠落”同“濩落”。進行論證時所用的材料都是從詩歌中得來。它們分别是杜甫《自京赴奉先縣咏懷》詩中“居然成濩落，白首甘契闊”之句、李頎《東郊寄萬楚》詩中“濩落久無用，隱身甘采薇”之句、李商隱《七月二十九日崇讓宅宴作》詩中“悠揚歸夢惟燈見，濩落生涯獨酒知”之句、蘇軾《贈李兕彦威秀才》詩中“魏王大瓠實五石，種成濩落將安適”之句。通過這些詩句，我們可以得知唐宋時人所見的通行本《莊子》的用字情况，並由此得出正確的訓釋③。又如針對《逍遥游》中“而後乃今培風背負青天”一句的句讀問題，王先生舉蘇軾《復次放魚前韻答趙承議陳教授》詩“槍榆不羡培風背”之句爲例。此詩以“風背”連續。王先生通過證明認爲“從‘風’字絶句爲長”④。舉大詩人蘇軾的詩句作爲誤用之例來輔助論證自己的觀點，既能增强説服力，又能廓清誤解。其次，“以詩證莊”有助於義理之闡發。如訓釋“衡氣機”，引蘇軾《答孔常父見訪詩》：“豈復見吾衡氣機”，指出其義即是神氣平和的機兆⑤。又如訓釋《天下篇》惠施“泛愛萬物，天地一體也”之句時，舉蘇軾《觀魚臺》詩“若信萬殊歸一理，子今知我我知魚”來闡述惠子此言的哲理，並指出他們都是受了莊子“由夢覺體悟物化之理”的哲學思路的啓發⑥。王先生莊學論著中“以詩證莊”的例子很多。根據筆者的粗略統計，僅《莊子校詮》一書，就有125例左右。“以詩證莊”的方法不僅將詩歌和《莊子》這兩門同具詩性的學問貫通了起來，還增添了枯燥的學術研究的趣味性。

至於王叔岷治莊强調體驗、同情，則首先表現在他對莊子“體驗功夫”的體認上。王先生向來反對將莊子之學視爲空談的説法。他指出：“莊子陳義甚高，皆由體驗而來，與空談者迥異。”⑦ 莊子的人生觀、世界觀從何而來？王先生也指出了它們與體驗的關係，他説：“莊子由於親身體驗，悟出物物相累，厲害相招之理。不爲利害所困，唯有跳出利害。”因此他還强調：“莊子能破除是非、得失、悲歡、窮達乃至生死種種觀念之束縛，蓋皆由體驗

① 王叔岷：《陶淵明詩箋證稿》，中華書局2007年版，第92頁。
② 詳見王叔岷：《陶淵明詩箋證稿》，中華書局2007年版，第73—92頁。
③ 王叔岷：《莊子校詮》，中華書局2007年版，第32頁。
④ 王叔岷：《莊子校詮》，中華書局2007年版，第9頁。
⑤ 王叔岷：《莊子校詮》，中華書局2007年版，第293頁。
⑥ 王叔岷：《莊子校詮》，中華書局2007年版，第636頁。
⑦ 王叔岷：《莊學管窺》，中華書局2007年版，第15頁。

而來。"[①] 王先生認爲莊子之義不是從幻想中來，而是皆由體驗中來；從體驗着眼，從實處着手，此爲王先生莊學研究之一大特點，值得注意。在談到惠施之學與莊子之學的不同時，王先生也看到了"體驗"之重要性："惠施之學，由别離、詭異，而趨近於齊同、淳正，乃其知識之進境，非由修養體驗而得，此即其所以'弱於德，强於物'者也！"[②] 同樣，老子之學之所以與莊子之學爲近，是由於："老子所言有關人生問題，於修身、處世，其用無窮。皆由道之體驗而發，所啓示於人者深矣。"[③] 莊子之學特重實際體驗工夫，非止於言談，這是王先生在其莊學論著中反復强調的觀點，由此也可以看出王先生治莊之卓然自得處。同樣，莊子由體驗所得之真義，我等亦得由體驗之途入而同情之。王先生在談自己從事校讎事業的經歷時，曾自問："一個最重情感的人，爲什麼一生從事没有情感的學問？"[④] 實則我們從王先生的莊學研究歷程中就能看出，正是因爲王先生把自己的情感注入到學術研究中，纔使枯燥的學問變得真切動人。

王叔岷治莊强調體驗、同情，在他本人的詩歌創作實踐中也有所體現。王先生曾説過："《莊子》一書之義藴，循環無端，著而不著，最難瞭解，然亦不難瞭解。性情與莊子近，則展卷一讀，如獲我心；性情與莊子不近，雖誦之終生，亦扞格不入。"[⑤] 王先生此處所强調的"性情與莊子近"，正是接受主體"同情"莊子、"體驗"莊子的必要基礎。王先生不僅是個有學問的大學者，還是個有才情的大詩人。因此他能够將對生活的體驗融入對莊子的體悟中；反過來，他對莊子的體悟又能深化他對生活的體驗。數十年來，王先生一直堅持將他在生活中對《莊子》的體認和在《莊子》中得到的生活啓示用詩歌的形式表現出來。這就産生了《讀莊餘韻》這部獨特的詩集。王先生自序此集曰："四十年間，出處屢易，感慨良多。所賦詩篇，頗有涉及《莊子》者，兹迻録若干首於後。詩道性情，吟咏性情，貴存其真。岷讀莊雖未達莊，然此諸詩，差足見岷之情懷，亦既岷之真性情所寄，庶未悖莊子葆真之旨歟？"[⑥] 衹須具體分析幾首王先生的作品即能證實先生所言不虚。"一化何曾别死生，莊周夜夢蝶身輕。春蠶留得餘絲在，好償人間未了情。"（《病重》）體現了他對畢生熱愛的事業的執著與超脱。"悲懷三月無從遣，始信莊生擊缶難。忍對庭話迎夏放，亡妻手種不堪看！"（《悲懷》）體現了他與妻子的伉儷深情。"山木日自寇，膏火夜自煎。一病竟昏厥，扶持賴群賢。"（《偷閑》）抒發的是先生重病後的感慨。"既愛幽人隱在丘，亦從城市任浮游。莊周入俗而超俗，萬古高風絶匹儔！"（《高風》）"無用如能明大用，人間何世不安居？"（《安居》）表達的是先生"入俗而超俗"的處世哲學。通過這些詩作形象生動的言説方式，使我們更直接地體會到王先生之所以能畢生熱愛《莊子》、孜孜不倦地研究《莊子》

① 王叔岷：《莊學管窺》，中華書局2007年版，第16頁。
② 王叔岷：《惠施與莊周》，《莊學管窺》，中華書局2007年版，第43頁。
③ 王叔岷：《先秦道法思想講稿》，中華書局2007年版，第46頁。
④ 王叔岷：《我與斠讎學》，《校讎學》，中華書局2007年版，第1頁。
⑤ 王叔岷：《莊學管窺》，中華書局2007年版，第1頁。
⑥ 王叔岷：《讀莊餘韻》，《莊學管窺》，中華書局2007年版，附録二第263頁。

的原因。正如王先生自言："一讀《莊子》，胸襟豁然，朗澈通明，喜不自勝！自是之後，博學泛覽，日求進益，皆以《莊子》之旨爲依歸，所謂不期其然而然者矣。"① 我們能深切地體會他話語中飽含的莊學情愫和頓悟之趣。這是王先生治莊的獨得之秘。

綜上所述，王叔岷治莊由校勘漸入義理，以義理反哺校勘；在校勘與義理的雙向建構過程中，每立一論必力求其圓通，每證一説必力争其篤實；通過"以愚自守"之態度和"融會貫通"之視野，做成"堅實有力"之學問。當然，校勘乃專門之學，重在方法之傳承，王先生在此學中雖多發前人未發之義，然亦"僅能承繼清學的餘緒而已"②。雖則如此，王先生治莊方法之特殊面目也是無法消泯的。因爲王先生的才情學問並未囿於校勘一隅，而是"義理、考據、辭章兼備"③。這一特點在《莊學管窺》、《先秦道法思想講稿》諸莊學專著中均有體現，在《莊子校詮》一書中則體現得至爲明顯。是書著成於王先生晚年，以厚重之學力爲基礎，注入先生本真的性格情感和豐富的生命體驗，最終成就了它宏通博大的風貌。這種熔"校勘"與"詮釋"於一爐的治莊方法，正是王先生"大小兼顧，弘纖並照"④的治學理念的最好體現。

作者單位：安徽師範大學文學院

① 王叔岷：《莊學管窺》，中華書局 2007 年版，第 2 頁。
② 胡文輝：《現代學林點將録》，廣東人民出版社 2010 年版，第 240 頁。
③ 楊樹達評《莊子通論》語，詳見《慕廬憶往——王叔岷回憶録》，中華書局 2007 年版，第 66 頁。
④ 王叔岷：《莊子校詮·序論》，中華書局 2007 年版，第 23 頁。

南川楊啓高：民國學術史上的失踪者①

熊飛宇

一 籍貫與生平

楊啓高，民國學人，有《史記通論》、《中國文學體例談》和《唐代詩學》三書傳於世。然其生平事迹，卻漸已杳渺。今據有關記載，略加考證與敘録。

上述三書，《史記通論》前言署"南川楊啓高纂述"，《中國文學體例談》封面署"南川楊啓高著"，《唐代詩學》自敘所署也是"南川楊啓高"。以此觀之，楊啓高爲南川人，當無疑義。而民國時期的《南川縣志》卷七"刊物"有《南川縣學生專編論著表》，列具五項，即：楊啓高《史記通論》，楊劼弦《十六年來之中國》，張俊德《數學稿》，王樹槐《軍事用書》，劉雨若《裁兵屯墾書》②。南川舊屬四川，今屬重慶。《隋唐五代史論著目録》之"通論"，即有條目"唐代詩學自敘——川人著敘述文選集——楊啓高 四川文獻（期刊或出版社）157（期）1975. 12（出版時間）"③。

楊啓高的生卒年均不詳。《芷江文史》第 4 輯有龍耀南《日機轟炸芷江之回顧》一文，談及 1938 年 11 月 8 日午後，日機轟炸湖南芷江，"住在我家的南京人楊啓高從樓上跑下"，"搬了一床（張）桌子靠在牆邊，喊我們趕快拿被子來，我們每人拿了一張（床）被子靠在

---

① 基金項目：2014 年度國家社科基金西部項目《抗戰大後方的杜甫研究》（14XZW012，熊飛宇主持）的階段性成果。

② 韋麟書等：《四川省南川縣志 1—4》，臺灣成文出版社 1976 年版，第 679—680 頁。其中所收《重修南川縣志》十四卷（圖一卷），爲柳琅聲修、韋麟書纂，明朋印書局民國十五年排印本。

③ 中國社會科學院歷史研究所魏晉隋唐史研究室編：《隋唐五代史論著目録》，江蘇古籍出版社 1985 年版，第 286 頁。

牆邊，大家都鑽到桌子下面躲了起來，一直到飛機聲消失後纔出來”[①]。這是目前可以查考的有關楊啓高最近的記載。不過，文中説楊啓高是南京人，恐怕是因爲楊啓高長期在南京工作，彼時剛好從南京疏散到芷江。

關於楊啓高的交游，從三書的題辭、序跋中，可約略捕捉到一些零星的資訊。另外，歐陽竟無院外學友弟子 40 人，也有楊啓高名列其中[②]。

二　代表性著作

（一）《史記通論》

纂述人：楊啓高；發行者：清山閣；印刷者：勤益印刷廠。“中華民國十五年七月出版”，“定價壹圓”。

該書内封之後，有《目表》，從中可知：《史記通論》分爲三部分：“總御”，“本論”和“結集”。本論又有十節：壹、著者；貳、結構；叁、述績；肆、校勘；伍、訓詁；陸、辨訂；柒、章句；捌、圖表；玖、史量；拾、類聚。其具體内容，著者在緒論中曾提綱挈領地加以説明，即：“討論著者人生，略譔著者。商榷全部篇第，略説結構。搜討傳述成績，略彙述績。考求正文譌脱，略纂校勘。講究注釋互異，略綴訓詁。治理傳説錯訛，略録辨訂。視察篇章句讀，略辨章句。注重增補圖表，略論圖表。衡論體例位置，略評史量。抉擇史源門類，略輯類聚。”

書末附《勘誤表》，注曰：“是書錯誤頗多，幾難卒讀。惟以印成，不便毀棄，惟將誤者，聊加勘正。其全部修删，當繫諸異日矣。”

值得一提的是，重慶圖書館的藏本，疑是楊啓高手書“果生兄慧正”。“果生”究竟何人，待考。

此書出版不久，《北新》周刊第 19 期，便有其促銷廣告，云：《史記通論》，“南川楊啓高纂述”，“樸雅裝訂一册”，“共約三百餘葉”，“插影宋版二幀”，“附圖表三十幅”，“定價國幣壹圓”，“特價衹售柴（柒）角”。其内容簡介云：“《史記》上踵群經，下照諸子衆集，中通各史；爲國學要籍，亦史家至寶。纂者精治有年，剏爲斯論。約十萬言，别目爲十。既詳論著者，結構，述績，校勘，訓詁，辨訂，章句，圖表，史量；盡整理能事矣。復類聚民族，學術，政治，社會，教育，法制，貨幣，農業，工業，交通等史源，爲修諸史基礎。全書論學術源流頗多獨到之處。匪惟史家所必讀，即文哲學者亦應備。”“總發行所 南京 南京

---

① 龍耀南：《日機轟炸芷江之回顧》，田伏隆主編：《最悲慘的年代——日寇侵湘暴行實録》，嶽麓書社 1997 年版，第 478 頁。

② 徐清祥、王國炎：《歐陽竟無評傳》，百花洲文藝出版社 2010 年版，第 157 頁。

書店”[①]。

對於該書，在其後的一些書目彙編中，卻不乏錯誤。如 1935 年平心（按：即李平心）所編《（生活）全國總書目》的“史地”類之“c. 中國史籍研究”，即有“史記通論 楊起高著 花牌樓”[②]。其中著者“楊啓高”被誤作“楊起高”。不過，出版者爲“花牌樓”一説，卻甚有價值。該書原署“清山閣”出版，但清山閣究竟位於何處，則難得其詳。而根據後面所述，南京書店的位址爲南京花牌樓，由此可以推斷：清山閣或者就是南京書店前身。

平心的失誤，也影響到後來者。《中國歷史學年鑒 1982》有中國科學院圖書館郭永芳輯録的“1912 至 1937 年中國歷史書目”，其中列有兩條：“史記通論 楊君高 1926 清山閣”和“史記通論 楊起高著 花牌樓”[③]。後條襲自《（生活）全國總書目》，顯而易見。不過，前條將著者寫作“楊君高”，則是一錯再錯。

《史記通論》後來又有兩種版本。據 1930 年《中國文學體例談》所附“本書著者三種著作出版豫告”，第三種爲“修正再版”《史記通論》（全一册）：“《史記》爲文學與史學之傑作，爲研究此兩種學者必讀之名著。著者民國十五年出版史記通論，曾流行於本國與日美二邦。現當散文與通史風行時代，研究史記者愈多。惟有系統之著作，究不多見。是以游此道者，每感困難。著者現將通論詳加修正，再版發行。以雅潔明斷之論議，評衡《史記》在文史兩界之優異。較初版更爲精善，而全部結構則謹愈嚴矣。”

如前所述，該書在初版時錯誤甚多，難以卒讀。觀此預告，其再版不僅是錯誤的訂正，還有結構的完善，則此番修正，用力用心，肯定不少。但内容究竟有何區别，已不得而知。

又據 1935 年《唐代詩學》所附“楊啓高先生近著”，《史記通論》曾作爲“雄飛閣叢書文學類之三”，由拔提書店發行。“《史記》在中國史學、哲學、小學上，均各有其地位。然於文學上，尤居重位。蓋中國文章之變遷，乃《史記》與《漢書》興替之流轉。現當散文風行之時，研究史記者固多。惟精透者，尚不多見。著者將《史記》之文章體制，加以深刻之分析與品藻。俾此種豪宕恣肆之文體，能使學者有途徑可尋，誠可爲研究中國文學之基本。别附宋本留影與南董殿司馬遷像，可使讀者生景仰之幽情。”此版區别於上兩版者，從裝幀設計來看，最顯著的在其“别附”“南董殿司馬遷像”。

（二）《中國文學體例談》

南川楊啓高著，南京書店（南京花牌樓），“中華民國十九年九月排印，十月出版”。“平裝每册實價大洋四角”，精裝五角。

本書封面由胡光煒題簽。胡光煒（1888—1962），浙江嘉興人。字小石。金陵書法四老之一。1924 年 9 月，任金陵大學教授兼國文系主任。1927 年 8 月，任第四中山大學（原東

① 《史記通論》，《北新周刊》1926 年第 19 期，第 26 頁，總第 602 頁。南京書店有二：一在南京太平路，一在上海河南路。此處爲前者。

② 平心編：《（生活）全國總書目》，生活書店 1935 年版，第 521 頁。

③ 中國史學會《中國歷史學年鑒》編輯部編：《中國歷史學年鑒 1982》，人民出版社 1982 年版，第 628 頁。

南大學，次年改爲中央大學）專職教授、中文系主任及中文研究所主任。

謝无量題辭："摯仲洽《文章流别》遠在任昉《緣起》之前，至明徐師曾《文體明辨》，則太繁博矣。然彈詞、戲曲諸制，猶蓋闕焉，故初學每苦不得其門。啓高此書，並［該］雅俗，列其統類，誠學者知津之助也。"謝无量（1884—1964），四川樂至人。1926年7月，應南京東南大學之聘，任歷史系主任，並講授歷史研究法。次年9月，又轉上海中國公學任教。1930年初，出任南京監察院監察委員。

《序》，"民國十九年九月田楚僑序於南京"。田楚僑，亦爲南川人。字果庵。東南大學教授柳翼謀弟子，創造社前期作者，曾參加飲河詩社。序云："楊子啓高，篤學苦行之士也。五年不見，已刊行《史記通論》一部。今又以其行將出版之《中國文學體例談》徵序於余，受而讀之，深嘆楊子用力之勤；而悲余五年之光陰，盡虛耗於濫竽教職之中。既凛賊夫人子之戒，復深學益荒落之悲。今雖棄教而學，重來南中①；而疏慵成性，能否如楊子之艱苦卓絶，以著述問世，尚不敢必也。""據余教學數載微少淺薄之經驗，知高中文科於文學史一學程，竟乏較善少疵之教本及適宜參考之書籍。楊子此書，雖尚微有不愜余意之處，而於文學體例，詮釋特詳，固可以供高中文科學子一部分之需望。"

《自序》，"中華民國十九年九月南川楊啓高自敘於南京"。序云："專治中國文學，必先明其體例。蓋游心文苑，有應通之門三：一爲原理，二爲學史，三爲藝術"，"而學史則爲三者之中心"。本書的目的有二："專談體例"，"爲中國文學史迹焉爾"；"專重客觀事實，以達逼真爲依歸"。此篇兼顧"狹誼廣誼"，並求"有體必備"，"契應史迹之名"。

如其開篇所説："談中國文學體例，分爲三端：一曰文學，二曰中國文學，三曰中國文學體例。"故此書亦按此三端，分三大部分。其中另有圖表：《文學涵誼詳細詮釋體系表》，《中國文學縱横演化系統圖》，《中國詩歌詞曲異同簡明表》。

對《中國文學體例談》，賀昌盛評價説：作者雖"自視爲"一部"中國古代文體研究的專著"，"實際上是一部融中國古代文論與現代文學基本原理於一體的理論著作"。其所遵循的，"仍是中國傳統辭章研究中有關文章體式類别研究的基本模式，但在論述之中卻已明顯滲透了現代意義上的'文學'的内涵，所以在一定程度上可以看做是傳統'文章'與現代'文學'研究的某種綜合"。作者認爲，"文"與"學"應當分而有釋。"文"有天文、地文、人文；"學"又分爲概括、合理、系統三種。由此，可以概括出"文學"的定義："文學者係作家本天然人生理想各映象，抒以内容之感情思想想象，寫以外形之聲律辭藻興趣，而使讀者發起同情之篇籍而已"。"不難看出，作者雖然是在廣義上討論文學，但其對'文學六要素'的界定已經完全是現代意義上的文學内涵。""以此爲立足點，作者對中國文學的開端發源、民族特色、文字特性、體式分類及其彼此的差異與各自的突出特徵等等，給予了全面而詳盡的分析。"該著對文學諸要素的解説主要是在"中國傳統文體論的基礎上參合現代西式文學理論思想融會比照而逐步展開的，帶有某種'中體西用'的意味"。同時，

① "南中"，或爲"南京中央大學"簡稱。

“作者對新文學也並不排斥”。正因爲如此，“該著與純粹的古典文論及現代西式文論有着根本的區别，並且由此最終形成了作者所獨有的文學理論構架”，儘管所論不乏局限，“但對現代中國文論自身的建構來説”，此種嘗試“有着相當的啟發”[①]。

（三）《唐代詩學》

此書目前可見的版本有三。

版本一：編著者：楊啓高；發行人：吴秉常；發行所：正中書局（總店：南京太平路；分店：南京鼓樓）；印刷者：正中書局。“中華民國二十四年五月初版”。該書初定價：“一册實價一元八角”，後有印章“改正定價：1.20元”。此爲“雄飛閣叢書文學類之二”。

此版有署端（葉楚傖[②]、黄季剛、王曉湘[③]），繪眉（陳之佛[④]），題辭（胡筱石、謝旡［无］量、汪辟疆），書畫（唐李昭道曲江圖——北平故宫博物院藏、唐韓幹洗焉［馬］圖——北平故宫博物院藏、唐釋懷素草書——北平故宫博物院藏、宋人畫杜甫麗人行——北平故宫博物院藏、清湯禄名繪楊妃出浴圖——江蘇省立國學圖書館藏、清儲震昌畫山香九老圖——江蘇省立國學圖書館藏）。三者“均以收到先後爲次”。“光煒”的題辭爲：“啓高治文，每喜明其流别，此所作《唐代詩學》也，有唐三百年，詩人數千，大者如李杜韓白之儔，使人終身味之不能盡；宋以來論詩者，其書尤汗漫難讀，啓高之作，執簡馭繁，殊有條貫，庶不同於總集之詩話耳。”謝无量則曰：“唐代詩學［極］盛，作者如林，啓高析其條理，辨其體格，學唐詩者，可以得其門而入矣！”“彭澤汪辟疆”的題辭較長，其中云：“啓高此編，將李唐一代詩歌，爲之溯其源流，窮其流變；復本嚴羽、高棅‘初、盛、中、晚’之説，就其時代之代表作者，詮次得失，可謂得其友紀者矣！當舉世競尚宋詩之時，將此編布之海內，唐詩真面目不難復見，豈僅爲學詩者之一助哉？”汪辟疆（1887—1966），江西彭澤人。1927年起，在南京第四中山大學、中央大學、南京大學任教授，與胡小石、陳中凡並稱南大中文系“三老”。其間曾任監察院委員、國史館纂修。

《唐代詩學自敘》，“中華民國廿又四年春節日，南川楊啓高自敘於南京”。全書共六部分：一、綱領（唐詩背影、唐詩淵源、唐詩流派、唐詩特質、唐詩體例）；二、初唐（貞觀詩學、武后詩學）；三、盛唐（盛唐特色、開元詩人、李杜比較、天寶詩人）；四、中唐（大曆詩風、元和詩學、長慶詩學、韓白綜敘）；五、晚唐（大中詩風、咸通後詩）；六、影響。

1991年，上海書店曾據此版影印，與胡雲翼著《唐詩研究》（商務印書館1930年版）

---

① 賀昌盛主編：《中國現代文學基礎理論與批評著譯輯要（1912—1949）》，廈門大學出版社2009年版，第75—76頁。此書輯要亦爲賀昌盛所撰。

② 葉楚傖（1887—1946），原名宗源，字卓書，别字小鳳。江蘇昆山人。辛亥革命人物，國民黨元老，民國初年著名報人、政論家、教育家。

③ 王易（1889—1956），原名朝綜，字曉湘，號簡庵，江西南昌人。和汪辟疆、柳詒徵、汪東、王伯沆、黄侃、胡翔東，有“江南七彦”之稱；又與汪辟疆、余謇並稱爲民國時期的“江西三傑”。曾任教南京中央大學七年。

④ 陳之佛（1896—1962），乳名紹本，又名陳傑，號雪翁。浙江餘姚人。國畫家、美術教育家。1930年兼任國立中央大學藝術系教授，自1932年起，始專任。

和蘇雪林著《唐詩概論》（商務印書館 1947 年版）合爲一册，係“民國叢書”第三編之 55。

版本二：“中華民國三十二年六月三版正中紙本”。發行人：吴秉常；印刷所：正中書局；發行所：正中書局。定價國幣六元。目次之下，有啟事云：“本書目次所載‘署端’‘繪眉’‘題辭’‘書畫’等節，因值國難期間，銅版圖畫等材料奇缺，故暫從略，請鑒原。”重慶圖書館藏本，在此旁邊有“［柳］亞子識”字樣。此爲正中書局“國學·文選”之 23（總計 24 種）。

版本三：嶽麓書社 2011 年 2 月版。此版以正中書局 1935 年 5 月版爲底本，將胡筱石、謝无量、汪辟疆的題辭影印附上，原有的 6 幅書畫，因底本漫漶，無法恢復原貌，故删去未用。此爲“民國學術文化名著”第五輯之一。

該版《後記》，對《唐代詩學》有一個概要的評價，認爲：“上世紀 30 年代出版過好幾種成體系的唐詩研究著作，但大多止於對唐代詩壇總體風貌的一般性論述，確有獨特見地的專題性著述較少，而楊啓高的《唐代詩學》於其中屬於影響較深遠、論述剖析相當精緻者。”“本書前綫（言）綱領論唐詩背景、淵源、流派、特質和體例，以下分初唐、盛唐、中唐、晚唐四部分分論各階段詩壇領袖及其題材、文體、品格諸方面，常常寥寥數語道出主旨重心。”對此著的一些觀點，時人也多有關注，如郭祝崧在論述林山腴詩中的愛國思想時，就曾引用楊啓高“凡情靈摇蕩於心中，則歌誦飛騰乎天外”這一説法[①]。

三　其餘書目

楊啓高另有一些著作，衹以目存，未能見其全書。

《史記通論》的書末，曾附印“出版預告”，中有兩書，未具作者之名，觀其內容，或爲楊啓高著作。

其一，《校注辨補史記》：“是書據宋蜀精刻大字本，以《史記通論》所述方法整理。校勘則多以梁玉繩《志疑》、王念孫《雜志》爲本；注解，則多以裴駰《集解》、司馬貞《索隱》爲本；辨訂，則多去歸震川、方望溪章句之非；補録，則多增凌稚隆、孫星衍之略；純然精善讀本，繁簡堪稱適中。較諸坊本，優美多矣。”

此書既是據“宋蜀精刻大字本”，而《史記通論》亦有插影宋蜀刻本《史記》兩幀，可見二者底本多有關聯。更主要的是，《校注辨補史記》是“以《史記通論》所述方法整理”，則兩書出自同一人之手，應無疑問。

其二，《中山論著繫纂》：“孫中山先生論著，多立國鴻猷。思想有中西融龢，文辭有詳

① 郭祝崧：《林山腴先生詩裏的愛國思想——爲紀念這一位具有完美文格與人格的愛國詩人七十壽辰作》，《川康建設》1944 年第 1 卷第 4 期，第 106 頁。

略錯綜。圓通一體，罔有紛岐。是書縶纂，闡明斯恉。無黨無徧（偏），中心有在。匪惟專研政治所必讀，亦凡爲國爲民所應備。”

此兩書的出版時間，應該距《史記通論》不遠，而其出版者，也當是清山閣。

《中國文學體例談》書末亦有“本書著者三種著作出版豫告”。此處明言“本書著者”，則下述書目的作者，可以確定爲楊啓高。

1.《中國文藝總綱》：“中國文藝史，向無博大精深之著述；大都由於編撰者，未分明時代、體裁、作家以窺其直（真）面目。是書專重體裁而略輔以年代暨作家，欲求有體必備。遴選歷代文藝家之代表作品，縱横敘述；縱則談其種性、體例，横則論其起源、流變，分緒談、文學、音藥（樂）、繪畫、書法、彫刻、建築、跳舞、演劇、統歸等卷。首巷（卷）爲緒談，紀敘文藝起源與流變之大勢。壹卷專載文學中詩之變遷，凡内因外緣皆寫其成績之果。文辭流麗，圖表精緻。詩學通史，或無美於此者。”

2.《熱情》（全一册）：“熱情爲著者文學創作集，凡卅歲前所作詩、歌、詞、曲、辭、賦、頌、讚、駢儷、對聯、傳記、題跋、告語、小説、戲曲皆載其間。著者潛心史籍與佛典，於文學多澹然視之。斯集乃其在求學與革命中，遭際轗軻，一片悲憤熱烈之真情，自然流露而形於言者。辭彩雄健，頗富壯麗之風。”

3. 修正再版《史記通論》，前已有述。上三書，當爲南京書店出版發行。

《唐代詩學》初版本末，又附“楊啓高先生近著”。其中有《復興中國與政治制度之歷史研究》，爲“雄飛閣叢書政治類之一”，拔提書店發行。“本書以唯生論爲根據，從歷史經驗上，求復興中國途徑。彌綸群言，研精一理。共分五章：一章，敘基礎觀念；二章，敘原始氏族社會時代；三章，敘權威思想社會時代；四章，敘集團主義社會時代；五章，論復興途徑。既剖析民主集權政治與君主政治及民主政治之比較，復論述由民主集權以統制經濟政治文化等，而謀國家平等。全篇綱領朗暢，文章爾雅，極便研究歷史與政治者閲讀。”

四　論文及摘要

專書之外，楊啟高還有一些篇什，散見於不同的刊物。目前可檢索者，有下述文章：

（一）《文學範圍譚》

該文發表於《新中國雜誌》1931 年第 1 卷第 1 期的“文藝及其他”欄（第 99—107 頁）。文章開宗明義，云：“文學範圍，乃文學與樸學之關係。文學爲藝術，樸學乃學術，欲明其詳，別爲六端詮釋：一曰文學爲藝術，二曰文學與他藝術，三曰文學與宗教，四曰文學與哲學，五曰文學與科學，六曰文學與佛學。”

（二）《今日研究中國學藝史之恉趣》

該文發表於《新聲月刊》[①] 1931 年第 3 卷第 2 期（第 1—9 頁），亦見刊於《河南政治月刊》1932 年第 2 卷第 6 期的“文藝”欄（第 1—10 頁）。“《河南政治》（1931. 9—1937. 12；1941. 1—1941. 5；1942. 7—1943. 12）/河南省政府秘書處編，本刊在開封創刊；政務刊物/總 1：1—7：12；復 1：1—5；1942：7—1943：12”[②]。

作者認爲，研究中國學藝史，“别爲三端：一爲學藝體性之分析，二爲中國學藝史之要素，三爲今日研究中國學藝史之恉趣”。就“學藝體性”而言，“學屬於知，藝屬於能。學有道術學術之不同，藝有技藝藝術之各異”。這一部分的論述，實爲《文學範圍譚》的歸要。就中國學藝史的“要素”而言，主要有三：“一曰民族精神”；“二爲時代思潮”；“三爲地域色彩”。由此出發，則“今日研究之主恉”，“可得言者三事：一曰民族學藝，二曰時代學藝，三曰國民學藝”。“本此恉趣以編譔中國學藝史，則可求其縱横變遷因果。縱則述其時代思潮之遞嬗，紀敘起源流變；横則述世界文化之影響，辨别性質體例。”不過，當有“通專之别”：“通史以博大爲主”，“專史以精深爲主”。

（三）《中國文學論之變遷大勢》

該文發表於《新聲月刊》1931 年第 3 卷第 4 期（第 1—12 頁）。作者認爲，中國歷來論説文學者，“頗多紛紜”。“統其綱維，共有十六。”即：“文”，“學”，“文學”。“漢代以詩爲文學”，“魏晉後以詩定誼爲文學定誼”，“晉以後分文學爲文與筆”，“唐韓愈倡古文以筆亂文”，“清阮元尊文極重聲偶翰藻”，“章太炎以文字爲準”，“陳兆以文藝爲心本”，“劉申叔主偶儷和律與沉思翰藻”，“顧惕生主修辭古雅”，“景冒極等主以情感爲準從英人温斯特説”，“黄季剛先生從文心並重文筆説”，“胡筱石先生主人生内心反映以藝術語言具體表現説”；“諸説歸納”。在“分别詮釋”的基礎上，“得言者有三端：一則以文學爲藝術，獨立論與實用論兼顧；二曰文學要素以内外美並重爲尚；三曰文學形態以文言與語言同施”。“爲簡明言説”，其“要點”在於：“文學爲藝術乃創作者以人類實際生活不滿在心理上起刺戟反映；藉藝術化語言，縝密組織；寫以内美之情感智慧神思，寫以外美之聲律翰藻篇章；將題材具體表現成爲藝術品；可以引起鑒賞者起心絃共鳴。”

（四）《抗日救國之應具態度》

該文發表於《新聲月刊》第 4 卷第 1 期（第 14—17 頁），1931 年 12 月 1 日出版。末署“中華民國二十年十一月十一日寫於南京”。“九一八事變”之後，日本侵占中國遼吉黑三省。當此“奇恥大辱之時”，楊啓高認爲，“抗日救國”所“應具態度”，“總其綱紀，别爲兩端：一爲對内態度，二爲對外態度。對内須由自己奮發，最爲可恃。對外須依他人幫助，不定可恃”。對内可分爲兩點：“一曰國民與政府一致，二曰據理與備戰並争。”作者在談及“備戰”時，認爲“若法理與正誼皆爲世界强國埋没”，“吾全國衹有總動員以拚命一戰，尤能保持有獨立之精神”，而“凡各地方”，均應確保“地方軍紀風紀”。“譬如四川之軍隊幾

① 南京四牌樓二八號新聲社編輯兼發行；通訊處：南京中央大學。

② 丁守和、馬勇、左玉河、劉麗主編：《抗戰時期期刊介紹》，社會科學文獻出版社 2009 年版，第 481 頁。

十萬，皆食民脂膏。往者袛知爲己身利益而戰，遺全國人之訴議，若能自動出夔門以抗日，則往者錯誤，國人或能諒之。”“對內態度，重在執行國家目的之治安與文化，屬於國內法者尤多。雖有備戰，尚重防守。”而所謂“對外態度”，“則重在國家執行國際法與國際正誼”。“從外交言，仍希望國聯秉公制裁日本。從軍事言，則應自己毅然出兵以征服日本。”對內與對外，兩者猶如“車輪”，關鍵在“善馭”。而“政府國民，自當同仇敵愾以宛轉”，“遠追唐明兩代之遺風，降服日本。近步德土二國之精神，振我邦家”。

（五）《唐詩影響現代詩之個人詩派與民族詩派》

該文分五節：一、“唐詩影響現代詩之大勢”；二、“唐詩影響現代個人詩派”；三、“唐詩影響現代民族詩派”（上）；四、“唐詩影響現代民族詩派”（下）；五、“今後發展民族詩之途徑”。第一至三節，發表於《新文化月刊》[①] 第 2 卷第 1 期“論著”欄（第 45—54 頁），1935 年 1 月 25 日出版。最後兩節，則在第 2、3 期合刊續載（第 48—54 頁）。其內容，與《唐代詩學》的第六部分“影響”大同小異。

“詩爲藝術文化中文藝之一體，與時代思潮關係甚密切。”現代文藝思潮主要有二：“個人文藝思潮”與“集團文藝思潮”。從“文藝領域”、“創作時際”、“應用性質”和“作者態度”來看，“唐詩影響現代詩之實證約而類聚，統有二派”：一爲“個人詩派”，二爲“民族詩派”。個人詩派，又“約有三派”：“山水詩派”、“豔情詩派”和“神仙詩派”。山水詩派，主要體現在“李頎歌行與王闓運山水詩”，此派以王闓運爲主帥。豔情詩派，主要體現在“温李律體與樊易豔情詩”。此派詩風多緣情綺麗之作，以樊增祥、易順鼎爲有名。神仙詩派，主要體現在“李白歌詩與悟幻道人神仙詩”。“此派詩人，因時局紊亂，苦悶不堪，遂幻想仙境，以寄托其身心。”

民族詩派，亦有三派：“愛國詩派”、“革命詩派”、“佛子詩派”。愛國詩派，主要體現在“杜韓白時事詩與康黄吴愛國詩”。綜觀其演進，“在康有爲僅變詩之靈魂。到黄遵憲之吟哦，則變詩之形態。及吴芳吉出，遂將靈魂與形態，均大肆變通”。革命詩派，主要體現在“杜韓抒情詩與于胡汪革命詩”。其中，“于”即于右任，“胡”即胡漢民，“汪”即汪兆銘。“此派詩宗杜甫韓愈等詩風”，“以熱烈情感，爲振奮民族靈魂之原動力”。“對於詩歌體制，固多遵古律之典型”，但“别樹風範”。“其詩之風趣”，“多屬雄壯；較愛國詩人，更爲偉大”，“世稱報國文章”。其特色在於“雅言和壯行一致，文章與政事齊研”。至於佛子詩派，則以蘇曼殊爲代表。

唐詩影響現代詩，以民族詩派最合時代思潮。而“將來如何變化，始能完成”？考其途徑，一爲“博積學識”；二爲“雅練體制”。最後，其“發展趨向”，“自應有兩方”：“一則對本國言，當使各民族躋於平等”；“一則對世界言，當求被壓迫各民族平等”。

---

① 該刊通訊處：“南京國立中央大學交通處”。楊啓高過從較密者，如胡小石、謝无量、汪辟疆、王易、陳之佛等，均曾執教於南京中央大學，其文章則多刊於《新聲月刊》和《新文化月刊》，而此兩刊亦爲南京中央大學創辦，故疑其也在該校任教。

綜上所述，可以見出：楊啓高應該是一位具有較高成就的學人。但遺憾的是，其人其事並未得到應有的關注和研究。在 1991 年版《南川縣志》的“文化篇”中，述及民國年間的文學藝術時，所舉僅傅公溥、謝家駒、任吉輝、賀國藩、“九遞詩社”、古承鑠等數人而已[①]。其著述，有待重新整理刊布並光大弘揚。

作者單位：重慶師範大學文學院

① 四川省南川縣志編纂委員會編著：《南川縣志》，四川人民出版社 1991 年版，第 524—525 頁。

隗瀛濤教授的科研成果和學術特色

謝　放

隗瀛濤（1930—2007），男，漢族，重慶開縣人，中共黨員，著名的中國地方史和中國近現代史專家。1957 年畢業於四川大學歷史系歷史專業本科。歷任四川大學歷史系講師、副教授、教授。1984 年至 1989 年任四川大學副校長。曾任國家社會科學基金中國歷史評審組成員、四川省歷史學會會長、四川省文史研究館館長、四川大學城市研究中心主任、四川省學術帶頭人、教育部人文社會科學研究專家咨詢委員會委員。

隗瀛濤教授長期從事中國近現代史和中國地方史的教學和科研工作。早在上個世紀 60 年代初，便對四川地方史尤其是四川保路運動史作了開拓性的研究，被國內外公認爲這一領域的研究專家。此後，在中國近代史和中國地方史領域，作出了許多開拓性的重要研究，取得了突出的學術成就，學術造詣精深，科研成果甚豐，在中國地方史方面，居於國內外領先地位。先後完成出版學術專著十餘部，並在《歷史研究》、《近代史研究》等刊物上發表了有關中國地方史和中國近代史的論文五十多篇，總字數達六百多萬字，連續兩次獲四川省政府頒發的四川省哲學社會科學優秀成果一等獎。

1980 年出版的《辛亥革命史》（中册）和 1981 年出版的《四川保路運動史》兩部代表著作，以豐富的第一手資料，對辛亥革命史和四川保路運動史作了深入、系統的研究，提出了有相當建樹的學術見解，填補了中國近代史、中國地方史研究的空白，使我國在這一領域的研究水平提高到一個新的高度，在國內外史學界産生了重大影響，被譽爲“最有影響的辛亥革命史著作”，“是最能體現目前中國辛亥革命史研究的觀點、方法和水平的上乘之作”，“爲中國研究四川保路運動史的名著”，“在同類著作中堪稱領先地位”。《四川保路運動史》獲四川省哲學社會科學優秀成果二等獎，《辛亥革命史》曾獲湖北省社會科學優秀成果一等獎，並獲國家教委優秀教材一等獎。

1989 年，出版了由他主編的國家教委下達的國家哲學社會科學“六五”重點課題《中國知識分子的歷史道路》一書。該書比較系統地論述了近現代先進的知識分子追求救國真理的歷程，論證了中國走社會主義道路的必然性，受到社會各界的高度評價，中央人民廣播電台、四川日報社予以報導。四川教育出版社專門舉行發行會，四川省委領導及大專院校專家學者出席座談，稱譽該書是進行愛國主義、社會主義教育的優秀教材。1990 年該書獲四川省哲學社會科學優秀成果一等獎。

從 1986 年起，開拓了中國地方史的一個新的研究方向——中國近代區域城市史研究。他是國內最早開拓這一研究領域的學者之一，連續主持承擔了國家哲學社會科學“七五”重點課題“近代重慶城市史”、國家哲學社會科學“八五”重點課題“中國近代不同類型城市的綜合研究”，出版發表了一系列在國內外有相當影響的專著和論文，爲中國地方史研究的深入和發展作出了突出貢獻。城市史學作爲歷史科學和城市科學相交叉的一門新興學科，現在已成爲國際學術界矚目的研究領域。在國內，城市史學作爲晚近興起的研究領域，當時還沒有成熟的理論體系和研究規範。隗瀛濤教授就城市史研究的基本內容和綫索、城市近代化和近代城市化等有關理論問題發表了一系列論文，提出了以研究城市的結構功能演變及其近代化爲主要內容和基本綫索的研究模式，在學術界産生了巨大的影響，被稱爲這一研究領域的“結構—功能學派”，“在研究城市近代化的理論上有重大突破”。他主編的國家哲學社會科學“七五”重點課題《近代重慶城市史》（最終成果 67 萬字，四川大學出版社 1991 年版），是建國以來第一批研究中國城市史的學術專著。該書從城市地域、城市經濟、城市社會、城市政治、城市文化等不同方面對我國內陸大城市重慶的發展歷史進行了全方位的考察，闡明了近代百年來重慶興起的條件、動力、特點和局限性，拓寬了中國地方史和中國近代史的研究領域，爲我國當代的城市規劃、建設、管理以及選擇正確的城市化道路提供了借鑒，具有重要的學術價值和現實意義。該課題的研究受到國內外史學界的高度重視和評價。著名學者戴逸、張豈之、王慶成、汪敬虞、李侃、林增平、胡繩武、湯志鈞、張磊、吴雁南評閲後，認爲該書是“一部開拓創新的力作”，“篇幅浩瀚、內容豐富、材料翔實，敘述暢達而立意新穎，爲城市史研究開闢了蹊徑，這是一部很有學術價值和現實意義的重要著作”。“是一部功力深厚的著作，爲我國的近代城市史研究奠定了很好扎實的基礎”。“全書結構和選材均臻上乘”，“具有開拓性意義”，“是迄今爲止所見到的以馬克思主義爲指導，以歷史事實爲基礎，全面系統剖析中國近代城市的優秀著作之一”，“無愧爲國家哲學社會科學規劃中的優秀成果”。美國中美學術交流委員會會刊《中國交流新聞》還專文介紹該課題的研究情況。《中國日報》（CHINA　DAILY）發表專文《研究重慶城市的專著》，向國外作了詳盡的報導和評價。《歷史研究》、《城市史研究》、《中國圖書評論》等刊物也分别載文作了評價。

1992 年該書榮獲四川省哲學社會科學優秀成果一等獎。同年，國務院頒發證書，爲表彰他爲我國高等教育、社會科學事業做出的突出貢獻，發給政府特殊津貼。

隗瀛濤教授在長期從事中國地方史研究中，提出了對該學科科學發展具有指導意義的學術思想。他認爲，中國地方史是歷史學中一門新興的學科，它既是一門基礎學科又是一門應用學科和交叉學科，主要研究帶有區域性特徵的經濟、政治、社會、文化、民族等方面歷史，在歷史科學乃至整個社會科學中都占有特殊的地位，並已成爲當今國際上一股頗有聲勢的學術潮流。由於中國幅員遼闊，各地區的社會經濟發展不平衡，區域特徵各異，深入開展地方史研究不僅是推動全國通史、斷代史、專門史研究向深度和廣度進展的有效途徑，而且有利於準確認識中國的國情和各地區、各省市的省、市情，爲建設有中國特色的社會主義提供歷史依據，並形成了突出的學術特色。

第一，開拓創新，促進學術發展。隗瀛濤教授總是在研究中積極開拓新的領域，在理論方法上創新。他是國内最早開拓中國地方史研究的學者之一，其研究成果具有爲中國地方史研究的發展提供“範式”的意義。作爲我國近代區域城市研究的主要開拓者，對我國城市史學的建立和發展做出了重要貢獻，取得了重大的研究成果，學術界贊譽爲“結束了外國人研究中國近代城市的歷史”，並對歷史研究如何更好地爲社會主義現代化建設服務作了有益的探索。

第二，將地方史和全國史研究相結合，使研究成果既有較廣闊的學術視野又有濃郁的地方特徵；努力開拓歷史研究中相對薄弱的經濟史、社會史、文化史等領域，對所研究的區域的經濟、政治、社會、文化作更深層次的研究，突出地方歷史發展的特點。他主編出版的《四川近代史稿》、《辛亥革命與四川社會》兩書即將區域社會研究和對近代中國歷史的總體考察相結合，加强了地方經濟、社會、文化方面的研究，具有了新的特色，引起了國内外史學界的極大關注，被譽爲“反映四川地方史最新研究動向和水平的代表著作”，“改變了過去一些史學論著的單一模式”，“從區域社會方面去研究辛亥革命史是一大貢獻”，“具有理想性和開拓性，於區域史研究，也提供了一項具有參考價值的模式”。

第三，以科研育人才，培養造就學術隊伍。他堅信：我國史學的未來，惟有靠後起之秀者，後起之强者。爲此，組織中青年學者參加他主持的國家重點科研課題，通過科研培育人才，使一批年青的學者脱穎而出。參加由他主持的研究項目的年輕學者，不少已晉升爲教授、副教授，除承擔集體科研項目外，還獨立承擔完成多項國家科研項目，成爲了學校的重要學術骨幹，在學術界也有了知名度。以隗瀛濤教授爲學術帶頭人的四川大學中國地方史專業，被國務院學位委員會批准爲該專業第一個博士點，具有結構合理、實力雄厚的學術隊伍，並建立了城市研究作爲固定的科研基地，能够承擔較大型的科研項目。

隗瀛濤教授帶有10名博士生和20名碩士生，出版的由他主持的國家“八五”重點科研項目《中國近代不同類型城市的綜合研究》，是我國第一部從全國範圍内系統研究中國近代不同類型城市的重要學術著作，在國内外學術界産生了巨大的影響，使中國地方史研究水平提高到一個新的高度。

作者單位：華南師範大學歷史文化學院

元稹治地：巴渠詩人的貌景分走與根脈集合

——達州百年詩歌疏議

成都凸凹

突然想寫這樣一篇文章，實因達州“元九登高節”的觸發。與白居易並肩聳立爲中唐詩歌雙峰齊稱“元白”、讓浣花溪畔的女校書薛濤愛得死去活來、後來官至宰相的元稹，在通州任三年司馬、七個月刺史並寫下《連昌宫詞》等近兩百首重要詩歌後，奉命要離開了。那一天是元和十四年（819）正月初九，元稹與通州百姓依依惜别。望着詩人漸行漸遠的身影，舉城百姓紛紛登上城南州河邊翠屏山，齊誦刺史詩篇，極目遠眺，把一隻小船望斷在薄霧中——其景其狀蔚爲壯觀，詩人每一回頭，無不淚下。“元九逢元九，登高載酒來。”（李冰如）“元稹昔守達，是日歸棹輕。邦人齊出送，俎餞登翠屏。”（劉存厚）年復一年，詩人雖去，但朝拜“六相祠”、登山望親人、處高吟詩篇的“元九登高”這一美俗卻傳承了下來——而今新建的元稹紀念館、元稹文化廣場佇立於城北鳳凰山，表達了達州百姓對詩歌和詩人的無限憧憬與由衷敬仰。

其治下有“一區五縣一市”（通川區、達縣、渠縣、大竹縣、開江縣、宣漢縣、萬源市）的四川省達州市，是大巴山中巴河、渠水流經、滋養之境，係巴渠自然體系和人文體系的主體部分。清嘉慶《達縣志》載：“通州，以元稹聞名。”

自唐始傳承下來的不僅僅是“元九登高”這一習俗。大約是因爲元稹對巴渠大地那些賨人後裔用詩歌進行過充分教化的緣故，巴渠人善詩的習俗也一代一代傳承了下來。你看那些刻打在巴渠大地石頭上和飄蕩在天空鳥羽間的紅軍和農人的話語方式，感情稍一濃烈，即以完全詩化的順口溜和歌謡形式表達了出來！而早在武王伐紂年代，就有“巴師勇鋭，歌舞以淩殷人”（《華陽國志·巴志》）之記載。百年來，在巴蜀乃至中國詩歌長河的版圖構成中，形成了以段可情、唐伯壯、張揚、梁上泉、葉知秋、李祖星、楊牧、洋滔、邱易東、顔廣明、張建華、陳亞平、邱正倫、凸凹、王琪博、文林、向以鮮、龍克、徐永、鍾品、唐政、龐清明、沙白、曾蒙、游太平、李兵、唐果、桑眉等爲巴渠主脈的清澈詩像。

有什麽樣的山水和風物經年浸潤，就有什麽樣的詩人和詩篇燦爛落地。細讀巴渠詩人（本文特指祖籍屬達州市或在達州市出生、成長、學習、工作、生活多年的詩人。而巴渠文化地脈範疇遠大於此）作品，其品相可謂風格萬千，走向各異，一貌一景。而把手伸進他們詩歌的根脈裏去，一定能摸到大巴山粗糙的詩骨、巴河渠水幽藍的詩韻以及迥異於草地、大漠、關外、雪域高原、江南水鄉的複雜深谷、霧靄林莽的特質——關於這點，但願我還有激情另做專題論述。

一　1979 年以前：紅色的，響亮的

上至百年前，下至北島、芒克等“在北京郊區一間狹小的農舍”秘密創刊《今天》的 1978 年 12 月 23 日，巴渠詩歌除段可情民國時期的一些作品外，餘下的大多作品大約均可在“舊體詩類”、“公共贊歌類”和“兒童詩類”找到自己的位置。1927 年，達縣中學一些知識分子成立“爛熳社”，辦有《爛熳》旬刊。在 1949 年至 1979 年的中國大陸三十年詩歌空谷中，梁上泉現身西南，一枝獨秀，幾成大巴山山梁上一道最耀眼的響泉。

李冰如（1897—1976），筆名李清，通川區人，原達縣縣立中學國文老師，詩人、教育家。先生一生創作詩歌近萬首，結集出版的有《腐草》《抒情集選》《春風的鼓吹》等，有“川北平民詩人”之譽。1950 年李冰如將自己“五四”以來創作的新詩編爲《芳洋集》時在其“序”中曰：“白居易説‘詩合爲事而作’，我詩亦多爲事而作，芳與澤其爲事的好壞兩面，而美則由此可見……亦可借此表現我詩的思想性和藝術未能達到純粹融合。”李冰如還是梁上泉的恩師。

段可情（1899—1994），原名段傳孝，筆名白蓴、錦鑾，達縣亭子鎮人，民盟成員，德語、俄語文學翻譯家，海涅詩集《新春》（世紀書局 1928 年版）譯者，“創造社”、“普羅詩派”重要成員，曾任川北文聯主席、四川省文聯副主席等職。相對詩歌而言，段可情創作以小説、譯著爲多。其子段懋功，亦善詩。

唐伯壯（1899—1929），名身烈，字伯壯，達縣黄都鄉唐家弔樓子人，曾就讀於四川省公立法政專門學校和黄埔軍校第六期，被軍閥秘密處死於達縣監獄，生前係川東游擊隊第一路政委。唐伯壯少聰穎，性剛毅，喜讀書，在“五四”運動新思潮影響下思想激進，常吟詩抒懷，抨擊時弊。唐伯壯新詩、舊詩雙管齊下，在激烈壯懷中透出了他的不羈才氣。黨史研究機構常引用其舊體詩《獄中月夜感懷》《打桐子》《示兒》激勵革命者。如其《螢火蟲》一詩，可見八十年前巴渠白話詩的藝術水準和誘人風光：

露結晶珠，月瀉清光，丹丹的都棲上了青草緑秧。
那些繭蟲兒，在那裏飛一飛的亮一亮，
正飛得高興時，那些兒童，把他們撲在地上。
他們雖是死了，

但是，他們的光不滅，還在那裏亮一亮！
那些兒童，都説："好了！他們盡都死了！
再也飛不起來了！"
他們誇自己的成功，是異常的歡喜了。
螢蟲兒！你們祇是要為世界放光，纔遭下這殺身的殃！
你們的死，我欽佩！——生前不肯韜光！
死後還要流光！①

"在那裏飛一飛的"、"歡喜了"、"盡都"——祇要用大巴山的鄉語朗聲讀出這些語詞，就會完全爲詩人敉詞的功夫而深深折服。

李家俊（1903—1931），萬源市固軍壩人，著名的固軍壩起義發動人，被叛徒出賣入獄，英勇就義。生前任川東游擊隊第一路司令員、川東特委軍委書記、四川省軍委書記等職，被譽爲"四川的彭湃"。李家俊少好詩文，其作品在《萼山鐘》等報刊上多有發表，1922年秋天去上海同濟醫學院就學後，進一步受新思潮影響，"披着長頭髮，蓄起長鬍鬚，聲稱要做中國的托爾斯泰，要以自己的一支筆來揭露人間的不平，唱出反叛之歌"。他的《弔唁戴仲同志光榮犧牲，泣挽兩首》《獄中詩》《遺興》等詩作，其令人熱血沸騰的讀感，一點也不因時間的流逝而稍有折減。他的親妹李家瓊（已逝，葬於龍泉驛長松寺公墓）是我就讀萬源中學時的數學老師，老師的女兒李琪既是同窗又是同被寄養在萬源河街一個叫黄景春的保姆家的少小夥伴。因爲這種緣分，讀李家俊的詩，不僅親切、感歎，還會生發一些對他親人的念想。

魏傳統（1908—1996），達縣羅江鎮魏家鄉人，1955年被授少將軍銜，書法家、詩人，曾任中共四川省委秘書長、軍委總政治部秘書長、解放軍藝術學院院長、中國楹聯學會會長、中國書法協會榮譽主席等職。晚年常寫五言、七言絶句，自稱寫詩"八次過關未斷頭"。其詩集《追思集》② 以記懷毛澤東、周恩來等爲主題。在後記中，他説："這本集子，我開始擬名曰《哀思集》。張愛萍同志給我説：應該把'哀'字改爲'追'字……"得益於鄉黨之言，這一字之差的變化，就調校、拔高了這個巴渠詩人的詩格。

張愛萍（1910—2003），生於達縣羅江口鎮張家溝，1955年被授上將軍銜，詩人、攝影家、書法家，曾任國務院副總理、國務委員兼國防部長等職，出版有《神劍之歌》等詩詞、書法、攝影選集。儒將張愛萍的詩詞中，既有"儒"的雋永、俊秀，又有"將"的開闊、速率。

李依若（1911—1959），本名李天禄，宣漢縣馬渡鄉百丈村人。1930年在重慶《新蜀報》任副刊詩歌編輯，後在達縣《月季花》雜誌任編輯，發表詩歌甚多。他一生以搜集整理民歌、創作民歌爲樂，代表作有民歌《康定情歌》等。

① 載《巴山英烈》，重慶出版社1984年版。
② 四川人民出版社1979年版。

李中權（1915—2014），達縣碑牌河石家壩人，1937 年延安抗大畢業，1951 年調空三軍任軍政委、北京軍區空軍副司令兼參謀長，軍區空軍政委，1955 年軍委授予少將軍銜。著有《李中權詩詞選》《李中權詩詞選續集》等。

張揚（1924— ），原名張韶，筆名曠野、馬奔。渠縣人。歷任重慶及渠縣小學教員，《華西晚報》編輯、記者，中共川西南武裝工作委員會常委、調研部長，川康人民游擊縱隊支隊政委，中共川西區黨委、四川省委宣傳部秘書。1957 年後調任四川人民出版社、四川文藝出版社編輯，直至離休。1939 年開始發表作品。1984 年加入中國作協。以山水詩揚世，著有詩集《飄不去的緑雲》《美麗的錯誤》等。

葉知秋（1931— ），宣漢人，中國作協會員，著名軍旅詩人，任職於廣州軍區政治部文化部。自 1949 年發表處女詩作《祖國呵，再見》，迄今已出版《軍旅詩葉》等詩集 5 部。《志願軍詩一百首》（1959）收有他 4 首作品。西彤説："熱愛生活，貼近現實，並把生活詩化，是葉知秋詩作一個突出的特點。從硝煙初散的前沿陣地，到飛翠流霞的畫山繡水；從鐵馬金戈的軍旅生涯，到杜鵑聲裏的巴蜀鄉情，都有他熾熱的詩心在翱翔，都有他自己真切而獨特的發現。"打量這個與梁上泉同齡而在梁上泉成爲名人前已經是名人的巴渠詩人，熾烈，是他作品的顯著特徵。

梁上泉（1931— ），達縣碑廟鄉人，中國作協會員，曾任四川省作協、重慶市作協副主席。自 1948 年底在《現代農民》雜誌發表詩歌處女作後，一發不可收，迄今已出版詩集《喧騰的高原》《飛吧！信鴿》《梁上泉詩詞手書選》等 25 部，另有《小白楊》等歌詞、《紅雲崖》等歌劇傳世。"梁上泉的兒童詩可分爲抒情短章、小敘事詩、寓言童話詩和微型詩四類，且常以軍人視角和孩提視角描摹兒童生活。其前期詩作多寫童年苦難和血與火的鬥争經歷；後期詩作轉向對游戲和大自然的歌吟，兼及環保觀念的大力弘揚。梁上泉堅持與時俱進地從事兒童詩寫作，他能以當今兒童文學游戲學派的創作特色來豐富彌補自己固有的社會學派創作風格。"在此，我願意引用彭斯遠教授的這個判斷來評價梁上泉全部的詩——因爲就我個人的美學認知論，梁上泉的新詩可全部劃入兒童詩範疇。三十年的光陰，足以讓閱讀受面重新洗牌和另行組合。我相信，這個定位，會讓他的詩在被掩蔽狀態中拱出頭來，於另一方天地重新飛翔。

陳官煊（1938— ），筆名陳凡、江牧，達縣草興鄉人，1997 年加入中國作協，達州市創作室專業作家，曾任達川地區作協主席等職，現居美利堅鹽湖城。1956 年開始發表作品迄今，已出版《陳官煊諷刺詩選》《陳官煊詩選》《陳官煊兒童詩精選》等。他的作品通透順暢，淺顯易懂。

彭萬洲（1939— ），達縣人，中國寓言文學研究會會員，擅長兒童文學和科普創作，出版有《白鵝趕路》《鬧笑話的小花狗》等詩集、童話集。

喻德榮（1949— ），原籍重慶，達州市文聯副秘書長，達州市作協副主席，達縣作協主席。七十年代開始發表作品以來，有小説、詩歌、散文、戲曲等作品問世，以兒歌、兒童詩見長。作品入選《中國兒童文學 50 周年精品庫》《建國 50 周年四川文學作品選》等。

此外，萬源石窩籍詩人放牛娃，部長詩人張燦明（曾任外交部副部長、最高人民檢察院副檢察長），達州五人詩選《五彩的風》（重慶出版社 1984 年版）作者何吉明、李新（另三位爲張建華、李祖星、陳官煊），供職於四川作協巴金文學院的詩人廖憶林，知名諷刺詩人楊翰端，達縣兒童詩人鄧元傑，萬源兒童詩人曹明玉，達城詩人李可剛，渠縣詩人鄧天柱等的作品，可謂風采各異，在經過他們面前的一些時間節點上，增添着巴渠詩歌的鹽分。

二　達縣（含通川區）：巴渠詩歌中心

達縣（含通川區）不僅是達州市首腦所在地和政治、經濟、文化中心，也是巴渠詩歌的“首都”和“集散地”。巴渠詩群在 1979 年後的閃電崛起，離不開砥立《巴山文學》尤其是刊中刊“啟明星詩卷”的張建華、李祖星兩個“領頭羊”的有效造動和踏實做事，離不開更年輕一代生猛詩人的貼身跟進。記得八十年代中期，我通過徐永爲李祖星“啟明星”約來了包括海子、西川、臧棣、西渡等在內的北大特輯，反響大而好。《巴山文學》編輯部還在達縣紅旗旅館旁一幢小樓裏的時候，人民公園裏還有個鄧元傑獨守的《搖籃》編輯部。那年頭，我從工作地白沙工農區一回到達縣家中，總要和龐清明去兩個編輯部坐坐。現在，我收到的寄自達縣的報刊衹有《碑河風》《老區文學》了——它們的簡陋與單薄，讓人忍不住感懷昔日的旖旎。

李祖星（1944—　），當我寫李祖星這個“辭條”時，我在百度進行了搜索，令我驚訝的是，居然沒找到他的簡介——這正暗合了他自己的詩：“時間之手，静静地/把你鑿爲礁石你不知道/成爲風景你不知道”（《泅渡》，刊於美國《一行》詩刊）。現在，我衹能憑着對他的瞭解，作一約略記敘。他祖籍巴中，四川大學中文系畢業，曾任《巴山文學》執行主編，現爲達州市作協副主席。《五彩的風》以“無花果”作輯，收入有他的《街樹》等詩作 14 首，北京著名詩評家唐曉渡在爲其撰寫的專評中對他有一個很好的評價。李祖星真正的好詩出現在《五彩的風》出版以後，其詩瘦削、深澤，有葉梗的精緻而無葉片的輕飄。

洋滔（1947—），本名楊從彪，達縣管村人，中國作協會員，拉薩市作協副主席，曾任《拉薩晚報》副總編、《拉薩河》主編，現居重慶。出版《崛起的珠峰》《多情的世界》等詩集 5 部，獲西藏文學十年獎（1985 – 1995）。1980 年代洋滔在《拉薩晚報》任職期間，其報紙副刊儼然是與《詩歌報》《深圳特區報》《巴山文學 · 啟明星詩卷》並駕齊驅的全國現代詩的又一個中心。儘管洋滔十八歲就在《通川日報》發表了處女詩作，但我更願意將他納入新時期文學後的巴渠陣列——他屬於那種大器晚成的詩人。洋滔的詩輕靈、自然，在口語傾向中融入了現代意識——像美國現代鄉土詩人羅伯特 · 弗羅斯特的娓娓敘言。

顏廣明（1956—　），祖籍山東，長於四川通江，曾任達縣師範高等專科學校（今四川文理學院，下文簡稱達師專）報編輯，現爲北京某傳媒集團總編室主任。著有《太陽的保姆》等詩集，編有《中國當代青年女詩人 100 家》等選本。八十年代中後期在《星星》詩刊上大紅大紫的他，現在依然是網絡和民刊的常客。他是一個用硬質元素作軟體抒情的練習者，正像漢子對一個嬌小背影的喊聲——大不得也小不得。“我的心原是一隻脆薄的杯盞/你怎能忍心將真情失手滑落/讓無邊的遺憾/濺成滿天憂愁的星星”（《杯盞》）——這是他最近的詩。

張放（1957— ），筆名張歎鳳，祖籍達縣管村，長於阿壩汶川，中國作家協會會員，四川省作家協會全委會委員，四川大學文學與新聞學院教授，中國現當代文學研究方向碩士生導師。爲張新泉獲魯迅文學獎的詩集《鳥落民間》作過序的張放，其詩也寫得非常有創意，如“她不是貴族。她是顴紅的鄉姑，處子血，母親乳，陸地魂/請讓我們賞花，同時嚼食空氣爲詩——//把心嘔出來/此生此世立志不改/生，於斯，長，於斯，老，築樹爲墳/把韻腳根植靈魂深處——作聲是桃花的呢喃”（張放《有關桃花的品質》），可謂道行深厚，於無章法中自成章法。

徐僑（1957— ），祖籍山東五蓮，達州市作協副主席，曾供職於達縣東城派出所。讀着他1992年冬天簽送我的詩集《嶄新的太陽》，我真心祝願這位昔日的警員詩人在脱掉警服、交出手槍後，會讓一心一意的筆寫出與體制氛圍絶決無關的“純詩”。

郝成彪（1960— ），供職於達州市委宣傳部，2003年出版有詩集《琴弦飛歌》。讀他的組詩《如吟柔情》，會讀着讀地就變成朗誦了。

邱正倫（1961— ），達縣麻柳人，博士，西南大學美術學院教授，1990年代初宣導“新古典主義”寫作，21世紀初加入後“非非主義”，著有詩集《四十九種感覺》、詩論集《艱難的啟示》等。相較他一些詩歌中更多的灰黑、疑奥和思辨，我倒是喜歡他《生肖》（組詩）一類的東西，樸素、細密、一點一滴浸入而不盈溢。“我爲自己的排行感到驕傲/儘管矮小、近視，加上樹敵太多/但我玲瓏、剔透，行動敏捷/貓是我最大的剋星，但是它不會成爲耀眼的星相。”（《生肖 · 鼠》）

樊雄（196？— ），曾供職於達州職業技術學院，後移居成都。出版有詩集《冷漠與温暖的手》等，與張建華合編有少男少女愛情詩選本。

亞男（1964— ），本名王彦奎，達縣景市人，曾在萬源沙灘教書，後移居成都。1986年開始發表作品，1999年出版散文詩集《雪地裏的鳥》。“一棵歪脖子樹/從那個下午讀卡夫卡/時間擠在花朵上/錯誤的面具爲一個詞的到來/展示身體的秘密。”（亞男《在時間和花朵之間》）亞男是可以把愛情詩寫得叫女孩子撲進他懷中的那種詩人。

王琪博（1965.8—），生於四川達縣江陽公社，1983年考入重慶大學，大學期間開始詩歌創作，大學生詩派旗手。2008年開始繪畫創作，作品參加上海藝博會展覽，曾獲2010年中國詩書畫高峰論壇油畫組金獎。

唐政（1967— ），生於廣安，先後在達棉廠工作、達師專中文系執教，九十年代末去重慶，並涉足文化産業。2001年參加李海洲發起的“現在主義”詩群。“重慶，你把雪藏到哪里去了/我往回走了十年，纔隱約看到一點你的影子……//也許我們命中缺雪，註定是炭火、風煙”（唐政《重慶，你爲什麽不下雪》）他是詩歌、評論雙管齊下的才俊，但我更喜歡他的評論。

鄧成彬（1967—　），筆名樵夫、龍鳴，達縣人，達縣文聯副主席、文體局副局長、作協副主席，出版有詩集《走進太陽》等。以前我知道的他是一位詩人，現在我知道的他已然是一位知名的詞人了。詩人向詞人轉向的機智在於，當這個世界懶得動腦的時候，聽覺的市場就大於了閱讀的界域。我欣賞法國詩人保爾·魏爾倫用文字變音樂的魔鬼技術——他是水的軟營造，而非磚的硬搭砌。

龐清明（1967—　），達縣人，1994 年移居東莞。“第三條道路寫作”詩歌集團代表詩人與主要推動者，東莞文學藝術院簽約作家，出版有詩集《時辰與花園》、詩合集《跨越》等。龐清明是以《南方鄉鎮》系列組詩立足詩壇的，其詩唯美、抒情，深具白銀品質、騎士風範和飄零者情懷，充滿對世界遽變的間歇焦慮、深度追問與長久惦懷。“從一對稚臉摘取蘋果與酒樽/從均勻呼喚聆聽百鳥的合唱//我是個孩童的牧者/我的心是不斷更新的廣闊草原/將一襲碧血與滿身礦物奉獻/陽光雨露中策馬飛奔”（龐清明《我是個孩童的牧者》）

李兵（1971— ），達縣堡子鎮人，現執教於西南民族大學哲學系，係“幸福劇團”詩寫群體主要成員。“在達川/婦人腰粗如斗，男人熱愛吃飯/老弱病殘者均理由充分地提一三腿木凳/曬太陽，抓蝨子，説長道短/間或用背部左側/猛蹭社會主義電杆……//在達川/我曾終日愧疚，心神不寧/少女與成都是我的兩種疾病/……當然，這都是以前的事了/除此之外，以前的事還有/母親，考試，咽喉炎。”這是他的《在達川》中的兩節。這首仿柏樺《在清朝》格式、頗具現實諷刺味的戲寫之作應該是李兵詩的個例。他詩歌的主流傾向除了敘事、機巧、跳躍等外，還有乾淨、寧静與細節。

曾蒙（1972—　），本名冉超，達縣渡市人，畢業於西南師範大學中文系，現供職於攀枝花市衛生部門。“中國藝術批評”網站站長，中國七〇後詩人重要代表人物。曾蒙的詩主要表現在他的敘事（地理、愛情等）才華和關注日常事物細小變化的耐心、機警、深刻和不動聲色。“作爲一個有着清醒的創作意識的詩人，曾蒙在對待詩藝的認真與執著上是顯而易見的。”（葉櫓）

游太平（1972—　），祖籍重慶合川，生於達縣，現工作於達竹礦務局，任《川東煤炭報》主編。對於他詩歌品質純度和優秀的認定，我是在 2002 年 7 月收到他簽贈的詩集《内心的戲劇》並認真閱讀後形成的。“那一定是一隻遷徙的鳥，/用它的所有羽毛和絶望飛翔！/今天，我分辨出了它的影子——/像閃電，在一面斑駁的牆上沉睡。”（游太平《鳥影》）游太平的詩内省、自戀、絶決中略帶猶疑。很多人寫詩是將内心的世界一點一點向外放，而他卻是將外邊的世界一點一點往内收。

譚虹（1974—1993），關於達高中女生譚虹，我幾近一無所知。我衹能從曾蒙於 1997 年春天寫下的《四年——悼詩人譚虹》詩中搜捕到她的一些氣息：“逝去的已不是四年的時光了。/而且我夢中的斜坡，在情節的起伏中/將我們和昨天緩慢而又妥協地分開。//那又將是怎樣的玉米林在風聲裏/輕輕抽泣，一如年輕的河流，/在窗外的時辰裏帶走濱河公園的笑聲。”以前提到大巴山女詩人，我會不假思索地點到通江人唐亞平，自巴中劃出達州後，我們提到巴渠女詩人，還會想起誰呢？——巴渠男詩人的命真硬。

巴山石頭（1975— ），本名符純雲，生於達縣青寧，出版有散文詩集《昨夜秋風》。他是一個將“巴山”綁在自己名字上負重飛翔在當下網絡詩歌界的活躍分子，把他與羅啟然主持的文學民刊《碑河風》寄得滿天飛的人。對於爲詩歌做事的人，我從來都給予敬重。

魏亦（1986— ），原名魏易，少小在達縣，現在哈爾濱讀大學。14 歲入成都市作協、20 歲入四川省作協，除在《詩刊》《作品》《星星》等大刊發表有近百首詩作外，先後著有《炮轟超級女聲》（重慶出版社 2005 年版）、《1227 的三生石》（春風文藝出版社 2006 年版）等。

中心就是中心。達縣詩人之衆，確乎令治下市縣斷了越池之念。此外，王江濱、葉向東、余明宣、龍懋勤、李霜烙、鄧玉梅、陳其林、游金城、胡益、秦月、安全東、曠野、冉傑、羅啟洪、李婷、米元雙、張波、水晶花等達縣詩人，也在自己隱秘的詩歌領地裏以豐碩的精神之果支撐著達州這個詩歌中心的糧倉囤積體量和高度。文學評論家、達師專中文系教授范藻也爲巴渠詩歌的推舉傾入了自己的關注和才華。

三 萬源：巴渠詩歌副中心

盛産茶葉、蘋果及《巴山背二歌》等山歌民謠，擁有八臺山佛光的萬源市，其詩歌之隱，猶如側身於萬源花蕚山的“走馬薦諸葛”的隱士徐庶，有大名而令世人不知其根脈與去向——縱然如此，當時間之手揭去隔眼的霧嵐時，萬源作爲巴渠詩歌副中心的地位便一下子矗立起來。1986 年，萬源白沙工農區成立有“端午文學社”，其核心成員張占雲、凸凹、王江濱、黄亮、胡可出版有五人詩集《人迹》（1988）。1987 年，白沙文化館辦有先後由鄧文國、凸凹承擔編輯工作的《白沙河》詩報。1988 至 1992 年間，凸凹在其任編輯的《四川航太報》副刊爲各地詩人提供了寬綽的版面。1980 年代中後期，邱易東在萬源太平鎮小學任教期間，培養了大批少兒詩人，出版了萬源少兒詩集《捉迷藏的眼睛》。

邱易東（1952— ），萬源羅文人，中國作家協會會員，第三屆全國優秀兒童文學獎得主，新時期以來中國最具代表性的兒童詩人，四川兒童文學領軍人，現爲巴金文學院編輯部主任。從他出版的《到你的遠山去》《我的早讀》等詩集來看，其詩充分昭彰了對中國既往兒童詩創作路數的糾正功能和拓開習性，他的“不像”兒童詩的兒童詩在校園少兒閲讀的成功實驗令批評界不得不對他側目和給予相當敬重。此外，他還爲“四川文學新苗工程”培養了大批小齡詩人，可謂桃李滿天下。

鄧文國（1955— ），祖籍巴中，1980 年從達師專中文系畢業後，曾任白沙工農區文化館館長、《白沙河》主編、《鄉土詩人》執行副主編、《華文報》主編。現居德陽。出版有《原生代》《中國風采》等詩集 4 部。他的詩以近乎口語的言説於平淡中見奇巧、於細小處見開闊。他亦有寫兒童詩的耐心和經歷。

黃亮（1962—　），祖籍重慶，在萬源白沙工作十來年後移居成都。黃亮係詩合集《人迹》《稀世佳人》作者之一，李祖星在爲《人迹》所作的序中説："人生的道路充滿坎坷，但黃亮認爲，生活始終是招引你前進的'情人'，當你在前進的途中遇到險阻時，'情哥哥啊，不要就急着往回走'，他總是堅信'小號拖在鴿子身後/冬天米蘭也開花吐幽'。"黃亮散文亦佳。

凸凹（1962—　），本名魏平，生於都江堰，長於萬源，1993 年初移居成都。1998 年入中國作協。自 1980 年代中期發表作品以來，迄今已出版《大師出没的地方》《桃果上的樹》等 8 部個人詩集、3 部詩合集和《花蕊中的古驛》《民族花燦》等 4 部人文地理隨筆集，以及長篇小説《大三綫》《甑子場》，其中《包穀酒嗝打起來》係巴山新民謡集。"一切等待/都是時間對時間的等待，一切時間/都是等待對等待的蕩開。這真是世界上/最忙碌的事——每一秒鐘什麽也不做：/衹做等待。"（《等待，或時間之想》）"作爲一個優秀詩人，凸凹已經趨於完成。通過二十餘年的寫作，從加入大衆美學合唱到步入個人美學領地，從醉心於一己之悲歡到親歷這個時代的色相，凸凹在'大俗'與'大雅'的兩個極端都完成了破冰式的探險，既顯示了自身閃轉騰挪的嫻熟技藝，又爲當代詩歌的生成提供了多種可能性……這個特點醒目地把他與所有當代詩人區别開來，讓我們有理由期待凸凹終將在漢語的孤峰絶頂之上領受大家的致意。"（胡亮《凸凹："一個人的戰争"》）

文林（1962—　），祖籍萬源花樓壩仰天窩，生於重慶，現居成都、大理，曾任《世界博覽》執行主編等職。畢業於四川美術學院，1980 年代中後期即有詩名。"在終點，時間會腐爛/速度會歸零，樣子會無影無踪//你衹能跑在風的前列/跑進落日撒下的網/你的心太小腿太細，即使駡一千遍娘/也頂多衹能跑出一種姿勢。"（《春天的兔子》）其詩總是在柏樺、孫文波與李亞偉之間的平衡木上跳着他自己的芭蕾。

向以鮮（1963—　），又名向一鮮，萬源羅文人。從西南師範大學中文系畢業後入南開大學，師從王達津教授攻讀中國古典文學碩士，1986 年畢業後就職於四川大學古籍研究所至今。著有《超越江湖的詩人——後村研究》等。因一首《割玻璃的人》在《詩歌報》首届探索詩大賽中獲特等獎一舉成名。1987 年與趙野、鄧翔等創辦《王朝》詩報，同年與柏樺、孫文波等創立《紅旗》詩刊，1980 年代末與鍾鳴、柏樺等發起命名成立《象罔》雜誌。向以鮮的詩舒緩中見鋒利、神秘中遇常象、平和中聳奇崛。這是他今年春天發在我郵箱中的詩作《沙漏》中的句子："行走在透明玻璃中的沙子/有時就是一塊重若泰山的頑石/而我們所要做的唯一工作則是/將之擊碎、擊碎/碎到幾乎不可言説之地。"

張鵬（1963—），現供職於萬源文化局的張鵬，是我白沙時代的老朋友。從 1986 年即在名噪一時的《詩歌報》上發表詩歌及曾獲《愛情婚姻家庭》雜誌"全國愛情詩大獎賽"一等獎的業績考量，張鵬怎麽説也是大巴山的老現代詩人。"黄昏的雨/是我答應了你好久好久的髮卡/我把它戴在你的頭上/攏着濕漉漉的紀念。"這是張鵬二十三歲前寫下的句子，它足以令一百首愛情詩失效。在那個年代，我偏執地認定巴渠詩人中衹有這個精美的男孩能够生成如此精美的情詩。

徐永（1965—　），本名徐永恒，萬源人，曾爲《四川日報》記者、《重慶青年報》社長等，現爲《課堂内外》雜誌總編。這位四川省 1983 年的文科狀元考入北大後，很快就以詩寫《矮種馬》的實力坐上了北大"五四"文學社社長、《啟明星》主編的位置。1987 年，這位矮個子四川人又與臧棣、清平、麥芒合出了四人詩集《大雨》。"進入 90 年代，北大同當代詩歌的關係變得越來越惹人矚目。北大向當代詩壇輸送的優秀詩人之多，尚無其他任何一所大學可以與之媲美。其中像駱一禾、海子、戈麥、西川、阿吾、清平、西渡、麥芒、徐永、恒平、雷格、橡子等都是享有聲譽的詩人，晚進的更年輕的詩人像周偉馳、周瓚、胡續冬、冷霜、馮永峰等也都出手驚人……"（臧棣《關於"北大詩歌"的三點說明》）1990 年秋天，我在《星空戀》一書中編有徐永的詩："我摘取一片含在嘴裏/汲取着春天的血液和毒素/是否可稱她/凡高向日葵最小的妹妹/我們要麼白白地思索，痛苦/要麼無謂地喧嘩，兩手空空……"（《柵欄旁的一株薺菜》）他的詩樸素、純粹、仿若一根能穿透骨殖的麥芒。

郗旗（1966—　），萬源舊院人，現居成都，太平鎮小學高級教師，已出版詩集《風景裏的人物》《會唱歌的緑葉》。

山鴻（1967—　），本名張述鴻，萬源石窩人，有在"金手指"工作的經歷，現居成都，爲一職介市場老闆。其父張發義，筆名放牛娃，一個叱吒於五六十年代萬源詩壇、無人能出其右、名號響噹噹的詩人。山鴻不僅自己出版有詩集，還爲其去世的父親印製了一册詩集。

秦川（1972—　），又名秦瘦，萬源人，先後在萬源鐘停、萬源文化館工作，現供職於廣東省東莞市常平文化中心。1992 年在鐘停小學任教後成立有校園"醜小鴨文學社"，並創辦刊物《醜小鴨之歌》。寫詩歌、小説、劇本等，出版有《血戰大巴山》等文集。

沙白（1972— ），本名李雪芹，女，萬源白沙人，現居北京，任新華網讀書頻道主持。關於她 1990 年代初在四川師範大學中文系的生活情況，她的同窗詩友胡馬在《落葉小唱》裏從一幀照片引發出了如是敘説："李雪芹、何雪晴、康偉、嚴健和范蓓比肩而立，背靠矩形條石砌成的暖灰色的牆壁。李雪芹是這畫面上唯一的暖色和亮點，紅、黑、白三種顏色構成了她的全部衣着，清麗脱俗，英姿颯爽。她是我們這一群裏最活潑最有組織力的一個。當時是我們《地平綫》詩報的主編。照片上她眉睫低垂，好像正在享受這秋日最後的陽光，或者在構思一首絶美的小詩。那時《四川文學》發表了她的一組短詩，其中一首題爲《獨木橋》的詩立意深遠，耐人尋味。'你要知道/通往羅馬的路/還遠着呢！'這樣的句子永遠讓我無法忘記。"

行文至此，倘若以上幾位大將都不足以頂撐"副中心"的地位，我樂意再點出這樣一些萬源詩人的名字：朱光明、張泉、張步伐、蒲仁盛、盛紅、張浩宗、王春放、張占雲、胡文登、胡可、謝慶元、楊詠、張曉菊、裴進、邱笛、黄藴洲、向尚懷、苟中江、王濤、蒲葦、劉梅、梁鍾鍾、潘鳳妍、牛雞犬、梁登壽……

此外，拋開其他身份，作爲詩人的兩位名人與萬源結有情緣——吴宓的學生、妻子鄒蘭芳係萬源羅文古鎮人，董必武的第三任妻子、紅軍連長何蓮芝係萬源絲羅人。

四　渠縣：巴渠詩歌重鎮

説到渠縣，恕我孤陋寡聞，我直到最近纔知道該縣有全國重點文物保護單位“渠縣城壩遺址”、“渠縣漢闕”以及非遺節慶“三匯彩亭會”，此前知道東晉末年那個殺掉益州刺史毛璩建立歷史上唯一一個由蜀人自掌的割據政權、自稱“成都王”的譙縱係渠縣人，但我在很早以前就知道該縣有個三國將軍叫王平，有個當代詩人叫楊牧，有個主編《文學自由談》的叫任芙康，有個靠一册舊體詩摘魯獎的叫周嘯天。

楊牧（1944—　），渠縣人，初中輟學後流浪到新疆，中國作家協會委員會委員、四川省作家協會副主席，曾任《緑風》《星星》主編。出版有《復活的海》等詩集。1950 年代發表處女作，1970 年代後期重新習詩，1980 年發表《我是青年》一詩後一舉成名。作爲“新邊塞詩”代表人物，甭管他寫了多少詩，至今都能讓人記住的還是這樣的深具朗誦特質的句子：“我是鷹——雲中有志！/我是馬——背上有鞍！/我是骨——骨中有鈣！/我是汗——汗中有鹽！/祖國啊！/既然你因殘缺太多，/把我們劃入了青年的梯隊，/我們就有青年和中年——雙重的肩!”它已經達到了讓一代人仰目藍天、脱口而出的地步。

鍾品（1965—　），渠縣人，曾在萬源白沙工作多年，現居北京。北京師範大學校園文學作品選集《穿過早晨》（1991）收有他《坐夜》等詩 4 首，《時光中的鐵獅子墳》（2001）收有他《阿爾巴特街畫家》等詩 13 首。當年在北師大中文系與他的同班同學伊沙、侯馬、桑克、徐江、黄葵、宋曉賢等具有同等詩名和地位的他，詩歌中多有粗礪美、匪氣美和戲謔美，讀來給人以錘打而非針扎的感覺。關於他在北師大校園裏的作爲，伊沙在《1985—1989：散落在鐵獅子墳的回憶》裏是這樣記敘的：桑克成爲太陽風詩社的新一任社長，鍾品（陳建中）任副社長……到 339 之後我和鍾品泡在一起的時候多了起來，他是“睡在我上鋪的兄弟”。我不知道他是什麽時候開始寫詩的，那時候正寫得瘋。我會永遠記住這個在意識上和我一同覺醒的同學，在“85 詩群”當中，我們倆是最早開始嘗試口語詩寫作的，一種由第三代開創的真正的口語，使我們找到了釋放自己生命能量的方式，自由表達的方式，我們都充滿了一種想破壞點兒什麽的創造的激情。我們的意識與實踐在當時的北師大乃至全國的高校中都是領先的，與詩壇上最先進的一支力量（非非、他們、莽漢、海上）保持同步，與當時北京地區已經明顯落伍的詩歌氛圍（圓明園詩社和尚未成器的西川）保持距離。我和鍾品私下以“反動派”自居，視徐江、桑克爲“學院派”，視海童、冰馬、藍軻爲“正統派”……

龍克（1964—　），原名龔兢業，渠縣人，達州市文化發展研究會會長、達州市文聯副秘書長，現供職於達州市人大研究室。中學時開始文學創作，迄今已出版有詩集《無人敲門》《現在發言》《疼痛之上》《衹有香如故》等及其他文集。作爲一直立足達州本土的巴渠詩歌根據地“領軍人”，龍克的詩充分顯示出了宏闊、鋭利、孤絶、拷問靈魂直到戰慄的藝術硬度和生命指向。關於這個判斷，我們會在他最新的創作資訊裏找到詩證："肯定不是鳥群/背叛天空的消息進入巢穴/路上的螞蟻奔湧起來/蚯蚓與閃電攪合一起/没有帷幕没有裁判/唯一的口哨沉重地安息在坑窪裏。"（《演習》）龍克目前正在配合官方"折騰""達州——中國西部詩歌城"專案——願1989年見過一面、如今又對本文提供了不少有用資料的這位野心勃勃的好兄弟心想事成！

曉曲（1965— ），本名余小曲，渠縣人，現居成都新都。作爲"中國格律體新詩"網站主辦人，曉曲在網上爲他大倡的"格律體新詩"大行受業解惑及布道之能事。

許强（1973— ），渠縣人，打工詩代表詩人之一，1994年畢業於西南財經大學後南下打工，現居蘇州。2001年與人創辦《打工詩人》報，主編有《中國打工詩歌精選》一書。"艱難的尋工之路　粗礪的汗水研磨着/充血的骨頭/陽光燦爛　南方蔚藍得/多像深淵……"這是許强的詩句。

杜榮（1973—），筆名馬道子，渠縣人，出版有《春華秋實》《走過宕渠》等詩文集。

以上詩人與王小銘、劉繼、吴舟、覃小莊、李鱗、王玉蘋、侯文秀、戴連渠、代慶康、胥慕白等，共同閃耀在渠縣那片詩意的天空，延綿着詩歌的生生不息，創造着一個古老大縣的文化繁華。

五　開江：她放飛神奇的鴿群

除了文學理論家、中國人民大學中文系教授余虹和詩人張建華，還有現居雲南的70後女詩人唐果。地塊平坦，古"陶牌坊"和"金山寺"站立其上，出産肴品"豆精"，口音略帶湖北味——這就是我心目中的開江。

張建華（1957— ），開江人，中國作家協會會員，達師專畢業後曾供職於《巴山文學》，四川省作家協會文學院，現爲成都著名文化企業"金手指"董事長。自《她放飛神奇的鴿群》一詩獲《詩刊》（1981—1982）優秀作品獎後，陸續出版有詩集《白鴿子和藍色的小城》，配樂抒情詩盒帶《張建華抒情詩精品屋：初吻》等。建華兄不僅是比我更早參加"青春詩會"的巴渠詩人①，還是我1992年加入省作協的介紹人。關於張建華，我想説兩點：一是"放飛"一詞以前並不是很常用的，但自從《她放飛神奇的鴿群》名世後，"放飛"一詞頓時被大江南北廣泛使用，至今不衰；二是張建華並非衹是一個寫傳統抒情詩的高手，他還是一個寫有漂亮現代詩的優秀詩人——我在《詩歌報》停刊前夕的版面上讀到的那組詩尤其是"煉丹"一詞，至今占有我珍貴的記憶空間。

胡有琪（1958— ），又名胡有奇，開江縣作協副主席。自1981年在《青年作家》創刊號發表處女詩作《問》以來，迄今已出版《野百合花》《雪在燃燒》兩部詩集。

---

① 參加"青春詩會"的三位大巴山詩人中，楊牧爲第1屆、張建華爲第3屆、凸凹爲第15屆。

鑒金（1963— ），原名張健，開江人，現任職於開江縣司法局，出版有詩集《等待輝煌》等。

蔣楠（1968— ），開江人，現旅居東莞，已出版《蔣楠的詩》《蛇皮口袋趕路》等詩集三部，主編《狀態巴山》等文集兩部，現正進行“疼痛詩學”、巴渠文化（詩人）等的研究。“在精神領袖的流放地，探究疼痛詩學的奥義，挑戰詩與思的極限，將詩寫給百年後的讀者。”在這樣的詩觀約束並指向下，蔣楠近兩年的詩可謂突飛猛進，其寬敞、厚實、神性之風鑄養的個人氣質已然顯明。

關於開江，我還知道縣作協主席、知名評論家何世進寫有詩歌評論，開江中學語文教師黄良鑒對扶持青年詩人不遺餘力。還知道周宗春、陳自川（筆名九妹）、賈載明、王錫才（記得其筆名爲幽谷）、朱映錚、黄浩等人在寫詩。

這會兒，我翻開《雪米莉愛情詩》，在詩集首頁上即出現了“作者代表”像——那是開江籍作家田雁寧的像。

六　宣漢：夾縫中昂起的頭顱

宣漢地理位置大致處於詩歌中心達縣和詩歌副中心萬源之間，其詩歌形勢也正像處於“夾縫”中一樣。而四川省作協黨組書記鄒瑾、省社科院副院長李明泉、《當代文壇》主編羅勇、小説家羅偉章的堅實挺立，事實上也在宣漢文學布局上形成了文學評論對詩歌的相對“遮蔽”。即或這樣，被兩種情勢“遮蔽”的宣漢詩歌還是在“羅家壩巴人文化遺址”的夕照下艱難地昂起了自己的頭顱。

韓加貴（？— ），宣漢人。“一件黄緑黄緑的粗布衣裳/印染有酸緑酸緑的清香/剥開一個喜悦的新奇/哦，成熟是一個真實/不成熟是一個假像。”（韓加貴《無核桔》）記得當年他是一個在官刊上蠻活躍的人，現在我能獲知的關於他的資訊是“縣作協顧問”，詩作《這個事等了幾千年》在達州市文聯主辦、達州市作協和《西部潮》雜誌具體承辦的“十運放歌”徵文評獎中獲二等獎。

陳亞平（1958— ），祖籍宣漢，後“非非”代表詩人、評論家，現在成都一家新聞單位做策劃工作。1987 年開始詩歌創作，1988 至 1996 年轉入現代繪畫，1997 年重續詩歌寫作。“語言的核心在風暴的細節中復原/以精神的方式囊括某一種背景/自由是文字重現的歷難，也是天堂中的地獄/讓黑暗的閃光占有這個黑暗/或深入花紋中的埃及。”（《詩歌》）陳亞平是一個可以用平和、智慧的話語對現實焦慮、生存憂患進行出色表達的優秀詩人。

車夫（1963— ），本名李萬勇，宣漢人，曾爲巴金文學院創作員。“流行了千百年/没有過時/一個音符/就編織一個童年夢//聽曲人睡了/唱曲人還醒着/聽衆總是衹有一人//摇醒無數個黄昏/摇醒無數個黎明/依然摇啊摇 //今天是聽曲人/明天就是唱曲人/世界就這樣/摇啊摇……”（《摇籃曲》）在白航卸任《星星》主編前很紅過一陣的車夫，我已多年没見着了。

秦風（1964— ），生於四川鹽亭，曾在宣漢縣胡家鎮任職兩年，現從西昌移居成都，任《蜀道風》執行主編。已出詩集《誰曾經是我》《蒜薹眼鏡》《刀鋒上的月亮》等。追求口語詩和快樂寫作。

侯平章（1967— ），宣漢人，現供職於廣東東莞文聯。操持着評論、報告文學等多種文學式樣的侯平章，其詩視界很開闊，在充斥着“時間”、“長河”的意象群中不無浪漫的理想抒懷——但作爲朋友，我更喜歡他落地的細碎詩寫：“睡在眼裹的夢和從户外飄來的琴聲/以及被人愛着挽起的手/從黄昏越過人流的廣場/多麽像某天的約定 將房子清掃/許多東西放過又放/怕衹怕留着的咖啡和煙灰。”（《深夜，從歲月的耳畔越過》）2007 年出版有中英文對照詩集《石頭最柔弱的部分水最知道》。

馮堯（1971— ），宣漢人，現供職於《達州日報》教育周刊部，出版有詩集《歌唱》等。

近年，宣漢還有個叫向萌的人，顯示了不俗的詩歌潛質。

七　大竹：稀貴的詩歌記憶

大竹的詩歌記憶，是在風起雲湧的第三代詩歌運動中摸爬滚打過的文冰、少傑兩位優秀詩人帶給我的。大約是 1987 年吧，軍人身份的文冰主持“極樂鳥詩社”並創辦了《極樂鳥》詩刊，教師身份的少傑與遼寧盤錦詩人楊春光創刊了中國首屆當代文學社團大聯合會十六開鉛印會刊《颶風》。兩位過去歲月的大俠，那久不轉過來的臉，似已模糊了。

没有哪首詩歌阻擋得住一輛坦克的進攻，這話肯定不錯，可又有哪輛坦克碾碎過一首詩歌的流布？

曾供職於《中國西部》雜誌的詩人劉俊升生長於大竹烏木水庫旁。大竹廟壩有一個癱瘓在病床上依然寫詩不息並因此引來各方關注的打工女詩人叫李仁芹。去年四月，我收到了一本詩集《種豆南山下》，作者是大竹縣文體局副局長山君。現在還知道有個叫邱緒勝的——這多少讓我欣慰：大竹還是有人在寫嘛。

八　大巴山詩群：割得斷的袍，割不斷的水

曾幾何時，大巴山詩群一直是一個以老達縣地區爲主體架構的不可分割的文化整體和地域集團，現在，就算它被行政區劃分解了，但其詩歌脈承、精神表徵和詩人友誼卻是一衣帶水、山山相連的。

浩浩蕩蕩的巴渠詩人，連同巴中（含通江、南江、平昌）詩人唐亞平、蔣登科、王敦

賢、楊吉成、楊通、王志國、李傑（曠野）、何東曉、曹琨、張萬林、蔣成俊、舒雨湖、朱傳雄、陽雲、周書浩、鮮聖、張中信、馬嘶、岳鵬、李常青、楊雄、謝豔陽、藍夢、依然青子、李清荷、羅黎明、黄定中、王林先、王國榮等，鄰水籍詩人林童、桑眉、謝志明，重慶城口詩人向求緯、馬衛，陝西安康詩人祁明麗，以及湖北野夫等——正是他們排斥衆多利益誘惑獨對詩歌全身心的自覺投入與付出，纔頂起並璀璨了大巴山浩大的百年詩空！

我相信研究巴渠詩歌乃至大巴山詩歌，在“舊體詩”、“兒童詩”、“朗誦詩”、“現代詩”四個板塊裏都有大批詩人及其作品回應和支撑——願批評家們的慧眼識得這塊珍稀的璞玉。

倘若搞個“百年巴渠十詩人”網上評選活動，那麽，在結束這篇文章前，我樂意依憑個人的藝術向度和評判圭臬爲自己喜愛的詩人投上一票，他們是：向以鮮、凸凹、徐永、曾蒙、李兵、王琪博、邱正倫、游太平、鍾品、陳亞平、文林、龍克、龐清明、桑眉、唐果。

倘若再搞個“大巴山十大文學評論家”評比，我願意接受的人是：余虹、張放、任芙康、羅勇、蔣登科、李明泉、林童、邱正倫、唐政、何世進、范藻、雷斌。

達州因元稹名自然是因爲元稹的偉大。元稹當然偉大，不信？那就讀讀美國詩人肯尼士·雷克斯洛思的《遣悲懷》吧：“想起元稹偉大的詩篇/淒切得叫人無法忍受；/在春水邊，我孤獨，/比我以前能想象到的/更爲孤獨。”

作者單位：成都龍泉驛區文聯

涪江流域詩群：傳統、生態與特徵

胡　亮

一

很多年前的一個九月，空氣冽寒，大霧彌漫，山路蜿蜒，那塊孤落而粗莽的涪江源之碑忽然從車窗前一晃而過。記得當時，我正從九寨溝趕赴黃龍，並未意識到已經置身於岷山的重重翠微。我們的母親河，涪江，就來自岷山主峰雪寶頂的一綫融雪，此後逶迤向東南，經平武、江油、綿陽、三臺、射洪、蓬溪、大英、遂寧，過潼南後折向正東，直奔合川。

就是這條涪江，衹有 3.64 萬平方公里的流域，卻留下了一個又一個沖擊平原，好比天賜大塊：當然，我説的正是詩歌。公元 659 年，陳子昂出生在射洪。他以光英秀拔的寫作，特别是《感遇》三十八首，掃除齊梁浮豔，重現漢魏風骨，恰如一個著名的美國漢學家所説："代表了一種徹底脱離近代文學傳統的必要幻想。"[①] 在另外一部著作裏，這個漢學家甚至又如此强調："陳子昂成爲李白的一個模式。"陳子昂卒於 700 年，後有《陳伯玉文集》十卷傳世。約其後 6 年，亦即 706 年，五歲的李白從安西都護府碎葉城，即今吉爾吉斯托克瑪克市，内遷至昌隆，即今江油。這個可能的突厥人，後來憑藉"完全自然的，無法掌握的，及近乎神靈的"寫作，展示出莫測的想象力，在有人居住的地方，都贏得了"偉大無可懷疑"[②] 的贊譽。李白卒於 762 年，後有《李太白集》三十卷傳世。這位天才詩人絶對不能知道，在其大限來臨之際，他的忘年交，另一位天才詩人杜甫，"會徐知道反，道阻，乃入梓州"[③]，流落於三臺、綿陽、射洪等地近兩年，其間四處奔走皆爲衣食——除了去射洪是爲拜訪陳子昂故宅及讀書堂遺迹。次年正月，詩人在三臺得知安史之亂結束，乃寫下千古

---

① 宇文所安（Stephen Owen）著，賈晉華譯：《初唐詩》，生活·讀書·新知三聯書店 2004 年版，第 121 頁。宇文所安所謂"近代文學傳統"，是指齊梁以來的綺靡文風。

② 宇文所安著，賈晉華譯：《盛唐詩》，生活·讀書·新知三聯書店 2004 年版，第 135、131、169 頁。

③ 聞一多：《少陵先生年譜會箋》，《聞一多全集》第 3 卷，生活·讀書·新知三聯書店 1982 年版，第 82 頁。

第一快詩《聞官軍收河南河北》。杜甫卒於770年，後有《杜工部集》二十卷傳世。其後67年，亦即837年，賈島前來擔任長江縣即今大英縣主簿。他致力於中斷元稹和白居易的平滑，展開了新的更有效的美學冒險。賈島卒於843年，後有《長江集》十卷傳世。晚唐五代詩人競相追摹，無數詩人先後來到長江縣，不斷留下傾慕與憑弔之詩。到了元朝初年，一個來自西域的傳記作家這樣評價《長江集》："元白變尚輕淺，島獨按格入僻。"[①] 其後8年，亦即851年，李商隱懷揣喪妻之痛與失志之苦，遠赴三臺入幕，詩風由穠豔入蒼茫，兩年後編定《樊南乙集》，自序稱"始克意事佛"，在長平山創石壁五間，刻《蓮華經》七卷[②]。李商隱卒於858年，後有《李義山詩集》三卷傳世。其後261年，亦即1119年，格薩爾王逝世；不久，一部講述他的英雄事迹的史詩就從甘孜阿須草原流傳到涪江源藏區——到了今天，這部史詩還在這裏以及更加遼闊的大地上繼續傳唱。其後379年，亦即1498年，黄峨出生在遂寧。此女能文工詩，尤擅詞曲，幽懷中可藏時局，被褒爲"不讓易安、淑真"。她後來嫁給才子楊升庵，所作樂府與《升庵陶情樂府》相混，時人每不能辨也。黄峨卒於1569年，有《楊夫人詞曲》五卷傳世。如果《楊升庵先生夫人樂府序》並非僞托，那麽，連十七世紀的大藝術家徐渭對黄峨也自歎弗如。之後是195年的空白期，我們借此守候一次歷史性的回光返照。1764年，張問陶出生在山東館陶——他其實乃是遂寧人，表字仲冶，號船山，其家乡確有其山，位於城西，或稱舟山。船山作詩，"不受古人牢籠"[③]，"不屑與時俯仰"[④]，兼有生氣、真情與天趣，被當時著名老詩人袁枚引爲第一知己。張問陶卒於1814年，後有《船山詩草》二十卷、《補遺》六卷傳世。可以這樣説，天降張問陶，終於爲巴蜀中國古典詩歌的夕陽之旅配奏了流光溢彩的挽歌。當然，這還不是尾聲：1885年，十八歲的陶香九嫁爲潼南楊氏婦，此後爲其夫寫下諸多詩詞，乃成婦德之絶唱；1927年，她編定《繡餘草》，求序於胡適，後者欣然應允。她後來活到1939年——彼時，距胡適在《新青年》2卷6號發表首批白話詩已有22個春秋。

這就是涪江流域詩歌傳統。這個傳統具有"日日新"的悟性和毅力，每每能够拆碎鎖鑰獨抒性靈，反復參與和積累着世界詩歌的偉大傳統——比如李白後來就成爲美國詩人艾兹拉·龐德（Ezra Pound）和哈特·克蘭（Hart Crane）的美學導師——就像涪江在合川注入嘉陵江，嘉陵江注入長江，而長江注入東海。

二

然而，自胡適提倡白話詩以來，涪江流域卻並未貢獻出重要的詩人；直至二十世紀八十

---

① 辛文房：《唐才子傳》卷五。

② 劉學鍇、余恕誠：《李商隱年表》，載《李商隱詩歌集解》，中華書局1988年版，第2082頁。

③ 潘焕龍：《臥園詩話》，轉引自胡傳淮：《張問陶年譜》，巴蜀書社2005年版，第177頁。

④ 孫桐生：《國朝全蜀詩鈔》卷二十三。

年代，中國現代詩運動挾帶着二次啟蒙的使命呼嘯而至，這片沉寂已久的土地纔重新呈現出百舸争流的景象。讓我們自平武順流而下，逐一低喚這些幽暗的芳名：阿貝爾、蔣雪峰、西娃、雨田、馬培松、楊曉芸、叢文、胡應鵬、白鶴林、余幼幼、野川、蒲小林、三原、二毛、吕歷、安遇、阿伍、張丹、蔣浩、阿野、胡續冬……他們的寫作，成熟或趨於成熟，都能够堅持將自己與别人判然相别的美學偏執，已經在當代詩的荒漠上留下了履痕，並向傳統遞交了誠懇的作業。

這個詩群如此龐雜，作品集成已是不易，美學考察更是大不易。因慮及當代漢詩史已經呈現出清晰的譜系：早期地下詩與懷疑主義—今天派與對抗美學—第三代與泛現代主義—口語與後現代主義—九十年代與敘事性—七八十年代出生詩人與新世紀風，而包孕其中的女性詩又大體上呈現出獨立的譜系：女權—女性—無性别，本文擬大體以這兩個顯性譜系作爲參照，對涪江流域詩群展開較爲仔細的辨認。這樣做，乃是無奈之舉，並不意味着涪江流域詩人全程介入並促成了這些譜系的顯影；也許可以强調的事實是，在當代漢詩史各個時間段，涪江流域詩人憑藉不斷跟進的寫作，與上述顯性譜系構成了或淺或深的呼應與暗合。這種呼應與暗合，絶大多數情況下不能取得與北京對等的主導性優勢，衹能在被遮蔽的偏隅狀態下求得或大或小的相對性意義，並有可能逐步退居爲漶漫的隱性譜系。

三

《今天》創刊於 1978 年 12 月。此前十數年的現代主義寫作，確切地説，是一種前現代主義寫作，或準現代主義寫作。限於特定的歷史文化語境，此類詩具有手抄甚至口耳相傳的性質，其中最有代表性的當屬河北白洋淀詩群和貴陽野鴨塘詩群。然而，在這兩個場域之外，各地尚有許多詩人推波助瀾，共同匯湧出二十世紀六七十年代地下詩的暗潮。

即以涪江流域而論，早在 1976 年，雨田就已經寫出《風景畫》和《邂逅》。兩首詩都出現了“沉思”一詞並指向茫然不可測的個人命運，這正是那個荒謬時代對一代青年反復誤導和傷刺的結果。值得注意的是，雨田的思想和方法論，比如“踏碎黑夜濺起的黎明”①，證明他的這些作品，與食指和北島的早期作品，乃是相同歷史語境的産物。接下來的兩年裏，雨田又寫出《木棉花》、《落日》、《野草》和《空白》，較爲徹底地擺脱了主流話語風格，在簡勁的語言與奇穎的意象之間，隱約可以窺見新美學的胚芽。如果詩人没有誤記這些作品的問世時間，那麽，作出如下結論當非妄言：在七十年代末期，雨田稍晚於白洋淀詩群和野鴨塘詩群，並最終與後兩者一道，以次高的音量，回答了他們置身其中的那個時代：

---

① 雨田：《邂逅》，載《秋天裏的獨白》，香港新世紀出版社 1993 年版，第 117 頁。除此書外，下引雨田詩文，亦見雨田：《最後的花朵與純潔的詩》，廣西民族出版社 1993 年版；《雪地中的回憶》，四川大學出版社 1994 年版；《雨田長詩選集》，作家出版社 1998 年版；《紀念：烏鴉與雪》，中國文聯出版社 2007 年版。下引簡政珍觀點，亦見《雨田長詩選集》。

“被封凍在冰雪下的牧歌還會飄灑。”

後來，雨田陸續出版多部詩集，並在自撰的序跋裏，反復强調“生命力量”、“爲歷史作證的使命意識”、“先知性”、“勇氣”、“精神深度”和“道義立場”。凡此種種，可以歸結爲一條，那就是主體性的重塑和張揚。這恰是今天派詩人最爲基本的寫作立場，也是八十年代前期最爲通適的寫作立場。由此可知，雨田蟄居蜀北石馬壩小鎮，雖然不可能成爲今天派的周邊成員，但是他仍然參與了新時期新美學的造山運動。

到了1987年前後，雨田纔開始大量寫作。當其時，幾乎所有的今天派詩人都已經完成了自己的美學和政治學使命。已經没有任何必要徒步追趕這架風馳而過的早班車，雨田決定在一個更加喧囂和隳突的篝火晚會上投放自己的烈焰。我所説的，正是第三代詩歌運動——那真是雜語的盛宴，衆神的節日。1988年10月，在赴北京與海子會晤之後，雨田可能受到後者的影響，很快就如簡政珍所説：“以涉死的心情”，寫出了長詩《麥地》，呈現出就此定型的慢板和長調之風。奇怪的是，那內在於語言的情感節奏又是如此的激憤和緊迫。在《麥地》裏，雨田寫到：“白色樹上結滿黑色的烏鴉。”此後，這隻烏鴉就一直在那裏怪叫——他陸續寫出《幻像》、《竹林的空鳥巢》、《一隻烏鴉站在一棵枯樹上》、《烏鴉的三種叫法》、《悼念自己的烏鴉》、《紀念：烏鴉與雪》等作品。在不同的作品裏，烏鴉或指向叛逆者，或指向被叛逆者：它就在兩者之間倒掛和翻飛。需要説明的是，雨田在依托這隻異端之鳥繼續堅持其固有思想的同時，並没有求得與之相匹配的語言和技藝的更大自覺，這讓他距離某些標高又豈止一步之遥。1992年9月，雨田回應“體制外寫作”，加入了後非非主義詩人陣營。這個事實的象徵意義耐人尋味，也許，雨田就這樣在成爲某個核心人物的追隨者的同時，最終成爲了第三代的邊緣人物？

就某種意義而言，雨田不唯是邊緣人物，甚至還是過渡人物：一個立志追求“崇高”的詩人，最後卻不得不來到一群“反崇高”的嬉皮士中間。作爲第三代，對於雨田而言，乃是主觀上的歸趨；而對於二毛而言，卻是客觀上的宿命。第三代之重要集團，除了“非非”，就是“莽漢”。二毛即是莽漢主義的早期成員。在回憶1984年莽漢主義草創情形時，李亞偉曾這樣説：“六個二十歲的人，可以隨便找一個地方撕道口子，再用硬物、異物把它搞大，把它變成無邊的戰場。”① 那最初的六驃騎，就是李亞偉、萬夏、胡冬、馬松、梁樂和二毛。二毛與他的“狐朋狗友”們一起，“相互做着鬼臉”②，共同展示出中國當代最早的嬉皮士群相。然而，莽漢主義所固有的漫游性和行爲藝術特徵導致了其成員的流失和作品的散佚，二毛作品的散佚尤爲嚴重。在完成長詩《1990，在病中》之後，二毛好似被“褲腰帶束縛了想象力”，幾乎不再寫詩。他就這樣悄然撤退。

八十年代中後期的大學生詩派似可視爲第三代的擁蹇：而這擁蹇也不妨理解爲餘波。在1985年前後，四川師範大學的阿野就曾主編《大學生詩報》，並創辦《海的聲音》。1988年

① 《流浪途中的“莽漢主義”》，李亞偉：《豪豬的詩篇》，花城出版社2006年版，第215頁。
② 二毛：《沼澤地》，《巴蜀現代詩群》1987年卷，第69頁。下引二毛詩，見《非非》1987年卷。

5 月，西南財經大學的何弗創辦《陣地》，四川工業學院的蒲紅江成爲該刊重要成員。

四

第三代的美學特徵，要言之，就是泛現代主義。所謂泛現代主義，主要是指象徵和超現實在某種比例上的調配；當然，我們也不會視而不見：後現代主義也已經嶄露頭角，而現代性與古典性的相得甚至貢獻出了更加重要的詩人。然而，在這裏，我的階段性目的，就是要借助五位次第出生的詩人——他們並未躋身通常意義上的第三代詩群——蒲小林、吕歷、蔣雪峰、叢文和野川，在泛現代主義的主要向度上展開對涪江流域詩群的局部考察。

討論蒲小林，必然涉及"明喻"的權勢。他的很多作品，似乎就是爲了成全和收容某個心血來潮的明喻。通過這個明喻，虛與實陡轉，物我之間的罅隙被充填，詩人自己的面目就從非常有限的事物——比如陽光、飛鳥、麥粒和樹叢——之間浮現出來，並對這些事物充滿了不絶如縷的疼痛感。這種寫作上的綫性思維決定了其作品意象的清澈度和結構的單純度，頗有後期浪漫主義或前期象徵主義之風。其代表作《裸露》、《生活》、《木地板》以其對於自然和光陰的敏感，令人難忘。至於吕歷，自《回家的路》以來，風格不免摇曳，早期重意象，中期重氣韻，近期重經驗：三者各擅勝場，卻又每苦於不能得兼。對於現成的語言，吕歷已經漸生怵惕，他試圖在有分寸的傾斜度中創造出獨特的個人語法。與蒲小林的相似之處在於，吕歷也葆有詞的潔癖，嚴格的語言篩選機制衹留給他們一部偏嗜的小辭典。這部小辭典，眼看已經不能與現實的複雜性達成完整的對稱。而吕歷近來的寫作《手藝人》，指向若干民間人物的非物質生活，或可緩解這種不及物的壓力。蔣雪峰出生在福田壩，與李白的青蓮鎮隔涪江相望。但是，他顯然比後者更留戀腳下這片江彰平原，決意"在三十公里範圍内衰老"①。其早期抒情詩幾乎全部關涉故鄉的河山，近來則着意掬捧日常的虛無。無論攫取何種題材，他都堅持將真情實感作爲第一義，而將語法上的破與立作爲第二義。如此，厚重感就成爲可能。而且，有迹象顯示，開闊感也將成爲可能。這個看上去很像屠夫的税務師，漸漸擁有一副"能够消化橡皮、煤、釉、月亮和詩"② 的好腸胃，終於寫出像《這隻叫鋼鐵的巨獸内臟流了一地》這樣恣肆而混響的作品。

因後文將會有所暗示的某些特殊考慮，本文將暫時擱置叢文，提前論及野川：這個人類中的臥底者，萬物的代言人：他的立場，就是春天的立場，雨水的立場，花朵的立場，一隻羊和一群蟲子的立場。他陪着它們小心地提防着人類的斧頭，並用自己的文字"暗合了它們誕生、發展和滅絶"③。其修持與理想，就是"像樹一樣活着"。可以這樣説，野川幾乎從

① 蔣雪峰：《在江油》，載《錦書》，大衆文藝出版社 2007 年版，第 75 頁。

② 路易士・辛普森著，趙毅衡編譯：《美國詩歌》，載《美國現代詩選》，外國文學出版社 1985 年版，第 727 頁。

③ 《冥想》，野川：《廢墟上的月光》，遠方出版社 2005 年版，第 209 頁。下引野川詩，見野川：《時光之傷》，青海人民出版社 2004 年版。

來没有離開過大自然，就像普里什文一樣，他也必定“能爲每一片落葉寫一部長詩”[1]。這種態度如此專注，以至於哪怕他全部使用日常口語和大衆語法，我們也能在看似透明的字裹行間獲得更加深久的涵詠。上述四位詩人中，蒲小林和吕歷偏重象徵，蔣雪峰和野川偏重超現實。值得反思的是，無論是誰，都已不再秉承熱熾的公共知識分子精神，而寧願繞開那些大命題和大關節，退而化育出一種安全而樸素的鄉村知識分子情懷。他們的寫作，都是美學的正變而非奇變——這也正是二十世紀九十年代以來主流寫作的基本特徵。

現在回到叢文。與上述四位詩人相比，叢文受過更好的教育。他對少量西方詩人，比如對馬克·斯特蘭德、羅伯特·布萊、麥克里希、格吕克、弗朗兹·賴特和部分意象派詩人，特别是對湯瑪斯·特朗斯特羅姆的翻譯，又讓自己經歷過並正在經歷着嚴苛的美學訓練課。那訓練課上的小詩和俳句如此精妙，以至於叢文每有作，均很短，意盡而已。這個事實恰好從反方向得以證明：他是如此熟諳語言針，纖細到隨心意而飛轉，探向那生命内部的萬重山。他有兩首元詩（metapoem）——《後退的美學概論》、《詩意學概論》——坦陳了其寫作的秘藝：“所有的詞，都逼至於絶境”，“讓每個詞從它的斷裂處綻放欣喜”[2]。感覺的精細化並不排斥遼闊的觸角和寬厚的人道主義立場，叢文每每能够讓如來在花瓣上現身。那屬於詩人自己的，高貴的内秀，與乎沉默的善意，也同時成爲不可抑蔽之物。在六十多年前，袁可嘉就認爲：“現代詩歌是現實、象徵、玄學的新的綜合傳統。”[3] 可是又有幾人能够得臻此境？現在，我們可以這樣講，叢文的部分作品在很大的程度上接續和豐富了這個傳統，或可代表涪江流域泛現代主義的某種高度。

五

如果後現代主義指向非中心、戲擬、拼貼、解構主義、反深度、俗豔化、後殖民性、分裂式結構和跨文類寫作，那麽，再没有比口語更好的載體了。在野川之前，口語就曾以非常極端和徹底的姿態拒絶了軟綿綿的鄉村知識分子情懷，從斜刺裏開拓出一片如此讓人震撼的後現代主義骷髏地，極大地刺激了我們的舊官感。寫到這裏，那幾個詩人迅速蹦將出來，數一數，加起來共有三個：半個稚夫、一個三原、半個胡應鵬、一個胡續冬。

首先必須提及三原在1998年5月完成的一篇文論《審查當代口語詩歌寫作》。就我個人目力所及，此篇與他的另一篇《重現的嘴唇·序語》，是涪江流域詩人自七十年代以來少數幾篇具有當代敏感和詩學深度的文論。在這篇文論中，三原將稚夫置於“嚴力—韓東—于堅—伊沙”這個“口語—後口語”譜系中進行稱量，譽之“原生性較强，製作和設計的

---

① 《米哈依爾·米哈依洛維奇·普裏什文》，康·帕烏斯托夫斯基著，張鐵夫譯：《面向秋野》，湖南文藝出版社1985年版，第196頁。

② 《裂紋：叢文短詩集》，非正式出版物2010年版，第38、45頁。

③ 《新詩現代化》，袁可嘉：《論新詩現代化》，生活·讀書·新知三聯書店1988年版，第4頁。

痕迹少”，非之“過分連續性的敘述降低了口語的彈性和張力”[①]。稚夫此類作品，可以《68 個每天》和《妓女口述》爲代表。需要指出的是，口語並不能標明稚夫的身份，他更大的冒險在於以波德萊爾和金斯伯格爲圭臬，强制性針對部分負面文明，實施了血淋淋的解剖式審醜，長句、古奧語與非模式化散文滿足了他的惡的雄辯。此類作品，可以《手淫》和《艾倫 · 金斯堡》爲代表。後來，圍繞稚夫的“非詩”寫作，甚至形成了一個公共話語空間[②]。然而，稚夫的缺陷幾乎同樣明顯：一方面，他的老鱗片難以悉數脱落；另一方面，這種大師環伺的新寫作又讓他難以實現真正的自拔、自立與自治。而三原在口語的羊腸上一路小跑，已經不願意再回頭。多次私下交談裏，他的一些觀點曾經觸發我的訝異：比如，高於生活是不可能的，低於生活纔是可能的；口語寫作是不可能的，寫作口語纔是可能的。有一次，他突然喃喃自語：衹得勉强如此，用銀子把金子説出。他就這樣不斷與口語邂逅，試圖創造出一種“聽與讀的詩歌而不是寫與看詩歌”[③]。其《詞的發音誦讀練習》、《三原的一天》和《用口語關懷 You 與 I》都是這種極致口語詩學的産物。而《這是一隻鳥，可上可下的鳥》，則將正本與訛本並置，摧毁了關於“鳥”的一切語義，堪稱解構之解構。通過這些作品，三原對能指進行誇飾，對所指進行限囿，對日常生活進行還原，幾乎實現了非非主義詩群當年無力實現的“前文化”夢想。大約在 2000 年夏秋之際，三原“産生了用散點透視的方法創作一部與民族情懷對稱的史詩的衝動”，計劃五卷爲度，十年封筆。筆者曾經得見最初的數千行，他敢於頂戴“抒情背景的缺失，神的死亡，崇高被流放，技術文明對人文情致的損傷，完整性的喪失”種種困境，以置之死地而後生的決絶，將鬆弛、囉嗦與破碎推向了極限。很顯然，這完全是一次“反稚夫”的遠征。完全可以如此斷言：三原已經並將在較長的時期内成爲涪江流域最具後現代機鋒的詩人。

當然，更年輕的一代也已顯露出崢嶸，首先要談到胡應鵬。這匹飛翔的狼，用 Blues、重金屬和小戲劇，當然也用口語，披掛着自己的字與詞，赤裸裸地喊出憤怒，無數次給我們帶來當頭棒喝，展現了不商量不妥協的氣度。胡應鵬此類作品，可以《1976》、《bB 螞蚱調：請求和憤怒》、《D 行進狂人調：自畫像十三行》和《詼諧調：偉大理想》爲代表。可是，當胡應鵬面對凱魯亞克式 on the road 的愛情，他也能寫出像《鄉村路帶我回家》和《藍調，1 = B：民謡酒吧》這樣熱烈和放浪的作品。可惜的是，在完成一系列獻給摇滚靈魂的作品之後，胡應鵬漸漸剔除音樂性，轉向對現實和個人處境的辨認：就像一個瘋狂的歌手，從白熱化的 T 形臺降落到五味的廚房。所以，另外半個胡應鵬的意義還有待歷史的揮鐮。而胡續冬則沿着相反的路向來到我們面前：這個北京大學新派才子，早已將同校前輩詩

---

① 三原：《審查當代口語詩歌寫作》，載《稚夫詩》，北京燕山出版社 1998 年版，第 177—178 頁。

② 參看《變故：稚夫詩歌的閲讀活動》，中國文聯出版社 2001 年版。由此書可知，先後參與構建稚夫詩之公共話語空間的詩人和學者計有嚴力、燎原、陳仲義、楊遠宏、孫基林、海上、張嘉諺、沙灘、管党生、陳旭光、三原、鄒建軍、鄧厚忠、楚子、狂虻、夢亦非、發星、胡應鵬、林茶居、陶春、向雋、馮楚、曉梵、于凡子、蔡驥鳴、羅勇成等二十餘人，一時間蔚爲壯觀。

③ 三原：《重現的嘴唇 · 序語》，載《元寫作》卷一，中國文史出版社 2007 年版，第 95 頁。下引三原觀點，亦見此文。

人一眼看透，像模像樣地經營起學院派寫作，迅即便以《特快列車迴旋曲》、《約瑟夫·布羅茨基死在一臺紅色電話機上》和《Marley 咖啡館》等詩名動燕園。然而，連博雅塔也鎮不住這個重慶崽兒的頑性和匪氣，他顯然已經憋不住了，就要在學院派的紅唇邊齙出一顆美學獠牙。看吧，這個怪眉怪眼的傢伙，倒提着一隻麻布口袋，“喝光了風乳裏面的/大海、銅、母音和閃光的/電子郵件”[①]，又摶起一堆鹵汁橫溢的詞，包括方言、切口、英文單詞、銀幕對白和網絡時尚語，寫出“胸毛横生的詩句”，輕易就實現了對武俠小説、流行歌曲和大衆電影的戲擬。他揮舞着“九九八十一斤重”的板斧，帶來一個叮噹作響的小江湖：生猛，痛快，刺激，報冤報仇，活色生香——連 A 片和爲期不長的南美生活也可以添加他的熱辣度和幽默感。那才氣在大處竟也能在小處洶湧。七步成章，倚馬可待，寫詩就如餘事。他混迹於不同層次的各種大小場域，用自己的作品與當下現實構成了立體而交叉的對稱。此人與東邪黄藥師有一比：可以把僕人都弄成聾子和啞巴，而正義感卻每每在深海裏醖釀着大波：“這傢伙徒有左半身的壞，打不過右半身的傷懷。”矛頭直指其母校的《藏獒大學》詩可以爲此作證。翟永明早已指認其後現代特徵並據此斷言：“這也可以用來説明，後現代主義的重要特徵：拼貼，它不但成爲藝術潮流，同時也成爲新的詩歌風格。”

六

當代詩進入九十年代以後，發生了巨大的變化。詩人們變得小心翼翼，先鋒寫作逐漸個人化，甚至抽屜化。青春期已經不可重返，詩人們提出“中年寫作”的概念。抒情性被廢黜，建立在敘事性之上的修辭術逐漸風行，與此相表裏的是，“通過我們自己對置身其中的中國生活的述説”[②]，曾經如此西化的當代詩在材料上也呈現出本土化走向。

在這樣的氛圍裏，大約在 1995 年前後，蔣浩開始了寫作，並先後識得踐行敘事性的幾個核心詩人，比如蕭開愚、孫文波，進而固定了其寫作維度，《一個城市的虚構之旅》即是此類作品。蔣浩認爲“詞語即思想”[③]。這個觀點，衹能邀得小範圍的認同，但是我仍願意按照自己的理解在這裏加以闡釋：辭彙量意味着認知的深度，而思想來自於對詞與詞之間既有關係的解除和可能關係的窮盡。就這樣，就像趙毅衡在學術研究中所做的那樣，蔣浩在詩歌寫作中居然也能够啟用“形式—文化論”方法。他繼續堅持“用蔑視生活來親近藝術”[④]，通過詞與詞法的求新與冒險，獲得了慣性和份額之外的光彩。詩人手中掌握着千萬

① 胡續冬《風之乳》，載《日曆之力》，作家出版社 2007 年版，第 145 頁。下引翟永明觀點，亦見此書。下引胡續冬詩，見胡續冬：《旅行/詩》，海南出版社 2010 年版。

② 孫文波：《中國詩歌的“中國性”》，載《在相對性中寫作》，北京大學出版社 2010 年版，第 11 頁。

③ 蔣浩、木朵：《我想要相信》，載《當代詩》卷二，文化藝術出版社 2011 年版，第 131 頁。

④ 蔣浩：《陷落》，載《修辭》，上海三聯書店 2005 年版，第 33 頁。下引蔣浩詩，見蔣浩：《緣木求魚》，海南出版社 2010 年版。

把刻刀、千萬種粘膠、千萬根拉綫：他着迷於儀器的精密度甚於其實用性。風景，世相，人心，在無數褶皺和倨傲裏被細細拿捏，並在無以復加的雕琢中求得突兀和與之大爲相拗的自然。客觀化成爲極端主觀化的結果："判斷"和"辯論"被悉數剔除。此外，長期的漫游讓他寫出了大量的紀行詩和贈别詩，不憚於密集地插用古語古意，蒐集着個人和少數知音的小歷史，地理、氣候、植物、場景和小悲歡就在其中潛移，隨物賦形停駐了細巧的存在感，頗有宋人五七律之風。他的重要作品還有《一日將盡》和《喜劇》，都是"若干攸關囚在裏面"的長詩。蔣浩已經出版兩部詩集：《修辭》、《緣木求魚》。也許他要面對的問題恰恰就是：雖然以緣木求魚之法在最爲陡峭的巔毫處求得了如簧的修辭術，可是當他自己，還有讀者，真要魚，那該怎麽辦呢？胡續冬曾寫有《憶蔣浩君》並如此作結，"我看見浮雲纔明白，不可能的大可不可能"，但是蔣浩偏不信這個邪。

不管怎麽樣，蔣浩已成爲中國七十年代出生詩人的重要代表。涪江流域七十年代出生詩人，尚有楊曉芸、西娃和白鶴林。他們與中國衆多同齡人一起，"不僅徹底改變了人們對當代詩歌走向的預設，而且也在很大程度上改變了當代詩歌的可能性"①。值得稱慶的是，他們並没有展現出相似的美學特徵，以至於我試圖作群像摩崖的偷懶終於不能得逞。江湖多俠少，風雲看今朝。正當我犯難之際，更年輕的八十年代和九十年代出生詩人，比如阿伍、安德、張丹和余幼幼，也吹響了觱篥。

七

在某個新世紀詩歌研討會上，我曾經毫不猶豫地把賭注押給女詩人。爲了從小生態上證明如此立論顯然出自深思熟慮，對於涪江流域更年輕的詩人，我願意衹選擇女詩人來加以考察。這樣做，並非男性成見的結果，恰是破除男性成見的結果。楊曉芸加劇了寫作的難度，她讓若干古詞或古片語在新的語境中焕發出更多的陡峭，不爲别的，衹爲那陡峭的幽心。在她這裏，對愛的渴慕與對尊嚴的渴慕變成了同一個事情，可是她偏又在暗幸裏滴加了兩茫茫的驚懼。她就這樣苦修"夜視術"和"翻牆術"②，交給我們一把海底針。罹病之後，楊曉芸以詩相鬥萬古愁，在每日的風險和孤寒裏求取一小片安寧，得句則刺人心腸。從《老公主》、《藤纏藤》、《相見歡》、《烏有病》、《俠客行》、《扶疏調》、《擺渡帖》、《轉夢臺》和《春聲晬》等作品看來，她對老套路充滿了怵惕，力圖每次寫作都能收穫重新"發明"語言的樂趣——在這個方面她與叢文和蔣浩有着相近的癖好——而她幾乎已經做到。讀其詩，如看"螞蟻翻越樹皮壓就的懸崖"，可以獲得曲徑通幽的虚無感。有時候，她會意識到性别的局限性並勉力將詩境導向闊大和高邁：虚無感便開始在宇宙間漫游。1991 年，雨田參加第

① 臧棣：《〈70 後 · 印象詩系〉編輯説明》，載白鶴林：《車行途中》，陽光出版社 2011 年版，第 1—2 頁。

② 楊曉芸：《俠客行》，《詩林》2011 年第 1 期。下引楊曉芸詩，見《詩林》2009 年第 4 期。

九届青春詩會；2011 年，楊曉芸參加第二十七届青春詩會。廿年不過彈指，然則對讀雨田與楊曉芸，就會發現當代漢詩所出現的重要而深刻的變化，這變化，不妨理解爲進步。如果説楊曉芸是將自己置於與愛人的關係，那麽西娃則是將自己置於與男人的關係來展開寫作。楊曉芸總是“這一個”女人，而西娃就是複數和無數的女人。有時候，連六祖和上帝，都能成爲她的相對性。她在“非世俗的深淵”[①] 裏展開了捭縱的身體想象，着意求取詩意的立體性和多維化，“把我喜歡的幾個佛典中的名號，跟‘我’的現實做了一次含混”，寫出《維摩詰》、《藥師佛》、《燃燈人》、《阿育王》、《地藏王》、《蓮花生》、《阿彌陀》諸詩，獲得了看似悖謬的雙重話語空間：在禪的瀑布裏夾帶着愛的飛流。佛頭着糞，色即是空。這些詩，實則都是情詩。而讓西娃名聲大噪的，卻是短詩《畫面》：“她用報紙將高低貴賤一一平鋪，衹讓母親將熟睡的嬰兒放在中央。”到了余幼幼，身體想象則更加大膽。她早已洞察你的花花腸，而你還在裝深情。就這樣，她掌握着遥控器，在挑逗與調侃之間轉换着頻道，放肆地冒犯着大學課本的道德觀。那自如和自由，隱藏着“我們誰也不屬於”[②] 的荒謬感和絶望感：“我給你荒蕪/你給我縱身的懸崖。”而她所使用的口語如此直接，無忌諱，無遮攔，正好剪裁出韓版新少女的緊身衣。余幼幼藉此獲得了較爲醒目的代際特徵，已在九十年代出生詩人中迅速實現脱穎。與上述三位女詩人相比，張丹幾乎就是一個例外。她的詩關注教育的災情和成長的險境，質問不可逆轉的工業文明和城市文明，乃是無性别寫作。近來，她在調和西方詩與古典詩上付出了很大的努力，卻又在對字和詞的攻伐中，試圖换下這兩重現成的鎧甲。她透過主旋律母親的價值觀，重新發現這個世界，並用奇詭而流淌的超現實風吹開那紛披的假象：“人的思想永遠不能成爲緑。”[③] 我們完全可以相信，張丹將會隻手爲幟，在任誰也不曾涉足的無人區推進她的美學革命。

八

在本文討論的範圍内，可能衹有蔣浩算得上是“職業詩人”——如果這個概念能够成立——寫作幾乎就是他全部的事業。捨此之外，其他絶大多數詩人都是入仕者。仕途的複雜度和峻峭度也許超過任何現代詩，置身於巨大的兩難，這些詩人有的乾脆就此擱筆，深深地窖藏起那澎湃的詩意。在涪江流域，這樣的現象屢見不鮮，無數古樹，經過漫長深埋，就變成了烏木。我們已經看到，當這些詩人賦閑之後，那内心的烏木很快就暴射出黑玉般的光澤，最後還是詩掌握了扳機。在這樣的背景下，我要論及兩個歸來者：馬培松和安遇。

入仕者最大的尷尬，總是有物件，各種物件，而且必須時刻顧及這些物件。但是現在，

① 西娃：《秒殺》，張國成主編：《九人詩》，珠海出版社 2010 年版，第 17 頁。下引西娃觀點，亦見此書。
② 余幼幼：《忘懷》，《詩歌月刊》2011 年第 5 期。下引余幼幼詩，亦見此刊。
③ 張丹：《一支虛弱的歌》，未刊稿。

安遇和馬培松已經可以把所有物件視爲“第四堵牆”[①]。套用讓·柔璉的話來説，這堵牆對我們來説是透明的，對他們來説卻是不透明的。就這樣，他們獲得了巨大的自由感和鬆弛度。但是，這種自由感和鬆弛度並未給馬培松帶來汪洋，與之相反，他轉而憑藉收束而謙遜的小詩體，在非常有限的空間裏置入了無限。所以馬培松的口語，具有一種欺騙性，他的清淺愈可測而愈不可測。近來，馬培松已經給我們貢獻出名篇《北京真大》。他無意而無痕地調侃了沉積在我們内心的政治無意識。安遇也能如此，煉口語，作小詩，卧白雲。在他這裏，政治無意識，甚至文化無意識，都似乎不再有殘留。他通過兩個向度——小人物和小地理——的稗史寫作，較爲徹底地摒棄了主流意識形態方法論。而關於地主、小姐、秀才和土匪的小戲劇，則讓近代史從階級論之外獲得了充分的人性化視角。宏大敘事的海綿不斷縮水，剩下來的就是最動人的小對小的呼喊，弱對弱的關懷。近來，他幾乎徹底清繳了匠氣和火氣，更加注重“言”與“道”的自然生成。他堅持衹動用很少的詞、句、尺幅，來實現白描的傳神和攝魂。他的詩，比如《這是春天》、《那時》、《最後的人間》、《卡通之城》、《速度》、《在窗前站得久了》、《一個人在樹下》，能够讓我們“獲得一種把自己的靈魂放低並且安妥的力量”[②]。

九

臨到最後，還得談及隱身人。

這要將柏樺作爲由頭。1986年的春天，柏樺收到一册《當代中國詩歌七十五首》，他讀到陳東東，準確地説，是讀到《獨坐載酒亭，我們該怎樣去讀古詩》，在驚異中陷入了苦惱：該如何打通那要命的關節啊？直到他某天來到西南師範大學，在黄彦的宿舍看到一部《中國佛學史》，這本書講到“望氣的人”。柏樺恍如大夢初醒，很快就寫出《望氣的人》，接着又寫出《李後主》和《在清朝》。柏樺在《左邊》裏回憶了他後來的名篇的最早的讀者：“不愛説話的黄彦對這兩首詩大爲激動，不停地猛抽他心愛的黄平香煙。”[③] 這個黄彦，正是現代詩的早行人，他後來供職於川北教育學院，與分配來的阿野，因爲一次關於里爾克的討論，結爲終生摯侣。那時候，他們常常騎在學院的樹椏上，一邊吃麵，一邊談文學。《望氣的人》和《在清朝》，喚起了他們不同的天性，於是發生了争論。是啊，所有的故事都與文學有關，包括天上宫，桂花酒，熊一般的少女……後來，黄彦也如二毛，在美食、美酒和美女之間扎下了野山寨，變成了真正的隱身人。他説，没有用。又説，人是要死的。於是忙於幸福，再也無暇寫作。

---

① 參看余秋雨：《戲劇理論史稿》，上海文藝出版社1983年版，第493頁。

② 趙思運：《在“稗史”中喚醒的詩歌語言》，《詩探索》2011年第2輯，第91頁。

③ 柏樺：《左邊：毛澤東時代的抒情詩人》，江蘇文藝出版社2009年版，第124—125頁。下引柏樺觀點，見此書香港牛津大學出版社2001年版。

阿野後來也如此，他去了成都，北京，隱於市。2010 年，忽然回到遂寧，再也不願意離開。我們的阿野，重新以詩人的身份，連續不斷地組織雅集，在紅顔、藝術、山野、友誼和葡萄酒之間焕發出飽足的精氣神。詩與生活終於交融。猜一猜，在那兩首引起争論的作品中，阿野更喜歡哪首？對了，他更喜歡《在清朝》。柏樺曾經講到，成都是當時古風最盛的城市，他借《在清朝》，“展現了成都内在的古典精華”。這内在的古典精華，也許就是“安閒”[①]，甚而就是柏樺後來更爲樂道的“逸樂”[②]。當然，除了安閑而逸樂的生活，阿野每每在賓客退散燈火闌珊之際，就掀開蒙面巾，重新開始寫作。他細細地斟酌着節令和風物，讓眼前之景與内心之境達成契合並相互生發。花朵，旋轉的風，樹，夕陽和星辰，都不過是靈魂本身的滲漏和彌漫。换言之，靈魂給萬物以調。我們已經看到，二十年前的阿野詩與二十年後的阿野詩，並無重大的差異：他如此輕易地保全了一顆浪漫主義靈魂。另一方面，對最近二十多年來漢詩的發展，阿野雖然並未給予足够的關注，但是，葉芝、里爾克、埃利蒂斯和阿赫瑪托娃仍然賦予他語言上的現代感。這種現代感，啊，恍如那隔世的陳釀。

十

涪江流域當代詩人，很多都曾經獻詩給我們的母親河。早在 1991 年，雨田就寫出《涪江邊，一隻野狗咬破了我的孤獨》，後來蔣雪峰寫出《涪江》，叢文寫出《涪江的歌唱》，野川寫出《冬天的涪江》。這涪江，源於雪寶頂，也源於《陳伯玉文集》，涪江流域當代詩人必然領受這雙重的沾溉。

1917 年，詩人 T · S · 艾略特寫到：“詩人，任何藝術的藝術家，誰也不能單獨地具有他完全的意義。他的重要性以及我們對他的鑒賞就是鑒賞對他和以往詩人以及藝術家的關係。”如果我們認可這個觀點，不免要問：涪江流域當代詩人在何種程度上實現了“過去因現在而改變正如現在爲過去所指引”的夢想？换言之，他們在何種程度上保全了自己的“容受性”和“懶散性”並重新詮釋出傳統的“現存性”[③]？要回答這個問題，也許最終衹能看他們的作品。

因爲一切歷史性描繪都充滿了偏見和暴力。

作者單位：遂寧市發改委

---

① 柏樺：《在清朝》，載《往事》，河北教育出版社 2002 年版，第 65 頁。

② 柏樺：《逸樂也是一種文學觀》，載《星星》2008 年第 2 期。

③ 參看 T · S · 艾略特：《傳統與個人才能》，趙毅衡編選：《“新批評”文集》，中國社會科學出版社 1988 年版，第 24—33 頁。

稿　約

《蜀學》是西華大學蜀學研究中心的刊物，由西華大學、四川省人民政府文史研究館聯合主辦。《蜀學》貫徹“雙百”方針，根據社會主義精神文明的特點和規律，開展學術研究，加強學科建設，開發文化資源，培養學術人才，凝聚和團結省內外以及海外文史學者，弘揚蜀學。爲符合南京大學中國社會科學研究評價中心 CSSCI 遴選要求，從 2015 年起《蜀學》由年刊變爲半年刊，一年出兩輯，長期徵稿。現特向海内外蜀學研究專家學者公開徵集《蜀學》稿件。

一、徵稿選題：

關於蜀學理論、蜀學思想、蜀學史、蜀中學者以及蜀學文獻等的研究。

二、文本要求：

本刊統一使用規範的繁體漢字。來稿請認真復對引文。表明引文出處——包括作者、書名或期刊名、卷數或期刊號、出版單位、年月。注釋統一采用“頁下注”，每頁重新編號。例：

① 孫硯方：《都江堰水利詞典》，科學出版社 2004 年版，第 54—55 頁。

② 馮廣宏：《創立一門新蜀學——都江堰學》，《西華大學學報》（哲學社會科學版）2005 年第 4 期。

三、稿件要求：

1. 遵守學術道德，文責自負。

2. 未公開發表過的論文，具有一定的學術原創性。

3. 字數原則上控制在 4000 字以上，10000 字以内。

四、本刊對來稿有删改權，若不同意删改者請於來稿上注明。

五、來稿請務必詳細注明：作者的姓名、單位、職稱、學歷和聯繫方式（電話、電子信箱、通訊地址等）。大作一經刊出，即酌付稿酬，並寄樣刊兩本。

六、投稿方式：

請附上紙質稿件：四川省成都市金牛區金周路 999 號　西華大學蜀學研究中心　王學東或王燕飛（收）。郵編：610039。

電子郵件：191615760@qq.com；shuxue2003@126.com；383706791@qq.com

聯繫電話：（028）87722129、13036667781（王學東）

（028）87723062、18208117021（王燕飛）

七、本刊已加入《中國期刊網》。

作者著作權與使用費與本刊報酬一次性付給。若作者不同意將文章編入上述版、網，請在來稿中聲明。

西華大學　四川省人民政府文史研究館

蜀學研究中心　《蜀學》編輯部

2015 年 9 月 1 日

圖書在版編目（CIP）數據

蜀學. 第10輯/西華大學，四川省人民政府文史研究館，蜀學研究中心主辦. —成都：巴蜀書社，2015.12

ISBN 978－7－5531－0621－2

Ⅰ.①蜀… Ⅱ.①西…②四… Ⅲ.①文化史－四川省－文集②巴蜀文化－文集 Ⅳ.①K297.1－53②K872.71－53

中國版本圖書館 CIP 數據核字（2015）第 243671 號

SHU XUE

蜀 學（第十輯） 西華大學 四川省人民政府文史研究館 蜀學研究中心 主辦

責任編輯	王 雷
封面設計	文小牛
出 版	巴蜀書社 成都市槐樹街 2 號 郵編 610031 總編室電話：(028) 86259397
網 址	www. bsbook. com
發 行	巴蜀書社 發行科電話：(028) 86259422 86259423
經 銷	新華書店
印 刷	成都春曉印務有限公司（028－88450462）
版 次	2015 年 12 月第 1 版
印 次	2015 年 12 月第 1 次印刷
成品尺寸	260mm×185mm
印 張	18.25
字 數	450 千字
書 號	ISBN 978－7－5531－0621－2
定 價	45.00 圓